कबीर ग्रंथावली

कबीर ग्रंथावली

सम्पादक
डॉ. श्यामसुंदर दास

लोकभारती प्रकाशन

लोकभारती प्रकाशन
पहली मंजिल, दरबारी बिल्डिंग, महात्मा गांधी मार्ग
प्रयागराज-211 001

वेबसाइट : www.lokbhartiprakashan.com
ईमेल : info@lokbhartiprakashan.com

शाखाएँ : 1-बी, नेताजी सुभाष मार्ग, दरियागंज
नई दिल्ली-110 002
अशोक राजपथ, साइंस कॉलेज के सामने
पटना-800 006 (बिहार)
1, अनमोल सोराबजी संतुक लेन, मरीन लाइंस
मुम्बई-400002

मूल्य : ₹ 599

प्रथम लोकभारती संस्करण : 2010
सातवाँ संस्करण : 2025

आस्था पेपर कन्वर्टर
प्रयागराज द्वारा मुद्रित

KABIR GRANTHAWALI
by Dr. Shyam Sundar Das

ISBN : 978-81-8031-408-7

अनुक्रम

प्रथम संस्करण की भूमिका

आज इस बात को पाँच छह वर्ष हुए होंगे, जब काशी नागरीप्रचारिणी सभा में रक्षित हस्तलिखित हिंदी पुस्तकों की जाँच की गई थी और उनकी सूची बनाई गई थी। उस समय दो ऐसी पुस्तकों का पता चला जो बड़े महत्त्व की थीं, पर जिनके विषय में किसी को पहले कोई सूचना नहीं थी। इनमें से एक तो सूरसागर की हस्तलिखित प्रति थी और दूसरी कबीरदास जी के ग्रंथों की दो प्रतियाँ थीं। कबीरदास जी के ग्रंथों की इन दो प्रतियों में से एक तो संवत् 1561 की लिखी है और दूसरी संवत् 1881 की। दोनों प्रतियों के देखने पर यह प्रकट हुआ कि इस समय कबीरदास जी के नाम से जितने ग्रंथ प्रसिद्ध हैं उनका कदाचित् दशमांश भी इन दोनों प्रतियों में नहीं है। यद्यपि इन दोनों प्रतियों के लिपिकाल में 320 वर्ष का अंतर है, पर फिर भी दोनों में पाठ -भेद बहुत ही कम है। संवत् 1881 की प्रति में संवत् 1561 वाली प्रति की अपेक्षा केवल 131 दोहे और 5 पद अधिक हैं। उस समय यह निश्चित किया गया कि इन दोनों हस्तलिखित प्रतियों के आधार पर कबीरदास जी के ग्रंथों का एक संग्रह प्रकाशित किया जाय। यह कार्य पहले पंडित अयोध्यासिंह जी उपाध्याय को सौंपा गया और उन्होंने इसे सहर्ष स्वीकार भी कर लिया। पर पीछे से समयाभाव के कारण वे यह न कर सके। तब यह मुझे सौंपा गया। मैंने यथासमय यह कार्य आरंभ कर दिया। मेरे दो विद्यार्थियों ने इस कार्य में मेरी सहायता करने की तत्परता भी प्रकट की, पर इस तत्परता का अवसान दो ही तीन दिन में हो गया। धीरे-धीरे मैंने इस काम को स्वयं ही करना आरंभ किया। संवत् 1983 के भाद्रपद मास में बहुत बीमार पड़ जाने तथा लगभग दो वर्ष तक निरंतर अस्वस्थ रहने और गृहस्थी संबंधी अनेक दुर्घटनाओं और आपत्तियों के कारण मैं यह कार्य शीघ्रतापूर्वक न कर सका। बीच-बीच में जब-तब अन्य झंझटों से कुछ समय मिला और शरीर ने कुछ कार्य करने में समर्थता प्रकट की, तब-तब मैं यह कार्य करता रहा। ईश्वर की कृपा है कि यह कार्य अब समाप्त हो गया।

जैसा कि मैंने ऊपर कहा है, इस संस्करण का मूल आधार संवत् 1561 की लिखी हस्तलिखित प्रति है। यह प्रति खेमचंद के पढ़ने के लिये मलूकदास ने काशी में लिखी थी। यह पता नहीं लगा कि ये खेमचंद और मलूकदास कौन थे। क्या ये मलूकदास जी कबीरदास जी के वही शिष्य तो नहीं थे जो जगन्नाथपुरी में जाकर बसे और जिनकी प्रसिद्ध खिचड़ी का वहाँ अब तक भोग लगता है तथा जिसके विषय में कबीरदास जी ने स्वयं कहा है 'मेरा गुरु बनारसी चेला समुंदर तीर '। यदि ये वही मलूकदास हैं तो इस प्रति का महत्त्व बहुत अधिक है। यदि यह न भी हो, तो भी इस प्रति का मूल्य कम नहीं है। जैसा कि इस संस्करण की प्रस्तावना में सिद्ध किया गया है, कबीरदास जी का निधन संवत् 1575 में हुआ था। यह प्रति उनकी मृत्यु के 14 वर्ष पहले की लिखी हुई है। अंतिम 14 वर्षों में कबीरदास जी ने जो कुछ कहा था यद्यपि वह उसमें सम्मिलित नहीं है, तथापि इसमें संदेह नहीं कि संवत् 1561 तक की कबीरदास जी की समस्त रचनाएँ इसमें संगृहीत हैं। यह प्रति (क) मानी गई है। इसके प्रथम और अंतिम दोनों पृष्ठों के चित्र इस संस्करण के साथ प्रकाशित किए जाते हैं।

दूसरी प्रति (ख) मानी गई है। यह संवत् 1881 की लिखी है अर्थात् इस प्रति के और (क) प्रति के लिपिकाल में 320 वर्षों का अंतर है। पर (क) और (ख) दोनों प्रतियों में पाठभेद बहुत कम है। (ख) प्रति में (क) प्रति की अपेक्षा 131 दोहे और 5 पद अधिक हैं।

यह बात प्रसिद्ध है कि संवत् 1661 में अर्थात् (क) प्रति के लिखे जाने के 100 वर्ष पीछे गुरुग्रंथ साहब का संकलन किया गया। उसमें अनेक भक्तों की वाणी सम्मिलित की गई है। गुरुग्रंथ साहब में कबीरदास जी की जितनी वाणी सम्मिलित की गई है, वह सब मैंने अलग करवाई और तब (क) तथा (ख) प्रतियों में सम्मिलित पदों आदि से उसका मिलान कराया। जो दोहे और पद मूल अंश में आ गए थे, उनको छोड़कर शेष सब दोहे और पद परिशिष्ट में दे दिए गए हैं।

ग्रंथसाहब तथा दोनों हस्तलिखित प्रतियों का मिलान करने पर नीचे लिखे दोहे और पद दोनों प्रतियों में मिले।

पृष्ठ	2	दोहा	10	पृष्ठ	54	दोहा	5, 9, 11
पृष्ठ	5	दोहा	9, 11, 12, 13	पृष्ठ	61	दोहा	9, 1
पृष्ठ	6	दोहा	16	पृष्ठ	62	दोहा	5
पृष्ठ	7	दोहा	25	पृष्ठ	64	दोहा	5, 6
पृष्ठ	11	दोहा	44	पृष्ठ	65	दोहा	11, 14
पृष्ठ	18	दोहा	3(10)	पृष्ठ	66	दोहा	4
पृष्ठ	19	दोहा	3	पृष्ठ	69	दोहा	13
पृष्ठ	20	दोहा	14, 1	पृष्ठ	71	दोहा	33
पृष्ठ	24	दोहा	33	पृष्ठ	73	दोहा	10
पृष्ठ	25	दोहा	43, 46	पृष्ठ	77	दोहा	7, 2
पृष्ठ	26	दोहा	54	पृष्ठ	78	दोहा	3
पृष्ठ	28	दोहा	7	पृष्ठ	82	दोहा	1
पृष्ठ	38	दोहा	1 (19)	पृष्ठ	85	दोहा	6
पृष्ठ	42	दोहा	2 (22)	पृष्ठ	97	दोहा	27
पृष्ठ	43	दोहा	9, 1	पृष्ठ	100	दोहा	39
पृष्ठ	47	दोहा	1	पृष्ठ	208	दोहा	359, 362
पृष्ठ	50	दोहा	7	पृष्ठ	220	दोहा	400
पृष्ठ	51	दोहा	2, 6				

1. इन दोहों का क्रम प्रस्तुत संस्करण में निम्नलिखित है—

साखी	(1)	दोहा 10		साखी	(37)	दोहा 9
साखी	(2)	दोहा	9,11-13,16,24	साखी	(38)	दोहा 4, 5
साखी	(3)	दोहा	44	साखी	(41)	दोहा 5, 6, 11, 14
साखी	(10)	दोहा	3	साखी	(43)	दोहा 5
साखी	(11)	दोहा	3, 14	साखी	(45)	दोहा 13, 33
साखी	(12)	दोहा	1,33,43,46,54	साखी	(46)	दोहा 10
साखी	(13)	दोहा	7	साखी	(47)	दोहा 7

साखी (19)	दोहा	1	साखी (48)	दोहा 2
साखी (22)	दोहा	2, 9	साखी (49)	दोहा 3
साखी (23)	दोहा	7	साखी (54)	दोहा 1
साखी (24)	दोहा	1	साखी (56)	दोहा 6
साखी (28)	दोहा 7		तथा पद संख्या 27, 39, 359,	
साखी (29)	दोहा 2, 6		362 और 400।	
साखी (31)	दोहा 5, 9, 11			

इनके अतिरिक्त पाद टिप्पणियों में जो (ख) प्रति में अधिक दोहे दिए गए हैं, उनमें से साखी (41) के दोहे 18, 19 और 20 तथा साखी (46) का दोहा 38 उस प्रति और गुरुग्रंथसाहब दोनों में समान है। इस प्रकार दोनों हस्तलिखित प्रतियों और गुरुग्रंथसाहब में 48 दोहे और 5 पद ऐसे हैं जो दोनों में समान हैं। इनको छोड़कर ग्रंथसाहब में जो दोहे या पद अधिक मिले हैं वे परिशिष्ट में दे दिए गए हैं। इनमें 192 दोहे और 222 पद हैं। इस प्रकार इस संस्करण में कबीरदास जी के दोहों और पदों का अत्यंत प्रामाणिक संग्रह दिया गया है। यह कहना तो कठिन है कि इस संग्रह में जो कुछ दिया गया है, उसके अतिरिक्त और कुछ कबीरदास जी ने कहा ही नहीं, पर इतना अवश्य है कि इनके अतिरिक्त और जो कुछ कबीरदासजी के नाम पर मिले उसे सहसा उन्हीं का कहा हुआ तब तक स्वीकार नहीं कर लेना चाहिए, जब तक उसके प्रक्षिप्त न होने का कोई दृढ़ प्रमाण न मिल जाय।

इस संबंध में ध्यान रखने योग्य एक और बात यह है कि इस संग्रह में दिए हुए दोहों आदि की भाषा और कबीरदास जी के नाम पर बिकने वाले ग्रंथों में के पदों आदि की भाषा में आकाश पाताल का अंतर है। इस संग्रह के दोहों आदि की भाषा भाषाविज्ञान की दृष्टि से कबीरदास जी के समय के लिए बहुत उपयुक्त है और वह हिंदी के 16वीं तथा 17वीं शताब्दी के रूप के ठीक अनुरूप है और इसीलिए इन पदों और दोहों को कबीरदास जी रचित मानने में आपत्ति नहीं हो सकती। परंतु कबीरदास जी के नाम पर आजकल जो बड़े-बड़े ग्रंथ देखने में आते हैं, उनकी भाषा बहुत ही आधुनिक और कहीं-कहीं तो बिलकुल आजकल की खड़ी बोली ही जान पड़ती है। आज के प्रायः तीन साढ़े तीन सौ वर्ष पूर्व कबीरदास जी आजकल की-सी भाषा लिखने में किस प्रकार समर्थ हुए होंगे, यह बहुत ही विचारणीय है।

इस संस्करण में कबीरदास जी के जो दोहे और पद सम्मिलित किए गए हैं, उन्हें मैंने आजकल की प्रचलित परिपाटी के अनुसार खराद पर चढ़ाकर सुडौल, सुंदर और पिंगल के नियमों से शुद्ध बनाने का कोई उद्योग नहीं किया, वरन् मेरा उद्देश्य यही रहा है कि हस्तलिखित प्रतियों या ग्रंथसाहब में जो पाठ मिलता है, वही ज्यों-का-त्यों प्रकाशित कर दिया जाय। कबीरदास जी के पूर्व के किसी भक्त की वाणी नहीं मिलती। हिंदी साहित्य के इतिहास में वीरगाथा काल की समाप्ति पर मध्यकाल का आरम्भ कबीरदास जी से होता है, अतएव इस काल के वे आदिकवि हैं। उस समय भाषा का रूप परिमार्जित और संस्कृत नहीं हुआ था। तिस पर कबीरदास जी स्वयं पढ़े-लिखे नहीं थे। उन्होंने जो कुछ कहा है,

वह अपनी प्रतिभा तथा भावुकता के वशीभूत होकर कहा है। उनमें कवित्व उतना नहीं था जितनी भक्ति और भावुकता थी। उनकी अटपट वाणी हृदय में चुभनेवाली है। अतएव उसे ज्यों का त्यों प्रकाशित कर देना ही उचित जान पड़ा और और यही किया भी गया है, हाँ, जहाँ मुझे स्पष्ट लिपिदोष देख पड़ा, वहाँ मैंने सुधार दिया है, और वह भी कम से कम उतना ही जितना उचित और नितांत आवश्यक था।

एक और बात विशेष ध्यान देने योग्य है। कबीरदास जी की भाषा में पंजाबीपन बहुत मिलता है। कबीरदास ने स्वयं कहा है कि मेरी बोली बनारसी है। इस अवस्था में पंजाबीपन कहाँ से आया? ग्रंथसाहब में कबीरदास जी की वाणी का जो संग्रह किया गया है, उसमें जो पंजाबीपन देख पड़ता है, उसका कारण तो स्पष्ट रूप से समझ में आ सकता है, पर मूल भाग में अथवा दोनों हस्तलिखित प्रतियों में जो पंजाबीपन देख पड़ता है, उसका कुछ कारण समझ में नहीं आता। या तो यह लिपिकर्त्ता की कृपा का फल है अथवा पंजाबी साधुओं की संगति का प्रभाव है। कहीं-कहीं तो स्पष्ट पंजाबी प्रयोग और मुहावरे आ गए हैं जिनको बदल देने से भाव तथा शैली में परिवर्तन हो जाता है। यह विषय विचारणीय है। मेरी समझ में कबीरदास जी की वाणी में जो पंजाबीपन देख पड़ता है उसका कारण उनका पंजाबी साधुओं से संसर्ग ही मानना समीचीन होगा।

इस संस्करण के साथ कबीरदास जी के दो चित्र प्रकाशित किए जाते हैं, एक तो कलकत्ता म्यूजियम से प्राप्त हुआ है और दूसरा कबीरपंथी स्वामी युगलानंदजी से मिला है। दोनों में से किसी चित्र का कोई ऐसा प्रामाणिक इतिहास नहीं मिला जिसकी कुछ जाँच की जा सकती पर जहाँ तक मैं समझता हूँ, वृद्धावस्था का चित्र ही जो कबीरपंथी साधु युगलानंदजी से प्राप्त हुआ है अधिक प्रामाणिक जान पड़ता है।

इस ग्रंथ का परिशिष्ट प्रस्तुत करने में मेरे छात्र पंडित अयोध्यानाथ शर्मा एम0ए0 ने बड़ा परिश्रम किया है। यदि वे यह कार्य न करते तो मुझे बहुत-कुछ कठिनता का सामना करना पड़ता। इसी प्रकार प्रस्तावना के लिये सामग्री एकत्र करने और उसे व्यवस्थित रूप देने में मेरे दूसरे छात्र पंडित पीतांबरदत्त बड़थ्वाल एम0ए0 ने मेरी जो सहायता की है वह बहुत ही अमूल्य है। सच बात तो यह है कि यदि मेरे ये दोनों प्रिय छात्र इस प्रकार मेरी सहायता न करते, तो अभी इस संस्करण के प्रकाशित होने में और भी अधिक समय लग जाता। इस सहायता के लिये मैं इन दोनों के प्रति अपनी कृतज्ञता प्रकट करता हूँ। इनके अतिरिक्त और भी दो-तीन विद्यार्थियों ने मेरी सहायता करने में कुछ-कुछ तत्परता दिखाई पर किसी का तो काम ही पूरा न उतरा, किसी ने टालमटूल कर दी और किसी ने कुछ कर-कराकर अपने सिर से बला टाली। अस्तु, सभी ने कुछ न कुछ करने का उद्योग किया और मैं उन सबके प्रति कृतज्ञता प्रकट करता हूँ।

काशी

श्यामसुंदरदास

ज्येष्ठ कृष्ण 13, 1985

प्रस्तावना

अविर्भाव काल :

काल की कठोर आवश्यकताएँ महात्माओं को जन्म देती हैं। कबीर का जन्म भी समय की विशेष आवश्यकताओं की पूर्ति के लिये हुआ था। अवसर के उचित उपयोग अनभिज्ञ और कर्मठता के प्रति उदासीन रहने वाली हिन्दू जाति को धर्मजन्य दयालुता ने उसे दासता के गर्त में ढकेल दिया था। उसका शूरवीरत्व उसके किसी काम न आया। वीरता के साथ वीरगाथाओं और वीरगीतों की अंतिम प्रतिध्वनि भी रणथंभौर के पतन के साथ ही विलीन हो गई। शहाबुद्दीन गोरी **(मृत्यु सं0 1263)** के समय से ही इस देश में मुसलमानों के पाँव जमने लग गए थे, उसके गुलाम कुतुबुद्दीन ऐबक **(सं0 1263-1273)** ने गुलाम वंश की स्थापना कर पठानी सल्तनत और भी दृढ़ कर दी। भारत की लक्ष्मी पर लुब्ध मुसलमानों का विकराल स्वरूप, जिसे उनकी धर्मान्धिता ने और भी अधिक विकराल बना दिया था, अलाउद्दीन खिलजी **(सं0 1352–1372)** के समय में भली-भाँति प्रकट हुआ। खेतों में खून और पसीना एक करने वाले किसानों की कमाई का आधे से अधिक अंश भूमिकर के रूप में राजकोष में जाने लगा। प्रजा दाने-दाने को तरसने लगी। सोने चाँदी की तो बात ही क्या, हिंदुओं के घरों में ताँबे पीतल की थाली लोटों तक का रहना सुलतान को खटकने लगा। उनका घोड़े की सवारी करना और अच्छे कपड़े पहनना महान् अपराधों में गिना जाने लगा। नाम-मात्र के अपराध के लिये भी किसी की खाल खिंचवाकर उसमें भूसा भरवा देना एक साधारण बात थी। अलाउद्दीन खिलजी के लड़के कुतुबुद्दीन मुबारक **(सं0 1373–1377)** के शासनकाल में जब देवगिरि का राजा हरपाल बंदी करके दिल्ली लाया गया, तब उसकी यही दशा हुई। मंदिरों को गिराकर उसके स्थान पर मस्जिदें बनाने का लग्गा तो बहुत पहले ही लग चुका था, अब स्त्रियों के मान और पतिव्रता की रक्षा करना भी कठिन हो गया। चित्तौड़ पर अलाउद्दीन की दो चढ़ाइयाँ केवल अतुल सुंदरी पद्मिनी की ही प्राप्ति के लिए हुईं, अंत में गढ़ के टूट जाने और अपने पति भीम सिंह के वीरगति पाने पर पुण्यप्रतिमा महारानी पद्मिनी ने अन्य वीर क्षत्राणियों के साथ अपने मान की रक्षा के लिए अग्निदेव के क्रोड़ में शरण ली और जौहर करके हिंदू जाति का मस्तक ऊँचा किया। तुगलक वंश के अधिकार रूढ़ होने पर भी ये कष्ट कम नहीं हुए वरन् मुहम्मद तुगलक **(सं0 1382–1408)** की ऊटपटाँग व्यवस्थाओं से और भी बढ़ गए। समस्त राजधानी, जिसमें नवजात शिशु से लेकर मरणोन्मुख वृद्ध तक थे, दिल्ली से लाकर दौलताबाद में बसाई गई। परंतु जब वहाँ आने से अधिक लोग मर गए तब सबको फिर दिल्ली लौट जाने की आज्ञा दी गई। हिंदू जाति के लिए ज़ीवन धीरे-धीरे एक भार-सा होने लगा, कहीं से आशा

की झलक तक न दिखाई देती थी। चारों ओर निराशा और निरवलंबता का अंधकार छाया हुआ था। हिंदू रक्त ने खुसरो की नसों में उबलकर हिंदू राज्य की स्थापना का प्रयत्न किया तो था **(वि.सं. 1308)** पर वह सफल न हो सका। इसके अनंतर सारी आशाएँ बहुत दिनों के लिए मिट्टी में मिल गईं। तैमूर के आक्रमण ने देश को जहाँ-तहाँ उजाड़ कर नैराश्य की चरण सीमा तक पहुँचा दिया। हिंदू जाति में से ज़ीवन शक्ति के सब लक्षण मिट गए। विपत्ति की चरण सीमा तक पहुँचकर मनुष्य पहले तो परमात्मा की ओर ध्यान लगाता है और अनेक कष्टों से त्राण पाने की आशा करता है, पर जब स्थिति में सुधार नहीं होता, तब परमात्मा की भी उपेक्षा करने लगता है, उसके अस्तित्व पर उसका विश्वास ही नहीं रह जाता। कबीर के जन्म के समय हिंदू जाति की यही दशा हो रही थी। वह समय और परिस्थिति अनीश्वरवाद के लिए बहुत ही अनुकूल थी, यदि उसकी लहर चल पड़ती तो उसे रोकना बहुत ही कठिन हो जाता। परंतु कबीर ने बड़े ही कौशल से इस अवसर से लाभ उठाकर जनता को भक्तिमार्ग की ओर प्रवृत्त किया और भक्तिभाव का प्रचार किया। प्रत्येक प्रकार की भक्ति के लिये जनता इस समय तैयार नहीं थी। मूर्तियों की अशक्तता वि0सं0 1081 में बड़ी स्पष्टता से प्रकट हो चुकी थी जब कि मुहम्मद गजनवी ने आत्मरक्षा से विरत, हाथ पर हाथ रखकर बैठे हुए श्रद्धालुओं के देखते-देखते सोमनाथ का मंदिर नष्ट करके उनमें से हजारों को तलवार के घाट उतारा था। गजेंद्र की एक ही टेर सुनकर दौड़ आने वाले और ग्राह से उसकी रक्षा करने वाले सगुण भगवान जनता के घोर संकटकाल में भी उसकी रक्षा के लिए आते हुए न दिखाई दिए। अतएव उनकी ओर जनता को सहसा प्रवृत्त कर सकना असंभव था। पंढरपुर के भक्तशिरोमणि नामदेव की सगुण भक्ति जनता को आकृष्ट न कर सकी, लोगों ने उनका वैसा अनुकरण न किया जैसा आगे चलकर कबीर का किया; और अंत में उन्हें भी ज्ञानाश्रित निर्गुण भक्ति की ओर झुकना पड़ा। उस समय परिस्थिति केवल निराकार और निर्गुण ब्रह्म की भक्ति के ही अनुकूल थी, यद्यपि निर्गुण शक्ति का भली-भाँति अनुभव नहीं किया जा सकता था, उसका अभास मात्र मिल सकता था। पर प्रबल जलधार में बहते हुए मनुष्य के लिए यह कूलस्थ मनुष्य या चट्टान किस काम की है जो उसकी रक्षा के लिए तत्परता न दिखलाए। पर उसकी ओर बहकर आता हुआ एक तिनका भी उसके हृदय में जीवन की आशा पुनरुद्दीप्त कर देता है और उसी का सहारा पाने के लिए वह अनायास हाथ बढ़ा देता है। कबीर ने अपनी निर्गुण भक्ति के द्वारा यही आशा भारतीय जनता के हृदय में उत्पन्न की और उसे कुछ अधिक समय तक विपत्ति की इस अथाह जलराशि के ऊपर बने रहने की उत्तेजना दी, यद्यपि सहायता की आशा से आगे बढ़े हुए हाथ को वास्तविक सहारा सगुण भक्ति से ही मिला और केवल रामभक्ति ही उसे किनारे पर लाकर सर्वथा निरापद कर सकी। रामभक्ति ने केवल सगुण कृष्णभक्ति के समान जनता की दृष्टि जीवन के आंदोल्लासपूर्ण पक्ष की ओर ही लगाई, प्रत्युत आनंदविरोधिनी मांगलिक शक्तियों के संहार का विधान कर दूसरे पक्ष में भी आनंद की प्राणप्रतिष्ठा की। पर इससे जनता पर होने वाले कबीर के उपकार का महत्त्व कम नहीं हो जाता। कबीर यदि जनता को भक्ति की ओर न प्रवृत्त करते तो क्या यह संभव था कि लोग इस प्रकार सूर की कृष्णभक्ति अथवा तुलसी की रामभक्ति आँखें मूँदकर ग्रहण कर लेते? सारांश यह है

कि कबीर का जन्म ऐसे समय में हुआ जब कि मुसलमानों के अत्याचारों से पीड़ित भारतीय जनता को अपने जीवित रहने की आशा नहीं रह गई थी और न उसमें अपने आपको जीवित रखने की इच्छा ही शेष रह गई थी। उसे मृत्यु या धर्मपरिवर्तन के अतिरिक्त और कोई उपाय ही नहीं दीख पड़ता था। यद्यपि धर्मज्ञ तत्वज्ञों ने सगुण उपासना से आगे बढ़ते-चढ़ते निर्गुण उपासना तक पहुँचने का सुगम मार्ग बतलाया है और वास्तव में यह तत्त्व बुद्धिसंगत भी जान पड़ता है, पर उस समय सगुण उपासना की निःसारता का जनता को परिचय मिल चुका था और उस पर से उनका विश्वास भी हट चुका था। अतएव कबीर को अपनी व्यवस्था उलटनी पड़ी। मुसलमान भी निर्गुण उपासक थे। अतएव उनसे मिलते-जुलते पथ पर लगाकर कबीर ने हिंदू जनता को संतोष और शांति प्रदान करने का उद्योग किया। यद्यपि उस उद्योग में उन्हें सफलता नहीं प्राप्त हुई, तथापि यह स्पष्ट है कि कबीर के निर्गुणवाद ने तुलसी और सूर के सगुणवाद के लिये मार्ग परिष्कृत कर दिया और उत्तरी भारत के भावी धर्ममय जीवन के लिये उसे बहुत कुछ संस्कृत और परिष्कृत बना दिया।

भक्त संतों की परंपरा :

जिस समय कबीर आविर्भूत हुए थे, वह समय ही भक्ति की लहर का था। उस लहर को बढ़ाने के प्रबल कारण भी प्रस्तुत थे। मुसलमानों के भारत में आ बसने से परिस्थिति में बहुत कुछ परिवर्तन हो गया। हिन्दू जनता का नैराश्य दूर करने के लिए भक्ति का आश्रय ग्रहण करना आवश्यक था। इसके अतिरिक्त कुछ लोगों ने हिंदू और मुसलमान भक्त संतों की परंपरा विरोधी जातियों को एक करने की आवश्यकता का भी अनुभव किया। इस अनुभव के मूल में एक ऐसे सामान्य भक्तिमार्ग का विकास गर्भित था जिससे परमात्मा की एकता के आधार पर मनुष्यों की एकता का प्रतिपादन हो सकता था और जिसका मूलाधार भारतीय अद्वैतवाद और मुसलमानी एकेश्वरवाद के सूक्ष्म भेद की ओर ध्यान नहीं दिया गया और दोनों के एक विचित्र मिश्रण के रूप में निर्गुण भक्तिमार्ग चल पड़ा। रामा नन्दजी के बारह शिष्यों में से कुछ इस मार्ग के प्रवर्तन में प्रवृत्त हुए जिनमें से कबीर प्रमुख थे। शेष में सेना, धना, भवानंद, पीपा और रैदास थे, परंतु उनका उतना प्रभाव न पड़ा जितना कबीर का। नरहर्यानंद जी ने अपने शिष्य गोस्वामी तुलसीदास को प्रेरित करके उनके कर्तृत्व से सगुण रामभक्ति का एक और ही स्रोत प्रवाहित कराया।

मुसलमानों के आगमन से हिंदू समाज पर एक और प्रभाव पड़ा। पददलित शूद्रों की दृष्टि में उन्मेष हो गया। उन्होंने देखा कि मुसलमानों में द्विजों और शूद्रों का भेद नहीं है। सधर्मी होने के कारण वे सब एक हैं, उनके व्यवसाय ने उनमें कोई भेद नहीं डाला है; न उनमें कोई छोटा है औरं न कोई बड़ा। अतएव इन ठुकराए हुए शूद्रों में से ही कुछ ऐसे महात्मा निकले जिन्होंने मनुष्यों की एकता को उद्घोषित करना चाहा। इस नवोत्थित भक्ति रंग में सम्मिलित होकर हिन्दू समाज में प्रचलित इस भेदभाव के विरुद्ध भी आवाज उठाई गई। रामानन्द जी ने सबके लिए भक्ति का मार्ग खोलकर उनको प्रोत्साहित किया। नामदेव दरजी, रैदास चमार, दादू धूनिया, कबीर जुलाहा आदि समाज की नीची श्रेणी के ही थे, परन्तु उनका नाम आज तक आदर से लिया जाता है।

वर्ण भेद में उत्पन्न उच्चता और नीचता को ही नहीं, वर्ग-भेद से उत्पन्न उच्चता-नीचता को भी दूर करने का इस निर्गुण भक्ति ने प्रयत्न किया। स्त्रियों का पद स्त्री होने के कारण नीचा न रह पाया। पुरुषों के ही समान वे भी भक्ति की अधिकारिणी हुईं। रामानन्द जी के शिष्यों में से दो स्त्रियाँ थीं, एक पद्मावती और दूसरी सुरसरी। आगे चलकर सहजो बाई और दयाबाई भी भक्तसंतों में से हुईं। स्त्रियों की स्वतंत्रता के परम विरोधी, उनके घर की चहारदिवारी के अंदर ही कैद रखने के कट्टर पक्षपाती तुलसीदास जी भी जो मीरा बाई 'राम विमुख तजिय कोटि बैरी सम यद्यपि परम सनेही' का उपदेश दे सके, वह निर्गुण भक्ति के ही अनिवार्य और अलक्ष्य प्रभाव के प्रसाद से समझना चाहिए। ज्ञानी संतों ने स्त्री की जो निंदा की है, वह दूसरी ही दृष्टि से है। स्त्री से उनका अभिप्राय स्त्री पुरुष के कामवासना पूर्ण संसर्ग से है। स्त्री की निंदा कबीर से बढ़कर कदाचित् ही किसी ने की हो, परन्तु पति-पत्नी की भाँति न रहते हुए भी लोई का आजन्म उनके साथ रहना प्रसिद्ध है।

कबीर इस निर्गुण भक्ति प्रवाह के प्रवर्तक हैं, परन्तु भक्त नामदेव इनसे भी पहले हो गए थे। नामदेव का नाम कबीर ने शुक, उद्धव, शंकर आदि ज्ञानियों के साथ लिया है—

जागे सुक ऊधव अकूर हणवंत जाग लै लँगूर।
संकर जागे चरन सेव, कलि जागे नामाँ जैदेव।।

अक्रूर, हनुमान और जयदेव की गिनती ज्ञानियों (जाग्रतों) में कैसे हुई, यह नहीं कह सकते। नामदेव जी जाति के दर्जी थे और दक्षिण के सतारा जिले के नरसी बमनी नामक स्थान में उत्पन्न हुए थे। पंढरपुर में विठोबा जी का मन्दिर है। ये उनके बड़े भक्त थे। पहले ये सगुणोपासक थे, परन्तु आगे चलकर इनका झुकाव निर्गुण भक्ति की ओर हो गया, जैसा उनके गायनों के नीचे दिए उदाहरणों से पता चलेगा—

(क) दशरथ राय नंद राजा मेरा रामचंद्र,
प्रणवै नामा तत्व रस अमृत पीजै।।

× × × ×

'धनि धनि मेघा रोमावली। धनि धनि कृष्णा औढ़े काँवली।।
धनि धनि तू माता देवकी। जिह घर रमैया कमलापति।।
धनि धनि बनखंड बृंदावना। जहँ खेलै श्रीनारायना।।
बेनु बजावै गोधन चारैं। नामे का स्वामी आनंद करै।।

(ख) 'पांडे तुम्हारी गायत्री लोधे का खेत खाती थी।।
लैकरि ठेंगा टँगरी तोरी लंगत लंगत जाती थी।।
पांडे तुम्हारा महादेव धौले बलद चढ़ा आवत देखा था।।
रावन सेंती सरवर होई घर की जोय गँवाई थी।।

कबीर के पीछे तो संतों की मानों बाढ़-सी आ गई और अनेक मत चल पड़े। पर सब पर कबीर का प्रभाव स्पष्ट परिलक्षित है। नानक, दादू, शिवनारायण, जगजीवनदास आदि जितने प्रमुख संत हुए, सबने कबीर का अनुकरण किया और अपना-अपना अलग मत

चलाया। इनके विषय की मुख्य बातें ऊपर आ गई हैं, फिर भी कुछ बातों पर ध्यान दिलाना आवश्यक है। सबने नाम, शब्द, सद्‌गुरु आदि की महिमा गाई है और मूर्तिपूजा, अवतारवाद तथा कर्मकांड का विरोध किया है, तथा जाति-पाँति का भेद-भाव मिटाने का प्रयत्न किया है, परंतु हिंदू जीवन में व्याप्त सगुण भक्ति और कर्मकांड के प्रभाव से इनके परिवर्तित मतों के अनुयायियों द्वारा वे स्वयं परमात्मा के अवतार माने जाने लगे हैं और उनके मतों में भी कर्मकांड का पाखंड घुस गया है। कई मतों में केवल द्विज लिये जाते हैं। केवल नानक देव जी का चलाया सिक्ख संप्रदाय ही ऐसा है जिसमें जाति-पाँति का भेद नहीं आने पाया, परंतु उसमें भी कर्मकांड की प्रधानता हो गई है और ग्रंथसाहब का प्रायः वैसा ही पूजन किया जाता है जैसा मूर्तिपूजक मूर्ति का करते हैं। कबीरदास के मनगढ़ंत चित्र बनाकर उनकी पूजा कबीरपंथी मठों में भी होने लग गई है और सुमिरनी आदि का प्रचार हो गया है।

यद्यपि आगे चलकर निर्गुण संत मतों का वैष्णव संप्रदायों से बहुत भेद हो गया, तथापि इसमें संदेह नहीं कि संतधारा का उद्‌गम भी वैष्णव भक्ति-रूपी स्रोत से ही हुआ है। श्रीरामानुज ने संवत् 1144 में यादवाचल पर नारायण की मूर्ति स्थापित करके दक्षिण में वैष्णव धर्म का प्रवाह चलाया था पर उनकी भक्ति का आधार ज्ञानमार्गी अद्वैतवाद था। उनका अद्वैत विशिष्टाद्वैत हुआ। गुजरात में माधवाचार्य ने द्वैतमूलक वैष्णव धर्म का प्रवर्तन किया। जो कुछ कहा जा चुका है, उससे पता लगेगा कि संत धारा अधिकतर ज्ञानमार्ग के ही मेल में रही। पर उधर बंगाल में महाप्रभु चैतन्यदेव और उत्तर भारत में वल्लभाचार्य जी के प्रभाव से भक्ति के लिये परमात्मा के सगुण रूप की प्रतिष्ठा की गई यद्यपि सिद्धान्त रूप में ज्ञानमार्ग का त्याग नहीं किया गया और तो और तुलसीदास जी तक ने ज्ञानमार्ग की बातों का निरूपण किया है, यद्यपि उन्होंने उन्हें गौण स्थान दिया है। संतों में भी कहीं-कहीं अनजाने में सगुणवाद आ गया है और विशेषकर कबीर में क्योंकि भक्ति गुणों का आश्रय पाकर ही हो सकती है। शुद्ध ज्ञानाश्रयी उपनिषदों तक में उपासना के लिये ब्रह्म में गुणों का आरोप किया गया है। फिर भी तथ्य की बात यह जान पड़ती है कि वैष्णव संप्रदाय ने आगे चलकर व्यवहार में सगुण भक्ति का आश्रय लिया, तब भी संत मतों ने ज्ञानाश्रयी निर्गुण भक्ति ही से अपना संबंध रखा।

यहाँ पर यह कह देना उचित जँचता है कि कबीर सारतः वैष्णव थे। अपने आपको उन्होंने वैष्णव तो कहीं नहीं कहा है, परंतु वैष्णव की जितनी प्रशंसा की है, उससे उनकी वैष्णवता का बहुत पुष्ट प्रमाण मिलता है—

मेरे संगी द्वै जणा एक वैष्णव एक राम।
वो है दाता मुक्ति का वो सुमिरावै नाम॥
कबीर धनि ते सुंदरी जिनि जाया वैसनौं पूत।
राम सुमिरि निरभै हुआ सब जग गया अऊत॥
साकत बाभँण मति मिलै बेसनौं मिलै चँडाल।
अंकमाल दे भेंटिए मानौ मिलै गोपाल॥

शाक्तों की निंदा के लिये यह तत्परता उनकी वैष्णवता का ही फल है। शाक्त को उन्होंने कुत्ता तक कह डाला है—

साकत सुनहा दूनो भाई, एक नीदै एक भौंकत जाई।

जो कुछ संदेह उनकी वैष्णवता में रह जाता है, वह रामानंद जी को गुरु बनाने की उनकी आकुलता से दूर हो जाना चाहिए। अन्य वैष्णवों में और उनमें जो भेद दिखाई देता है उसका कारण, जैसा कि हम आगे चलकर बतावेंगे, उनके सिद्धान्त और व्यवहार में भेद न रखने का फल है।

कबीरदास के जीवन चरित्र के संबंध में तथ्य की बातें बहुत कम ज्ञात हैं; यहाँ तक कि उनके जन्म और मरण के संवतों के विषय में भी अब तक कोई निश्चित बातें नहीं ज्ञात हुई हैं। कबीरदास के काल निर्णय के विषय में लोगों ने जो कुछ लिखा है, सब जनश्रुति के आधार पर हैं। इनका समय भी अनुमान के आधार पर निश्चित किया गया है। डॉ0 हंटर ने इनका जन्म संवत् 1437 में और विल्सन साहब ने मृत्यु सं0 1505 में मानी है। रेवरेंड वेस्टकाट के अनुसार इनका जन्म 1497 में और मृत्यु संवत् 1575 में हुई। कबीरपंथियों में इनके जन्म के विषय में यह पद्य प्रसिद्ध है—

चौदह सौ पचपन साल भए, चंद्रवार एक ठाठ ठए।
जेठ सुदी बरसायत को पूरनमासी तिथि प्रगट भए॥
घन गरजें दामिनि दमके बूँदे बरषें झर लाग गए।
लहर तलाब में कमल खिले तहँ कबीर भानु प्रगट भए॥

यह पद्य कबीरदास के प्रधान शिष्य और उत्तराधिकारी धर्मदास का कहा हुआ बताया जाता है। इसके अनुसार कबीरदास का जन्म लोगों ने संवत् 1455 ज्येष्ठ शुक्ल पूर्णिमा चंद्रवार को माना है, परंतु गणना करने से संवत् 1455 में ज्येष्ठ शुक्ल पूर्णिमा चंद्रवार को नहीं पड़ती। पद्य को ध्यान से पढ़ने पर संवत् 1456 निकलता है, क्योंकि उसमें स्पष्ट शब्दों में लिखा है 'चौदह सौ पचपन साल गए, अर्थात् उस समय तक संवत् 1455 बीत गया था।

ज्येष्ठ मास वर्ष के आरम्भिक मासों में है, अतएव उसके लिये चौदह सौ पचपन साल गए लिखना स्वाभाविक भी है, क्योंकि वर्षारंभ में नवीन संवत् लिखने का उतना अभ्यास नहीं रहता। सं0 1456 में ज्येष्ठ शुक्ल पूर्णिमा चंद्रवार को ही पड़ती है। अतएव यही संवत् कबीर के जन्म का ठीक संवत् जान पड़ता है।

इनके निधन के संबंध में दो तिथियाँ प्रसिद्ध हैं—

1. **संवत पंद्रह सौ और पाँच मौ मगहर कियो गमन।**
   अगहन सुदी एकादशी, मिले पवन में पवन॥
2. **संवत् पंद्रह सौ पछत्तरा, कियो मगहर को गवन।**
   माघ सुदी एकादशी, रलो पवन में पवन॥

एक के अनुसार इनका परलोकवास संवत् 1505 में और दूसरे के अनुसार 1575 में ठहरता है। दोनों तिथियों में 70 वर्ष का अंतर है। वार न दिए रहने के कारण ज्योतिष

की गणना से तिथियों की जाँच नहीं की जा सकती।

डॉक्टर फ्यूर्र ने अपने 'मानुमेंटल एंटीक्विटीज़ आफ दि नार्थ वेस्टर्न प्राविंसेज' नामक ग्रंथ में लिखा है कि बस्ती जिले के मगहर ग्राम में, आमी नदी के दक्षिण तट पर कबीरदास जी का रौजा है जिसे सन् 1450 (संवत् 1507) में बिजली खाँ ने बनवाया और जिसका जीर्णोद्धार सन् 1567 (संवत् 1624) में नवाब फिदाई खाँ ने कराया। यदि ये संवत् ठीक हैं तो कबीर की मृत्यु संवत् 1507 के पहले ही हो चुकी थी। इस बात को ध्यान में रखकर देखने से 1505 ही इनका निधन संवत् ठहरता है और इनका जन्म संवत् 1456 मान लेने से इनकी आयु केवल 49 वर्ष की ठहरती है। मेरा अनुमान था कि डॉक्टर फ्यूर्र ने मगहर के रौजे के बनने तथा जीर्णोद्धार के संवत् उसमें खुदे किसी शिलालेख के आधार पर दिए होंगे। इस अनुमान से मैं बहुत प्रसन्न था कि इस शिलालेख के आधार पर कबीर जी का समय निश्चित हो जायगा; पर पूछ-ताछ करने पर पता लगा कि वहाँ कोई शिलालेख नहीं है। डॉक्टर साहब ने जिस ढंग से संवत् दिए हैं, उससे तो यही जान पड़ता है कि उनके पास कोई आधार अवश्य था। परंतु जब तक उस आधार का पता नहीं लगता, तब तक मैं पुष्ट प्रमाणों के अभाव में इन संवतों को निश्चित मानने में असमर्थ हूँ। और भी कई बातें हैं जिनसे इन संवतों को अप्रामाणिक मानने को ही जी चाहता है। इन पर आगे विचार किया जाता है।

यह बात प्रसिद्ध है कि कबीरदास सिकंदर लोदी के समय में हुए थे और उसके कोप के कारण ही उन्हें काशी छोड़कर जाना पड़ा था। सिकंदर लोदी का राजत्वकाल सन् 1517 (संवत् 1574) से सन् 1526 (संवत 1583) तक माना जाता है। इस अवस्था में यदि कबीर का निधन संवत् 1505 मान लिया जाय तो उनका सिकंदर लोदी के समय में वर्तमान रहना असंभव सिद्ध होता है।

गुरु नानकदेव जी ने कबीर की अनेक साखियों और पदों को आदि-ग्रंथ में उद्धृत किया है, गुरु नानक जी का जन्म संवत् 1526 में और मृत्यु संवत् 1596 में हुई। रेवरंड वेस्टकाट लिखते हैं कि जब नानक 27 वर्ष के थे, तब कबीरदास जी से उनकी भेंट हुई थी। नानकदेव जी पर कबीरदास का इतना स्पष्ट प्रभाव दिखाई देता है कि इस घटना को सत्य मानने की प्रवृत्ति होती है, जिससे कबीर का संवत् 1556 में वर्तमान रहना मानना पड़ता है। परंतु संवत् 1505 में कबीर की मृत्यु मानने में यह घटना असंभव हो जाती है।

---

1. ग्रंथ साहब में कबीरदास की बहुत सी साखियाँ और पद दिए हैं। उनमें से बहुत-से ऐसे हैं जो सं० 1561 की हस्तलिखित प्रति में नहीं हैं। इससे यह मानना पड़ेगा कि या तो यह संवत् 1571 वाली प्रति अधूरी है अथवा इस प्रति के लिखे जाने के 100 वर्ष के अंदर बहुत-सी साखियाँ आदि कबीरदास जी के नाम से प्रचलित हो गई थीं, जो कि वास्तव में उनकी न थीं।" यदि कबीरदास का निधन संवत् 1505 में मान लिया जाता है तो यह बात असंगत नहीं जान पड़ती कि इस प्रति के लिखे जाने के अनंतर 14 वर्ष तक कबीरदास जी जीवित रहे हों और इस बीच में उन्होंने और बहुत से पद बनाए हों जो ग्रंथ साहब में सम्मिलित कर लिए गए हों।

जिन दो हस्तलिखित प्रतियों के आधार पर इस ग्रंथावली का संपादन हुआ है, उनमें से एक संवत् 1561 की लिखी है। यदि कबीरदास की मृत्यु 1505 में हुई तो यह प्रतिलिपि उनकी मृत्यु के 56 वर्ष पीछे तैयार की गई होगी। ऐसा प्रसिद्ध है कि कबीरदास जी के प्रधान शिष्य और उत्तराधिकारी धर्मदास जी ने संवत् 1521 में जब कि कबीरदास जी की आयु 65 वर्ष की थी, अपने गुरु के वचनों का संग्रह किया था। जिस ढंग से कबीरदास जी की वाणी का संग्रह इस प्रति में किया गया है उसे देखकर यह मानना पड़ेगा कि यह पहला संकलन नहीं था, वरन् अन्य संकलनों के आधार पर पीछे से किया गया था, अथवा कोई आश्चर्य नहीं कि धर्मदास के संग्रह के ही आधार पर इसका संकलन किया गया हो।[1]

इस ग्रंथावली में कबीरदास जी के दो चित्र दिए गए हैं— एक युवावस्था का और दूसरा वृद्धावस्था का। पहला चित्र कलकत्ता म्यूजियम से प्राप्त हुआ है और दूसरा मुझे कबीरपंथी स्वामी युगलानंद जी से मिला है। मिलान कराने से दोनों चित्र एक ही व्यक्ति के नहीं मालूम पड़ते, दोनों की आकृतियों में बड़ा अंतर है। यदि दोनों नहीं तो इनमें से कोई एक अवश्य अप्रामाणिक होगा, दोनों ही अप्रामाणिक हो सकते हैं, परंतु श्रीयुत युगलानंद जी वृद्धावस्था वाले चित्र के लिये अत्यंत प्रामाणिकता का दावा करते हैं, जो 49 वर्ष से अधिक अवस्थावाले व्यक्ति का ही हो सकता है। नहीं कह सकते कि यह दावा कहाँ तक साधार और सत्य है, परंतु यह ठीक है तो मानना पड़ेगा कि कबीरदास जी की मृत्यु 1505 के बहुत पीछे हुई।

इन सब बातों पर एक साथ विचार करने से यही संभव जान पड़ता है कि कबीरदास जी का जन्म 1456 में और मृत्यु संवत् 1575 में हुई होगी। इस हिसाब से उनकी आयु 119 वर्ष की होती है, जिस पर बहुत लोगों को विश्वास करने की प्रवृत्ति न होगी, परंतु जो इस युग में भी असंभव नहीं हैं।

माता-पिता :

यह कहा जा चुका है कि कबीरदास जी के जीवन की घटनाओं के संबंध में कोई निश्चित बात ज्ञात नहीं होती, क्योंकि उन सबका आधार जनसाधारण और विशेषकर कबीरपंथियों में प्रचलित दंतकथाएँ हैं। कहते हैं कि काशी में एक सात्विक ब्राह्मण रहते थे जो स्वामी रामानंद जी के बड़े भक्त थे। उनकी एक विधवा कन्या थी। उसे साथ लेकर एक दिन वे स्वामी जी के आश्रम पर गए। प्रणाम करने पर स्वामी जी ने उसे पुत्रवती होने का आशीर्वाद दिया। ब्राह्मण देवता ने चौंककर जब पुत्री का वैधव्य निवेदन किया तब स्वामी जी ने सखेद कहा कि मेरा वचन तो अन्यथा नहीं हो सकता है, परंतु इतने से संतोष करो कि इससे उत्पन्न पुत्र बड़ा प्रतापी होगा। आशीर्वाद के फलस्वरूप जब इस ब्राह्मण कन्या को पुत्र उत्पन्न हुआ तो लोक लज्जा और लोकापवाद के भय से उसने उसे लहर तालाब के किनारे डाल दिया। भाग्यवश कुछ ही क्षण के पश्चात् नीरू नाम का एक जुलाहा अपनी स्त्री नीमा के साथ उधर से आ निकला। इस दंपति के कोई पुत्र न था। बालक का रूप पुत्र के लिये लालायित दम्पति के हृदय में चुभ गया और वे इसी बालक का भरण-पोषण कर पुत्र वाले हुए। आगे चलकर यही बालक परम भगवद्भक्त कबीर हुआ। कबीर का

विधवा ब्राह्मण कन्या का पुत्र होना असंभव नहीं किंतु स्वामी रामानंद जी के आशीर्वाद की बात ब्राह्मण कन्या का कलंक मिटाने के उद्देश्य से ही पीछे से जोड़ी गई जान पड़ती है, जैसे कि अन्य प्रतिभाशाली व्यक्तियों के संबंध में जोड़ी गई है। मुसलमान घर में पालित होने पर भी कबीर का हिंदू विचारों में सराबोर होना उनके शरीर में प्रवाहित होने वाले ब्राह्मण अथवा कम-से-कम हिंदू रक्त की ही ओर संकेत करता है। स्वयं कबीरदास ने अपने माता-पिता का कहीं कोई उल्लेख नहीं किया है और जहाँ कहीं उन्होंने अपने संबंध में कुछ कहा भी है वहाँ अपने को जुलाहा और बनारस का रहने वाला बताया है।

'जाति जुलाहा मति को धीर। हरषि हरषि गुण रमै कबीर'।।

'मेरे राम की अभैपद नगरी, कहै कबीर जुलाहा।'

'तू ब्राह्मन मैं काशी का जुलाहा।'

परंतु जान पड़ता है कि उनकी हार्दिक इच्छा थी कि यदि मेरा ब्राह्मण कुल में जन्म हुआ होता तो अच्छा होता। वे पूर्व जन्म के अपने ब्राह्मण होने की कल्पना कर अपना परितोष कर लेते हैं। एक पद में वे कहते हैं—

'पूरब जनम हम ब्राह्मन होते वोछे करम तप हीना।
रामदेव की सेवा चूका पकरि जुलाहा कीना।।'

ग्रंथ साहब में कबीरदास का एक पद दिया है जिसमें कबीरदास कहते हैं— 'पहले दर्शन मगहर पायो पुनि काशी बसे आई।' एक दूसरे पद में कबीरदास कहते हैं— 'तोरे भरोसे मगहर बसियो मेरे मन की तपन बुझाई।' यह तो प्रसिद्ध ही है कि कबीरदास अंत में मगहर में जाकर बसे और वहीं उनका परलोकवास हुआ। पर 'पहले दर्शन मगहर पायो पुनि काशी बसे आई' से तो यह ध्वनि निकलती है कि उनका जन्म ही मगहर में हुआ था और फिर ये काशी में आकर बस गए और अंत में फिर मगहर में जाकर परलोक सिधारे। तो क्या विधवा ब्राह्मणी के गर्भ में जन्म पाने और नीरू तथा नीमा से पालित-पोषित होने की समस्त कथा केवल मनगढ़ंत है और उसमें कुछ भी सार नहीं। यह विषय विशेष रूप से विचारणीय है।

कुछ लोग कबीर को नीरू और नीमा का औरस पुत्र मानते हैं, परंतु इस मत के पक्ष में कोई साधार प्रमाण अब तक किसी ने नहीं दिया। स्वयं कबीर की एक उक्ति हम ऊपर दे चुके हैं जिसमें जन्म से मुसलमान न होना प्रकट होता है, परंतु ' जौ रे खुदाई तुरक मोहि करता आपै कटि किन जाई ' से यह ध्वनित होता है कि वे मुसलमान माता-पिता की संतति थे। सब बातों पर विचार करने से इसी मत के ठीक होने की अधिक संभावना है कि कबीर ब्राह्मणी या किसी हिंदू स्त्री के गर्भ से उत्पन्न और मुसलमान परिवार में लालित-पालित हुए थे। कदाचित् उनका बालकपन मगहर में बीता हो और पीछे से आकर काशी में बसे हों, जहाँ से अंतकाल के कुछ पूर्व उन्हें पुनः मगहर में जाना पड़ा हो।

गुरु :

किंवदंती है कि जब कबीर भजन गा गा कर उपदेश देने लगे तब उन्हें पता चला कि बिना किसी गुरु से दीक्षा लिये हमारे उपदेश मान्य नहीं होंगे क्योंकि लोग उन्हें 'निगुरा'

कहकर चिढ़ाते थे। लोगों का कहना था कि जिसने किसी गुरु से उपदेश नहीं ग्रहण किया, वह औरों को क्या उपदेश देगा! अतएव कबीर को किसी को गुरु बनाने की चिन्ता हुई। कहते हैं, उस समय स्वामी रामानंद जी काशी में सबसे प्रसिद्ध महात्मा थे। अतएव कबीर उन्हीं की सेवा में पहुँचे। परंतु उन्होंने कबीर के मुसलमान होने के कारण उनको अपना शिष्य बनाना स्वीकार नहीं किया। इस पर कबीर ने एक चाल चली जो अपना काम कर गई। रामानंद जी पंचगंगा घाट पर नित्य प्रति प्रातःकाल ब्राह्ममुहूर्त में स्नान करने जाया करते थे उस घाट की सीढ़ियों पर कबीर पहले से ही जाकर लेट रहे। स्वामी जी जब स्नान करके लौटे तो उन्होंने अँधेरे में इन्हें न देखा, उनका पाँव इनके सिर पर पड़ गया जिस पर स्वामी जी के मुँह से 'राम राम' निकल पड़ा। कबीर ने चट उठ कर उनके पैर पकड़ लिए और कहा कि आप राम-राम का मंत्र देकर आज मेरे गुरु हुए हैं। रामानंद जी से कोई उत्तर देते न बना। तभी से कबीर ने अपने को रामानंद का शिष्य प्रसिद्ध कर दिया।

'कासी में हम प्रकट भये हैं रामानंद चेताए' कबीर का यह वाक्य इस बात के प्रमाण में प्रस्तुत किया जाता है कि रामानंद जी उनके गुरु थे। जिन प्रतियों के आधार पर इस ग्रंथावली का संपादन किया गया है उसमें यह वाक्य नहीं है और न ग्रंथसाहब ही में यह मिलता है। अतएव इसको प्रमाण मान कर इसके आधार पर कोई मत स्थिर करना उचित नही जँचता। केवल किंवदंती के आधार पर रामानंद जी को उनका गुरु मान लेना ठीक नहीं। यह किंवदंती भी ऐतिहासिक जाँच के सामने ठीक नहीं ठहरती। रामानंद जी की मृत्यु अधिक-से-अधिक देर में मानने से संवत् 1467 में हुई, इससे 14 या 15 वर्ष पहले भी उनके होने का प्रमाण विद्यमान है। उस समय कबीर की अवस्था 11 वर्ष की रही होगी, क्योंकि हम ऊपर उनका जन्म संवत् 1456 सिद्ध कर आए हैं। 11वर्ष के बालक का घूम-फिरकर उपदेश देने लगना सहसा ग्राह्य नहीं होता और यदि रामानंद जी की मृत्यु संवत् 1453 के लगभग हुई तो यह किंवदंती झूठ ठहरती है; क्योंकि उस समय तो कबीर को संसार में आने के लिये अभी तीन-चार वर्ष रहे होंगे।

पर जब तक कोई विरुद्ध दृढ़ प्रमाण नहीं मिलते, तब तक हम इस लोकप्रसिद्ध बात को कि रामानंद जी कबीर के गुरु थे, बिलकुल असत्य भी नहीं ठहरा सकते। हो सकता है कि बाल्यकाल में बार-बार रामानंद जी के साक्षात्कार तथा उपदेश-श्रवण से (' गुरु के सबद मेरा मन लागा ') अथवा दूसरों के मुँह से उनके गुण तथा उपदेश सुनने से बालक कबीर के चित्त पर गहरा प्रभाव पड़ गया हो जिसके कारण उन्होंने आगे चलकर उन्हें अपना मानस गुरु मान लिया हो। कबीर मुसलमान माता पिता की संतति हों चाहे नहीं, किंतु मुसलमान के घर में लालित -पालित होने पर भी उनका हिंदू विचारधारा में आप्लावित होना उन पर बाल्यकाल ही से किसी प्रभावशाली हिंदू का प्रभाव होना प्रदर्शित करता है।

'हम भी पाहन पूजते होते बन के रोझ।
सतगुरु की किरपा भई सिर तैं उतरय्या बोझ॥'

से प्रकट होता है कि अपने गुरु रामानंद से प्रभावित होने से पहले कबीर पर हिंदू प्रभाव पड़ चुका था जिससे वे मुसलमान कुल में परिपालित होने पर भी 'पाहन' पूजनवाले हो गए

थे। कबीर लोगों के कहने से कोई काम करने वाले नहीं थे। उन्होंने अपना सारा जीवन ही अपने समय के अंधविश्वासों के विरुद्ध लगा दिया था। यदि स्वयं उनका हार्दिक विश्वास न होता कि गुरु बनाना आवश्यक है, तो वे किसी के कहने की परवाह न करते। किंतु उन्होंने स्वयं कहा है—

'गुरु बिन चेला ज्ञान न लहै।'
'गुरु बिन इह जग कौन भरोसा, काके संग ह्वै रहिए।'

परंतु वे गुरु और शिष्य का शारीरिक साक्षात्कार आवश्यक नहीं समझते थे। उनका विश्वास था कि गुरु के साथ मानसिक साक्षात्कार से भी शिष्यत्व का निर्वाह हो सकता है।

कबीर गुरु बसै बनारसी सिष समंदर तीर।
बिसर्‌या नहीं बींसरे जे गुण होई सरीर।।'

कबीर अपने आप में शिष्य के लिये आवश्यक गुणों का अभाव नहीं समझते थे। वे उन एक-आध में से थे जो गुरुज्ञान से अपना उद्धार कर सकते थे, जिनके संबंध में कबीर ने कहा है—

'माया दीपक नर पतंग, भ्रमि भ्रमि इवै पड़ंत।
कहै कबीर गुरु ज्ञान थैं, एक आध उबरंत।।'

मुसलमान कबीरपंथियों का कहना है कि कबीर ने सूफी फकीर शेख तकी से दीक्षा ली थी। कबीर ने अपने गुरु के बनारस निवासी होने का स्पष्ट उल्लेख किया है। इस कारण ऊँजी के पीर और तकी उनके गुरु नहीं हो सकते। ' घट घट है अविनासी सुनहु तकी तुम शेख ' में उन्होंने तकी का नाम उस आदर से नहीं लिया है जिस आदर से गुरु का नाम लिया जाता है और जिसके प्रभाव से कबीर ने असंभव का भी संभव होना लिखा है।

'गुरु प्रसाद सूई कै नोकैं हस्ती आवै जाहि।।'

बल्कि वे तो उलटे तकी को ही उपदेश देते हुए जान पड़ते हैं। यद्यपि यह वाक्य इस ग्रंथावली में कहीं नहीं मिलता फिर भी स्थान-स्थान पर 'शेख' शब्द का प्रयोग मिलता है जो विशेष आदर से नहीं लिया गया है, वरन् जिसमें फटकार की मात्रा ही अधिक देख पड़ती है। अतः तकी कबीर के गुरु तो हो ही नहीं सकते, हाँ, यह हो सकता है कि कबीर कुछ समय तक उनके सत्संग में रहे हों, जैसा कि नीचे लिखे वचनों से भी प्रकट होता है। पर यह स्वयं कबीर के वचन हैं, इसमें भी संदेह है—

'मानिकपुरहिं कबीर बसेरी। मदहति सुनि शेख तकि केरी।
ऊजी सुनी जौनपुर थाना। झूँसी सुनि पीरन के नामा।।'

परंतु इसके अनंतर भी वे जीवनपर्यंत राम नाम रटते रहे जो स्पष्टतः रामानंद के प्रभाव का सूचक है; अतएव स्वामी रामानंद को कबीर का गुरु मानने में कोई अड़चन नहीं है; चाहे उन्होंने स्वयं उन्हीं से मंत्र ग्रहण किया हो अथवा उन्हें अपना मानस गुरु बनाया हो। उन्होंने किसी मुसलमान फकीर को अपना गुरु बनाया हो इसका कोई स्पष्ट प्रमाण नहीं मिलता।

शिष्य :

धर्मदास और सुरतगोपाल नाम के कबीर के दो चेले हुए। धर्मदास बनिए थे। उनके विषय में लोग कहते हैं कि वे पहले मूर्तिपूजक थे, उनका कबीर से पहले पहल काशी में साक्षात्कार हुआ था। उस समय कबीर ने उन्हें मूर्तिपूजक होने के कारण खूब फटकारा था। फिर वृन्दावन में दोनों की भेंट हुई। उस समय उन्होंने कबीर को पहचाना नहीं; पर बोले—तुम्हारे उपदेश ठीक वैसे हैं जैसे एक साधु ने मुझे काशी में दिए थे।' इस समय कबीर ने उनकी मूर्ति को, जिसे वे पूजा के लिए सदैव अपने साथ रखते थे, जमुना में डाल दिया। तीसरी बार कबीर स्वयं उनके घर बाँधोगढ़ पहुँचे। वहाँ उन्होंने उनसे कहा कि तुम उसी पत्थर की मूर्ति पूजते हो जिसके तुम्हारे तौलने के बाट हैं। उनके दिल में यह बात बैठ गई और ये कबीर के शिष्य हो गए। कबीर की मृत्यु के बाद धर्मदास ने छत्तीसगढ़ में कबीरपंथ की एक अलग शाखा चलाई और सुरतगोपाल काशीवाली शाखा की गद्दी के अधिकारी हुए। धीरे धीरे दोनों शाखाओं में बहुत भेद हो गया।

कबीर कर्मकांड को पाखंड समझते थे और उसके विरोधी थे; परंतु आगे चलकर कबीरपंथ में कर्मकांड की प्रधानता हो गई। कंठी और जनेऊ कबीरपंथ में भी चल पड़े। दीक्षा से मृत्युपर्यंत कबीरपंथियों को कर्मकांड की कई क्रियाओं का अनुसरण करना पड़ता है। इतनी बात अवश्य है कि कबीरपंथ में जात-पाँत का कोई भेद नहीं और हिंदू मुसलमान दोनों धर्म के लोग उसमें सम्मिलित हो सकते हैं। परंतु ध्यान रखने की बात यह है कि कबीरपंथ में जाकर भी हिंदू मुसलमान का भेद नहीं मिट जाता। हिंदू धर्म का प्रभाव इतना व्यापक है कि उससे अलग होने पर भी भारतीय नए-नए मत अंत में उसके प्रभाव से नहीं बच सकते।

गार्हस्थ्य जीवन :

कबीर के साथ प्रायः लोई का भी नाम लिया जाता है। कुछ लोग कहते हैं कि यह कबीर की शिष्या थी और आजन्म उनके साथ रही! अन्य इसे उनकी परिणीता स्त्री बताते हैं और कहते हैं कि इसके गर्भ से कबीर को कमाल नाम का पुत्र और कमाली नाम की पुत्री हुई थी। कबीर ने लोई को संबोधित करके कई पद कहे हैं। एक पद में वे कहते हैं—

रे यामें क्या मेरा क्या तेरा, लाज न मरहिं कहत घर मेरा।
कहत कबीर सुनहु रे लोई, हम तुम विनसि रहेगा सोई।

इसमें लोई और कबीर का एक घर होना कहा गया है। जिससे लोई को कबीर की स्त्री होना ही अधिक संभव जान पड़ता है। कबीर ने कामिनी की बहुत निंदा की है। संभवतः इसीलिए लोई के संबंध में उनकी पत्नी के स्थान में शिष्या होने की कल्पना की गई है।

'नारि नसावै तीनि सुख, जा नर पासै होइ।
भगति मुकति निज ज्ञान में, पैसि न सकई कोई।।
एक कनक अरु कामिनी, विष फल कीएउ पाइ।
देखे ही थे विष चढ़े, खाए सूँ मरि जाइ।।'

परंतु कामिनी कांचन की निंदा के उनके वाक्य वैराग्यावस्था के समझने चाहिए। यह अधिक संगत जान पड़ता है कि लोई कबीर की पत्नी थी जो कबीर के विरक्त होकर नवीन

पंथ चलाने पर उनकी अनुगामिनी हो गई। कहते हैं कि लोई एक बनखंडी वैरागी की परिपालिता कन्या थी। वह लोई उस वैरागी को स्नान करते समय लोई में लपेटी और टोकरी में रखी हुई गंगाजी में बहती हुई मिली थी। लोई में लपेटी हुई मिलने के कारण ही उसका नाम लोई पड़ा। वनखंडी वैरागी की मृत्यु के बाद एक दिन कबीर उनकी कुटिया में गए। वहाँ अन्य संतों के साथ उन्हें भी दूध पीने को दिया गया, औरों ने तो दूध पी लिया, पर कबीर ने अपने हिस्से का रख छोड़ा। पूछने पर उन्होंने कहा कि गंगा पार एक साधु आ रहे हैं, उन्हीं के लिए रख छोड़ा है। थोड़ी देर में सचमुच एक साधु आ पहुँचा जिससे अन्य साधु कबीर की सिद्धई पर आश्चर्य करने लगे। उसी दिन से लोई उनके साथ हो ली।

कबीर की संतति के विषय में तो कोई प्रमाण नहीं मिलता। कहते हैं कि उनका पुत्र कमाल उनके सिद्धांतों का विरोधी था। इसी से कबीर ने कहा—

'डूबा वंश कबीर का उपजा पूत कमाल।
हरि का सुमिरन छाँड़ि के, घर ले आया माल।

इस दोहे के भी कबीरकृत होने में संदेह ही है। परंतु कमाल के कई पद ग्रंथसाहब में सम्मिलित किए गए हैं।

अलौकिक कृत्य :

कबीर के विषय में कई आश्चर्यजनक कथाएँ प्रसिद्ध हैं जिनसे उनमें लोकोत्तर शक्तियों का होना सिद्ध किया जाता है। महात्माओं के विषय में प्रायः ऐसी कल्पनाएँ की ही जाती हैं। यद्यपि इस युग में इस प्रकार की बातों पर शिक्षित और समझदार लोग विश्वास नहीं करते; परंतु फिर भी महात्मा गाँधी के विषय में भी असहयोग के समय में ऐसी कई गप्पें उड़ी थीं। अतएव हम उन सबका उल्लेख मात्र करके व्यर्थ इस प्रस्तावना का कलेवर बढ़ाना उचित नहीं समझते। यहाँ एक ही कथा दे देना पर्याप्त होगा, जिसके लिए कुछ स्पष्ट आधार है।

कहते हैं कि एक बार सिकंदर लोदी के दरबार में कबीर पर अपने आपको ईश्वर कहने का अभियोग लगाया गया। काजी ने उन्हें काफिर बताया और उनको मंसूर हल्लाज की भाँति मृत्युदंड की आज्ञा हुई। बेड़ियों से जकड़े हुए कबीर नदी में फेंक दिए गए। परंतु जिन कबीर को माया मोह की श्रृंखला न बाँध सकती थी, जिनकी पाप की बेड़ियाँ कट चुकी थीं उन्हें यह जंजीर बाँधे न रख सकी और वे तैरते हुए नदी तट पर आ खड़े हुए। अब काजी ने उन्हें धधकते हुए अग्निकुंड में डलवाया; किंतु उनके प्रभाव से आग बुझ गई और कबीर की दिव्य देह पर आँच तक न आई। उनके शरीर नाश के इस उद्योग के भी निष्फल हो जाने पर उन पर एक मस्त हाथी छोड़ा गया। उनके पास पहुँचकर हाथी उन्हें नमस्कार कर चिंग्घाड़ता हुआ भाग खड़ा हुआ। इसका आधार कबीर का यह पद कहा जाता है—

'अहो मेरे गोव्यंद तुम्हारा जोर, काजी बकिवा हस्ती तोर।।
बाँधि भुजा भले करि डार्‌यौ, हस्ती कोपि सूँड मैं मार्‌यौ।।

भाग्यो हस्ती चीसा मारी, वा मूरति की मैं बलिहारी।।
महावत तोकूँ मारी साँटी, इसही मराउँ धालौं काटी।।
हस्ती न तोरै धरे धियान, वाकै हिरदे बसै भगवान।।
कहा अपराध संत हौं कीन्हाँ, बाँधि पोट कुंजर कू दीन्हा।।
कुंजर पोट बहु बंदन करै, अँगहुँ न सूझै काजी अँधरै।।
तीनि बेर पतियारा लीन्हा, मन कठोर अजहूँ न पतीनाँ।।
कहै कबीर हमारे गोव्यंद, चौथे पद भै जन को गयंद।।

परंतु यह पद प्राचीन प्रतियों में नहीं मिलता। यदि यह कबीर जी का ही कहा हुआ है तो इस पद से केवल यह प्रकट होता है कि उनको मारने के तीनों प्रयत्न हाथी के द्वारा किए गए थे, क्योंकि इसमें उनके नदी में फेंके जाने या आग में जलाए जाने का कोई उल्लेख नहीं है।

ग्रंथसाहब में कबीर जी का यह पद भी मिलता है जो गंगा में जंजीर से बाँधकर फेंके जाने वाली कथा से संबंध रखता है।

'गंगा गुसाइन गहिर गँभीर। जंजीर बाँध करि खरे कबीर।।
गंगा की लहरि मेरी टूटी जंजीर। मृगछाला पर बैठे कबीर।।

मृत्यु :

कबीर का जीवन अंधविश्वासों का विरोध करने में ही बीता था। अपनी मृत्यु से भी उन्होंने इसी उद्देश्य की पूर्ति की। काशी मोक्षदापुरी कही जाती है। मुक्ति की कामना से लोग काशीवास करके यहाँ तन त्यागते हैं और मगहर में मरने का अनिवार्य परिणाम या फल नरकगमन माना जाता है। यह अंधविश्वास अब तक चला आता है। कहते हैं कि इसी के विरोध में कबीर मरने के लिये काशी छोड़कर मगहर चले गए थे। वे अपनी भक्ति के कारण ही अपने आपको मुक्ति का अधिकारी समझते थे। उन्होंने कहा भी है—

'जौ काशी तन तजै कबीरा तौ रामहिं कहा निहोरा रे।'

इस अंधविश्वास का उन्होंने जगह-जगह खंडन किया है—

क. *'हिरदै कठोर मर्‌यो बनारसी नरक न बंच्या जाई।*
हरि को दास मरै जो मगहर सेन्या सकल तिहाई।।'

ख. *'जस कासी तस मगहर ऊसर हृदय रामसति होई।'*

आदि ग्रंथ में उनका नीचे लिखा पद मिलता है—

'ज्यों जल छाड़ि बाहर भयो मीना। पूरब जनम हौं तप का हीना।।
अब कहु राम कवन गति मोरी। तजिले बनारस मति भइ थोरी।।
बहुत बरष तप कीया कासी। मरनु भया मगहर को बासी।।
कासी मगहर सम बीचारी। ओछी भगति कैसे उतरसि पारी।।
कहु गुर गति सिव संभु को जानै। मुआ कबीर रमता श्री रामै।''

कबीर के ये वचन मरने के कुछ ही समय पहले के जान पड़ते हैं। आरंभिक चरणों में जो क्षोभ प्रकट किया है, वह इसलिये कि बनारस उनका जन्मस्थान था जो सभी को अत्यंत प्रिय होता है। बनारस के साथ वे अपना संबंध वैसा ही घनिष्ट बतलाते हैं जैसा जल

और मछली का होता है। काशी और मगहर को वे अब भी समान समझते थे। अपनी मुक्ति के संबंध में उन्हें तनिक भी संदेह नहीं था, क्योंकि उन्हें परमात्मा की सर्वज्ञता में अटल विश्वास था, ' शिव सम को जनै ' और राम का नाम जाप करते-करते वे शरीर त्यागने जा रहे थे **'मुआ कबीर रमत श्री राम।'**

उनकी अंत्येष्टि क्रिया के विषय में एक बहुत ही विलक्षण प्रवाद प्रसिद्ध है। कहते हैं हिंदू उनके शव का अग्नि संस्कार करना चाहते थे और मुसलमान उसे कब्र में गाड़ना चाहते थे। झगड़ा यहाँ तक बढ़ा कि तलवारें चलने की नौबत आ गई। पर हिंदू-मुस्लिम ऐक्य की प्रयासी कबीर की आत्मा यह बात कब सहन कर सकती थी। आत्मा ने आकाशवाणी की 'लड़ो मत! कफन उठाकर देखो।' लोगों ने कफन उठाकर देखा तो शव के स्थान पर एक पुष्प राशि पाई गई, जिसको हिंदू-मुसलमान दोनों ने आधा-आधा बाँट लिया। अपने हिस्से के फूलों को हिंदुओं ने जलाया और उनकी राख को काशी ले जाकर समाधिस्थ किया। वह स्थान अब तक कबीरचौरा के नाम से प्रसिद्ध है। अपने हिस्से के फूलों के ऊपर मुसलमानों ने मगहर ही में कब्र बनाई। यह कहानी भी विश्वास करने योग्य नहीं है, परंतु इसका मूल भाव अमूल्य है।

तात्विक सिद्धान्त :

जैसा कि ऊपर कहा जा चुका है, कबीर ने चाहे जिस प्रकार हो रामानंद से राम नाम की दीक्षा ली थी; परंतु कबीर के राम रामानंद के राम से भिन्न थे। वे ' दुष्टदलन रघुनाथ ' नहीं थे जिनके सेवक 'अंजनिपुत्र महाबलदायक, साधु संत पर सदा सहायक ' थे। राम से उनका अभिप्राय कुछ और ही था।

'दशरथ सुत तिहुँ लोक बखाना। राम नाम का मरम है आना।।'

राम से उनका तात्पर्य निर्गुण ब्रह्म से है। उन्होंने ' निरगुण राम निरगुण राम जपहु रे भाई ' का उपदेश दिया है। उनकी राम भावना भारतीय ब्रह्म भावना से सर्वथा मिलती है। जैसा कि कुछ लोग भ्रमवश समझते हैं, वे ब्रह्मार्थवादमूलक मुसलमानी एकेश्वरवाद या खुदावाद के समर्थक , नहीं थे। निर्गुण भावना भी उनके लिये स्थूल भावना है जो मूर्तिपूजकों की सगुण भावना के विरोधी पक्ष का प्रदर्शनमात्र करती है। उनकी भावना इससे भी अधिक सूक्ष्म है। वे राम, को सगुण और निर्गुण दोनों समझते हैं।

'अला एकै नूर उपनाया ताकी कैसी निंदा।
ता नूर थै जग कीया कौन भला कौन मंदा।''

यह मुसलमानों की ही तर्कशैली का आश्रय लेकर 'खुदा के बंदों और काफिरों की एकता प्रतिपादन करने के लिये कहा जान पड़ता है, मुसलमानी मत के समर्थन में नहीं, क्योंकि उन्होंने स्वयं कहा है—

'खालिक खलक, खलक में खालिक सब घट रह्यो समाईं।'

जो भारतीय ब्रह्म भावना के ही परम अनुकूल है।

कबीर केवल शब्दों को लेकर झगड़ा करने वाले नहीं थे। अपने भाव व्यक्त करने के लिये उन्होंने उर्दू, फारसी, संस्कृत आदि सभी शब्दों का उपयोग किया है। अपने भाव प्रकट

करने भर से उन्होंने मतलब रखा है। शब्दों के लिये वे विशेष चिंतित नहीं दिखाई देते। ब्रह्म के लिये, राम, रहीम, अल्ला, सत्यनाम, गोब्यंद, साहब, आप आदि अनेक शब्दों का उन्होंने प्रयोग किया है। उन्होंने कहा भी है **'अपरंपार का नाऊँ अनंत।'** ब्रह्मा के निरूपण के लिये शब्दों के प्रयोग में जो अत्यंत शुद्धता और सावधानी बहुत आवश्यक है, कबीर में उसे पाने की आशा करना व्यर्थ है, क्योंकि कबीर का तत्वज्ञान दार्शनिक ग्रंथों के अध्ययन का फल नहीं है, वह उनकी अनुभूति और सारग्राहिता का प्रसाद है। पढ़े-लिखे तो वे थे ही नहीं, उन्होंने जो कुछ ज्ञान-संचय किया, वह सब सत्संग और आत्मानुभव से था। हिंदू-मुसलमान सभी संत फकीरों का इन्होंने समागम किया था, अतएव हिंदू भावों के साथ इनमें मुसलमानी भाव भी पाये जाते हैं। यद्यपि इनकी रचनाओं में भारतीय ब्रह्मवाद का पूरा-पूरा ढाँचा पाया जाता है, तथापि उसकी प्रायः वे ही बातें इन्होंने अधिक विस्तृत रूप से वर्णन के लिये उठाई हैं जो मुसलमानी एकेश्वरवाद के अधिक मेल में थीं। इनका ध्येय सर्वदा हिंदू मुस्लिम ऐक्य रहा है, यह भी इसका एक कारण है।

स्थूल दृष्टि से तो मूर्तिद्रोही एकेश्वरवाद और मूर्तिपूजक बहुदेववाद में बहुत बड़ा अंतर है, परंतु यदि सूक्ष्म दृष्टि से विचार किया जाय तो उनमें उतना अंतर नहीं देख पड़ेगा, जितना एकेश्वरवाद और ब्रह्मवाद में है, वरन् सारतः वे दोनों एक ही हैं, क्योंकि बहुत से देवी देवताओं को अलग-अलग मानना और सबके गुरु गोवर्धनदास एक ईश्वर को मानना एक ही बात है। परंतु ब्रह्मवाद का मूलाधार ही भिन्न है। उसमें लेश-मात्र भी भौतिकवाद नहीं है वह जीवात्मा, परमात्मा और जड़ जगत् तीनों की भिन्न सत्ता मानता है, जब कि ब्रह्मवाद शुद्ध आत्मतत्व अर्थात् चैतन्य के अतिरिक्त और किसी का अस्तित्व नहीं मानता। उसके अनुसार आत्मा भी परमात्मा ही है। जड़ जगत भी ब्रह्म है। कबीर में भौतिक या बाह्यार्थवाद कहीं मिलता ही नहीं और आत्मवाद की उन्होंने स्थान-स्थान पर अच्छी झलक दिखाई है।

ब्रह्म ही जगत् में एकमात्र सत्ता है, इसके अतिरिक्त संसार में और कुछ नहीं है। जो कुछ है, ब्रह्म ही है। ब्रह्म ही से सबकी उत्पत्ति होती है और फिर उसी में सब लीन हो जाते हैं। कबीर के शब्दों में —

'पाणी ही ते हिम भया, हिम ह्वै गया बिलाइ।
जो कुछ था सोई भया, अब कुछ कहा न जाइ।।'

विश्वविस्तृत सृष्टि और ब्रह्म का संबंध दिखाने के लिये ब्रह्मवादी दो उदाहरण दिया करते हैं। जिस प्रकार एक छोटे से बीज के अंदर वट का बृहदाकार वृक्ष अंतर्हित रहता है उसी प्रकार यह सृष्टि भी ब्रह्म में अंतर्हित रहती है; और जिस प्रकार दूध में घी व्याप्त रहता है उसी प्रकार ब्रह्म भी इस अंडकटाह में सर्वत्र व्याप्त रहता है। कबीर ने इसे इस तरह कहा है—

'खालिक खलक, खलक में खालिक सब जग रह्यो समाई।'

सर्वव्यापी ब्रह्म जब अपनी लीला का विस्तार करता है तब इस नामरूपात्मक जगत् की सृष्टि होती है, जिसे वह इच्छा होने पर अपने ही में समेट लेता है —

'इन मैं आप आप सबहिन में आप आप सूँ खेलै।
नाना भाँति घड़े सब भाँड़े रूप धरे धरि मेलै।।'

वेदांत में नामरूपात्मक जगत् से ब्रह्म का संबंध और कई प्रकार से प्रकट किया जाता है, जिनमें से एक प्रतिबिंबवाद है जिसका कबीर ने भी सहारा लिया है। प्रतिबिंबवाद के अनुसार ब्रह्म बिंब है और नामरूपात्मक दृश्य जगत् उसका प्रतिबिंब है। कबीर कहते हैं

खंडित मूल बिनास कहौ किम बिगतह कीजै।
ज्यूँ जल मैं प्रतिव्यंब, त्यूँ सकल रामहिं जाणीजै।।'

'जो पिंड में है वही ब्रह्मांड में है ' कहकर भी ब्रह्म का निरूपण किया जाता है परंतु केवल वाक्य के आश्रय से बनने वाले ज्ञानियों को इससे भ्रम हो सकता है कि पिंड और ब्रह्मांड ब्रह्म की अवस्थिति के लिये आवश्यक है। ऐसे लोगों के लिये कबीर कहते हैं—

'प्यंड ब्रह्मंड कथै सब कोई, वाकै आदि अरु अंत न होई।
प्यंड ब्रह्मंड छाड़ि जे कथिऐ, कहै कबीर हरि सोई।।'

वेदांत के 'कनककुंडलन्याय' के अनुसार जिस प्रकार सोने से कुंडल बनता है और उस कुंडल के टूट-टाट अथवा पिघल जाने पर वह सोना ही रहता है, उसी प्रकार नामरूपात्मक दृश्यों की उत्पत्ति ब्रह्म से होती है और ब्रह्म ही में वे समा जाते हैं—

'जैसे बहु कंचन के भूषन ये कहि गालि तवावहिंगे।
ऐसे हम लोक वेद के बिछुरे सुन्निहि माँहि समायहिंगे।।'

इसी प्रकार का जलतरंग न्याय भी है—

'जैसे जलहि तरंग तरंगनी ऐसे हम दिखलावहिंगे।
कहै कबीर स्वामी सुखसागर हंसहिं हंस मिलावहिंगे।।'

एक और तरह से कबीर ने भारतीय पद्धति से यह संबंध प्रदर्शित किया है—

'जल मैं कुंभ कुंभ मैं जल है, बाहरि भीतरि पानी।
फूटा कुंभ जल जलहि समानां, यह तत कथौ गियानी।।'

यह नामरूपात्मक दृश्य जो चर्म चक्षुओं को दिखाई देता है, जल में का घड़ा है जिसके बाहर भी ब्रह्मरूप वारि है और अंदर भी। बाह्यरूप का नाश हो जाने पर घड़े के अंदर का जल जिस प्रकार बाहरवाले जल में मिल जाता है उसी प्रकार ब्रह्म रूप के अभ्यंतर का ब्रह्म भी अपने बाह्यस्थ ब्रह्म में समा जाता है।

सब प्रकार से यही सिद्ध किया गया है कि परिवर्तनशील नाशवान् दृश्यों का अध्यारोप जिस एक अव्यय तत्व पर होता है, वही वास्तव है। जो कुछ दिखाई देता है, वह असत्य है, केवल मायात्मक भ्रांतिज्ञान है। यह बात कबीर ने स्पष्ट ही कह दी है—

'संसार ऐसा सुपिन जैसा जीव न सुपिन समान।'

जो मनुष्य माया के इस प्रसार को सच्चा समझकर उसमें लिपट जाता है उसे शुद्ध हंस स्वरूप जीव अर्थात् ब्रह्म की प्राप्ति नहीं हो सकती।

बुद्धदेव के ' दुःख का सत्य ' सिद्धान्त के समान ही कबीर का भी सिद्धांत है कि यह संसार दुःख ही का घर है—

'दुनियाँ भाँड़ा दुःख का भरी मुहाँमुँह मूष।
अदयां अलह राम . की कुरहै उँणी कूष।।'

संसार का यह दुःख मायाकृत है परंतु जो लोग माया में लिपटे रहते हैं वे इस दुःख में पड़े हुए भी उसे समझ नहीं सकते। इस दुःख का ज्ञान उन्हीं को हो सकता है जिन्होंने मायात्मक अज्ञानावरण हटा दिया है। माया में पड़े हुए लोग तो इस दुःख को सुख ही समझते हैं—

'सुखिया सब संसार है, खावै अरु सोवै।
दुखिया दास कबीर है जागै अरु रोवै।।'

कबीर का दुःख अपने लिये नहीं है, वे अपने लिये नहीं रोते, संसार के लिये रोते हैं क्योंकि उन्होंने साईं के सब जीवों के लिये अपना अस्तित्व समर्पित कर दिया था, संसार के लिए ईसामसीह की तरह उन्होंने अपने आपको मिटा दिया था।

माया में पड़ा हुआ मनुष्य अपनी ही बात सोचता रहता है, इसी से वह परमात्मा को नहीं पा सकता। परमात्मा को पाने के लिये इस 'ममता' को छोड़ना पड़ता है—

'जब मैं था तब हरि नहीं, अब हरि हैं मैं नाहिं।'

इसीलिए ज्ञानी माया का त्याग आवश्यक बताते हैं। परंतु माया का त्याग कुछ खेल नहीं है। बाहर से वह इतनी मधुर जान पड़ती है कि उसे छोड़ते ही नहीं बनता —

'मीठी मीठी माया तजी न जाई।
अग्यानी पुरिष को भोलि भोलि खाई।।'

माया ही विषय वासनाओं को जन्म देती है—

'इक डाइन मेरे मन बसै। नित उठि मेरे जिय को डसै।
या डाइन के लरिका पाँच रे। निसि दिन मोहि नचावै नाच रे।।'

माया के पाँच पुत्र काम, क्रोध, लोभ, मोह, मद और मत्सर हैं। मनुष्य के अधःपात के कारण ये ही हैं। आत्मा की परमात्मिकता को यही व्यवधान में डालते हैं। अतएव परम तत्वार्थियों को इनसे सावधान रहना चाहिए—

'पंच चोर गढ़ मंझा, गढ़ लूटै दिवस अरु संझा।
जो गढ़पति मुहकम होई, तौ लूटि न सकै कोई।।'

माया ही पाखंड की जननी है। अतएव माया का उचित स्थान पाखंडियों के ही पास है। इसलिये माया को संबोधन कर कबीर कहते हैं—

'तहाँ जाहु जहँ पाट पटंबर, अगर चंदन घसि लीना।'

कर्मकांड को भी कबीर पाखंड ही के अंतर्गत मानते हैं क्योंकि परमात्मा की भक्ति का संबंध मन से है, मन की भक्ति तन को स्वयं ही अपने अनुकूल बना लेगी, भक्ति की सच्ची भावना होने से कर्म भी अनुकूल होने लगेंगे परंतु केवल बाहरी माला जपने अथवा पूजा-पाठ करने से कुछ नहीं हो सकता। यह तो मानो और भी अधिक माया में पड़ना है—

'जप तप पूजा अरचा जोतिग जग बौराना।
कागद लिखि लिखि जगत भुलाना मन ही मन न समाना।।'

इसीलिए कबीर ने 'कर का मनका छाँड़ि के, मन का मनका फेर' का उपदेश दिया है। उनका मत है कि जो माया ऋषि, मुनि दिगंबर, जोगी और वेदपाठी ब्राह्मणों को भी धर

पछाड़ती है, वही ' हरि भगत कै चेरी ' है। काम, क्रोध, लोभ, मोह, मद, मत्सर आदि माया के सहचारियों का मिट जाना 'हरि भजन' का आवश्यक अंग है—

'राम भजै सो जानिये, जाकै आतुर नाहीं।
सत संतोष लीयै रहैं, धीरज मन माहीं।।
जन कौं काम क्रोध व्यापै नहीं, त्रिष्णा न जरावै।
प्रफुलित आनंद मैं, गोब्यंद गुण गावै।।'

माया से बचने का एक उपाय जो भक्तों को बताया गया है, वह संसार से विमुख रहना है। जैसे उलटा घड़ा पानी में नहीं डूबता परंतु सीधा घड़ा भरकर डूब जाता है, वैसे ही संसार के सम्मुख होने से मनुष्य माया में डूब जाता है, परंतु संसार से विमुख होकर रहने से माया का कुछ भी प्रभाव नहीं पड़ता।—

'औंधा घड़ा न जल मैं डूबे, सूधा सूभर भरिया।
जाकौं यह जग घिन करि चालै, ता प्रसादि निस्तरिया।।'

माया का दूसरा नाम अज्ञान है। दर्पण पर जिस प्रकार काई लग जाती है, उसी प्रकार आत्मा पर अज्ञान का आवरण पड़ जाता है जिससे आत्मा में परमात्मा का प्रदर्शन अर्थात् आत्मज्ञान दुर्लभ हो जाता है अतएव आत्मारूपी दर्पण को निर्मल रखना चाहिए—

'जौ दरसन देख्या चाहिए, तौ दरपन मंजत रहिए।
जब दरपन लागै काई, तब दरसन किया न जाई।।'

दरपन का यही माँजना हरिभक्ति करना है। भक्ति ही से मायाकृत अज्ञान दूर होता है और ज्ञान-प्राप्ति के द्वारा अपने पराये का भेद मिटता है—

उचित चेति च्यंति लै ताहीं। जा च्यंत आपा पर नाहीं।
हरि हिरदै एक ग्यान उपाया। ताथै छूट गई सब माया।।'

इस पद में 'च्यंति' शब्द विचारणीय है क्योंकि यह कबीर की भक्ति की विशेषता प्रकट करता है। यह कहना अधिक उचित होगा कि ज्ञानियों की ब्रह्म जिज्ञासा और वैष्णवों की सगुण भक्ति की विशेष-विशेष बातों को लेकर कबीर ने अपनी निर्गुण भक्ति का भवन खड़ा किया अथवा वैष्णवों के तात्विक सिद्धांतों और व्यावहारिक भक्ति के मिश्रण से कबीर की भक्ति का उद्‌भव हुआ है। सिद्धांत और व्यवहार में, कथनी और करनी में भेद रखना कबीर के स्वभाव के प्रतिकूल है। वैष्णवों में सदा से सिद्धांत और व्यवहार में भेद रहा है। सिद्धांतरूप से रामानुज जी ने विशिष्टाद्वैत, वल्लभाचार्य जी ने शुद्धाद्वैत और माधवाचार्य ने द्वैत का प्रचार किया; पर व्यवहार के लिये सगुण भगवान की भक्ति का ध्येय ही सामने रखा गया।

सिद्धांत पक्ष का अज्ञेय ब्रह्म व्यवहार पक्ष में जाने-बूझे मनुष्य के रूप में आ बैठा। हम दिखला चुके हैं कि कबीर अपने को वैष्णव समझते थे। परंतु सिद्धांत और व्यवहार का, कथनी और करनी का भेद वे पसंद नहीं कर सकते थे, अतएव उन्होंने दोनों का मिश्रण कर अपनी निर्गुण भक्ति का भवन खड़ा किया जिसका मुसलमानी खुदावाद से भी बाहरी मेल था।

ज्ञानमार्ग के अनुसार निर्गुण निराकार ब्रह्म शुष्क चिंतन का विषय है। कबीर ने इस शुष्कता को निकालकर प्रेमपूर्ण चिंतन की व्यवस्था की है। कबीर के इस प्रेम के दो पक्ष हैं, पारमार्थिक और ऐहिक। पारमार्थिक अर्थ में प्रेम का अर्थ लगन है, जिसमें मनुष्य अपनी वृत्तियों को संसार की सब वस्तुओं से विमुख करके समेट लेता है और केवल ब्रह्म के चिंतन में लगा देता है तथा ऐहिक पक्ष में उसका अभिप्राय संसार के सब जीवों से प्रेम और दया का व्यवहार करना है।

जिन्हें ब्रह्म का साक्षात्कार हो जाता है केवल वे ही अमर हैं; जन्म-मरण का भय उन्हें नहीं रह जाता। उनके अतिरिक्त और सब नश्वर हैं। कबीरदास कहते हैं कि मुझे ब्रह्म का साक्षात्कार हो गया है, इसीलिए वे अपने आप को अमर समझते हैं—

'हम न मरैं मरिहै संसारा, हम कूँ मिल्या जिवावनहारा।
अब न मरौं मरनै मन मानां, तेई मुए जिन राम न जाना।।'

मनुष्य की आत्मा ब्रह्म के साथ एक है और ब्रह्म ही एकमात्र चिरस्थायी सत्ता है, जिसका नाश नहीं हो सकता। अतएव मनुष्य की आत्मा का भी नाश नहीं हो सकता, यही कबीर के अस्तित्व का रहस्य है —

'हरि मरिहै तौ हम मरिहैं, हरि न मरै हम काहे कूँ मरिहैं।'

परंतु साक्षात्कार के पहले इस अमरत्व की प्राप्ति नहीं हो सकती। परंतु उस प्रेम का मिलना सहज नहीं है, यह व्यक्तिगत साधना ही से उपलब्ध हो सकता है। यह पूर्ण आत्मोत्सर्ग चाहता है—

'कबीर भाटी कलाल की, बहुतक बैठे आइ।
सिर सौंपै सोई पिवै, नहिं तो पिया न जाइ।।'

जब मनुष्य आत्मोत्सर्ग की इस चरम सीमा पर पहुँच जाता है, तब उसके लिए यह प्रेम अमृत हो जाता है—

'नीझर झरै अमीरस निकसै तिहि मदिरावलि छाका।'

इस प्रेमरूप मदिरा को मनुष्य यदि एक बार भी पी लेता है तो जीवन पर्यंत उसका नशा नहीं उतरता और उसे अपने तन-मन की सब सुध-बुध भूल जाती है।

हरि रस पीया जानिए, कबहुँ न जाय खुमार।
मैमंता घूमत रहे, नाहीं तन की सार।।'

यह परमानंद की अवस्था है, जिसमें मनुष्य का लौकिक अंश, जो अज्ञानावस्था में प्रधान रहता है, किसी गिनती में नहीं रह जाता; उसे अपने में अंतर्हित आत्मतत्व का ज्ञान हो जाता है और उस ब्रह्म के साथ तादात्म्य की अनुभूति हो जाती है। इसी को साक्षात्कार होना कहते हैं। यह साक्षात्कार हो जाने पर अर्थात् ब्रह्मज्ञान की प्राप्ति होने पर मनुष्य ब्रह्म ही हो जाता है — **ब्रह्मवित् ब्रह्मैव भवति।** उपनिषद् के '**तत्वमसि**' अथवा '**सो ऽहं**' भाव का यही रहस्य है।

'तूँ तूँ करता तूँ भया, मुझमें रही न हूँ।
वारी फेरी बलि गई, जित देखी तित तूँ।।'

यह सच है कि ऐतिहासिक अर्थ में निराकार निर्गुण ब्रह्म प्रेम का आलंबन नहीं हो सकता, केवल चिंतन का ही विषय हो सकता है, परंतु उस निराकार की इस विश्वविस्तृत सृष्टि में उस मूल तत्व की सत्ता का जो आभास मिल जाता है उसके कारण निर्गुण संसार के समस्त प्राणियों को अपने प्रेम और दया का पात्र बना लेता है, जबकि सगुण भक्त की बहुत कुछ भावुकता ठाकुर जी की मूर्ति के बनाव शृंगार और उनके भोगराग के आडंबर ही में व्यय हो जाती है। इसी प्रेम ने कबीर को ऊँच-नीच का भेदभाव दूर कर सबकी एकता प्रतिपादित करने की प्रेरणा दी थी।

'एक बूँद एक मल मूतर एक चाम एक गूदा।
एक जाति थै सब उपजा कौन ब्राह्मन कौन सूदा।।'

जाति-पाँति का ही नहीं इसी से धर्माधर्म का भेद भी उन्हें अवास्तविक जँचा—

'कहैं कबीर एक राम जपहु रे, हिंदू तुरक न कोई।'

कबीर का प्रेम मनुष्यों तक ही परिमित नहीं है, परमात्मा की सृष्टि के सभी जीव-जंतु उसकी सीमा के अंदर आ जाते हैं ' क्योंकि ' सबै जीव साईं के प्यारे हैं।' अंग्रेजी के कवि कॉलरिज ने भी यही भाव इस प्रकार प्रकट किया है—

'ही प्रेथ बेस्ट हू लव्थ बेस्ट,
आल थिंग्स बोथ ग्रेट ऐंड स्माल;
फार दि डियर गॉड हू लव्थ अस,
ही मेड ऐंड लव्थ आल।'

कबीर का यह प्रेम-तत्व, जिसका ऊपर निरूपण किया गया है, सूफियों के संसर्ग का फल है परंतु उसमें भी उन्होंने भारतीयता का पुट दे दिया है। सूफी परमात्मा को प्रियतमा के रूप में देखते हैं। उनके 'मजनूँ' को अल्लाह भी लैला नजर आता है ' परंतु कबीरदास ने परमात्मा को प्रियतम के रूप में देखा है जो भारतीय माधुर्य भाव के सर्वथा मेल में है। फारस में विरह व्यथा, पुरुषों के मत्थे और भारत में स्त्रियों के ही मत्थे अधिक मढ़ी जाती है। वहाँ प्रेमी प्रिया को अपना प्रेम जताने के लिये उत्कट उद्योग करते हैं, और यहाँ प्रेमिका विरह से व्याकुल होकर मुरझाए हुए फल की तरह अपनी सत्ता तक मिटा देती है। इसी से वहाँ उपासक की पुरुष रूप में और यहाँ स्त्री रूप में भावना की गई है। परंतु कबीर के सूफियाना भावों में भारतीयता कूट-कूटकर भरी हुई है।

इस प्रकार निर्गुणवाद और सगुणवाद की एकेश्वरवाद से बाहरी समता रखने वाली बातों के सम्मिश्रण और उसके प्रेमतत्व के योग से कबीर की भक्ति का निर्माण हुआ। कबीर का विश्वास है कि भक्ति से मुक्ति हो जाती है—

'कहै कबीर संसा नाहीं भगति मुगति गति पाई रे।'

परंतु भक्ति निष्काम होनी चाहिए। परमात्मा का प्रेम अपस्वार्थ की पूर्ति का साधन नहीं है, मनुष्य को यह न सोचना चाहिए कि उससे मुझे कोई फल मिलेगा। यदि फल की कामना हो गई, तो वह भक्ति-भक्ति न रह गई और न उससे सत्य की प्राप्ति ही हो सकती है—

'जब लग है बैकुंठ की आशा। तब लग न हरि चरन निवासा।।'

ब्रह्म लौकिक वासनाओं से परे है। व्यक्तिगंत उच्चतम ' साधन से ही उसकी प्राप्ति हो सकती है, वह स्वयं भक्त के लिए विशेष चिंतित नहीं रहता। क्योंकि भक्त भी ब्रह्म ही है। वह किसी की सहायता की अपेक्षा नहीं रखता, उसे अपने ब्रह्मत्व की अनुभूति भर कर लेनी पड़ती है जो, जैसा कि हम देख चुके हैं, कोई खेल नहीं है। इसीलिए ब्रह्म को अवतार धारण करने की आवश्यकता नहीं रह जाती। जो कबीर मनुष्य से ऐहिक अंश छुड़ाकर उसे ब्रह्मत्व तक पहुँचाना चाहते हैं, उनकी ब्रह्म में लौकिक भावनाओं का समावेश करके उसका अधःपात करने की व्यग्रता स्वाभाविक ही है—

'ना दसरथ घरि औतरि आवा, लंका का राव सतावा।
देवै कूप न औतरि आवा, ना जसवै गोद खिलावा।।
ना वो ग्वालन के संग फिरिया, गोबरधन ले न कर धरिया।
बावन होय नहीं बलि छलिया, धरनी बेद ले न उधरिया।।
गंडक सालिकराम न कोला, मछ कछ ह्वै जलहिं न डोला।
बद्री वैस्य ध्यान नहिं छावा, परसराम ह्वै खत्री न सँतावा।।

प्रतिमा-पूजन के वे घोर विरोधी थे। जिस परमात्मा का कोई आकार नहीं, देश-काल का जिसके लिए कोई आधार आवश्यक नहीं, उसकी मूर्ति कैसी? जगह-जगह पर उन्होंने मूर्ति-पूजा के प्रति अपनी अरुचि प्रदर्शित की है—

'हम भी पाहन पूजते होते वन के रोझ।
सतगुरु की किरपा भई, डार्‌या सिर थैं बोझ।।
सेवें सालिगराम कूँ मन की भ्रंति न जाइ।
सीतलता सुपिनै नहीं, दिन दिन अधकी लाइ।।

जिसका आकार नहीं, उसकी मूर्ति का सहारा लेकर उसकी प्राप्ति का प्रयत्न वैसा ही है जैसा झूठ के सहारे सच तक पहुँचने का प्रयत्न। असत्य से मन की भ्रांति बढ़ेगी ही, घट नहीं सकती; और उससे जिज्ञासा की तृप्ति होना तो असंभव ही है।

मूर्ति-पूजा में भगवान् की मूर्ति को जो भोग लगाने की प्रथा है, उसकी वे इस तरह हँसी उड़ाते हैं—

'लाडू लावर लापसी पूजा चढ़े अपार।
पूजि पुरारा ले चला दे मूरति के मुख छार।।'

यद्यपि कबीर अवतारवाद और मूर्ति-पूजा के विरोधी थे, तथापि हिंदूमत की कई बातें वे पूर्णतया मानते हैं। हिंदुओं का जन्म-मरण-संबंधी सिद्धान्त वे मानते हैं। मुसलमानों की तरह वे एक ही जन्म नहीं मानते, जिसके बाद मरने पर प्राणी कब्र में पड़ा-पड़ा कयामत तक सड़ा करता है, जब तक कि प्राणी पुनरुज्जीवित होकर खुदावंद करीम के सामने अपने अपने कर्मों के अनुसार अनंत काल तक दोजख की आग में जलने अथवा बिहिश्त में हूरों और गिलमों का सुख भोगने के लिए पेश किए जायँ। एक स्थान पर, **'उबरहुगे किस बोले'** कहकर कबीर ने इसी विश्वास की ओर संकेत किया है। परंतु यह उन्होंने बोल-

चाल के ढंग पर कहा है, सिद्धान्त के रूप में नहीं। ये बातें कुछ उसी प्रकार कही गई हैं, जिस प्रकार सूर्य के चारों ओर पृथ्वी के घूमने के कारण दिन रात का होना मानने पर भी साधारण बोल-चाल में यह कहना कि ' सूर्य उगता है '। सिद्धान्त रूप से वे अनेक जन्म मानते हैं। **' जनम अनेक गया अरु आया।'** इस जन्म में जो कुछ भोगना पड़ता है वह पूर्व जन्म के कर्मों का ही फल है, **' देखौ कर्म कबीर का कछू पूरब जनम का लेखा'**। कबीर ने यह तो कहा है कि सृष्टि के सृजन और लय का कारण परमात्मा है, परंतु उन्होंने यह नहीं कहा कि सृष्टि की रचना कैसे और किस क्रम से हुई है, कौन तत्व पहले हुआ और कौन पीछे। इस विषय में वे शंका-मात्र उठाकर रह गए हैं, उसका समाधान उन्होंने नहीं किया—

'प्रथमे गगन कि पुहुमि प्रथमे प्रभू, प्रथमे पवन कि पांणीं।
प्रथमे चंद कि सूर प्रथमे प्रभू, प्रथमे कौन बिनांणी।।
प्रथमे प्राण कि प्यंड प्रथमे प्रभू, प्रथमे रकत की रेंत।
प्रथमे पुरिष की नारी प्रथमे प्रभू, प्रथमे, बीज की खेत।।
प्रथमे दिवस कि रैणि प्रथमे प्रभू, प्रथमे पाप कि पुण्यं।
कहै कबीर जहाँ बसहु निरंजन, तहाँ कछु आहि कि सुन्यं।।'

ऊपर हमने कबीर की रचना में वेदांतसंमत अद्वैतवाद की एक पूरी-पूरी पद्धति के दर्शन किए हैं, जिसे हम शुद्धाद्वैत नहीं मान सकते। शुद्धाद्वैत में माया ब्रह्म की ही शक्ति मानी जाती है, परंतु कबीर ने माया को मिथ्या या भ्रममात्र माना है, जिसका कारण अज्ञान है। यह शंकर का अद्वैत है, जिसमें आत्मा और परमात्मा परमार्थतः एक माने जाते हैं, परंतु बीच में अज्ञान के आ पड़ने से आत्मा अपनी पारमार्थिकता को भूल जाती है। ज्ञान प्राप्त हो जाने पर अज्ञानकृत भेद मिट जाता है और आत्मा को अपनी पारमात्मिकता की अनुभूति हो जाती है। यही बात हम कबीर में देख चुके हैं।

परंतु उन पर समय और परिस्थितियों का अलक्ष्य प्रभाव भी पड़ा था, जिसके कारण वे असावधानी में ऐसी बातें भी कह गए हैं जो उनके अद्वैत सिद्धान्त से मेल नहीं खाती। उन्होंने स्थान-स्थान पर अवतारवाद का विरोध ही किया है, परंतु उनके नीचे लिखे पद से अवतारवाद का समर्थन भी होता है—

'बांधि मारि भावै देह जारि जै, हूँ राम छाड़ौ तौ मेरे गुरुहिं यारि।
तब काटि खड़ग कोप्यो रिसाइ तोहि राखनहारौं मोंहि बताइ।।
खंभा मैं प्रगट्यौ गिलारि, हरनाकस मारयौ नख विदारि।
महा पुरुष देवाधिदेव, नरस्यंध प्रकट किए भगति मेव।।
कहै कबीर कोई लहैं न पार; प्रहिलाद उबारयो अनेक बार।'

बात यह है कि उपासना के लिये उपास्य में कुछ गुणों का आरोप आवश्यक होता है। बिना गुणों के प्रेम का आलंबन हो ही नहीं सकता। उपनिषदों तक में निराकार निर्गुण ब्रह्म में उपासना के लिए गुणों का आरोप किया गया है। एकेश्वरवादी धर्मों में जहाँ कट्टरपन ने परमात्मा में गुणों का आरोप नहीं करने दिया, वहाँ परमात्मा और मनुष्य के बीच में एक और मनुष्य का सहारा लिया गया है। ईसाइयों को ईसा और मुसलमानों को मुहम्मद का अवलंबन

ग्रहण करना पड़ा। भक्ति के झोंक में कबीर भी जब सांसारिक प्रेममूलक संबंधों के द्वारा परमात्मा की भावना करने लगे, तब परमात्मा में स्वयं ही गुणों का आरोप हो गया। माता-पिता और प्रियतम निर्जीव पत्थर नहीं हो सकते। माता के रूप में परमात्मा की भावना करते हुए वे कहते हैं—

'हरि जननी मैं बालिक तेरा। कस नहिं बकसहु अवगुण मेरा।'

अवतारवाद में यही सगुणवाद पराकाष्ठा को पहुँचा हुआ है।

कबीर में कई बात ऐसी भी हैं, जिसमें दिखाई देने वाला विरोध केवल भाषा की असावधानी से आया है। कबीर शिक्षित नहीं थे, इसलिए उनकी रचनाओं में यह दोष क्षम्य है।

व्यावहारिक सिद्धान्त :

कबीरदास जी ने धार्मिक सिद्धांतों के साथ-साथ उनकी पुष्टि के लिये अनेक स्थानों पर अलौकिक आचरण अथवा व्यवहारों का वर्णन किया है। यदि उनकी वाणी का पूरा-पूरा विवेचन किया जाय तो यह स्पष्ट हो जायगा कि उनकी साखियों का विशेष संबंध लौकिक आचरणों से है तथा पदों का संबंध विशेष कर धार्मिक सिद्धान्तों तथा अंशतः लौकिक आचरण से है। लौकिक आचरण की इन बातों को भी दो भागों में विभक्त कर सकते हैं, कुछ तो निवृत्तिमूलक हैं और कुछ प्रवृत्तिमूलक।

कबीर स्वतंत्र प्रकृति के मनुष्य थे। उनके चारों ओर शारीरिक दासता का घेरा पड़ा हुआ था। वे इस बात का अनुभव करते थे कि शारीरिक स्वातंत्र्य के पहले विचार स्वतंत्र्य आवश्यक है। जिसका मन ही दासता की बेड़ियों से जकड़ा हो, वह पाँवों की जंजीरें क्या तोड़ सकेगा। उन्होंने देखा था कि लोग नाना प्रकार के अंधविश्वासों में फँसकर हीन जीवन व्यतीत कर रहे हैं। अतः लोगों को इसी से मुक्त करने का प्रयत्न किया। मुसलमानों के रोजा, नमाज, हज, ताजिएदारी और हिंदुओं के श्राद्ध, एकादशी, तीर्थ, व्रत, मंदिर सबका उन्होंने विरोध किया है। कर्मकांड की उन्होंने भर पेट निंदा की है। इस बाहरी पाखंड के लिए उन्होंने हिन्दू-मुसलमान दोनों को खूब फटकारें सुनाई हैं। धर्म को वे आडंबर से परे एकमात्र सत्य सत्ता मानते थे, जिसके हिंदू-मुसलमान आदि विभाग नहीं हो सकते। उन्होंने किसी नामधारी धर्म के बंधन में अपने आपको नहीं डाला और और स्पष्ट कह दिया कि मैं न हिंदू हूँ, न मुसलमान।

जिस सत्य को कबीर धर्म मानते हैं, वह सब धर्मों में है। परंतु इस सत्य को सबने मिथ्या विश्वास और पाखंड से परिच्छिन्न कर दिया है। इस बाहरी आडंबर को दूर कर देने से धर्मभेद से समस्त झगड़े, बखेड़े दूर हो जाते हैं, क्योंकि उससे वास्तव में धर्मभेद ही नहीं रह जाता। फिर तो हिंदू-मुस्लिम ऐक्य का प्रश्न स्वयं ही हल हो जाता है। पर एक अलग धार्मिक संप्रदाय के रूप में कबीरपंथ तो कबीर के मूल सिद्धान्तों के वैसे ही विरुद्ध है जैसे हिंदू और मुसलमान धर्म, जिनका उन्होंने जी भर खंडन किया है।

धार्मिक सुधार और समाज-सुधार का घनिष्ट संबंध है। धर्म-सुधारक को समाज-सुधारक होना पड़ता है। कबीर ने भी समाज-सुधार के लिए अपनी वाणी का उपयोग किया है।

हिंदुओं की जाति-पाँति, छुआछूत, खान-पान आदि के व्यवहारों और मुसलमानों के चाचा की लड़की ब्याहने, मुसलमानी आदि कराने का उन्होंने चुभती भाषा में विरोध किया है और इनके विषय में हिंदू मुसलमान दोनों की जी भरकर धूल उड़ाई है। हिंदुओं के चौके के विषय में वे कहते हैं—

'एकै पवन एक ही पाणी करी रसोई न्यारी जानी।
माटी सूँ माटी ले पोती, लागी कहौ कहाँ धूँ छोती।।
धरती लीपि पवित्तर कीन्हीं, छोति उपाय लीक बिचि दीन्हीं।
याका हम सूँ कहो विचारा, क्यूँ भव तिरिहौ इहि आचारा।।

छुआछूत का उन्होंने इन शब्दों में खंडन किया है—

'काहैं की कीजै पाँडे छोति विचारा। छोतिहिं ते उपना संसारा।।
हमारे कैसें लोहू तुम्हारे कैसें दूध। तुम्ह कैसे ब्राह्मण पांडे हम कैसे सूद।।
छोति छोति करता तुम्हहीं जाए। तौ ग्रभवास काहे को आए।।
जनमत छोति मरत ही छोति। कहै कबीर हरि की निर्मल जोति।।

जन्म ही से कोई द्विज या शूद्र अथवा हिंदू या मुसलमान नहीं हो सकता। इसकी कबीर ने कितने सीधे किंतु मन में जम जाने वाले ढंग से कहा है—

जौ तूँ बाँभन बंभनी जाया। तौ आन वाट ह्वै क्यों नहिं आया।
जौ तूँ तुरक तुरकनी जाया। तौ भीतर खतना क्यों न कराया।।'

उच्चता और नीचता का संबंध उन्होंने व्यवसाय के साथ नहीं जोड़ा है क्योंकि कोई व्यवसाय नीच नहीं है। अपने को जुलाहा कहने में भी उन्होंने कहीं संकोच नहीं किया और वे स्वयं आजीवन जुलाहे का व्यवसाय करते रहे। वे उन ज्ञानियों में से नहीं थे जो हाथ पाँव समेट कर पेट भरने के लिए समाज के ऊपर भार बनकर रहते हैं। वे परिश्रम का महत्त्व जानते थे और अपनी आजीविका के लिए अपने हाथों का आसरा रखते थे।

परंतु अपनी आजीविका भर से वे मतलब रखते थे, धन-संपत्ति जोड़ना वे उचित नहीं समझते थे। थोड़े ही में संतोष करने का उन्होंने उपदेश दिया है। जो कुछ वे दिन भर में कमाते थे, उसका कुछ अंश अवश्य साधु-संतों की सेवा में लगाते थे और कभी-कभी सब कुछ उनकी सेवा में अर्पित कर डालते और आप निराहार रह जाते थे। कहते हैं, कि एक दिन वे गाढ़े का एक थान बेचने के लिए हाट गए। वस्त्र के अभाव से दुखी एक फकीर को देखकर उन्होंने उसमें से आधा उसे दे दिया। पर जब फकीर ने कहा कि मेरा तन ढकने के लिए वह काफी नहीं है, तब उन्होंने सारा उसे ही दे डाला और खाली हाथ घर चले आए। धन-धरती जोड़ना कबीर की संतोषोवृत्ति के विरुद्ध था। उन्होंने कहा भी है—

'काहे कूँ भीत बनाऊँ टाटी, का जाणूँ कहँ परिहै माटी।
काहे कूँ मंदिर महल चिनाऊँ, मूवाँ पीछै घड़ी एक रहन न पाऊँ।'
काहे कूँ छाऊँ ऊँच उचेरा, साढ़ै तीन हाथ घर मेरा।
कहै कबीर नर गरब न कीजै, जेता तन तेतीं भुइ लीजै।।

कबीर अत्यंत सरल हृदय थे। बालकों में सरलता की पराकाष्ठा होती है; यह सब जानते हैं। इसका कारण वर्ड्सवर्थ के अनुसार यह है कि बालक में पारमार्थिकता अधिक रहती

है। पर ज्यों ज्यों बालक की अवस्था बढ़ती जाती है त्यों-त्यों उसमें पारमार्थिकता की न्यूनता होती जाती है। इसीलिए अपने खोए हुए बालकत्व के लिए वर्ड्सवर्थ कवि क्षुब्ध हैं। परंतु कबीर कहते हैं कि यदि मनुष्य स्वयं भक्ति भाव से अपने मन को निर्मल कर परमात्मा की ओर मुड़े तो वह फिर से इस सरलता को प्राप्त कर बालक हो सकता है—

जों तन माहैं मन धरै, मन धरि निर्मल होइ।
साहिब सों सनमुख रहै; तौ फिरि बालक होइ।।

कबीर की गर्वोक्तियों के कारण लोग उन्हें घमंडी समझते हैं। ये गर्वोक्तियाँ कम नहीं हैं। उनके नाम से प्रसिद्ध नीचे लिखा पद, जो इस ग्रंथावली में नहीं है, लोगों में बहुत प्रसिद्ध है—

झीनी झीनी बीनी चदरिया।'
काहै कै ताना काहैं के भरनी, कौन तार से बीनी चदरिया।
इंगला पिंगला ताना भरनी, सुखमन तार से बीनी चदरिया।।
आठ कँवल दल चरखा डोलै, पाँच तत्त गुन तीनी चदरिया।
साँइ को सियत मास दस लागे, ठोक ठोक कै बीनी चदरिया।।
सो चादर सुर नर मुनि ओढ़े, ओढ़ कै मैली कीनी चदरिया।
दास कबीर जतन से ओढ़ी, ज्यों की त्यों धर दीनी चदरिया।।

इस ग्रंथावली में भी ऐसी गर्वोक्तियों की कोई कमी नहीं है—

(क) हम न मरै मरिहै संसारा।
(ख) एक न भूला दोइ न भूला भूला सब संसारा।
एक न भूला दास कबीरा, जाकै राम अधारा।।'
(ग) देखौ कर्म कबीर का, कछू पूरब जनम का लेखा।
जाका महल न मुनि लहै, सो दोसत किया अलेखा।।'

परंतु यह गर्व लोगों को नीचे दिखाने वाला गर्व नहीं है — साक्षात्कारजन्य गर्व है, स्वामी के आधार का गर्व है, जो सबमें पारमात्मिकता का अनुभव करके प्राणिमात्र को समता की दृष्टि से देखता है। अपनी पारमात्मिकता की अनुभूति की गरमी में उनका ऐसा कहना स्वाभाविक ही है जो उनके मुँह से अनुचित भी नहीं लगता। जो हो, कम-से-कम छोटे मुँह बड़ी बात की कहावत उनके विषय में चरितार्थ नहीं हो सकती। वे पहुँचे हुए महात्मा थे। उन्होंने स्वयं अपनी गिनती गोपीचंद, भर्तृहरि और गोरखनाथ के साथ की है—

'गोरष भरथरि गोपीचंदा। ता मन सो मिलि करै अनंदा।
अकल निरंजन सकल सरीरा। ता मन सौं मिलि रहा कबीरा।'

परंतु इतने ऊँचे पद पर वे विनय के द्वारा ही पहुँच सके हैं। इसी से उनका गर्व उच्चतम मनुष्यता का प्रेममय गर्व है जिसकी आत्मा विनय है। सच्चे भक्त की भाँति उन्होंने परमात्मा के महत्व और अपनी हीनता का अनुभव किया है—

'तुम्ह समानि बाता नहीं, हम से नहीं पापी।'

स्वामी के सामने वे विनय के अवतार हैं—

'कबीर कूता राम का, मुतिया मेरा नाउँ।
गलै राम की जेवड़ी, जित खैंचे तित जाऊँ।।'

उनकी विनय यहाँ तक पहुँची है कि वे बाट का रोड़ा होकर रहना चाहते हैं जिस पर सबके पैर पड़ते हैं। परंतु रोड़ा पाँव में चुभकर बटोहियों को दुःख देता है, इसलिए वह धूल के समान रहना उचित समझते हैं। किंतु धूल भी उड़कर शरीर पर गिरती है और उसे मैला करती है, इसलिए पानी की तरह होकर रहना चाहिए जो सबका मैल धोवे। पर पानी भी ठंडा और गरम होता है जो अरुचि का विषय हो सकता है। इसलिए भगवान् की ही तरह होकर रहना चाहिए। कबीर का गर्व और दैन्य दोनों मनुष्य को उसकी पारमात्मिकता की अनुभूति कराने वाले हैं।

कबीर पहुँचे हुए ज्ञानी थे। उनका ज्ञान पोथियों से चुराई हुई सामग्री नहीं थी और न वह सुनी-सुनाई बातों का बेमेल भंडार ही था। पढ़े-लिखे तो वे थे नहीं, परंतु सत्संग से भी जो बातें उन्हें मालूम हुई, उन्हें वे अपने विचारधारा के द्वारा मानसिक पाचन से सर्वदा अपना ही बना लेने का प्रयत्न करते थे। उन्होंने स्वयं कहा है **'सो ज्ञानी आप विचारै।'** फिर भी कई बातें उनमें ऐसी मिलती हैं, जिनका उनके सिद्धान्तों के साथ मेल नहीं पड़ता। उनकी ऐसी उक्तियों को समय और परिस्थितियों का तथा भिन्न-भिन्न मतावलंबियों के संसर्ग का अलक्ष्य प्रभाव समझना चाहिए।

कबीर बहुश्रुत थे। सत्संग से वेदांत, उपनिषदों और पौराणिक कथाओं का थोड़ा बहुत ज्ञान उनको हो गया था, परंतु वेदों का उन्हें कुछ भी ज्ञान नहीं था। उन्होंने वेदों की जो निंदा की है, वह यह समझकर कि पंडितों में जो पाखंड फैला हुआ है, वह वेद-ज्ञान के कारण ही है। योग की क्रियाओं के विषय में भी उनकी जानकारी थी। इंगला, पिंगला, सुषुम्ना, षट्‌चक्र आदि का उन्होंने उल्लेख किया है, परंतु वे योगी नहीं थे। उन्होंने योग को भी माया में सम्मिलित किया है। केवल हिंदू-मुसलमान दो धर्मों का उन्होंने मुख्यतया उल्लेख किया है पर इससे यह न समझना चाहिए कि भारतवर्ष में प्रचलित और धर्मों से वे परिचित नहीं थे। वे कहते हैं—

अरु भूले षटदरसन भाई। पाषंड भेष रहे लपटाई।
जैन बोध औरे साकत सैना। चारवाक चतुरंग बिहूना।।
जैन जीव की सुधि न जाने। पाती तोरी देहुरै आनै।

इससे ज्ञात होता है कि अन्य धर्मों से भी उनका परिचय था, पर कहाँ तक उनके गूढ़ रहस्यों को वे समझते थे यह नहीं विदित होता। जहाँ तक देखा जाता है, ऐसा जान पड़ता है कि ऊपरी बातों पर ही उन्होंने विशेष ध्यान दिया है। मार्मिक तात्विक बातों तक ये नहीं गए हैं। ईसाई धर्म का उनके समय तक इस देश में प्रवेश नहीं हुआ था पर बिलाइत का नाम उनकी साखी में एक स्थान पर अवश्य आया है — **'विन विलाइत बड़ राज'**। यह निश्चयात्मक रूप से नहीं कहा जा सकता कि विलाइत' से उनका यूरोप के किसी देश से अभिप्राय था अथवा केवल विदेश से। कबीरदास जी ने शाक्तों की बड़ी निंदा की है। जैसे—

वैश्नो की छपरी भली, ना साकत का बड़ागाँव।
साषत ब्राभण मति मिलै, वैषनों मिलै चंडाल।
अंक माल दे भेटिये, मानौ मिलै गोपाल।।

कबीर रहस्यवादी कवि हैं। रहस्यवाद के मूल में अज्ञात शक्ति की जिज्ञासा काम करती है। संसार-चक्र का प्रवर्तन किसी अज्ञान शक्ति के द्वारा होता है, इस बात का अनुभव मनुष्य अनादि काल से करता चला आया है। उस अज्ञात शक्ति को जानने की इच्छा सदैव मनुष्य को रही है और रहेगी परंतु वह शक्ति उस प्रकार स्पष्टता से नहीं दिखाई दे सकती, जिस प्रकार जगत् के अन्य दृश्य रूप; और न उसका ज्ञान ही उस प्रकार साधारण विचारधारा के द्वारा हो सकता है, जिस प्रकार इन दृश्य रूपों का होता है। अपनी लगन से जो इस क्षेत्र में सिद्ध हो गए हैं, उन्होंने जब-जब अपनी अनुभूति का निरूपण करने का प्रयत्न किया है, तब-तब अपनी उक्तियों की स्पष्टता देने में अपने आपको समर्थ नहीं पाया है। कबीर ने स्पष्ट कर दिया है कि परमात्मा का प्रेम और उसकी अनुभूति गूँगे के गुड़-सा है—

क. *'अकथ कहानी प्रेम की, कछु कही न जाइ।*
गूँगे केरी सरकरा, बैठा मुसकाई।।'

ख. *'तजि बावै दाहिनै बिकार, हरि पद दिढ़ करि गहिए।*
कहै कबीर गूँगे गुड़ खाया, बूझै तो का कहिए।।'

यही रहस्यवाद का मूल है। वेद और उपनिषदों में रहस्यवाद की झलक विद्यमान है। गीता में भगवान के मुँह से उनकी विभूति का जो वर्णन कराया गया है वह भी अत्यंत महत्त्वपूर्ण है।

परमात्मा को पिता, माता, प्रियतम, पुत्र अथवा सखा के रूप में देखना रहस्यवाद ही है; क्योंकि लौकिक अर्थ में परमात्मा इनमें से कुछ भी नहीं है। आदर्श पुरुषों में परमात्मा की विशेष कला का साक्षात्कार कर उनको अवतार मानने के मूल में भी रहस्यवाद ही है। मूर्ति को परमात्मा मानकर उसे मस्तक नवाना आदिम रहस्यवाद है।

परमात्मा के पितृत्व की भावना बहुत प्राचीन काल से वेदों ही में मिलने लगती है। ऋग्वेद की एक ऋचा में '**योनः पिता जनिता यो विधाता**' कहकर परमात्मा का स्मरण किया गया है। वेदों में परमात्मा को माता भी कहा गया है— **'त्वं हि नः पिता वसो त्वं माता शकतो बभूविय'**। परमात्मा के मातृपितृ से प्राणियों में भ्रातृत्व की भावना का उदय होता है। 'अज्येष्ठासौ अकनिष्ठासौ एते सभ्रातरौ'। बहुत पीछे के ईसाई ईश्वरवाद में परमात्मा के पितृत्व और प्राणियों के भ्रातृत्व की यही भावना पाई जाती है; अतएव पश्चिमी रहस्यवाद में भी इस भावना का प्राबल्य है। कबीर में भी यह भावना मिलती है।

'बाप राम राया अबहूँ सरन तिहारी।'

उन्होंने परमात्मा को 'माँ' भी कहा है—

'हरि जननी मैं बालिक तेरा।'

परंतु भारतीय रहस्यवाद की विशेषता सर्वात्मवादमूलक होने में है जो भारतीयों की ब्रह्म जिज्ञासा का फल है। उपनिषदों और गीता का रहस्यवाद यही रहस्यवाद है। जिज्ञासु जब ज्ञानी की कोटि पर पहुँचकर कवि भी होना चाहता है तब तो अवश्य ही वह इस रहस्यवाद

की ओर झुकता है। चिंतन के क्षेत्र का ब्रह्मवाद कविता के क्षेत्र में जाकर कल्पना और भावुकता का आधार पाकर इस रहस्यवाद का रूप पकड़ता है। सर्वात्मवादी कवि के रहस्योद्भावी मानस में संसार उसी रूप में प्रतिबिंबित नहीं होता जिस रूप में साधारण मनुष्य उसे देखता है। यह परमात्मा के साथ सारी सृष्टि का अखंड संबंध देखता है, जिसके चरितार्थ करने का प्रयत्न करते हुए जायसी ने जगत् के सब रूपों को दिखलाया है। जगत् के नाना रूप उसकी दृष्टि में परमात्मा से भिन्न नहीं हैं, उसी के भिन्न-भिन्न व्यक्त रूप हैं। स्वातंत्र्य के अवतार स्त्रोत्व का आध्यात्मिक मूल समझने वाले अंग्रेजी के कवि शेली को भी सर्वात्मवादी रहस्यता ही 'मर्मर करते हुए काननों में, झरनों में, उन पुष्पों की पराग-गंध में जो उस दिव्य चुंबन के सुखस्पर्श से सोए हुए कुछ बरौते से मुग्ध पवन को उसका परिचय दे रहे हैं, इसी प्रकार मंद या तीव्र समीर में, प्रत्येक आते-जाते मेघखंड की झड़ी में, बसंतकालीन विहंगमों के कलकूजन में और सब ध्वनियों और स्तब्धता में भी प्रियतम की मधुर वाणी सुनाई दी है। कबीर में ऊपर परिगणित कुछ अन्य रहस्यवादी भावनाओं के होते हुए भी प्रधानता इसी रहस्यवाद की है। मुसलमान कवियों की प्रेमाख्यात परंपरा के जायसी एक जगमगाते रत्न हैं। वे रहस्यवादी कवियों की ही एक लड़ी हैं जिसमें सूफियों के मार्ग से होते हुए भारतीय सर्वात्मवाद आया है।

सर्वात्मवादमूलक रहस्यवाद में 'माधुर्य भाव का उदय हुआ, जो कबीर और प्रेमाख्यानक सब मुसलमान कवियों में विद्यमान है। वैष्णवों और सूफियों की उपासना माधुर्य भाव से युक्त होती है। दार्शनिकों ने परमात्मा को पुरुष और जगत् को स्त्रीरूप प्रकृति कहा है। माधुर्य भाव इसी का भावुक रूप है, जिसमें परमात्मा की प्रियतम के रूप में भावना की जाती है और जगत् के नाना रूप स्त्री रूप में देखे जाते हैं। मीराबाई ने तो केवल कृष्ण को ही पुरुष माना है जगत् में पुरुष उन्हें और कोई दिखाई ही नहीं दिया। कबीर भी कहते हैं—

(क) 'कहै कबीर व्याहि चले हैं पुरुष एक अविनासी।'

(ख) 'सखी सुहाग राम मोहिं दीन्हा।।'

इस तरह के एक-दो नहीं कई उदाहरण दिए जा सकते हैं। राम की सुहागिन पहले अपना प्रेमनिवेदन करती है—

'गोकुल नायक बीठुला मेरो मन लागौ तोहि रे।'

यह जीवात्मा का परमात्मा में लगन लगने का आरंभिक रूप है। इसे ब्याह के पहले का पूर्वानुराग समझना चाहिए।

कभी वह वियोगिनी के रूप में प्रकट होती है और उस वियोगाग्नि में जले हुए हृदय के उद्गार प्रकट करती है—

'यह तन जालौं मसि करौं, लिखौ राम का नाउँ।
लेखणि करौं करंक की लिखि लिखि राम पठाउँ।।'

परमात्मा के वियोग से जनित सारी सृष्टि का दुख कितना घना होकर कबीर के हृदय में समाया है।

राम की वियोगिन आकुलता से उन दिनों की बाट देखती है जब वह प्रियतम का आलिंगन करेगी—

'वै दिन कब आवैंगे भाई।
जा कारनि हम देह धरीं है, मिलिबौ अंग लगाई।।'

यहाँ जीवात्मा के परमात्मा से मिलने की आकुलता की ओर संकेत है। इस आकुलता के साथ-साथ भय भी रहता है। सारा विश्व जिसका व्यक्त रूप है। उस प्रियतम से मिलने के लिए असाधारण तैयारी करने की आवश्यकता होती है। 'हरि की दुलहिन' को भय इस आशंका से होता है कि वह उतनी तैयारी कर सकेगी या नहीं। उसे अपने ऊपर विश्वास नहीं होता। फिर रहस्य केलि के समय प्रियतम के साथ किस प्रकार का व्यवहार करना होगा, यह भी नहीं जानती—

'मन प्रतीति न प्रेमरस ना इस तन में ढंग।
क्या जाणौ उस पीय सूँ कैसे रहसी रंग।।'

इसमें साक्षात्कार की महत्ता का आभास है जो एक साधारण घटना नहीं है।

ज्यों-ज्यों जीवात्मा को अपनी पारमात्मिकता का अनुभव होता जाता है, त्यों-त्यों उसका भय जाता रहता है। लौकिक भाषा में इसी की ओर इस पद में इशारा है

अब तोंहिं जान न देहूँ राम पियारे। ज्यूँ भावै त्यूँ होहु हमारे।

यह प्रेम की ढिठाई है।

परमात्मा से मिलने के लिए ऐसी 'ऊँची गैल, राह रपटीली नहीं तै करनी पड़ती जहाँ 'पाँव नहीं ठहराय' वह तो घर बैठे मिल जायँगे पर उसके लिए पहुँची हुई लगन चाहिए, क्योंकि परमात्मा तो हृदय ही में हैं—

बहुत दिनन के बिछेरे हरि पाये। भाग बड़े घरि बैठे आये।'

कबीरदास के नाम से लोगों की जिह्वा पर जो यह पद—

'मो को कहाँ ढूँढे बंदे मैं तो तेरे पास में।
ना मैं देवन, ना मैं मसजिद, ना काबे कैलास में।।'

बहुत दिनों से चढ़ा चला आ रहा है, उसका भी यही भाव है। जायसी ने यही भाव यों प्रकट किया है।

'पिउ हिरदय महँ भेट न होई। को रे मिलाय, कहाँ केहि रोई।।

रहस्यमय उक्तियों की हृदयात्मकता उनके लोकनियोजित शब्दार्थ में नहीं है। उस अर्थ को मानने से उनकी रहस्यात्मकता जाती रहती है, उनका संकेत-मात्र ग्रहण करना चाहिए। मूर्ति को परमात्मा मानकर उसका पूजन इसीलिए करना चाहिए कि ईश्वरप्राप्ति में आगे की सीढ़ी सहज में चढ़ सकें, क्योंकि साधारणतः सब लोग परमात्मा या ब्रह्म का ठीक-ठीक स्वरूप समझने में नितांत असमर्थ होते हैं। अतः मूर्ति-पूजा के द्वारा मानों मनुष्य को ब्रह्म के सभी साक्षात्कार की प्रारंभिक शिक्षा मिलती है। उसके आगे बढ़कर सचमुच पत्थर को परमात्मा मानने से फिर कोई रहस्य नहीं रह जाता। ईसाइयों ने परमात्मा के पितृत्व भाव की उसी समय इतिश्री कर दी, जब ईसा और लौकिक अर्थ में परमात्मा या पवित्रात्मा का पुत्र मान लिया। राम और कृष्ण को साक्षात् परमात्मा ही मानने के कारण तुलसी और सूर में अवतारवाद की मूलभूत रहस्य भावना नहीं आ पाई है। सखी संप्रदाय ने मनुष्यों को सचमुच स्त्री मानकर और उनके नाम भी स्त्रियों जैसे रखकर और यहाँ तक कि उनसे ऋतुमती स्त्रियों

का अभिनय कराकर 'माधुर्य भाव' के रहस्यवाद को वास्तववाद का रूप दे दिया। रहस्यवाद के वास्तववाद में पतित हो जाने के कारण ही सदुद्देश्य से प्रवर्तित अनेक धर्म संप्रदायों में इंद्रियलोलुपता का नारकीय नृत्य देखने में आता है। रहस्यवादी कवियों का वास्तववादियों से इसी बात में भेद है कि वास्तववादी कवि अपने विषय का यथातथ्य वर्णन करते हैं, और रहस्यवादी केवल संकेत मात्र कर देते हैं, अपने वर्ण्य विषय का आभास भर दे देते हैं। उनमें जो यह धुँधलापन पाया जाता है, उसका कारण उनकी आध्यात्मिक प्रवृत्ति है। परमात्मा की सत्ता का आभास मात्र ही किया जा सकता है। इसके लिए वे व्यंजनावृत्ति से अधिकतर काम लिया करते हैं और चित्राधान उनका प्रधान उपादान होता है। उनकी बातें अन्योक्ति के रूप में हुआ करती हैं। किसी प्रत्यक्ष व्यापार के चित्र को लेकर वे उससे दूसरे परोक्ष व्यापार के चित्र की व्यंजना करते हैं। इसी से रहस्यवादी कवियों में वास्तववादियों की अपेक्षा कल्पना का प्राचुर्य अधिक होता है।

रसिकों की सम्मति में कबीर का रहस्यवाद रूखा है, उनका माधुर्य भाव भी उन्हें फीका लगता है, उनके चित्रों में उन्हें अनेक रूपता नहीं दिखाई देती। कबीर ने अपनी उक्तियों को काव्य की काट-छाँट नहीं दी है, परंतु इसकी उन्हें जरूरत ही नहीं थी। इस बात का प्रयास वह करेगा जिसमें कुछ सार न हो।

कबीर में चित्रों की अनेकरूपता न देखना उनके साथ अन्याय करना है। ब्याह का ही दृश्य वे कई बार अवश्य लाए हैं, पर जैसा कि पाठकों को आगे चलने पर मालूम होता जाएगा, उनका रहस्यवाद माधुर्य भाव में ही नहीं समाप्त हो जाता। प्रकृति से चुने-चुने चित्र उनकी उक्तियों में अपने आप आ बैठे हैं। हाँ, उन्होंने प्रयास करके अपनी उक्तियों को काव्य की मधुरता नहीं दी है। फिर भी उनकी ऊपरी सहृदयता न सही तो अनन्यहृदयता और तल्लीनता व्यर्थ कैसे जा सकती थी। जो उन्हें बिल्कुल ही रूखा समझते हैं उन्हें उनकी रहस्यमयी अन्योक्तियों को देखना चाहिए।

'काहे री नलिनी! तू कुमिलानी। तेरे ही नालि सरोवर पानी।
जल में उतपति जल में बास, जल में नलिनी तोर निवास।।
ना तलि तपति न ऊपर आगि, तोर हेत कहु कासनि लागि।
कहै कबीर जे उदिक समान, ते नहीं मूए हमारे जान।'

कैसा मृदुल मनमोहक चित्र है! इसका सहज माधुर्य किसे न मोह लेगा। प्रकृति का प्रतिनिधि मनुष्य नलिनी है, जल ब्रह्म तत्व है। इसी में प्रकृति के नाना रूपों की उत्पत्ति होती है, यही पोषक तत्व है जो मनुष्य और नाना रूपों में स्वयं विद्यमान है। इस जल की शीतलता के सामने कोई ताप ठहर नहीं सकता। यह तत्व समझकर इस पोषण सामग्री का उपयोग करने वाला (अर्थात् ज्ञानी) मर ही कैसे सकता है?

औद्यानिक भाषा में सांसारिक जीवन की नश्वरता का कितना प्रभावशाली आभास नीचे लिखे दोहे में है—

'मालिन आवत देखि करि, कलियाँ करीं पुकार।
फूले फूले चुन लिए, काल्हि हमारी बार।।

और देखिए—

'बाढ़ी आवत देखि करि, तरिवर डोलन लाग।
हम कटे कि कछु नहीं, पंखेरू घर भाग।'

बढ़ई काल है, वृक्ष का डोलना वृद्धावस्था का कंप है पक्षी आत्मा है; यह डोलना आत्मा को इस बात की चेतावनी देता है कि शरीर के नाश का दुख न करके ब्रह्म तत्व में लीन होने का प्रबंध करो; पक्षी का घर भागना यही है। काटते समय पेड़ को हिलने और वृद्धावस्था में शरीर को काँपते किसने नहीं देखा होगा। परंतु किस लिए वह हिलता-काँपता है, इसका रहस्य कबीर ही जान पाए हैं। यह आभास किसको नहीं मिलता, पर कितने हैं जो उनको समझ पाते हैं।

नाश नीची स्थितिवालों के लिए ही मुँह बाए नहीं खड़ा है, ऊँची स्थितिवाले भी उसी घाट उतरेंगे इस बात का संकेत यह दोहा देता है—

'फागुण आवत देखि करि, बन रूना मन माहिं।
ऊँची डाली पात हैं, दिन दिन पीले थाहिं।'

कबीर की चमत्कारपूर्ण उलटवाँसियाँ भी रहस्यपूर्ण हैं। कठोपनिषद् के अनुसार मनुष्य का शरीर रथ है, जिसमें इंद्रियों के घोड़े जुते हैं, घोड़ों पर मन की लगाम लगी हुई है जो सारथी रूपी बुद्धि के हाथ में है। 'परमपद' की पथिक आत्मा इस रथ पर सवार है, उसकी इच्छा के अनुसार उसका परिचालन होना चाहिए। शरीर सेवक है, आत्मा स्वामी है। यह स्वाभाविक क्रम है। परंतु जब स्वामी सो जाय, सारथी किंकर्तव्यविमूढ़ हो जाय और घोड़ों की लगाम निरुद्देश्य ढीली पड़ जाय, तब यह क्रम उलट जाता है, स्वामी का स्थान सेवक ले लेता है। रथ के अधीन होकर स्वामी भटका करता है और प्रायः ऐसा होता है कि घोड़ों (इंद्रियों) के मनमाने आचरण से रथ (शरीर) और स्वामी (आत्मा) दोनों को अनेक प्रकार के कष्ट भोगने पड़ते हैं। भवजाल में पड़े हुए मनुष्यों की इसी उलटी अवस्था को विशेषकर कबीर ने उलटवाँसियों द्वारा व्यंजित कर लोगों को आश्चर्य में डाला है—

'ऐसा अद्‌भुत मेरा गुरु कथ्या, मैं रह्या उमेषै।
मूसा हस्ती सौं लड़ै कोई विरला पेषै।।
मूसा बैठा बाँबि मैं, लारै सापणि धाई।
उलटि मूसै सापिण गिली यह अचरज भाई।।
चींटी परबत ऊपण्यां ले राख्यौ चौड़ै।
मूर्गा मिनकी सूँ लड़ै झल पाणीं दौड़े।।
सुरही चूषै बछतलि, बछा दूध उतारै।
ऐसा नवल गुणी भया, सारदूलहि मारै।।
भील लुक्या बन बीझ मैं, ससा सर मारै।
कहैं कबीर ताहि गुरु करौं, जो या पदहि विचारै।।

सबका कारण परब्रह्म किसी का कार्य नहीं है, इस बात का आभास देने वाला यह सांकेतिक पद कितना रहस्यपूर्ण है।

'बाँझ का पूत, बाप बिन जाया, बिन पाउं तरवर चढ़िया।
अस बिन पाषर, गज बिन गुड़िया, बिन पंडै संग्राम लडिया।।

बीज बिन अंकुर, पेड़ बिन तरवर, बिन सापा तरवर फलिया।
रूप बिन नारी, पुहुप बिन परिमल, बिन नीरै सर भरिया।।

सभी संत कवियों के काव्य में थोड़ा-बहुत रहस्यवाद मिलता है। पर उनका काव्य विशेषकर कबीर का ही ऋणी है। बँगला के वर्तमान कवीन्द्र को भी कबीर का ऋण स्वीकार करना पड़ेगा। अपने रहस्यवाद का बीज उन्होंने कबीर ही में पाया। परंतु उनमें पाश्चात्य भड़कीली पालिश भी है। भारतीय रहस्यवाद को उन्होंने पाश्चात्य ढंग से सजाया है। इसी से यूरोप में उनकी इतनी प्रतिष्ठा हुई है। जब से उन्हें नोबेल प्राइज (पुरस्कार) मिला तब से लोग उनकी गीतांजलि की बेतरह नकल करने पर तुले हुए हैं। हिंदी का वर्तमान रहस्यवाद अब तक नकल ही-सा लगता है। सच्चे रहस्यवाद के आविर्भाव के लिए प्रतिभा की अपेक्षा होती है। कबीर इसी प्रतिभा के कारण सफल हुए हैं। पिंगल के नियमों को भंग करके खड़ा किया हुआ निरर्थक शब्दाडंबर रहस्यवादी कविता का आसन नहीं प्राप्त कर सकता है।

काव्यत्व :

कबीर के काव्य के विषय में बहुत कुछ बातें उनके रहस्यवाद के अंतर्गत आ चुकी हैं; यहाँ पर बहुत कम कहना शेष है। कविता के लिए उन्होंने कविता नहीं की है। उनकी विचारधारा सत्य की खोज में बही है, उसी का प्रकाश करना उनका ध्येय है। उनकी विचारधारा का प्रवाह जीवनधारा के प्रवाह से भिन्न नहीं है। उसमें उनका हृदय घुला-मिला है, उनकी प्रतिभा हृदय-सम्नवित है। उनकी बातों में बल है जो दूसरे पर प्रभाव डाले बिना नहीं रह सकतीं। अक्खड़ ढंग से कहीं होने पर भी उनकी बेलाग बातों में एक और ही मिठास है जो खरी-खरी बातें कहने वाले ही की बातों में मिल सकती है। उनकी सत्यभाषिता और प्रतिभा का ही फल है कि उनकी बहुत- सी उक्तियाँ लोगों की जबान पर चढ़ कर कहावतों के रूप में चल पड़ी हैं। हार्दिक उमंग की लपेट में जो सहज विदग्धता उनकी उक्तियों में आ गई है, वह अत्यंत भावापन्न है। उसी में उनकी प्रतिभा का चमत्कार है। शब्दों के जोड़-तोड़ में चमत्कार लाने के फेर में पड़ना उनकी प्रकृति के प्रतिकूल था। दूर की सूझ जिस अर्थ में केशव, बिहारी आदि कवियों में मिलती है, उस अर्थ में उनमें पाना असंभव है। प्रयत्न उनकी कविता में कहीं नहीं दिखाई देता। अर्थ की जटिलता के लिए उनकी उलटवाँसियाँ केशव की शब्दमाया को मात करती हैं; परंतु उनमें भी प्रयत्न दृष्टिगत नहीं होता। रात-दिन आँखों में आने वाले प्रकृति के सामान्य व्यापारों के उलटे व्यवहार को ही उन्होंने सामने रखा है। सत्य के प्रकाश का साधन बनकर, जिसकी प्रगाढ़ अनुभूति उनकी हुई थी, कविता स्वयमेव उनकी जिह्वा पर बैठी है। इसमें संदेह नहीं कि कबीर में ऐसी भी उक्तियाँ हैं जिनमें कविता के दर्शन नहीं होते और ऐसे पद्य कम नहीं हैं किंतु उनके कारण कबीर के वास्तविक काव्य का महत्त्व कम नहीं हो सकता, जो अत्यंत उच्चकोटि का है और जिसका बहुत कुछ माधुर्य रहस्यवाद के प्रकरण के अन्तर्गत दिखाया जा चुका है।

जैसे कबीर का जीवन संसार से ऊपर उठा था, वैसे ही उनका काव्य भी साधारण कोटि से ऊँचा था। अतएव सीखकर प्राप्त की हुई रसिकता का काव्यानंद उनमें नहीं मिलता। परंपरा से बँधे हुए लोगों को काव्यजगत् में भी इंद्रियलोलुपता का कीड़ा बनकर रहना भी भला लगता है। कबीर ऐसे लोगों की परितुष्टि की परवाह कैसे कर सकते थे, जिनको

निरपेक्षी के प्रति होने वाला उनका प्रेम भी शुष्क लगता है। प्रेम की पराकाष्ठा आत्मसमर्पण का मानों काव्यजगत् में कोई मूल्य ही नहीं है।

कबीर ने अपनी उक्तियों पर बाहर से अलंकारों का मुलम्मा नहीं चढ़ाया है। जो अलंकार उनमें मिलते भी हैं वे उन्होंने खोज-खोजकर नहीं बैठाए हैं। मानसिक कलाबाजी और कारीगरी के अर्थ में कला का उनमें सर्वथा अभाव है। 'बेसिर पैर की बातें, 'वायवी अवस्तुओं' का स्थान और नामनिर्देश कर देने को कविकर्म कहकर शेक्सपियर ने कवियों को सन्निपात या पागलपन में बेसिर पैर की बातें बकने वालों की श्रेणी में रख दिया है। जिन कवियों के संबंध में 'किं न जलपंति' कहा जा सकता है, उन्हीं का उल्लेख 'किं न खादंति' वाले वायसों के साथ हो सकता है। सच्ची कला के लिए तथ्य आवश्यक है। भावुकता के दृष्टिकोण से कला आडंबरों के बंधन से निर्मुक्त तथ्य है। एक विद्वान कृत इस परिभाषा को यदि काव्यक्षेत्र में प्रयुक्त करें तो कम कवि सच्चे कलाकारों की कोटि में आ सकेंगे। परंतु कबीर का आसन उस ऊँचे स्थान पर अविचल दिखाई देता है। यदि सत्य के खोजी कबीर के काव्य में तथ्य की स्वतंत्रता नहीं मिलती तो और कहीं नहीं मिल सकती। कबीर के महत्त्व का अनुमान इसी से हो सकता है।

कबीर के काव्य में नीचे हुई खटकने-वाली बातें भी हैं, जिनकी ओर स्थान-स्थान पर संकेत करते आए हैं—

1. एक ही बात को उन्होंने कई बार दुहराया है, जिससे कहीं-कहीं रोचकता जाती रहती है।
2. उनके ज्ञानीपन की शुष्कता का प्रतिबिंब उनकी भाषा का अक्खड़पन होकर पड़ा है।
3. उनकी आधी से अधिक रचना दार्शनिक पद्यमात्र है, जिसको कविता नहीं कहना चाहिए।
4. उनकी कविता में साहित्यिकता का सर्वथा अभाव है। थोड़ी-सी साहित्यिकता आ जाने से परंपरानुबद्ध रसिकों के लिए उपालंभ का स्थान न रह जाता।
5. न उनकी भाषा परिमार्जित है और न उनके ग्रंथ पिंगलशास्त्र के नियम के अनुकूल हैं।

कबीरदास छंदशास्त्र से अनभिज्ञ थे, यहाँ तक कि वे दोहों को पिंगल की खराद पर न चढ़ा सके। डफली बजाकर गाने में जो शब्द जिस रूप में निकल गया, वही ठीक था। मात्राओं के घट -बढ़ जाने की चिंता करना व्यर्थ था। पर साथ ही कबीर में प्रतिभा थी; मौलिकता थी, उन्हें कुछ संदेश देना था और उनके लिए शब्द की मात्रा गिनने की आवश्यकता न थी, उन्हें तो इस ढंग से अपनी बातें कहने की आवश्यकता थी, जो सुननेवालों के हृदय में पैठ जायँ और पैठकर जम जायँ। तिस पर वह हिंदी कविता के आरंभ के दिन थे। पर आजकल के रहस्यवादी काव्यों में न प्रतिभा के दर्शन होते हैं और न मौलिकता का आभास मिलता है। केवल ऊटपटाँग कह देने और भाषा तथा पिंगल की उपेक्षा दिखाने ही में उन आवश्यक गुणों के अभावों की पूर्ति नहीं हो सकती।

भाषा :

कबीर की भाषा का निर्णय करना टेढ़ी खीर है क्योंकि वह खिचड़ी है। कबीर की रचना में कई भाषाओं के शब्द मिलते हैं परंतु भाषा का निर्णय अधिकतर शब्दों पर निर्भर नहीं है। भाषा के आधार पर क्रियापद, संयोजक शब्द तथा कारक चिन्ह हैं जो वाक्यविन्यास की विशेषताओं के लिए उत्तरदायी होते हैं। कबीर में केवल शब्द ही नहीं क्रियापद, कारक चिन्हादि भी कई भाषाओं के मिलते हैं, क्रियापदों के रूप में अधिकतर ब्रजभाषा और खड़ी बोली के हैं। कारक चिन्हों में 'कै, सन, सा' आदि अवधी के हैं, 'को' ब्रज का है और 'थे' राजस्थानी का। यद्यपि उन्होंने स्वयं कहा है— 'मेरी बोली पूरबी', तथापि खड़ी ब्रज, पंजाबी, राजस्थानी, अरबी, फारसी आदि अनेक भाषाओं का पुट भी उनकी उक्तियों पर चढ़ा हुआ है। पूरबी से उनका क्या तात्पर्य है; यह नहीं कह सकते। उनका बनारस निवास पूरबी से अवधी का अर्थ लेने के पक्ष में है; परंतु उनकी रचना में बिहारी का पर्याप्त मेल है; यहाँ तक कि मृत्यु के समय मगहर में उन्होंने जो पद कहा है उसमें मैथिली का भी कुछ संसर्ग दिखाई देता है। यदि 'बोली' का अर्थ मातृभाषा लें और 'पूरब' का बिहारी तो कबीर के जन्म के विषय पर एक नया ही प्रकाश पड़ जाता है। उनका अपना अर्थ जो कुछ हो, पर पाई जाती है उनमें अवधी और बिहारी, दोनों बोलियाँ।

इस पंचमेल खिचड़ी का कारण यह है कि उन्होंने दूर-दूर के साधु-संतों का सत्संग किया था जिससे स्वाभाविक ही उन पर भिन्न-भिन्न प्रांतों की बोलियों का प्रभाव पड़ा।

खड़ी बोली का पुट इस दोहे में देखिए—

'कबीर कहता जात हूँ सणता है सब कोइ।
राम कहे भला होइगा, नहिंतर भला न होइ।।'
आऊँगा न जाऊँगा, मरूँगा जीऊँगा।
गुरु के सबद रमि रमि रहूँगा।।'

इसमें शुद्ध खड़ी बोली के दर्शन होते हैं।

'जब लगि धसै न आभ' में 'धसै' ब्रजभाषा का है और 'आभ' फारसी के आब का बिगड़ा हुआ रूप है। आगे लिखे दोहे में 'अंषड़ियाँ, जीभड़ियाँ' आदि रूप पंजाबी का और 'पड़या' क्रिया राजस्थानी प्रभाव प्रकट करते हैं—

'अंषड़ियाँ झाँई पड़ी पंथ निहारि निहारि।
जीभड़ियाँ छाला पड़या, राम पुकारि पुकारि।।'

पंजाब के केवल बहुत से शब्द नहीं मुहावरे भी उनमें मिलते हैं। जैसे—

1. *रलि गया आटे लूँण*
2. *लूण विलग्गा पाणियाँ पाणी लूण विलग्ग*

इनके उच्चारण पर भी पंजाबी का प्रभाव दृष्टिगत होता है। न कोण कहना पंजाबी की ही विशेषता है। पंजाबी 'विवेक' का उच्चारण 'बवेक' करते हैं। कबीर में भी वह शब्द इसी रूप में मिलता है। बँगला के भी इनमें कुछ प्रयोग मिलते हैं। 'आछिली' शब्द बँगला का 'छिली' है जो 'था' अर्थ में प्रयुक्त होता है— **'कहु कबीर कुछ आछिलो जहिया।'** इसी प्रकार 'सकना' अर्थ में 'पारना' क्रिया के रूप भी जो अब केवल बँगला में मिलते हैं, पर जिनका प्रयोग जायसी और तुलसी ने भी किया है; इनकी भाषा में पाए जाते हैं—

'गाँइ कु ठाकुर खेत कु नेपै, काइथ खरच न पारै।

संस्कृत 'वर्ज्य' से बिगड़कर बना हुआ एक 'बाज' शब्द तुलसी और जायसी दोनों में मिलता है। जायसी में यह 'बाझ' रूप में मिलता है। पर आजकल इसका प्रयोग अधिकतर पंजाबी में ही होता है, जहाँ इसका रूप 'बाझो' होता है।

'भिस्त न मेरे चाहिए बाझ पियारे तुज्झ।'

'जेम, ससिहर', आदि शुद्ध अपभंश के भी कई शब्दों का उन्होंने प्रयोग किया है। 'जेम' शब्द संस्कृत 'यद्व' से निकला है और 'ससिहर' संस्कृत 'शशधर' से। अपभ्रंश में संस्कृत के 'क' का 'ग' हो जाता है जैसे 'प्रकट' का 'प्रगट'। कबीर ने मनमाने ढंग से भी ऐसे परिवर्तन किए हैं, उपकारी का उन्होंने 'उपगारी' बनाया है। संस्कृत के महाप्राण अक्षर प्राकृत और अपभ्रंश में प्रायः ह रह जाते हैं जैसे शशधर से ससिहर। कबीर में इसका विपर्यय भी मिलता है। उन्होंने दहन को दाझन कहा है।

फारसी के एक ही शब्द का हमने ऊपर उदाहरण दिया है। यत्र-तत्र फारसी-अरबी के शब्द तो उनमें मिलते ही हैं, उनके कुछ पद ऐसे भी हैं जिनमें अरबी और फारसी शब्दों की ही भरमार है। उदाहरण के लिए उनकी पदावली का 258वाँ पद ले लीजिए, जिसकी दो पंक्तियाँ हम यहाँ उद्धृत करते हैं—

'हमरकत रहबरहुँ समाँ मैं खुर्दा सुभाँ विसियार।
हमजिमीं आसमाँन खलिंक, गुंदा मुसकिल कार।।'

हम कह चुके हैं कि कबीर पढ़े-लिखे नहीं थे, इसी से वे बाहरी प्रभावों के बहुत अधिक शिकार हुए। भाषा और व्याकरण की स्थिरता उनमें नहीं मिलती। यह यह भी संभव है कि उन्होंने जान-बूझकर अनेक प्रांतों के शब्दों का प्रयोग किया हो अथवा शब्द भण्डार की कमी के कारण जब जिस भाषा का सुना-सुनाया शब्द उनके सामने आ गया हो, उन्होंने अपनी कविता में रख दिया हो। शब्दों को उन्होंने तोड़ा-मरोड़ा भी बहुत है। सन को सनि, सनां, सूँ— चाहे जिस रूप में तोड़-मरोड़कर उन्होंने आवश्यकतानुसार अपनी उक्तियों में ला बैठाया है। इसके अतिरिक्त उनकी भाषा में अक्खड़पन है और साहित्यिक कोमलता या प्रसाद का सर्वथा अभाव है। कहीं-कहीं उनकी भाषा बिलकुल गँवारू लगती है, पर उनकी बातों में खरेपन की मिठास है, जो उन्हीं की विशेषता है और उसके सामने यह गँवारपन डूब जाता है।

उपसंहार :

हिंदी के काव्य-साहित्य में कबीर के स्थान का निर्णय करना कठिन है। तुलना के लिए एक ही क्षेत्र के कवियों को लेना चाहिए। कबीर का काव्य मुक्तक क्षेत्र के अंतर्गत है। उसमें भी उन्होंने कुछ ज्ञान पर कहा है और कुछ नीति पर। नानक, दादू, सुंदरदास आदि ज्ञानाश्रयी निर्गुण भक्त कवियों में वे सहज ही सबसे बढ़कर हैं। नानक, दादू आदि में कबीर की ही पुनरावृत्तियाँ हैं, परंतु आँचल में अस्वाभाविकता भी वे खूब बाँध लाए हैं। नीतिकाव्य की सफलता की कसौटी उसकी सर्वप्रियता है। कबीर के नीतिकाव्य की सर्वप्रियता न वृंद को प्राप्त हुई और न रहीम को। रहीम में कबीर के भाव ज्यों के त्यों मिलते हैं। कहीं-कहीं तो

दोहे का दोहा रहीम ने अपना लिया है; यथा—

'कबीर यह घर प्रेम का खाला का घर नाहि।
सीस उतारै हाथ करि सो पैठे घर माँहि।। — कबीर।
'रहिमन घर है प्रेम का खाला का घर नाहिं।
सीस उतारै भुइँ धरै सो जावै घर माँहिं।।'— रहीम।

वृंद और कबीर की विदग्धता एक-सी है। रहस्यवादी कवियों में भी कबीर का ही आसन सबसे ऊँचा है, शुद्ध रहस्यवाद केवल उन्हीं का है। प्रेमाख्यानक कवियों का रहस्यवाद तो उनके प्रबंध के बीच-बीच में बहुत जगह थिगली-सा लगता है और प्रबंध से अलग उसका अभिप्राय ही नष्ट हो जाता है। अन्य क्षेत्रों के कवियों के साथ कबीर की तुलना की ही नहीं जा सकती। तुलसी और सूर कविता के साम्राज्य में सर्वसम्मति से और सब कवियों की पहुँच के बाहर हैं। चंदकृत पृथ्वीराजरासो नामक जो प्रक्षिप्त महाकाव्य प्रसिद्ध है, उसी में उनके महत्त्व का बहुत कुछ दर्शन हो जाता है। अतएव जब तक उनकी रचना के विषय में कोई निश्चयात्मक निर्णय नहीं हो जाता, तब तक उनको किसी के साथ तुलना के लिए खड़ा करना उन पर अन्याय करना है। केशव को काव्यशास्त्र का आचार्य भले ही मान लें, पर उनको नैसर्गिक कवियों में गिनना कवित्व का तिरस्कार करना है। बिहारी की कोटि के कवियों की कविता को सच्ची स्वाभाविक कविता में गिनने में भी संकोच हो सकता है। मूँड़ मुँड़ाकर श्रृंगार के पीछे पड़ने वाले सब कवि इसी श्रेणी में हैं। पर भूषण, जायसी और कबीर में कौन बड़ा है, इसका निर्णय नहीं हो सकता। तीनों में सच्चे कवि की आकुलता विद्यमान है, और अपने क्षेत्र में तीनों की पूरी पहुँच है, तीनों एक श्रेणी के हैं, फिर भी यदि आध्यात्मिकता को भौतिकता से श्रेष्ठ ठहराकर कोई कबीर को श्रेष्ठ ठहरावे तो रुचिस्वातंत्र्य के कारण उसे यह अधिकार है। प्रभाव से यदि श्रेष्ठता मानें तो तुलसी के बाद कबीर का ही नाम आता है; क्योंकि तुलसी को छोड़कर हिंदी भाषी जनता पर कबीर के समान या उनसे अधिक प्रभाव किसी कवि का नहीं पड़ा।

कबीर ग्रंथावली

(1) साखी

(1) गुरुदेव कौ अंग

सतगुर सवाँन को सगा, सोधी सईं न दाति।
हरिजी सवाँन को हितू, हरिजन सईं न जाति।।1।।

बलिहारी गुर आपणैं द्यौं हाड़ी कै बार।
जिनि मानिष तैं देवता, करत न लागी बार।।2।।

सतगुर की महिमा अनँत, अनँत किया उपगार।
लोचन अनँत उघाड़िया, अनँत दिखावणहार।।3।।

राम नाम के पटतरे, देबे कौ कछु नाहिं।
क्या ले गुर संतोषिए, हौंस रही मन मांहि।।4।।

सतगुर के सदकै करूँ, दिल अपणी का साछ।
सतगुर हम स्यूँ लड़ि पड़या महकम मेरा बाछ।।5।।

सतगुर लई कमाँण करि, बाँहण लागा तीर।
एक जु बाह्या प्रीति सूँ, भीतरि रह्या सरीर।।6।।

सतगुर साँचा सूरिवाँ, सबद जू बाह्या एक।
लागत ही में मिलि गया, पढ़या कलेजै छेक।।7।।

सतगुर मार्‌या बाण भरि, धरि करि सूधी मूठि।
अंगि उघाड़ै लागिया, गई दवा सूँ फूंटि।।8।।

हँसै न बोलै उनमनी, चंचल मेल्ह्या मारि।
कहै कबीर भीतरि भिद्या, सतगुर कै हथियार।।9।।

गूँगा हूवा बावला, बहरा हुआ कान।
पाऊँ थै पंगुल भया, सतगुर मार्‌या बाण।।10।।

---

(2) क-ख-देवता के आगे 'कया' पाठ है जो अनावश्यक है।

(5) ख-सदकै करौं। ख-साच। तुक मिलाने के लिये 'साछ' 'साक्ष' लिखा है।

पीछे लागा जाइ था, लोक वेद के साथि।
आगै थैं सतगुर मिल्या, दीपक दीया हाथि।।11।।

दीपक दीया तेल भरि, बाती दई अघट्ट।
पूरा किया बिसाहूणाँ, बहुरि न आँवौं हट्ट।।12।।

ग्यान प्रकास्या गुर मिल्या, सो जिनि बीसरि जाइ।
जब गोबिंद कृपा करी, तब गुर मिलिया आइ।।13।।

कबीर गुर गरबा मिल्या, रलि गया आटैं लूँण।
जाति पाँति कुल सब मिटै, नांव धरोगे कौण।।14।।

जाका गुर भी अंधला, चेला खरा निरंध।
अंधा अंधा ठेलिया, दून्यूँ कूप पड़ंत।।15।।

नाँ गुर मिल्या न सिष भया, लालच खेल्या डाव।
दुन्यूँ बूड़े धार मैं, चढ़ि पाथर की नाव।।16।।

चौसठ दीवा जोइ करि, चौदह चंदा माँहि।
तिहिं धरि किसकौ चानिणौं, जिहि घरि गोबिंद नाहिं।।17।।

निस अधियारी कारणैं, चौरासी लख चंद।
अति आतुर ऊदै किया, तऊ दिष्टि नहिं मंद।।18।।

भली भई जू गुर मिल्या, नहीं तर होती हाँणि।
दीपक दिष्टि पतंग ज्यूँ, पड़ता पूरी जाँणि।।19।।

माया दीपक नर पतंग, भ्रमि भ्रमि इवै पड़ंत।
कहै कबीर गुर ग्यान थैं, एक आध उबरंत।।20।।

सतगुर बपुरा क्या करै, जे सिषही माँहै चूक।
भावै त्यूँ प्रमोधि ले, ज्यूँ बंसि बजाई फूक।।21।।

संसै खाया सकल जुग, संसा किनहुँ न खद्ध।
जे बेधे गुर अष्विरां, तिनि संसा चुणि चुणि खद्ध।।22।।

चेतनि चौकी बैसि करि, सतगुर दीन्हाँ धीर।
निरभै होइ निसंक भजि, केवल कहै कबीर।।23।।

---

(12) क-ख-अघट, हट।

(13) क-गोब्यंद।

(15) क-चेला हैजा चंद (? है गा अंध)।

(17) ख-चाँरिणौं। ख-तिहि..........जिहिं।

(21) ख-प्रमोदिए। जाँणे बास जनाई कूद।

(22) ख-सैल जुग।

सतगुर मिल्या त का भयां, जे मनि पाड़ी भोल।
पासि बिनंठा कप्पड़ा, क्या करै बिचारी चोल।।24।।

बूड़े थे परि ऊबरे, गुर की लहरि चमंकि।
भेरा देख्या जरजरा, (तब) ऊतरि पड़े फरंकि।।25।।

गुरू गोविन्द तौ एक हैं, दूजा यह आकार।
आपा मेट जीवत मरै, तो पावै करतार।।26।।

कबीर सतगुर नाँ मिल्या, रही अधूरी सीप।
स्वांग जती का पहरि करि, घरि घरि माँगे भीष।।27।।

सतगुर साँचा सूरिवाँ, तातै लोहिं लुहार।।
कसणो दे कंचन किया, ताई लिया ततसार।।28।।

थापणि पाई थिति भई, सतगुर दीन्हीं धीर।।
कबीर हीरा बणजिया, मानसरोवर तीर।।29।।

निहचल निधि मिलाइ तत, सतगुर साहस धीर।।
निपजी मैं साझी घणाँ, बांटै नहीं कबीर।।30।।

चौपड़ि माँडी चौहटै, अरध उरध बाजार।।
कहै कबीरा राम जन, खेलौ संत विचार।।31।।

पासा पकड़्या प्रेम का, सारी किया सरीर।।
सतगुर दावा बताइया, खेलै दास कबीर।।32।।

सतगुर हम सूँ रीझि करि, एक कह्या प्रसंग।
बरस्या बादल प्रेम का, भीजि गया सब अंग।।33।।

कबीर बादल प्रेम का, हम परि बरष्या आइ।
अंतरि भीगी आत्माँ हरी भई बनराइ।।34।।

---

(25) ख-जाजरा।
इस दोहे के आगे ख प्रति में यह दोहा है—
कबीर सब जग यों भ्रम्या फिरै ज्यूँ रामे का रोज।
सतगुर थैं सोधी भई, तब पाया हरि का षोज।।27।।

(27) इसके आगे ख प्रति में यह दोहा है—
कबीर सतगुर ना मिल्या, सुणी अधूरी सीष।
मुँड मुँडावै मुकति कूँ, चालि न सकई वीष।।29।।

(28) ख-सतगुर मेरा सूरिवाँ।

(29) इसके आगे ख प्रति में यह दोहा है-
कबीर हीरा बणजिया, हिरदे उकठी खाणि।
पारब्रह्म क्रिपा करी सतगुर भये सुजाँण।।

पूरे सूँ परचा भया, सब दुख मेल्या दूरि।।
निर्मल कीन्हीं आत्माँ ताथैं सदा हजूरि।।35।।

(2) सुमिरण कौ अंग

कबीर कहता जात हूँ, सुणता है सब कोइ।
राम कहें भला होइगा, नहिं तर भला न होइ।।1।।

कबीर कहै मैं कथि गया, कथि गया ब्रह्म महेस।
राम नांव सतसार है, सब काहू उपदेस।।2।।

तत तिलक तिहूँ लोक मैं, राम नाँव निज सार।
जब कबीर मस्तक दिया, सोभा अधिक अपार।।3।।

भगति भजन हरि नाँव है, दूजा दुक्ख अपार।।
मनसा बाचा क्रमनाँ, कबीर सुमिरण सार।।4।।

कबीर सुमिरण सार है, और सकल जंजाल।
आदि अंति सब सोधिया, दूजा देखौं काल।।5।।

च्पंता तौ हरि नाँव की, और न चिंता दास।
जे कछु चितवैं राम बिन, सोइ काल कौ पास।।6।।

पंच सँगी पिव पिव करै, छटा जू सुमिरे मंन।
मेरा मन सुमिरै राम कूँ, मेरा मन रामहिं आहि।।7।।

मेरा मन सुमिरै राम कूँ, मेरा मन रामहिं आहि।
अब मन रामहिं ह्वै रह्या, सीस नवावौं काहि।।8।।

तूँ तूँ करता तूँ भया, मुझ मैं रही न हूँ।
वारी फेरी बलि गई, जित देखौं तित तूँ।।9।।

कबीर निरभै राम जपि, जब लग दीवै बाति।
तेल घट्या बाती बुझी, (तब) सोवैगा दिन राति।।10।।

कबीर सूता क्या करै, जागि न जपै मुरारि।।
एक दिनाँ भी सोवणाँ, लंबे पांव पसारि।।11।।

कबीर सूता क्या करै, काहे न देखै जागि।
जाका संग तैं बीछुड़्या, ताही के संग लागि।।12।।

कबीर सूता क्या करै, उठि न रोवै दुक्ख।
जाका बासा गोर मैं, सो क्यूँ सोवै सुक्ख।।13।।

---

(34) ख- में नहीं है।

(35) ख- में नहीं है।

कबीर सूता क्या करै, गुण गोबिंद के गाइ।
तेरे सिर परि जम खड़ा, खरच कदे का खाइ।।14।।

कबीर सूता क्या करै, सुताँ होइ अकाज।
ब्रह्मा का आसण खिस्या, सुणत काल को गाज।।15।।

केसो कहि कहि कूकिये, नाँ सोइयै असरार।।
राति दिवस के कूकणौं, (मत) कबहूँ लगै पुकार।।16।।

जिहि घटि प्रीति न प्रेम रस, फुनि रसना नहीं राम।
ते नर इस संसार में, उपजि षये बेकाम।।17।।

कबीर प्रेम न चाषिया, चषि न लीया साव।
सूने घर का पाहुणाँ, ज्यूँ आया त्यूँ जाव।।18।।

पहली बुरा कमाइ करि, बाँधी विष की पोट।
कोटि करम फिल पलक मैं, (जब) आया हरि की वोट।।19।।

कोटि क्रम पेलै पलक मैं, जे रंचक आवै नाउँ।
अनेक जुग जे पुन्नि करै, नहीं राम बिन ठाउँ।।20।।

जिहि हरि जैसा जाणियाँ, तिन कूँ तैसा लाभ।
ओसों प्यास न भाजई, जब लग धसै न आभ।।21।।

राम पियारा छाड़ि करि, करै आन का जाप।
बेस्वाँ केरा पूत ज्यूँ, कहे कौन सूँ बाप।।22।।

कबीर आपण राम कहि, औरां राम कहाइ।
जिहि मुखि राम न ऊचरे, तिहि मुख फेरि कहाइ।।23।।

जैसे माया मन रमै, यूँ जे राम रमाइ।
(तौ) तारा मंडल छाँड़ि करि, जहाँ के सो तहाँ जाइ।।24।।

लूटि सकै तो लूटियो, राम नाम है लूटि।
पीछै ही पछिताहुगे, यहु तन जैहै छूटि।।25।।

लूटि सकै तो लूटियो, राम नाम भंडार।।
काल कंठ तै गहैगा, रूंधे दसूँ दुवार।।26।।

लंबा मारग दूरि घर, विकट पंथ बहु भार।।
कहौ संतो क्यूँ पाइये, दुर्लभ हरिदीदार।।27।।

गुण गाये गुण ना कटै, रटै न राम बियोग।
अह निसि हरि ध्यावै नहीं, क्यूँ पावै दुलर्भ जोग।।28।।

---

(16) ख- में नहीं है।
(17) क- आइ संसार में।
(23) ख-जा युष, ता युष।

कबीर कठिनाई खरी, सुमिरतां हरि नाम।
सूली ऊपरि नट विद्या, गिरूँ त नाहीं ठाम।।29।।

कबीर राम ध्याइ लै, जिभ्या सौं करि मंत।
हरि सागर जिनि बीसरै, छीलर देखि अनंत।।30।।

कबीर राम रिझाइ लै, मुखि अमृत गुण गाइ।
फूटा नग ज्यूँ जोड़ि मन, संधे संधि मिलाइ।।31।।

कबीर चित्त चमंकिया, चहुँ दिस लागी लाइ।
हरि सुमिरण हाथूं घड़ा, बेगे लेहु बुझाइ।।32।।67।।

(3) बिरह कौ अंग

रात्यूँ रूँनी बिरहनीं, ज्यूँ बंचौ कूँ कुंज।
कबीर अंतर प्रजल्या, प्रगट्या बिरहा पुंज।।1।।

अबंर कुँजाँ कुरलियाँ, गरिज भरे सब ताल।
जिनि थे गोबिंद बीछुटे, तिनके कौण हवाल।।2।।

चकवी बिछुटी रैणि की, आइ मिली परभाति।
जे जन बिछुटे राम सूँ, ते दिन मिले न राति।।3।।

बासुरि सुख नाँ रैणि सुख, ना सुख सुपिनै माँहि।
कबीर बिछुट्या राम सूँ नाँ सुख धूप न छाँह।।4।।

बिरहनि ऊभी पंथ सिरि, पंथी बूझै धाइ।
एक सबद कहि पीव का, कब रे मिलैगे आइ।।5।।

बहुत दिनन की जोवती, बाट तुम्हारी राम।
जिव तरसै तुझ मिलन कूँ, मनि नाहीं विश्राम।।6।।

बिरहिन ऊठै भी पड़े, दरसन कारनि राम।
मूवाँ पीछे देहुगे, सो दरसन किहिं काम।।7।।

मूवाँ पीछै जिनि मिलै, कहै कबीरा राम।
पाथर घाटा लोह सब, (तब) पारस कौंणै काम।।8।।

अंदेसड़ा न भाजिसी, संदेसो कहियाँ।
कै हरि आयां भाजिसी, कै हरि ही पासि गयां।।9।।

आइ न सकौ तुझ पै, कूँ न तूझ बुझाइ।
जियरा यौही लेहुगे, बिरह तपाइ तपाइ।।10।।

यहु तन जालौं मसि करूँ, ज्यूँ धूवाँ जाइ सरग्गि।
मति वै राम दया करै, बरसि बुझावै अग्गि।।11।।

यहु तन जालै मसि करौं, लिखौं राम का नाउँ।
लेखणिं करूँ करंक की, लिखि लिखि राम पठाउँ।।12।।

कबीर पीर पिरावनीं, पंजर पीड़ न जाइ।
एक ज पीड़ परीति की, रही कलेजा छाइ।।13।।

चोट सताड़ी बिरह की, सब तन जर जर होइ।
मारणहारा जाँणिहै, कै जिहिं लागी सोइ।।14।।

कर कमाण सर साँधि करि, खैचि जू यार्‌या माँहि।
भीतरि भिद्या सुमार ह्वै, जीवै कि जीवै नांहि।।15।।

जबहूँ मार्‌या खैंचि करि, तब मैं पाई जाँणि।
लागी चोट मरम्म की, गई कलेजा जाँणि।।16।।

जिहि सर मारी काल्हि, सो सर मेरे मन बस्या।
तिहि सरि अजहूँ मारि, सर बिन सच पाऊँ नहीं।।17।।

बिरह भुवंगम तन बसै, मंत्र न लागै कोइ।
राम बियोगी न जिवै, जिवै त बीरा होइ।।18।।

बिरह भुवंगम पैसि करि, किया कलेजै घाव।
साधू अंग न मोड़ही, ज्यूँ भावै त्यूँ खाव।।19।।

सब रग तंत रबाब तन, बिरह बजावै नित्त।
और न कोई सुणि सकै, कै साई के चित्त।।20।।

बिरहा बिरहा जिनि कहौ, बिरहा है सुलितान।
जिह घटि बिरह न संचरै, सो घट सदा मसान।।21।।

अंषड़ियाँ झाई पड़ी, पंथ निहारि निहारि।
जीभड़ियाँ छाला पड़्या, राम पुकारि पुकारि।।22।।

इस तन का दीवा करौं, बाती मेल्यूँ जीव।
लोही सींचौ तेल ज्यूँ, कब मुख देखौं पीव।।23।।

नैंना नीझर लाइया, रहट बहै निस जाम।
पपीहा ज्यूँ पिव पिव करौं, कबरू मिलहुगे राम।।24।।

अंषड़िया प्रेम कसाइयाँ, लोग जाँणे दुखड़ियाँ।
साँई अपणैं कारणै, रोइ रोइ रतड़ियाँ।।25।।

सोई आँसू सजणाँ, सोई लोक बिड़ाँहि।
जे लोइण लोंहीं चुवै, तो जाँणों हेत हिंयांहि।।26।।

कबीर हसणाँ दूरि करि, करि रोवण सौं चित्त।
बिन रोयाँ क्यूँ पाइये, प्रेम पियारा मित्त।।27।।

जौ रोऊँ तो बल घटै, हँसौं तो राम रिसाइ।
मनही माँहि बिसूरणाँ, ज्यूँ घुंण काठहि खाइ।।28।।

हंसि हंसि कंत न पाइए, जिनि पाया तिनि रोइ।
जो हाँसेही हरि मिलै, तो नहीं दुहागिन कोइ।।29।।

हाँसी खेलौ हरि मिलै, तौ कौण सहे षरसान।
काम क्रोध त्रिष्णाँ तजै, ताहि मिलैं भगवान।।30।।

पूत पियारो पिता कौं, गौंहनि लागा धाइ।
लोभ मिठाई हाथ दे, आपण गया भुलाइ।।31।।

डारि खाँड़ पटकि करि, अंतरि रोस उपाइ।
रोवत रोवत मिलि गया, पिता पियारे जाइ।।32।।

नैना अंतरि आचरूँ, निस दिन निरषौं तोहि।
कब हरि दरसन देहुगे सो दिन आवै मोंहि।।33।।

कबीर देखत दिन गया, निस भी देखत जाइ।
बिरहणि पीव पावे नहीं, जियरा तलपै भाइ।।34।।

कै बिरहनि कूं मींच दे, कै आपा दिखलाइ।
आठ पहर का दाझणां, मोपै सह्या न जाइ।।35।।

बिरहणि थी तो क्यूँ रही, जली न पीव के नालि।
रहु रहु मुगध गहेलड़ी, प्रेम न लाजूँ मारि।।36।।

हौं बिरहा की लाकड़ी, समझि समझि धूंधाउँ।
छूटि पड़ौं यों बिरह तें, जे सारीही जलि जाउँ।।37।।

कबीर तन मन यों जल्या, बिरह अगनि सूं लागि।
मृतक पीड़ न जाँणई, जांणैगि यहूं आगि।।38।।

बिरह जलाई मैं जलौं, जलती जल हरि जाउँ।
मो देख्याँ जल हरि जलै, संतौं कहीं बुझाउँ।।39।।

परबति परबति मैं फिर्या, नैन गंवाये रोइ।
सो बूटी पाऊँ नहीं, जातें जीवनि होइ।।40।।

फाड़ि फुटोला धज करौं, कामलड़ी पहिराउँ।
जिहिं जिहिं भेषा हरि मिलैं, सोइ सोइ भेष कराउँ।।41।।

नैन हमारे जलि गये, छिन छिन लोड़ै तुझ।
नां तूं मिलै न मैं खुसी, ऐसी बेदन मुझ।।42।।

भेला पाया श्रम सों, भौसागर के माँह।
जो छाँड़ौ तौ डूबिहौ, गहौं त डसिये बाँह।।43।।

---

(32) ख-में इसके अनंतर यह दोहा है—
मो चित तिलाँ न बीसरौ, तुम्ह हरि दूरि थंयाह।
इहि अंगि औलू भाइ जिसी, जदि तदि तुम्ह म्यलियांह।।

(43) ख- में इसके आगे यह दोहा है—
बिरह जलाई मैं जलौं, मो बिरहिन कै दूष।
छाँह न बैसों डरपती, मति जलि ऊठे रूष।।46।।

रैणा दूर बिछोहिया, रह रे संषम झूरि।
देवलि देवलि धाहड़ी, देखी ऊगै सूरि।।44।।

सुखिया सब संसार है, खाये अरू सोवै।
दुखिया दास कबीर है, जागे अरू रोवै।।45।।112।।

(4) ग्यान बिरह कौ अंग

दीपक पावक आंणिया, तेल भी आंण्या संग।
तीन्यूं मिलि करि जोइया, (तब) उड़ि उड़ि पड़ैं पतंग।।1।।

मार्‌या है जे मरेगा, बिन सर थोथी भालि।
पड्या पुकारे ब्रिछ तरि, आजि मरै कै काल्हि।।2।।

हिरदा भीतरि दौ बलै, धूंवां प्रगट न होइ।
जाके लागी सो लखे, के जिहि लाई सोइ।।3।।

झल उठा झोली जली, खपरा फूटिम फूटि।
जोगी था सो रमि गया, आसणि रही बिभूत।।4।।

अगनि जू लागि नीर में, कंदू जलिया झारि।
उतर दषिण के पंडिता, रहे बिचारि बिचारि।।5।।

दौं लागी साइर जल्या, पंषी बैठे आइ।
दाधी देह न पालनै, सतगुर गया लगाइ।।6।।

गुर दाधा चेल्या जल्या, बिरहा लागी आगि।
तिणका बपुड़ा ऊबर्‌या, गलि पूरे के लागि।।7।।

आहेड़ी दौ लाइया, मृग पुकारै रोइ।
जा बन में क्रीला करी, दाझत हैं बन सोइ।।8।।

पाणी मांहे प्रजली, भई अप्रबल आगि।
बहती सरिता रहि गई, मेछ रहे जल त्यागि।।9।।

समंदर लागी आगि, नदियां जलि कोइला भई।
देखि कबीरा जागि, मंछी रूषां चढ़ि गई।।10।।122।।

(5) परचा कौ अंग

कबीर तेज अनंत का, मानी ऊगी सूरज सेणि।
पति संगि जागी सूंदरी, कौतिग दीठा तेणि।।1।।

---

(6) ख-कवल जो फूला फूल बिन

(10) ख- में इसके आगे यह दोहा है—
बिरहा कहै कबीर कौं तू जनि छाँड़े मोहिं।
पारब्रह्म के तेज मैं, तहाँ ले राखौं तोहि।।

कोतिग दीठा देह बिन, मसि बिना उजास।
साहिब सेवा मांहि है, बेपरवांही दास।।2।।

पारब्रह्म के तेज का, कैसा है उनमान।
कहिबे कूं सोभा नहीं, देख्याही परवान।।3।।

अगम अगोचर गमि नहीं, तहां जगमगै जोति।
जहां कबीरा बंदिगी, 'तहां' पाप पुन्य नहीं छोति।।4।।

हदे छाड़ि बेहदि गया, हुवा निरंतर बास।
कवल ज फूल्या फूल बिन, को निरषै निज दास।।5।।

कबीर मन मधुकर भया, रह्या निरंतर बास।
कवल ज फूल्या जलह बिन, को देखै निज दास।।6।।

अंतर कवल प्रकासिया, ब्रह्म बास तहां होइ।
मन भवरा तहां लुबधिया, जांणैगा जन कोइ।।7।।

सायर नाहीं सीप बिन, स्वांति बूंद भी नाहिं।
कबीर मोती नीपजै, सुन्नि सिषर गढ माँहिं।।8।।

घट माँहै औघट लह्या, औघट माँहैं घाट।
कहि कबीर परचा भया, गुरू दिखाई बाट।।9।।

सूर समांणो चंद में, दहूँ किया घर एक।
मनका च्यंता तब भया, कछू पूरबला लेख।।10।।

हद छाड़ि बेहद गया, किया सुन्नि असनान।
मुनि जन महल न पावई, तहाँ किया विश्राम।।11।।

देखौ कर्म कबीर का, कछु पूरब जनम का लेख।
जाका महल न मुनि लहै, सो दोसत किया अलेख।।12।।

पिंजर प्रेम प्रकासिया, जाग्या जोग अनंत।
संसा खूटा सुख भया, मिल्या पियारा कंत।।13।।

प्यंजर प्रेम प्रकासिया, अंतरि भया उजास।
मुख कसतूरी महमहीं, बांणीं फूटी बास।।14।।

मन लागा उन मन्न सों, गगन पहुँचा जाइ।
देख्या चंदबिहूँणाँ, चाँदिणाँ, तहाँ अलख निरंजन राइ।।15।।

मन लागा उन मन सों, उन मन मनहि बिलग।
लूँण बिलगा पाणियाँ, पाँणीं लूँणा बिलग।।16।।

पाँणीं ही तें हिम भया, हिम ह्वै गया बिलाइ।
जो कुछ था सोई भया, कछू कह्या न जाइ।।17।।

---

(9) क-औघट पाइया।

भली भई जु भै पड्या, गई दशा सब भूलि।
पाला गलि पाँणी भया, ढुलि मिलिया उस कूलि।।18।।

चौहटै च्यंतामणि चढी, हाडी मारत हाथि।
मीरा मुझसूँ मिहर करि, इब मिलौं न काहू साथि।।19।।

पंषि उडाणी गगन कूँ, प्यंड रह्या परदेस।
पाँणी पीया चंच बिन, भूलि गया यहु देस।।20।।

पंषि उडानीं गगन कूँ, उड़ी चढ़ी असमान।
जिहिं सर मंडल भेदिया, सो सर लागा कान।।21।।

सुरति समाँणो निरति मैं, निरति रही निरधार।।
सुरति निरति परचा भया, तब खूले स्यंभ दुवार।।22।।

सुरति समाँणो निरति मैं, अजपा माँहै जाप।
लेख समाँणाँ अलेख मैं, यूँ आपा माँहै आप।।23।।

आया था संसार में, देषण कौं बहु रूप।
कहै कबीरा संत ही, पड़ि गया नजरि अनूप।।24।।

अंक भरे भरि भेटिया, मन मैं नाँहीं धीर।
कहै कबीर ते क्यूँ मिलैं, जब लग दोइ सरीर।।25।।

सचु पाया सुख ऊपनाँ, अरु दिल दरिया पूरि।।
सकल पाप सहजै गये, जब साँई मिल्या हजूरि।।26।।

धरती गगन पवन नहीं होता, नहीं तोया, नहीं तारा।
तब हरि हरि के जन होते, कहै कबीर बिचारा।।27।।

जा दिन कृतमनां हुता, होता हट न पट।
हुता कबीरा राम जन, जिनि देखै औघट घट।।28।।

थिति पाई मन थिर भया, सतगुर करी सहाइ।
अनिन कथा तनि आचरी, हिरदै त्रिभुवन राइ।।29।।

हरि संगति सीतल भया, मिटा मोह की ताप।
निस बासुरि सुख निध्य लह्या, जब अंतरि प्रकट्या आप।।30।।

तन भीतरि मन मानियाँ, बाहरि कहा न जाइ।
ज्वाला तै फिरि जल भया, बुझी बलंती लाइ।।31।।

तत पाया तन बीसर्‍या, जब मुनि धरिया ध्यान।
तपनि गई सीतल भया, जब सुनि किया असनान।।32।।

---

(26) ख-सकल अघ।

जिनि पाया तिनि सू गह्या गया, रसनाँ लागी स्वादि।
रतन निराला पाईया, जगत ढंढाल्या बादि।।33।।

कबीर दिल स्याबति भया, पाया फल संम्रथ्थ।
सायर माँहि ढंढोलताँ, हीरै पड़ि गया हथ्थ।।34।।

जब मैं था तब हरि नहीं, अब हरि है मैं नाँहि।
सब अँधियारा मिटि गया, जब दीपक देख्या माँहि।।35।।

जा कारणि मैं ढूंढता, सनमुख मिलिया आइ।
धन मैली पिव ऊजला, लागि न सकौं पाइ।।36।।

जा कारणि मैं जाइ था, सोई पाई ठौर।।
सोई फिर आपण भया, जासूँ कहता और।।37।।

कबीर देख्या एक अंग, महिमा कही न जाइ।
तेज पुंज पारस धणों, नैनूँ रहा समाइ।।38।।

मानसरोवर सुभर जल, हंसा केलि कराहिं।
मुकताहल मुकता चुगैं, अब उड़ि अनत न जाहिं।।39।।

गगन गरिजि अमृत चवै, कदली कंवल प्रकास।
तहाँ कबीरा बंदिगी, कै कोई निज दास।।40।।

नींव बिहुणां देहुरा, देह बिहूँणाँ देव।
कबीर तहाँ बिलंबिया करे अलप की सेव।।41।।

देवल माँहै देहुरी, तिल जेहैं बिसतार।।
माँहैं पाती माँहिं जल, माँहे पुजणहार।।42।।

कबीर कवल प्रकासिया, ऊग्या निर्मल सूर।।
निस अंधियारी मिटि गई, बाजै अनहद तूर।।43।।

अनहद बाजै नीझर झरै, उपजै ब्रह्म गियान।
अविगति अंतरि प्रगटै, लागै प्रेम धियान।।44।।

आकासै मुखि औंधा कुवाँ, पाताले पनिहारि।।
ताका पाँणीं को हंसा पीवै, बिरला आदि बिचारि।।45।।

सिव सकती दिसि कौंण जु जोवै, पछिम दिसा उठै धूरि।।
जल मैं स्यंघ जु घर करै, मछली चढ़ै खजूरि।।46।।

अमृत बरसै हीरा निपजै, घंटा पड़ै टकसाल।
कबीर जुलाहा भया पारषू, अगभै उतरया पार।।47।।

ममिता मेरा क्या करै, प्रेम उघाड़ी पौलि।
दरसन भया दयाल का, सूल भई सुख सौड़ि।।48।।170।।

(6) रस कौ अंग

कबीर हरि रस यौं पिया बाकी रही न थाकि।
पाका कलस कुँभार का, बहुरि न चढ़हिं चाकि।।1।।

राम रसाइन प्रेम रस पीवत, अधिक रसाल।
कबीर पीवण दुलभ है, माँगे सीस कलाल।।2।।

कबीर भाठी कलाल की, बहुतक बैठे आइ।
सिर सौंपे सोई पिवै, नहीं तो पिया न जाइ।।3।।

हरि रस पीया जाँणिये, जे कबहूँ न जाइ खुमार।।
मैंमंता घूँमत रहै, नाँही तन की सार।।4।।

मैंमंता तिण नां चरै, सालै चिता सनेह।
बारि जु बाँध्या प्रेम कै, डारि रह्या सिरि षेह।।5।।

मैंमंता अविगत रहा, अकंलप आसा जीति।
राम अमलि माता रहै, जीवन मुकति अतीकि।।6।।

जिहि सर घड़ा न डूबता, अब मैं गल मलि न्हाइ।।
देवल बूड़ा कलस सूँ, पंषि तिसाई जाइ।।7।।

सबै रसाइण मैं किया, हरि सा और न कोइ।
तिल इक घट मैं संचरे, तौ सब तन कंचन होइ।।8।।168।।

(7) लांबि कौ अंग

कया कमंडल भरि लिया, उज्जल निर्मल नीर।।
तन मन जोबर भरि पिया, प्यास न मिटी सरीर।।1।।

मन उलट्या दरिया मिल्या, लागा मलि मलि न्हांन।
थाहत थाह न आवई, तूँ पूरा रहिमान।।2।।

हेरत हेरत हे सखी, रह्या कबीर हिराइ।
बूंद समानी समंद मैं, सो कत हेरी जाइ।।3।।

हेरत हेरत हे सखी, रह्या कबीर हिराइ।
समंद समाना बूंद मैं, सो कत हेर्‌या जाइ।।4।।172।।

(8) जर्णा कौ अंग

भारी कहौं त बहु डरौं, हलका कहूँ तो झूठ।
मैं का जाँणौं राम कूं, नैनूं कबहुं न दीठ।।1।।

(6.8) ख-रिचक घट में संचरे।

(8.1) क-हलवा कहूँ।

दीठा है तो कस कहूँ, कह्या न को पतियाइ।
हरि जैसा है तैसा रहौ, तूँ हरिषि हरिषि गुण गाइ।।2।।

ऐसा अद्भूत जिनि कथै, अद्भुत राखि लुकाइ।
बेद कुरानों गमि नहीं, कह्याँ न को पतियाइ।।3।।

करता की गति अगम है, तूँ चलि अपणैं उनमान।
धीरैं धीरैं पाव दे, पहुँचैगे परवान।।4।।

पहुँचैगे तब कहैंगे, अमड़ैगे उस ठाँइ।
अजहूँ बेरा समंद मैं, बोलि बिगूचै काँइ।।5।।

(9) हैरान कौ अंग

पंडित सेती कहि रहे, कह्या न मानै कोई।
ओ अगाध एका कहै, भारी अचिरज होई।।1।।

बसे अपंडी पंड मैं, ता गति लषै न कोइ।
कहै कबीरा संत हौ, बड़ा अचंभा मोहि।।2।।179।।

(10) लै कौ अंग

जिहि बन सोह न संचरै, पंषि उड़ै नहिं जाइ।
रैनि दिवस का गमि नहीं, तहां कबीर रह्या ल्यो आइ।।1।।

सुरति ढीकुली ले जल्यो, मन नित ढोलन हार।
कँवल कुवाँ मैं प्रेम रस, पीवै बारंबार।।2।।

गंग जमुन उर अंतरै, सहज सुंनि ल्यौ घाट।
तहाँ कबीरै मठ रच्या, मुनि जन जोवैं बाट।।3।।182।।

(11) निहकर्मी पतिब्रता कौ अंग

कबीर प्रीतडी तौ तुझ सौं, बहु गुणियाल कंत।
जे हँसि बोलौं और सौं, तो नील रँगाउँ दंत।।1।।

नैना अंतरि आव तूँ, ज्यूँ हौं नैन झँपेउँ।
नाँ हौं देखौं और कूं, नाँ तुझ देखन देउँ।।2।।

मेरा मुझ में कुछ नहीं, जो कुछ है सो तेरा।
तेरा तुझको सौंपता, क्या लागै है मेरा।।3।।

कबीर रेख स्यंदूर की, काजल दिया न जाइ।
नैनूं रमइया रमि रह्या, दूजा कहाँ समाइ।।4।।

(10-2) ख-खमन चित।

कबीर सीप समंद की, रटै पियास पियास।
समंदहि तिणका बरि गिणै, स्वाँति बूँद की आस।।5।।

कबीर सुख कौ जाइ था, आगै आया दुख।
जाहि सुख धरि आपणै हम जाणौं अरु दुख।।6।।

दो जग तो हम अंगिया, यहु डर नाहीं मुझ।
भिस्त न मेरे चाहिये, बाझ पियारे तुझ।।7।।

जे वो एकै न जांणिया तो जांण्यां सब जांण।
जो वो एक न जांणियाँ, तो सबही जाँण अजाँण।।8।।

कबीर एक न जांणियाँ, तो बहु जांण्यां क्या होइ।
एक तै सब होत है, सब तैं एक न होइ।।9।।

जब लगि भगति सकांमता, तब लग निर्फल सेव।
कहै कबीर वै क्यूं मिलैं, निहकामी निज देव।।10।।

आसा एक जू राम की, दूजी आस निरास।
पाँणी माँहै घर करैं, ते भी मरै पियास।।11।।

जे मन लागै एक सूँ, तो निरबाल्या जाइ।
तूरा दुइ मुखि बाजणाँ न्याइ तमाचे खाइ।।12।।

कबीर कलिजुग आइ करि, कीये बहुतज मीत।
जिन दिल बंधी एक सूँ, ते सुखु सोवै नचींत।।13।।

कबीर कुता राम का, मुतिया मेरा नाउं।
गलै राम की जेवडी, जित खैचे तित जाउँ।।14।।

तो तो करै त बाहुड़ों, दुरि दुरि करै तो जाउं।
ज्यूँ हरि राखैं त्यूँ रहौं, जो देवै सो खाउं।।15।।

मन प्रतीति न प्रेम रस, नां इस तन मैं ढंग।
क्या जाणौं उस पीव सूं, कैसे रहसी रंग।।16।।

उस संम्रथ का दास हौं, कदे न होइ अकाज।
पतिब्रता नाँगी रहै, तो उसही पुरिस कौ लाज।।17।।

धरि परमेसुर पाहुँणाँ, सुणौं सनेही दास।
षट रस भोजन भगति करि, ज्यूँ कदे न छाड़ै पास।।18।।200।।

---

(7) ख-भिसति।

(11) इसके आगे ख में ये दोहे हैं—
आसा एक ज राम की, दूजी आस निवारि।
आसा फिरि फिर मारसी, ज्यूँ चौपड़ि का सारि।।11।।
आसा एक ज राम की जुग जुग पुरवे आस।
जौ पाडल क्यों रे करै बसैहिं चु चंदन पास।।12।।

(12) चितावणी कौ अंग

कबीर नौबति आपणी, दिन दस लेहु बजाइ।
ए पुर पटन ए गली, बहुरि न देखै आइ।।1।।

जिनके नौबति बाजती, मैंगल बंधते बारि।
एकै हरि के नाँव बिन, गए जन्म सब हारि।।2।।

ढोल दमामा दड़बड़ी, सहनाई संगि भेरि।
औसर चल्या बजाइ करि, है कोइ राखै फेरि।।3।।

सातो सबद जु बाजते, घरि घरि होते राग।
ते मंदिर खाली पड़े, बैसण लागे काग।।4।।

कबीर थोड़ा जीवणा माड़े बहुत मँडाण।
सबही ऊभा-मेल्हि गया, राव रंक सुलितान।।5।।

इक दिन ऐसा होइगा, सब सूँ पड़ै बिछोइ।
राजा राणा छत्रपति, सावधान किन होइ।।6।।

कबीर पटल कारिवाँ, पंच चोर दस द्वार।
जन राँणौं गढ़ भेलिसी, सुमिरि लै करतार।।7।।

कबीर कहा गरबियौ, इस जीवन की आस।
टेसू फूले दिवस चारि, खंखर भये पलास।।8।।

कबीर कहा गरबियो, देही दखि सुरंग।
बिछड़ियाँ मिलिनौ नहीं, ज्यूँ काँचली भुवंग।।9।।

कबीर कहा गरबियो, ऊँचे देखि अवास।
काल्हि पर्‌यूँ भ्वै लेटणाँ, ऊपरि जामैं घास।।10।।

कबीर कहा गरबियौ, चाँम लपेटे हड।
हैबर ऊपरि छत्र सिरि, ते भी देबा खड।।11।।

कबीर कहा गरबियो, काल गहै कर केस।
नां जाँणों कहाँ मारिसी, कै घरि कै परदेस।।12।।

यहु ऐसा संसार है जैसा सैबल फूल।
दिन दस के व्योहार को, झूठै रंगि न भूल।।13।।

---

(6) ख-में इसके आगे यह दोहा है—
ऊजड़ खेड़ै ठीकरी, घड़ि घड़ि गए कुंभार।
रावण सरीखे चलि गए, लंका के सिकदार।।7।।

(7) ख-जम ...... भेलसी, बोल गले गोपाल।

(12) ख-कत मारसी।

(13) ख में इसके आगे यह दोहा है—
मीति बिसारी बाबरे, अचिरज कीया कौन।
तन माटी में मिलि गया, ज्यूँ आटे मैं लूण।।15।।

जाँभण मरण बिचारि करि, कूडे काँम निहारि।
जिंनि पंथू तुझ चालणां, सोई पंथ सँवारि।।14।।

बिन रखवाले बाहिरा, चिड़ियैं खाया खेत।
आधा प्रधा ऊबरै, चेति कै तो चेति।।15।।

हाड़ जलै ज्यूँ लाकड़ी, केस जलै ज्यूँ घास।
सब तन जलता देखि करि, भया कबीर उदास।।16।।

कबीर मंदिर ढहि पड़या, सेंट भई सैबार।
कोई चेजारा चिणि गया, मिल्या न दूजी बार।।17।।

कबीर देवल ढहि पड़या ईंट भई सैवार।
करि चेजारा सौ प्रीतिड़ी, ज्यौं ढहै न दूजी बार।।18।।

कबीर मंदिर लाष का, जड़िया हीरै लालि।
दिवस चार का पेषणां, विनस जाइगा काल्हि।।19।।

कबीर धूलि सकेलि करि, पुड़ी ज बाँधी एह।
दिवस चारि का पेषणाँ, अंति षेह का षेह।।20।।

कबीर जे धंधै तौ धूलि, बिन धंधै धूलै नहीं।
ते नर बिनठे मूलि, जिनि धंधे मैं ध्याया नहीं।।21।।

कबीर सुपनै रैनि कै, ऊघड़ि आयै नैन।
जीव पड़या बहु लूटि मैं, जागै तो लैण न दैण।।22।।

(16, 17) नंबर के दोहे 'क' प्रति में 22, 23 नंबर पर हैं।
आजि कि काल्हि कि पचे दिन, जंगल होइगा बास।
ऊपरि ऊपरि फिरहिंगे, ढोर चरंदे घास।।18।।
मरहिंगे मारि जाहिंगे, नांव न लेखा कोइ।
ऊजड़ जाइ बसाहिंगे, छाँड़ि बसंती लोइ।।19।।
कबीर खेति किसाण का, म्रगौ खाया खाड़ि।
खेत बिचारा क्या करे, जो खसम न करई बाड़ि।।20।।

(16) ख में इसके आगे ये दोहे हैं—
मडा जलै लकड़ी जलै, जलै जलावणहार।
कौतिगहारे भी जलैं, कासनि करौ पुकार।।23।।
कबीर देवल हाड का, मारी, तणा बधांण।
खड हडता पाया नहीं देवल का रहनाँण।।24।।

(17) ख-देवल ढहि।

(20) ख-धूलि समेटि।

(22) ख-बहु भूलि मैं।

कबीर सुपनै रैनि के, पारस जीय मैं छेक।
जे सोऊँ तो दोइ जणाँ, जे जागूँ तो एक।।23।।

कबीर इस संसार में घणै मनिष मतिहींण।
राम नाम जाँणौं नहीं, आये टापी दीन।।24।।

कहा कियौ हम आइ करि, कहा करेंगे जाइ।
इत के भए न उत के, चाले मूल गँवाइ।।25।।

आया अणआया भया, जे बहुरता संसार।
पड़या भुलाँवाँ गफिलाँ, गये कुबंधी हारि।।26।।

कबीर हरि की भगति बिन, ध्रिगी जीमण संसार।
धूँवाँ केरा धौलहर, जात न लागै बार।।27।।

जिहि हरि की चोरी करि, गये राम गुण भूलि।
ते बिंधना बागुल रचे, रहे अरध मुखि झूलि।।28।।

माटी मलणि कुँभार कीं, घड़ीं सहै सिरि लात।
इहि औसरि चेत्या नहीं, चूका अबकी घात।।29।।

इहि औसरि चेत्या नहीं, पसु ज्यूँ पाली देह।
राम नाम जाण्या नहीं, अति पड़ी मुख षेह।।30।।

राम नाम जाण्यो नहीं, लागी मोटी षोड़ि।
काया हाँडी काठ की, ना ऊ चढ़े बहोड़ि।।31।।

राम नाम जाण्या नहीं, बात बिनंठी मूलि।
हरत इहाँ ही हारिया, परति पड़ी मुख धूलि।।32।।

---

(23) इसके आगे ख में यह दोहा है—
कबीर इहै चितावणी, जिन संसारी जाइ।
जे पहिली सुख भोगिया, तिन का गूड ले खाइ।।30।।

(24) ख में इसके आगे यह दोहा है—
पीपल रूनों फूल बिन, फलबिन रूनी गाइ।
एकाँ एकाँ माणसां,। टापा दीन्हा आइ।।32।।

(32) ख में इसके आगे यह दोहा है—
राम नाम जाण्या नहीं, मेल्या मनहिं बिसारि।
ते नर हाली बादरी, सदा परा पराए बारि।।42।।
राम नाम जाण्या नहीं। ता मुखि आनहिं आन।।
कै मूसा कै कातरा, खाता गया जनम।।43।।
राम नाम जाण्यो नहीं, हूवा बहुत अकाज।
बूड़ा लौरे बापुड़ा बड़ा बूटा की लाज।।44।।

राम नाम जाण्या नहीं, पल्यो कटक कुटुंब।
धंधा ही में मरि गया, बाहर हुई न बंब।।33।।

मनिषा जनम दुलंभ है, देह न बारंबार।
तरवर थैं फल झड़ि पड़या, बहुरि न लागै डार।।34।।

कबीर हरि की भगति करि, तजि बिपिया रस चोज।
बारबार नहीं पाइए, मनिषा जन्म की मौज।।35।।

कबीर यहु तन जात है, सकै तो ठाहर लाइ।
कै सेवा करि साध की, कै गुण गोबिन्द के गाइ।।36।।

कबीर यह तन जात है, सकै तो लेहु बहोड़ि।
नागे हाथूँ ते गए, जिनके लाख करोड़ि।।37।।

यह तनु काचा कुंभ है, चोट चहूँ दिसि खाइ।
एक राम के नाँव बिन, जदि तदि प्रलै जाइ।।38।।

यह तनु काचा कुंभ है, लिया फिरै था साथि।
ढबका लागा फुटि गया, कछू न आया हाथि।।39।।

काँची कारीं जिनि करै, दिन दिन बधै बियाधि।
राम कबीरै रुचि भई, याही ओषदि साधि।।40।।

कबीर अपनें जीवतै, ए दोइ बातैं धोइ।
लोग बड़ाई कारणै, अछता मूल न खोइ।।41।।

खंभा एक गइंद दोंइ, क्यूँ करि बंधिसि बारि।
मानि करै तो पीव नहीं, पीव तौ मानि निवारि।।42।।

दीन गँवाया दुनीं सौं, दुनी न चाली साथि।
पाइ कुहाड़ा मारिया, गाफिल अपणै हाथि।।43।।

यह तन तो सब बन भया, करंम भए कुहाड़ि।
आप आप कूँ काटिहैं, कहैं कबीर विचारि।।44।।

---

(35) ख में इसके आगे यह दोहा है—
पाणी ज्यौर तालाब का, दह दिसी गया बिलाइ।
यह सब योही जायगा, सकै तो ठाहर लाइ।।48।।

(36) ख-के गोबिंद गुण गाइ।

(37) ख-नागे पाऊँ।

(38) ख में इसके आगे यह दोहा है—
यह तन काचा कुंभ है, माँहि किया ढिग बास।
कबीर नैंण निहारियाँ, तो नहीं जीवण आस।।52।।

कुल खोया कुल ऊबरै, कुल राख्यो कुल जाइ।
राम निकुल कुल भेंटि लै, सब कुल रह्या समाइ।।45।।

दुनिया के धोखे मुवा, चलै जु कुल की काँणि।
तबकुल किसका लाजसी, जब ले धर्या मसाँणि।।46।।

दुनियाँ भाँडा दुख का, भरी मुहाँमुह भूष।
अदया अलह राम की, कुरलै ऊँणी कूष।।47।।

जिहि जेबड़ी जग बंधिया, तूँ जिनि बंधै कबीर।
ह्वैसी आटा लूँण ज्यूँ, सोना सँवाँ शरीर।।48।।

कहत सुनत जग जात है, विषै न सूझै काल।
कबीर प्यालै प्रेम कै, भरि भरि पिवै रसाल।।49।।

कबीर हद के जीव सूँ, हित करि मुखाँ न बोलि।
जे लागे बेहद सूँ, तिन सूँ अंतर खोलि।।50।।

कबीर केवल राम की, तूँ जिनि छाड़ै ओट।
घण अहरणि बिचि लोह ज्यूँ, घड़ी सहै सिर चोट।।51।।

कबीर केवल राम कहि, सुध गरीबी झालि।
कूड़ बड़ाई बूड़सी, भारी पड़सी काल्हि।।52।।

काया मंजन क्या करै, कपड़ धोइम धोइ।
उजल हूवा न छूटिए, सुख नींदड़ी न सोह।।53।।

उजंल कपड़ा पहरि करि, पान सुपारी खाँहि।
एके हरि का नाँव बिन, बाँधे जमपुरि जाँहि।।54।।

तेरा संगी कोइ नहीं, सब स्वारथ बंधी लोइ।
मनि परतीति न ऊपजै, जीव बेसास न होइ।।55।।

---

(46) ख-का कौ लाजसी।

(47) इसके आगे ख में यह दोहा है—
दुनियां के मैं कुछ नहीं, मेरे दुनी अकथ।
साहिब दरि देखौं खड़ा, सब दुनियां दोजग जंत।।61।।

(50) इसके आगे ख प्रति में यह दोहा है—
कबीर साषत की सभा, तू मत बैठे जाइ।
एकै बाड़ै क्यू बड़ै, रीझ गदहड़ा गाइ।।65।।

(54) इसके आगे ख प्रति में यह दोहा है—
थली चरंतै म्रिघ लै, बीध्या एक ज सौंण।
हम तो पंथी पंथ सिरि, हर्या चरैगा कौण।।74।।

मांइ बिड़ाणों बाप बिड़, हम भी मंझि बिड़ाह।
दरिया केरी नाव ज्यूँ, संजोगे मिलियाँह।।56।।

इत प्रघर उत घर बड़जण आए हाट।
करम किरांणाँ बेचि करि, उठि ज लागे बाट।।57।।

नान्हाँ काती चित दे, महँगे मोलि बिकाइ।
गाहक राजा राम है और न नेड़ा आइ।।58।।

डागल उपरि दौड़णां, सुख नींदड़ी न सोइ।
पुनै पाए द्यौंहणे, ओछी ठौर न खोइ।।59।।

मैं मैं बड़ी बलाइ है, सके तो निकसी भाजि।
कब लग राखौं हे सखी, रूई पलेटी आगि।।60।।

मैं मैं मेरी जिनि करै, मेरी मूल बिनास।
मेरी पग का पैषड़ा, मेरी गल की पास।।61।।

कबीर नाव जरजरी, कूड़े खेवणहार।
हलके हलके तिरि गए, बूड़े तिनि सिर भार।।62।।262।।

(13) मन कौ अंग

मन कै मते न चालिये, छाड़ि जीव की बाँणि।
ताकू केरे सुत ज्यूँ, उलटि अपूठा आँणि।।1।।

---

(57) ख एथि परिघरि उधि घरि, जोवण आए हाट।

(59) ख पुन पाया देहड़ी, बोछां ठौर न खाइ।

(59) ख में इसके आगे यह दोहा है—
ज्यूं कोली पेताँ बुणै, बुणतां आवै बोड़ि।
ऐसा लेखा मीच का, कछु दौड़ि सके तो दौड़ि।।76।।

(61) ख में इसके आगे ये दोहे हैं—
मेरे तेर की जीवणी, बसि बंध्या संसार।
कहाँ सुकुँणबा सुत कलित, दाझणि बारंबार।।79।।
मेरे तेर की रासडी, बलि बंध्या संसार।
दास कबीरा किमि बंधै, जाकैं राम अधार।।82।।
कबीर नांव जरजरी, भरी बिराणै भारि।
खेवट सौं परचा नहीं, क्यों करि उतरैं पारि।।83।।

(62) ख में इसके आगे यह दोहा है—
कबीर पगड़ा दूरि है, जिनकै बिचिहै राति।
का जाणौं का होइगा, ऊगवै तैं परभाति।।84।।

(1) ख तेरा तार ज्यूँ।

चिंता चिति निबारिए, फिर बूझिए न कोइ।
इंद्री पसर मिटाइए, सहजि मिलैगा सोइ।।2।।

आसा का ईंधन करूँ, मनसा करूँ बिभूति।
जोगी फेरी फिल करौं, यों बिनवाँ वै सूति।।3।।

कबीर सेरी सांकड़ी चंचल मनवाँ चोर।
गुण गावै लैलीन होइ, कछू एक मनि मैं और।।4।।

कबीर मारू मन कूँ, टूक टूक ह्वै जाइ।
विष की क्यारी बोइ करि लुणत कहा पछिताइ।।5।।

इस मन कौ विसमल करौं, दीठा करौं अदीठ।
जे सिर राखौं आपणां, तौ पर सिरिज अंगीठ।।6।।

मन जाणैं सब बात, जाणत ही औगुण करै।
काहे की कुसलात, कर दीपक कूँ बै पड़ै।।7।।

हिरदा भीतरि आरसी, मुख देषणां न जाइ।
मुख तौ तौपरि देखिए, जे मन की दुबिधा जाइ।।8।।

मन दीया मन पाइए, मन बिन मन नहीं होइ।
मन उनमन उस अंड ज्यूं, खनल अकासाँ जोइ।।9।।

मन गोरख मन गोबिंदो, मन हीं औघड़ होइ।
जे मन राखै जतन करि, तौ आपै करता सोइ।।10।।

एक ज दोसत हम किया, जिस गलि लाल कवाइ।
सब जग धोबी धोइ मरै, तौ भी रंग न जाइ।।11।।

पाँणी ही तैं पातला, धूवाँ ही तै झींण।
पवनाँ बेगि उतावला, सो दोसत कबीरै कीन्ह।।12।।

कबीर तुरी पलांड़ियाँ, चाबक लीया हाथि।
दिवस थकाँ साँई मिलौं, पीछे पड़िहै राति।।13।।

मनवां तो अधर बस्या, बहुतक झीणां होइ।
आलोकत सचु पाइया, कबहूँ न न्यारा सोइ।।14।।

मन न मारया मन करि, सके न पंच प्रहारि।
सीला साच सरधा नहीं, इंद्री अजहुँ उघारि।।15।।

---

(2) ख - परस निबारिए।

(8) ख में इसके आगे ये दोहे हैं—
कबीर मन मृथा भया, सेत बिराना खाइ।
सूलाँ करि करि से किसी, जब्र खसम पहूँचे आइ।।9।।
मन को मन मिलता नहीं, तौ होता तन का भंग।
अब ह्वै रहु काली कांवली, ज्यौं दूजा चढ़ै न रंग।।10।।

कबीर मन विकरै पड़्या, गया स्वादि के साथ।
गलका खाया बरज्ताँ, अब क्यूँ आवै हाथि।।16।।

कबीर मन गाफिल भया, सुमिरण लागै नाहिं।
घणीं सहैगा सासनाँ, जम की दरगह माहिं।।17।।

कोटि कर्म पल मैं करै, यहु मन बिषिया स्वादि।
सतगुर सबद न मानई, जनम गँवाया बादि।।18।।

मैंमंता मन मारि रे, घटहीं माँहै घेरि।
जबहीं चालै पीठि दै, अंकुस दे दे फेरि।।19।।

मैंमंता मन मारि रे, नान्हाँ करि करि पीसि।
तब सुख पावै सुंदरी, ब्रह्म झलकै सीसि।।20।।

कागद केरी नाँव री, पाँणी केरी गंग।
कहै कबीर कैसे तिरूं, पंच कुसंगी संग।।21।।

कबीर यह मन कत गया, जो मन होता काल्हि।
डूंगरि बूठा मेह ज्यूँ, गया निवाँणाँ चालि।।22।।

मृतक कूं धी जौ नहीं, मेरा मन बी है।
बाजै बाव बिकार की, भी मूवा जीवै।।23।।

काटि कूटि मछली, छींकै धरी चहोड़ि।
कोई एक अषिर मन बस्या, दह मैं पड़ी बहोड़ि।।24।।

कबीर मन पंषी भया, बहुतक चढ़्या अकास।
उहाँ ही तैं गिरि पड़्या, मन माया के पास।।25।।

भगति दुबारा सकड़ा, राई दसवैं भाइ।
मन तौ मैंगल ह्वै रह्यो, क्यूँ करि सकै समाइ।।26।।

करता था तो क्यूँ रह्या, अब करि क्यूँ पछताइ।।
बोवै पेड़ बबूल का, अंब कहाँ तैं खाइ।।27।।

काया देवल मन धजा, बिषै लहरि फहराई।
मन चाल्याँ देवल चलै, ताका सर्बस जाइ।।28।।

---

(19) ख में इसके आगे यह दोहा है—
जौ तन काँहै मन धरै, मन धरि निर्मल होइ।
साहिब सौ सनमुख रहै, तौ फिरि बालक होइ।।

(24) ख में इसके आगे ये दोहे हैं—
मूवा मन हम जीवत देख्या, जैसे मड़िहट भूत।
मूवाँ पीछे उठि उठि लागै, ऐसा मेरा पूत।।47।।
मूवै कौंधी गौ नहीं, मन का किया बिनास।
साधू तब लग डर करै, जब लग पंजर सास।।28।।

मनह मनोरथ छाँड़ि दे, तेरा किया न होइ।
पाँणी मैं घीव गीकसै, तो रूखा खाइ न कोइ।।29।।

काया कसूं कमाण ज्यूं, पंचतत्त करि बांण।
मारौं तो मन मृग को, नहीं तो मिथ्या जाँण।।30।।292।।

(14) सूषिम मारग कौ अंग

कौंण देस कहाँ आइया, कहु क्यूँ जांण्यां जाइ।
उहू मार्ग पावै नहीं, भूलि पड़े इस मांहि।।1।।

उतीथैं कोइ न आवई, जाकूं बूझौं धाइ।
इतथैं सबै पठाइये, भार लदाइ लदाइ।।2।।

सबकूँ बूझत मैं फिरौं, रहण कहै नहीं कोइ।
प्रीति न जोड़ी राम सूँ, रहण कहाँ थैं होइ।।3।।

चलो चलौं सबको कहे, मोहि अंदेसा और।
साहिब सूँ पर्चा नहीं, ए जांहिगें किस ठौर।।4।।

जाइबे को जागा नहीं, रहिबे कौं नहीं ठौर।।
कहै कबीरा संत हौ, अबिगति की गति और।।5।।

कबीरा मारिग कठिन है, कोइ न सकई जाइ।
गए तो बहुड़े नहीं, कुसल कहै को आइ।।6।।

जन कबीर का सिषर घर, बाट सलैली सैल।
पाव न टिकै पपीलका, लोगनि लादे बैल।।7।।

जहाँ न चींटी चढ़ि सकै, राइ ना ठहराइ।
मन पवन का गमि नहीं, तहाँ पहूँचे जाइ।।8।।

कबीर मारग अगम है, सब मुनिजन बैठे थाकि।
तहाँ कबीरा चलि गया, गहि सतगुर की साषि।9।।

सुर नर थाके मुनि जनां, जहां न कोई जाइ।
मोटे भाग कबीर के, तहाँ रहे घर छाइ।।10।।602।।

---

(30) ख में इसके आगे यह दोहा है—
कबीर हरि दिवान कै, क्यूंकर पावै दादि।
पहली बुरा कमाइ करि, पीछै करै फिलादि।।35।।

(2) ख में इसके आगे यह दोहा है—
कबीर संसा जीव मैं, कोइ न कहै समुझाइ।
नाँनाँ बांणी बोलता, सो कत गया बिलाइ।।3।।

(15) सूषिम जनम कौ अंग

कबीर सूषिम सुरति का, जीव न जाँणै जाल।
कहै कबीरा दूरि करि, आतम अदिष्टि काल।।1।।

प्राण पंड को तजि चलै, मूबा कहै सब कोइ।
जीव छताँ जांमैं मरै, सूषिम लखै न कोइ।।2।।304।।

(16) माया कौ अंग

जग हठवाड़ा स्वाद ठग, माया बेसाँ लाइ।
रामचरन नीकाँ गही, जिनि जाइ जनम ठगाइ।।1।।

कबीर माया पापणीं, फंध ले बैठि हाटि।
सब जग तो फंधै पड़्या, गया कबीरा काटि।।2।।

कबीर माया पापणीं, लालै लाया लोग।
पूरी कीनहूँ न भोगई, इनका इहै बिजोग।।3।।

कबीरा माया पापणीं, हरि सूँ करे हराम।
मुखि कड़ियाली कुमति की, कहण न देई राम।।4।।

जांणीं जे हरि को भजौ, मो मनि मोटी आस।
हरि बिचि घालै अंतरा, माया बड़ी बिसास।।5।।

कबीर माया मोहनी, मोहे जाँण सुजाँण।
भागाँ ही छूटै नहीं, भरि भरि मारै बाँण।।6।।

कबीर माया मोहनी, जैसी मीठी खाँड़।
सतगुर कृपा भई, नहीं तो करती भांड़।।7।।

कबीर माया मोहनी, सब जग घाल्या घाँणि।
कोइ एक जन ऊबरै, जिनि तोड़ी कुल की काँणि।।8।।

(15-2) ख में इसके आगे ये दोहे है—

कबीर अंतहकरन मन, करन मनोरथ माँहि।
उपजित उतपति जाँणिए, बिनसे जब बिसराँहि।।3।।

कबीर संसा दूरि करि, जाँमण मरन भरम।
पंच तत तत्तहि मिलै, सुनि समाना मन।।4।।

(16-1) ख में इसके आगे यह दोहा है—

कबीर जिभ्या स्वाद ते, क्यूँ पल में ले काम।
अंगि अविद्या ऊपजै, जाइ हिरदा मैं राम।।2।।

(5) ख-हरि क्यों मिलौं।

कबीर माया मोहनी, माँगी मिलै न हाथि।
मनह उतारी झूठ करि, तब लागी डोलै साथि।।9।।

माया दासी संत की, ऊँभी देइ असीस।
बिलसी अरु लातौं छड़ी, सुमरि सुमरि जगदीस।।10।।

माया मुई न मन मुवा, मरि मरि गया सरीर।।
आसा त्रिस्नाँ ना मुई, यों कहि गया कबीर।।11।।

आसा जीवै जग मरै, लोग मरे गरि जाइ।
सोइ मूबे धन संचते, सो उबरे जे खाइ।।12।।

कबीर सो धन संचिए, जो आगैं कूँ होइ।
सीस चढ़ाए पोटली, ले जात न देख्या कोइ।।13।।

त्रीया त्रिष्णाँ पापणी, तासूँ प्रीति न जोड़ि।
पैड़ी चढ़ि पाछाँ पड़े, लागै मोटी खोड़ि।।14।।

त्रिष्णाँ सींचीं नाँ बुझे, दिन दिन बढ़ती जाइ।
जवासा के रूप ज्यूँ, घण मेहाँ कुमिलाइ।।15।।

कबीर जग की को कहे, भौ जलि बूड़ै दास।
पारब्रह्म पति छाड़ि कर, करैं मानि की आस।।16।।

माया तजी तौं का भया, मानि तजी नहीं जाइ।
मानि बड़े मुनियर मिले, मानि सबनि की खाइ।।17।।

रामहिं थोड़ा जाँणि करि, दुनियाँ आगैं दीन।
जीवाँ कौ राजा कहैं, माया के आधीन।।18।।

रज बीरज की कली, तापरि साज्या रूप।
राम नाम बिन बूड़िहै, कनक कॉमणी कूप।।19।।

माया तरवर त्रिविध का, साखा दुख संताप।
सीतलता सुपिनै नहीं, फल फीको तनि ताप।।20।।

कबीर माया ढाकड़ी, सब किसही कौ खाइ।
दाँत उपाणौं पापड़ी, जे संतौं नेड़ी जाइ।।21।।

नलनी सायर घर किया, दौं लागी बहुतेणि।
जलही माँहै जलि मुई, पूरब जनम लिपेणि।।22।।

कबीर गुण की बादली, ती तरवानीं छाँहिं।
बाहरि रहे ते ऊबरे, भीगे मंदिर माँहिं।।23।।

---

(11) ख-यूँ कहै दास कबीर।

(12) ख-सोई बूड़े जु धन संचते।

कबीर माया मोह की, भई अँधारी लोइ।
जे सूते ते मुसि लिये, रहे बसत कूँ रोइ।।24।।

संकल ही तैं सब लहे, माया इहि संसार।
ते क्यूँ छूटे बापुड़े, बाँधे सिरजनहार।।25।।

बाड़ि चढ़ती बेलि ज्यूँ, उलझी, आसा फंध।
तूटै पणि छूटै नहीं, भई ज बाचा बंध।।26।।

सब आसण आसा तणाँ, त्रिवर्तिकै को नाहिं।
थिवरिति कै निवहै नहीं, परिवर्ति परपंच माँहि।।27।।

कबीर इस संसार का, झूठा माया मोह।
जिहि घरि जिता बधावणाँ, तिहि घरि तिता अँदोह।।28।।

माया हमगौ यों कह्या, तू मति दे रे पूठि।
और हमारा हम बलू, गया कबीरा रूठि।।29।।

बुगली नीर बिटालिया, सायर चढ़्या कलंक।
और पँखेरू पी गए, हंस न बोवै चंच।।30।।

कबीर माया जिनि मिलैं, सो बरियाँ दे बाँह।
नारद से मुनियर मिले, किसौ भरोसो त्याँह।।31।।

माया की झल जग जल्या, कनक काँमणीं लागि।
कहुँ धौं किहि विधि राखिये, रूई पलेटी आगि।।32।।346।।

(17) चाँणक कौ अंग

जीव बिलव्या जीव सों, अलप न लखिया जाइ।
गोबिंद मिलै न झल बुझै, रही बुझाइ बुझाइ।।1।।

इही उदर के कारणै, जग जाँच्यो निस जाम।
स्वामी पणौ जु सिर चढ़यो, सर्‌या न एको काम।।2।।

स्वामी हूँणाँ सोहरा, दोद्धा हूँणाँ दास।
गाडर आँणीं ऊन कूं, बाँधी चरै कपास।।3।।

---

(24) ख में इसके आगे ये दोहे हैं—
माया काल की खाँणि है, धरि त्रिगुणी वपरीति।
जहाँ जाइ तहाँ सुख नहीं, यहु माया की रीति।।
माया मन की मोहनी, सुरनर रहे लुभाइ।
इहि माया जंग खाइया, माया कौं कोई न खाइ।।26।।

(29) ख-गया कबीरा छूटि।
ख-रूई लपेटी आगि।

स्वामीं हूवा सीतका, पैका कार पचास।
राम नाँम काँठै रह्या, करै सिषां की आस।।4।।

कबीर तष्टा टोकणीं, लीए फिरै सुभाइ।
राम नाम चीन्हें नहीं, पीतलि ही कै चाइ।।5।।

कलि का स्वामी लोभिया, पीतलि धरी षटाइ।
राज दुबाराँ यौं फिरै, ज्यूँ हरिहाई गाइ।।6।।

कलि का स्वामी लोभिया, मनसा धरी बधाइ।
दैंहि पईसा ब्याज कौं, लेखाँ करताँ जाइ।।7।।

कबीर कलि खोटी भई, मुनियर मिलै न कोइ।
लालच लोभी मसकरा, तिनकूं आदर होइ।।8।।

चारिउ बेद पढ़ाइ करि, हरि सूँ न लाया हेत।
बालि कबीरा ले गया, पंडित ढूँढ़ै खेत।।9।।

बाँम्हण गुरू जगत का, साधू का गुरु नाहिं।
उरझि पुरझि करि मरि रह्या, चारिउँ बेदाँ भाहिं।।10।।

साषित सण का जेवणा, भींगाँ सूँ कठठाइ।
दोइ अषिर गुरु बाहिरा, बांध्या जमपुरि जाइ।।11।।

पाड़ोसी सू रूसणाँ, तिल तिल सुख की हाँणि।
पंडित भए सरावगी, पाँणी पीवें छाँणि।।12।।

---

(8) ख-कबीर कलिजुग आइया।

(9) ख-चारि बेद पंडित पढ्या, हरि सों किया न हेत।

(10) ख-बाँम्हण गुरु जगत का, भर्म कर्म का पाइ।
उलझि पुलझि करि मरि गया, चार्यों बेंदा माँहि।।
ख में इसके आगे ये दोहे हैं —
कलि का बाँम्हण मसकरा, ताहि न दीजै दान।
स्यौं कुंटउ नरकहि चलै, साथ चल्या जजमान।।11।।
बाम्हण बूड़ा बापुड़ा, जेनेऊ कै जोरि।
लख चौरासी माँ गेलई पारब्रह्म सों तोडि।।12।।

(11) ख में इसके आगे ये दोहे हैं—
कबीर साषत की सभा, तूँ जिनि बैसे जाइं।
एक दिबाड़ै क्यूं बड़ै, रीझ गदेहड़ा गाइ।।14।।
साषत ते सूकर भला, सूचा राखे गाव।
बूड़ा साषत बापुड़ा, बैसि समरणी नांव।।15।।
साषत बाम्हण जिनि मिलैं, बैसनी मिलौ चडाल।
अंक माल दे भेटिए, मानूँ मिले गोपाल।।16।।

पंडित सेती कहि रह्या, भीतरि भेद्या नाहिं।
औरूँ कौ परमोधतां, गया मुहरकाँ माँहि।।13।।

चतुराई सूवै पढ़ी, सोई पंजर माँहि।
फिरि प्रमोधै आन कौ, आपण समझै नाहिं।।14।।

रासि पराई राषताँ, खाया घर का खेत।
औरौं कौ प्रमोधतां, मुख मैं पड़िया रेत।।15।।

तारा मंडल बैसि करि, चंद बड़ाई खाइ।
उदै भया जब सूर का, स्यूँ ताराँ छिपि जाइ।।16।।

देषण के सबको भले, जिसे सीत के कोट।
रवि के उदै न दीसहीं, बँधे न जल की पोट।।17।।

तीरथ करि करि जग मुवा, डूँधै पाँणी न्हाइ।
राँमहि राम जपंतडाँ काल घसीट्याँ जाइ।।18।।

कासी काँठै घर करैं, पीवैं निर्मल नीर।
मुकति नहीं हरि नाँव बिन, यों कहें दास कबीर।।19।।

कबीर इस संसार को, समझाऊं कै बार।
पूँछ जु पकड़ै भेड़ की, उतरया चाहै पार।।20।।

कबीर मन फूल्या फिरै, करता हूँ मैं ध्रंम।
कोटि क्रम सिरि ले चल्या, चेत न देखै भ्रंम।।21।।

मोर तोर की जेवड़ी, बलि बंध्या संसार।
काँ सिकडूँ बासुत कलित, दाझड़ बारंबार।।22।।168।।

(18) करणीं बिना कथणीं कौ अंग

कथणीं कथी तो क्या भया, जे करणीं नाँ ठहराइ।
कालबूत के कोट ज्यूँ, देषतहीं ढहि जाइ।।1।।

---

(13) ख-कबीर व्यास कहै, भीतरि भेदै नाहिं।

(15) ख में इसके आगे यह दोहा है—
कबीर कहै पोर कुँ, तूँ समझाने सब कोइ।
संसा पड़गा आपको, तौ और कहे का होइ।।21।।

(17) ख में इसके आगे यह दोहा है—
सुणत सुणावत दिन गए, उलझि न सुलझया मान।
कहै कबीर चैत्यौ नहीं, अजहुं पहलौ दिन।।24।।

(20) ख में इसके आगे यह दोहा है—
पद गायाँ मन हरषियाँ, साषी कह्यां आनंद।
स तत नांव न जाणियाँ, गल मैं पड़ि गया फंद।।

जैसी मुख तैं नीकसै, तैसी चालै चाल।
पारब्रह्म नेड़ा रहै, पल में करै निहाल।।2।।

जैसी मुष तें नीकसै, तैसी चालै नाहिं।
मानिष नहीं ते स्वान गति, बांध्या जमपुर जाँहिं।।3।।

पद गोएँ मन हरषियाँ, साषी कह्याँ अनंद।
सो तन नांव न जाँणियाँ, गल मैं पड़िया फंध।।4।।

करता दीसै कीरतन, ऊँचा करि करि तूंड।
जांणै बूझे कुछ नहीं, यौं ही आंधां रूंड।।5।।373।।

(19) कथणीं बिना करणी कौ अंग

मैं जान्यूँ पढ़िबौ भलो, पढ़िवा थें भलो जोग।
राँम नाँम सूँ प्रीति करि, भल भल नींदी लोग।।1।।

कबिरा पढ़िबा दूरि करि, पुस्तक देइ बहाइ।
बांवन आषिर सोधि करि, ररै ममैं चित लाइ।।2।।

कबीर पढ़िबा दूरि करि, आथि पढ़्या संसार।
पीड़ न उपजी प्रीति सूँ, तो क्यूँ करि करै पुकार।।3।।

पोथी पढ़ि पढ़ि जग मुवा, पंडित भया न कोइ।
एकै आषिर पीव का, पढ़ै सु पंडित होइ।।4।।337।।

(20) कामी नर कौ अंग

कांमणि काली नागणीं, तीन्यूँ लोक मँझारि।
राम सनेही ऊबरे, बिषई खाये झारि।।1।।

काँमणि मीनीं पाँणि की, जे छेड़ौं तौ खाइ।
जे हरि चरणां राचियां, तिनके निकटि न जाइ।।2।।

परनारी राता फिरै, चोरी बिढता खांहि।
दिवस चारि सरसा रहैं, अंति समूला जांहिं।।3।।

पर नारी पर सुंदरी, बिरला बंचै कोइ।
खाताँ मीठी खाँड़ सी, अंति कालि बिष होइ।।4।।

(20-4) ख प्रति में इसके आगे ये दोहे हैं—
जहाँ जलाई सुंदरी, तहाँ तूं जिनि जाइ कबीर।
भसमी ह्वै करि जासिसी, सो मैं सवां सरीर।।5।।
नारी नाहीं नाहरी, करै नैन की चोट।
कोई एक हरिजन ऊबरै पार कला की ओट।।।।।

पर नारी कै राचणै, औगुण है गुण नाँहि।
पार समंद मैं मंझला, केता बहि बहि जाँहि।।5।।

पर नारी को 'राचणौं, जिसी ल्हसण की पाँनि।
पूणैं बैसि रषाइए, परगट होइ दिवानि।।6।।

नर नारी सब नरक है, जब लग देह सकाम।
कहै कबीर ते राँम के, जो सुमिरै निहकाम।।7।।

नारी सेती नेह, बुधि बिबेक सबही हरै।
काँइ गमावै देह, कारिज कोई नाँ सरै।।8।।

नाना भोजन स्वाद सुख, नारी सेती रंग।
बेगि छाँड़ि पछताइगा, ह्वै है मूरति भंग।।9।।

नारि नसावै तीनि सुख, जा नर पासैं होइ।
भगति मुकति निज ग्यान मैं, पैसि न सकई कोइ।।10।।

एक कनक अरु काँमनी, विष फल कीएउ पाइ।
देखै ही थे बिष चढ़े, खायै सूँ मरि जाइ।।11।।

एक कनक अरु काँमनी, दोऊ अंगनि की झाल।
देखें ही तन प्रजलै, परस्याँ ह्वै पैमाल।।12।।

कबीर भग की प्रीतड़ी, केते गए गडंत।
केते अजहूँ जायसी, नरकि हसंत हसंत।।13।।

जोरू जूठणि जगत की, भले बुरे का बीच।
उत्यम ते अलगे रहै, निकटि रहै तैं नीच।।14।।

नारी कुंड नरक का, बिरला थंभै बाग।
कोई साधू जन ऊबरै, सब जग मूंवा लाग।।15।।

सुंदरि थे सूली भली, बिरला बचै कोय।
लोह निहाला अगनि मैं, जलि बलि कोइला होय।।16।।

अंधा नर चैते नहीं, कटै न संसे सूल।
और गुनह हरि बकससी, काँमी डाल न मूल।।17।।

भगति बिगाड़ी काँमियाँ, इंद्री केरै स्वादि।
हीरा खोया हाथ थैं, जनम गंवाया बादि।।18।।

कामी अमीं न भावई, बिषई कौं ले सोधि।
कुबधि न जाई जीव की, भावै स्यंभ रहो प्रमोधि।।19।।

---

(6) क-प्रगट होइ निदानि।
(13) ख-गरकि हसंत हसंत।

विषै विलंबी आत्माँ, मजकण खाया सोधि।
ग्याँन अंकूर न ऊगई, भावै निज प्रमोध।।20।।

विषै कर्म की कंचुली, पहरि हुआ नर नाग।
सिर फोड़ै सूझै नहीं, को आगिला अभाग।।21।।

कामी कदे न हरि भजै, जपै न कैसो जाप।
राम कह्याँ थैं जलि मरे, को पूरिबला पाप।।22।।

काँमी लज्जा ना करै, मन माँहिं अहिलाद।
नींद न माँगैं साँथरा, भूष न माँगै स्वाद।।23।।

नारि पराई आपणीं, भुगत्या नरकहिं जाइ।
आगि आगि सबरो कहै, तामै हाथ न बाहि।।24।।

कबीर कहता जात हौं, चेतै नहीं गंवार।
बैरागी गिरही कहा, काँमी वार न पार।।25।।

ग्यानी तो नींडर भया, माँने नाँही संक।
इंद्री केरे बसि पड़्या, भूंचै विषै निसंक।।26।।

ग्याँनी मूल गंवाइया, आपण भये करंता।
ताथै संसारी भला, मन मैं रहे डरंता।।27।।404।।

(21) सहज कौ अंग

सहज सहज सबकौ कहै, सहज न चीन्है कोइ।
जिन्ह सहजै विषिया तजी, सहज कही जै सोइ।।1।।

सहज सहज सबको कहै, सहज न चीन्हें कोइ।
पांचू राखै परसती, सहज कही जै सोइ।।2।।

---

(22) ख प्रति में इसके आगे यह दोहा है—

राम कहंता जे खिजै, कोढ़ी ह्वै गलि जाँहि।
सूकर होइ करि औतरै, नाक बूडंते खाँहि।।25।।

(23) ख में इसके आगे यह दोहा है—

कामी थैं कुतो भलौ, खोलें एक जू काछ।
राम नाम जाणै नहीं, बाँबी जेही बाच।।27।।

(27) ख प्रति में इसके आगे यह दोहा है—

काँम काँम सबको कहैं, काँम न चीन्हें कोइ।
जेती मन में कामना, काम कहीजै सोइ।।32।।

सहजै सहजै सब गए, सुत बिक कांमणि कांम।
एकमेक ह्वै मिलि रह्या, दास, कबीरा रांम।।3।।

सहज सहज सबको कहै, सहज न चीन्हैं कोइ।
जिन्ह सहजै हरिजी मिलै, सहज कहीजै सोइ।।4।।408।।

(22) साँच कौ अंग

कबीर पूँजी साह की, तूँ जिनि खोवै ष्वार।
खरी बिगूचनि होइगी, लेखा देती बार।।1।।

लेखा देणाँ सोहरा, जे दिल साँचा होइ।
उस चंगे दीवाँन मैं, पला न पकड़े कोइ।।2।।

कबीर चित्त चमंकिया, किया पयाना दूरि।
काइथि कागद काढ़िया, तब दरिगह लेखा पूरि।।3।।

काइथि कागद काढ़ियां, तब लेखैं वार न पार।
जब लग साँस सरीर मैं, तब लग राम संभार।।4।।

यहु सब झूठी बंदिगी, बरियाँ पंच निवाज।
साचै मारै झूठ पढ़ि, काजी करै अकाज।।5।।

कबीर काजी स्वादि बसि, ब्रह्म हतै तब दोइ।
चढ़ि मसीति एकै कहै, दरि क्यूँ साचा होइ।।6।।

काजी मुलाँ भ्रमियाँ, चल्या दुनीं कै साथि।
दिल थैं दीन बिसारिया, करद लई जब हाथि।।7।।

जोरी कलिर जिहै करै, कहते हैं ज हलाल।
जब दफतर देखंगा दई, तब ह्वैगा कौंण हवाल।।8।।

जोरी कीयाँ जुलम है, माँगे न्याव खुदाइ।
खालिक दरि खूनी खड़ा, मार मुहे मुहि खाइ।।9।।

साँई सेती चोरियाँ, चोराँ सेती गुझ।
जाँणैगा रे जीवड़ा, मार पड़ैगी तुझ।।10।।

सेष सबूरी बाहिरा, क्या हज काबैं जाइ।।
जिनकी दिल स्याबति नहीं, तिनकौं कहाँ खुदाइ।।11।।

खूब खाँड है खोपड़ी, माँहि पड़ै दुक लूँण।
पेड़ा रोटी खाइ करि, गला कटावै कौंण।।12।।

पापी पूजा बैसि करि, भषै माँस मद दोइ।
तिनकी दष्या मुकति नहीं, कोटि नरक फल होइ।।13।।

सकल बरण इकत्र है, सकति पूजि मिलि खाँहिं।
हरि दासनि की भ्रांति करि, केवल जमपुरि जाँहि।।14।।

कबीर लज्या लोक की, सुमिरै नाँही साच।
जानि बूझि कंचन तजै, काठा पकड़े काच।।15।।

कबीर जिनि जिनि जाँणियाँ, करत केवल सार।
सो प्राणी काहै चलै, झूठे जग की लार।।16।।

झूठे को झूठा मिलै, दूणाँ बधै सनेह।
झूठे कूँ साचा मिलै, तब ही तूटै नेह।।17।।425।।

(23) भ्रम विधौंसण कौ अंग

पांहण केरा पूतला, करि पूजै करतार।।
इही भरोसै जे रहे, ते बूड़े काली धार।।1।।

काजल केरी कोठरी, मसि के कर्म कपाट।
पांहनि बोई पृथमी, पंडित पाड़ी बाट।।2।।

पाँहिन फूँका पूजिए, जे जनम न देई जाब।
आँधा नर आसामुषी, यौं ही खोवै आब।।3।।

हम भी पाहन पूजते, होते रन के रोझ।
सतगुर की कृपा भई, डार्‌या सिर थैं बोझ।।4।।

जेती देषौं आत्मा, तेता सालिगराँम।
साधू प्रतषि देव हैं, नहीं पाथर सू काँम।।5।।

सेवैं सालिगराँम कूँ, मन की भ्रांति न जाइ।
सीतलता सुषिनै नहीं, दिन दिन अधकी लाइ।।6।।

सेवैं सालिगराँम कूँ, माया सेती हेत।
बोढ़े काला कापड़ा, नाँव धरावैं सेत।।7।।

---

(3) ख प्रति में इसके आगे ये दोहे हैं—

पाथर ही का देहुरा, पाथर ही का देव।
पूजणहारा अंधला, लागा खोटी सेव।।4।।
कबीर गुड कौ गमि नहीं, पाँपण दिया बनाइ।
सिष सोधी बिन सेविया, पारि न पहुँच्या जाइ।।5।।

(4) ख-होते जंगल के रोझ।

जप तप दीसै थोथरा, तीरथ ब्रत बेसास।
सूबै सैबल सेविया, यों जग चल्या निरास।।8।।

तीरथ त सब बेलड़ी, सब जग मेल्या छाइ।
कबीर मूल निकंदिया, कोण हलाहल खाइ।।9।।

मन मथुरा दिल द्वारिका, काया कासी जाँणि।
दसवाँ द्वारा देहुरा, तामै जोति पिछाँणि।।10।।

कबीर दुनियाँ देहुरै, सीस नवाँवण जाइ।
हिरदा भीतर हरि बसै, तूँ ताही सौ ल्यौ लाइ।।11।।436।।

(24) भेष कौ अंग

कर सेती माला जपै, हिरदै बहै डंडूल।
पग तौ पाला मैं गिल्या, भाजण लागी सूल।।1।।

कर पकरै अँगुरी गिनै, मन थावै चहुँ वीर।
जाहि फिराँयाँ हरि मिलै, सो भया काठ की ठौर।।2।।

माला पहरैं मनमुषी, ताथैं कछु न होइ।
मन माला कौं फेरताँ, जुग उजियारा सोइ।।3।।

माला पहरे मनमुषी, बहुतैं फिरै अचेत।
गाँगी रोले बहि गया, हरि सूँ नाँहीं हेत।।4।।

कबीर माला काठ की, कहि समझावै तोहि।
मन न फिरावै आपणों, कहा फिरावै मोहि।।5।।

कबीर माला मन की, और संसारी भेष।
माला पहर्या हरि मिलै, तौ अरहट कै गलि देष।।6।।

माला पहर्याँ कुछ नहीं, रुल्य मूवा इहि भारि।
बाहरि ढोल्या हींगलू भीतरि भरी भँगारि।।7।।

माला पहर्याँ कुछ नहीं, काती मन कै साथि।
जब लग हरि प्रकटै नहीं, तब लग पड़ता हाथि।।8।।

---

(5) ख प्रति में इसके आगे यह दोहा है—
कबीर माला काठ की, मेल्ही मुगधि झुलाइ।
सुमिरण की सोधी नहीं, जाँणै डीगरि घाली जाइ।।6।।

(6) ख में इसके आगे यह दोहा है—
माला फेरत जुग भया, पाय न मन का फेर।
कर का मनका छाँडि दे, मन का मन का फेर।।8।।

माला पहर्‌याँ कुछ नहीं, गाँठि हिरदा की खोइ।
हरि चरनूँ चित्त राखिये, तौ अमरापुर होइ।।9।।

माला पहर्‌या कुछ नहीं, भगति न आई हाथि।
माथौ मूँछ मुँडाइ करि, चल्या जगत कै साथि।।10।।

साँईं सेती साँच चलि, औराँ सूँ सुध भाइ।
भावै लंबे केस करि, भावै घुरड़ि मुड़ाइ।।11।।

केसौं कहा बिगाड़िया, जे मूड़े सौ बार।
मन कौं न काहे मूड़िए, जामै बिषै विकार।।12।।

मन मेवासी मूँड़ि ले, केसौं मूड़े काँइ।
जे कुछ किया सु मन किया, केसौं कीया नाँहि।।13।।

मूँड़ मुँड़ावत दिन गए, अजहूँ न मिलिया राम।
राँम नाम कहु क्या करैं, जे मन के औरे काँम।।14।।

स्वाँग पहरि सोरहा भया, खाया पीया षूँदि।
जिहि सेरी साधू नीकले, सो तौ मेल्ही मूँदि।।15।।

बेसनों भया तौ क्या भया, बूझा नहीं बबेक।
छापा तिलक बनाइ करि, दगध्या लोक अनेक।।16।।

तन कौं जोगी सब करैं, मन कों बिरला कोइ।
सब सिधि सहजै पाइए, जे मन जोगी होइ।।17।।

कबीर यहु तौ एक है, पड़दा दीया भेष।
भरम करम सब दूरि करि, सबहीं माँहि अलेष।।18।।

भरम न भागा जीव का, अनंतहि धरिया भेष।
सतगुर परचे बाहिरा, अंतरि रह्या अलेष।।19।।

जगत जहंदम राचिया, झूठे कुल की लाज।
तन बिनसे कुल बिनसि है, गह्या न राँम जिहाज।।20।।

पष ले बूडी पृथमीं, झूठी कुल की लार।
अलष बिसार्‌यौ भेष मैं, बूड़े काली धार।।21।।

चतुराई हरि नाँ मिले, ए बाताँ की बात।
एक निसप्रेही निरधार का, गाहक गोपीनाथ।।22।।

---

(9) ख में इसके आगे यह दोहा है—
माला पहर्‌याँ कुछ नहीं बाम्हण भगत न जाण।
ब्याँह सराँधाँ कारटाँ उँभू वैंसे ताणि।।12।।

(11) ख-साधौं सौं सुध भाइ।

(15) ख-जिहि सेरी साधू नीसरै, सो सेरी मेल्ही मूँदी।।

नवसत साजे काँमनीं, तन मन रही सँजोइ।
पीव कै मन भावे नहीं, पटम कीयें क्या होइ।।23।।

जब लग पीव परचा नहीं, कन्याँ कँवारी जाँणि।
हथलेवा होसै लिया, मुसकल पड़ी पिछाँणि।।24।।

कबीर हरि की भगति का, मन मैं परा उल्लास।
मैं वासा भाजै नहीं, हूँण मतै निज दास।।25।।

मैं वासा मोई किया, दुरिजिन काढ़े दूरि।
राज पियारे राँम का, नगर बस्या भरिपूरि।।26।।462।।

(25) कुसंगति कौ अंग

निरमल बूँद अकास की, पड़ि गई भोमि बिकार।
मूल विनंठा माँनबी, बिन संगति भठछार।।1।।

मूरिष संग न कीजिए, लोहा जलि न तिराइ।
कदली सीप भवंग मुषी, एक बूँद तिहुँ भाइ।।2।।

हरिजन सेती रूसणाँ, संसारी सूँ हेत।
ते नर कदे न नीपजै, ज्यूँ कालर का खेत।।3।।

मारी मरूँ कुसंग की, केला काँठै बेरि।
वो हालै वो चीरियो, साषित संग न बेरि।।4।।

मेर नसाँणी मीच की, कुसंगति ही काल।
कबीर कहै रे प्राँणिया, बाँणी ब्रह्म सँभाल।।5।।

माषी गुड़ मैं गड़ि रही, पंष रही लपटाइ।
ताली पीटै सिरि धुनै, मीठै बोई माइ।।6।।

ऊँचे कुल क्या जनमियाँ, जो करणीं ऊँच न होइ।
सोवन कलस सुरे भर्‌या, साधूँ निंद्या सोइ।।7।।269।।

(26) संगति कौ अंग

देखा देखी पाकड़े, जांइ अपरचे छूटि।
बिरला कोई ठाहरे, सतगुर साँमी मूठि।।1।।

देखा देखी भगति है, कदे न चढ़ई रंग।
बिपति पढ्या यूँ छाड़सी, ज्यूं कंचुली भवंग।।2।।

(25-5) ख प्रति इसके आगे यह दोहा है—
कबीर केहने क्या बणैं, अणमिलता सौ संग।
दीपक कै भावैं नहीं, जलि जलि परैं पतंग।।6।।

करिए तौ करि जाँणिये, सारीपा सूं संग।
लीर लीर लोई थई, तऊ न छाड़ै रंग।।3।।

यहु मन दीजे तास कौं, सुठि सेवग भल सोइ।
सिर ऊपरि आरास है, तू न दूजा होइ।।4।।

पाँहण टाँकि न तौलिए, हाडि न कीजै वेह।
माया राता मानवी, तिन सूँ किसा सनेह।।5।।

कबीर तासूँ प्रीति करि, जो निरबाहे ओड़ि।
बनिता बिबिध न राचिये, दोषत लागे षोड़ि।।6।।

कबीर तन पंषी भया, जहाँ मन तहाँ उड़ि जाइ।
जो जैसी संगति करे, सो तैसे फल खाइ।।7।।

काजल केरी कोठड़ी, तैसा यहु संसार।
बलिहारी ता दास की, पैसि रे निकसणहार।।8।।477।।

(27) असाध कौ अंग

कबीर भेष अतीत का, करतूति करै अपराध।
बाहरि दीसै साध गति, माँहैं महा असाध।।1।।

उज्जल देखि न धीजिये, बग ज्यूँ माँडै ध्यान।
धीरे बैठि चपेटसी, यूँ ले बूड़ै ग्याँन।।2।।

जेता मीठी बोलणाँ, तेता साध न जाँणि।
पहली थाह दिखाई करि, ऊँडै देसी आँणि।।3।।480।।

(28) साध कौ अंग

कबीर संगति साध की, कदे न निरफल होइ।
चंदन होसी बाँवना, नीब न कहसी कोइ।।1।।

कबीर संगति साध की, बेगि करीजैं जाइ।
दुरमति दूरि गँवाइसी, देसी सुमति बताइ।।2।।

मथुरा जावै द्वारिका, भावैं जावैं जगनाथ।
साध संगति हरि भगति बिन, कछू न आवै हाथ।।3।।

मेरे संगी दोइ जणाँ एक बैष्णों एक राँम।
वो है दाता मुकति का, वो सुमिरावै नाँम।।4।।

(26-4) ख- तऊ न न्यारा होइ।
(27-3) ख-तेता भगति न जाँणि
(28-4) ख-सुमिरावै राम।

कबीरा बन बन में फिरा, कारणि अपणें राँम।
राम सरीखे जन मिले, तिन सारे सब काँम।।5।।

कबीर सोई दिन भला, जा दिन संत मिला हिं।
अंक भरे भरि भेटिया, पाप सरीरौ जाँहिं।।6।।

कबीर चंदन का बिड़ा, बैठ्या आक पलास।
आप सरीखे करि लिए जे होत उन पास।।7।।

कबीर खाईं कोट की, पांणी पीवे न कोइ।
आइ मिलै जब गंग मैं, तब सब गंगोदिक होइ।।8।।

जाँनि बूझि साचहि तजै, करैं झूठ सूँ नेह।
ताको संगति राम जी, सुपिनै हो जिनि देहु।।9।।

कबीर तास मिलाइ, जास हियाली तूँ बसै।
वहि तर वेगि उठाइ, नित को गंजन को सहै।।10।।

केती लहरि समंद की, कत उपजै कत जाइ।
बलिहारी ता दास की, उलटी माँहि समाइ।।11।।

काजल केरी कोठढ़ी, काजल ही का कोट।
बलिहारी ता दास की, जे रहै राँम की ओट।।12।।

भगति हजारी कपड़ा, तामें मल न समाइ।
साषित काली काँवली, भावै तहाँ बिछाइ।।13।।493।।

(29) साध साषीभूत कौ अंग

निरबैरी निहकाँमता, साँई सेती नेह।
विषिया सूँ न्यारा रहै, संतहि का अँग एह।।1।।

संत न छाड़ै संतई, जे कोटिक मिलै असंत।
चंदन भुवंगा बैठिया, तउ सीतलता न तजंत।।2।।

कबीर हरि का भाँवता, दूरैं थैं दीसंत।
तन षीणा मन उनमनाँ, जग रूठड़ा फिरंत।।3।।

---

(11) ख प्रति में इसके आगे ये दोहे हैं—
पंच बल धिया फिरि कड़ी, ऊझड़ ऊजड़ि जाइ।
बलिहारी ता दास की, बवकि अणाँवै ठाइ।।12।।
काजल केरी कोठड़ी, तैसा यह संसार।
बलिहारी ता दास की, पैसि जु निकसण हार।।13।।

कबीर हरि का भावता, झीणाँ पंजर तास।
रैणि न आवै नींदड़ी, अंगि न चढ़ई मास।।4।।

अणरता सुख सोवणाँ, रातै नींद न आइ।
ज्यूँ जल टूटै मंछली यूँ बेलंत बिहाइ।।5।।

जिन्य कुछ जाँण्या नहीं तिन्ह, सुख नींदणी बिहाइ।
मैंर अबूझी बूझिया, पूरी पड़ी बलाइ।।6।।

जाँण भगत का नित मरण, अणजाँणे का राज।
सर अपसर समझै नहीं, पेट भरण सूँ काज।।7।।

जिहि घटिजाँण बिनाँण है, तिहि घटि आवटणाँ घणाँ।
बिन षंडै संग्राम है नित, उठि मन सौं झूमणाँ।।8।।

राम बियोगी तन बिकल, ताहि न चीन्है कोइ।
तंबोली के पान ज्यूँ, दिन दिन पीला होइ।।9।।

पीलक दौड़ी साँइयाँ, लोग कहै पिंड रोग।
छाँनै लंघण नित करै, राँम पियारे जोग।।10।।

काम मिलावै राम कूँ, जे कोई जाँणै राषि।
कबीर बिचारा क्या करे, जाकी सुखदेव बोले साषि।।11।।

काँमणि अंग बिरकत भया, रत भया हरि नाँहि।
साषी गोरखनाथ ज्यूँ, अमर भए कलि माँहि।।12।।

जदि विषै पियारी प्रीति सूँ, तब अंतर हरि नाँहि।
जब अंतर हरि जी बसै, तब विषिया सूँ चित नाँहि।।13।।

जिहि घट मैं संसौ बसै, तिहिं घटि राम न जोइ।
राम सनेही दास विचि, तिणाँ न संचर होइ।।14।।

स्वारथ को सबको सगा, सब सगलाही जाँणि।
बिन स्वारथ आदर करै, सो हरि की प्रीति पिछाँणि।।15।।

जिहिं हिरदै हरि आइया, सो क्यूँ छाँनाँ होइ।
जतन जतन करि द्राबिए, तऊ उजाजा सोइ।।16।।

फाटै दीदे मैं फिरौं, नजरि न आवै कोइ।
जिहि घटि मेरा साँइयाँ, सो क्यूँ छाना होइ।।17।।

सब घटि मेरा साँइयाँ, सूनी सेज न कोइ।
भाग तिन्हौ का हे सखी, जिहि घटि परगड होइ।।18।।

(29-4) ख-अंगनि बाढ़ै घास।

(5) ख-तलफत रैण बिहाइ।

(12) ख-सिध भए कलि माँहिं।

पावक रूपी राँम है, घटि घटि रह्या समाइ।
चित चकमक लागै नहीं, ताथैं धुँवाँ ह्वै ह्वै जाइ।।19।।

कबीर खालिक जागिया, और न जागै कोइ।
कै जागै बिसई विष भर्‌या, कै दास बंदगी होइ।।20।।

कबीर चाल्या जाइ था, आगैं मिल्या खुदाइ।
मीराँ मुझ सौं यौं कह्या, किनि फुरमाई गाइ।।21।।514।।

(30) साध महिमाँ कौ अंग

चंदन की कुटकी भली, नाँ बँबूर की अबराँउँ।
बैश्नों की छपरी भली, नाँ साषत का बड गाउँ।।1।।

पुरपाटण सूबस बसै, आनँद ठाये ठाँइ।
राँम सनेही बाहिरा, ऊँचड़ मेरे भाँइ।।2।।

जिहिं घरि साध न पूजिये, हरि की सेवा नाँहिं।
ते घर मरड़हट सारषे, भूत बसै तिन माँहि।।3।।

है गै गैंवर सघन घन, छत्र धजा फहराइ।
ता सुख थैं भिष्या भली, हरि सुमिरत दिन जाइ।।4।।

हैं गै गैंवर सघन धन, छत्रपति की नारि।
तास पटंतर नाँ तुलै, हरिजन की पनिहारि।।5।।

क्यूँ नृप नारी नींदये, क्यूँ पनिहारी कौं माँन।
वामाँग सँवारै पीव कौ, वा नित उठि सुमिरै राँम।।6।।

कबीर धनि ते सुंदरी, जिनि जाया बैसनों पूत।
राँम सुमरि निरभैं हुवा, सब जग गया अऊंत।।7।।

कबीर कुल तौ सो भला, जिहि कुल उपजे दास।
जिहिं कुल दास न ऊपजै, सो कुल आक पलास।।8।।

साषत बाँभण मति मिलै, बैसनों मिलै चंडाल।
अंक माल दे भटिये, माँनों मिले गोपाल।।9।।

राँम जपत दालिद भला, टूटी घर की छाँनि।
ऊँचे मंदिर जालि दे, जहाँ भगति न साराँगपाँनि।।10।।

कबीर भया है केतकी, भवर भये सब दास।
जहाँ जहाँ भगति कबीर की, तहाँ तहाँ राँम निवास।।11।।525।।

(30-1) ख-चंदन की चूरी भली।

(6) 'वा मांग' या 'वामांग' दोनों पाठ हो सकता है।

(31) मधि कौ अंग

कबीर मधि अंग जेको रहै, तौ तिरह न लागै बार।
दुइ दुइ अंग सूँ लाग करि, डूबत है संसार।।1।।

कबीर दुविधा दूरि करि, एक अंग ह्वै लागि।
यहु सीतल वहु तपति है दोऊ कहिये आगि।।2।।

अनल अकाँसाँ घर किया, मधि निरंतर बास।
बसुधा ब्यौम बिरकत रहै, बिनठा हर बिसवास।।3।।

बासुरि गमि न रैंणि गमि, नाँ सुपनै तरगंम।
कबीर तहाँ बिलंबिया, जहाँ छाहड़ी न घंम।।4।।

जिहि पैडै पंडित गए, दुनिया परी बहीर।
औघट घाटी गुर कही, तिहिं चढ़ि रह्या कबीर।।5।।

श्रग नृकथै हूँ रह्या, सतगुर के प्रसादि।
चरन कवँल की मौज मैं, रहिस्यूँ अंतिरु आदि।।6।।

हिंदू मूये राम कहि, मुसलमान खुदाइ।
कहै कबीर सो जीवता, दुइ मैं कदे न जाइ।।7।।

दुखिया मुवा दुख कों, सुखिया सुख कौं झूरि।
सदा आनंदी राम के, जिनि सुख दुख मेल्हे दूरि।।8।।

कबीर हरदी पीयरी, चूना ऊजल भाइ।
रामसनेही यूँ मिले, दुन्यूँ बरन गँवाइ।।9।।

काबा फिर कासी भया, राँम भया रहीम।
मोट चून मैदा भया, बैठि कबीरा जीभ।।10।।

धरती अरु असमान बिचि, दोइ तूँबड़ा अबध।
षट दरसन संसै पड़्या, अरु चौरासी सिध।।11।।526।।

(32) सारग्राही कौ अंग

षीर रूप हरि नाँव है नीर आन ब्यौहार।
हंस रूप कोइ साध है, तत का जांनणहार।।1।।

(31-5) ख-दुनियाँ गई बहीर। औघट घाटी नियरा।

(32) ख प्रति में इसके आगे यह दोहा है—
सार संग्रह सूप ज्यूँ, त्यागै फटकि असार।
कबीर हरि हरि नाँव ले, पसरै नहीं बिकार।।2।।

कबीर साषत कौ नहीं, सबै बैशनों जाँणि।
जा मुखि राम न ऊचरै, ताही तन की हाँणि।।2।।

कबीर औगुँण ना गहैं, गुँण ही कौ ले बीनि।
घट घट महु के मधुप ज्यूँ, पर आत्म ले चीन्हि।।3।।

बसुधा बन बहु भाँति है, फूल्यो फल्यौ अगाध।
मिष्ट सुबास कबीर गहि, विषम कहै किहि साध।।4।।540।।

(33) विचार कौ अंग

राम नाम सब को कहै, कहिबे बहुत बिचार।
सोई राम सती कहै, सोई कौतिग हार।।1।।

आगि कह्याँ दाझै नहीं, जे नहीं चंपै पाइ।
जब लग भेद न जाँणिये, राम कह्या तौ काइ।।2।।

कबीर सोचि बिचारिया, दूजा कोई नाँहि।
आपा पर जब चींन्हिया, तब उलटि समाना माँहि।।3।।

कबीर पाणी केरा पूतला, राख्या पवन सँवारि।
नाँनाँ बाँणी बोलिया, जोति धरी करतारि।।4।।

नौ मण सूत अलूझिया, कबीर घर घर बारि।
तिनि सुलझाया बापुड़े, जिनि जाणीं भगति मुरारि।।5।।

आधी साषी सिरि कटैं, जोर बिचारी जाइ।
मनि परतीति न ऊपजे, तौ राति दिवस मिलि गाइ।।6।।

सोई अषिर सोई बैयन, जन जू जू बाचवंत।
कोई एक मेलै लवणि, अमीं रसाइण हुँत।।7।।

हरि मोत्याँ की माल है, पोई काचै तागि।
जतन करि झंटा घँणा, टूटेगी कहूँ लागि।।8।।

(32-4) ख प्रति में इसके आगे ये दोहे हैं—
कबीर सब घटि आत्मा, सिरजी सिरजनहार।
राम कहै सो राम में, रमिता ब्रह्म बिचारि।।5।।
तत तिलक तिहु लोक में, राम नाम निजि सार।
जन कबीर मसतिकि देया, सोभा अधिक अपार।।6।।

(33-6) ख-भरि गाइ।

(7) ख प्रति में इसके आगे यह दोहा है—
कबीर भूल दंग में लोग कहैं यहु भूल।
कै रमइयौ बाट बताइसी, कै भूलत भूलैं भूल।।8।।

मन नहीं छाड़ै बिषै, न छाड़ै मन कौं।
इनकौं इहै सुभाव, पूरि लागी जुग जन कौं।।9।।

खंडित मूल बिनास कहौ, किम बिगतह कीजै।
ज्यूँ जल में प्रतिब्यंब, त्यूँ सकल रामहिं जांणीजै।।10।।

सो मन सो तन सो बिषे, सो त्रिभवन पति कहूँ कस।
कहै कबीर ब्यंदहु नरा, ज्यूँ जल पूर्या सकल रस।।11।।549।।

(34) उपदेश कौ अंग

हरि जी यहै बिचारिया, साषी कहौ कबीर।
भौसागर मैं जीव है, जे कोई पकड़ैं तीर।।1।।

कली काल ततकाल है, बुरा करौ जिनि कोइ।
अनबावै लोहा दाहिणै बोवै सु लुणता होइ।।2।।

कबीर संसा जीव मैं, कोई न कहै समझाइ।
बिधि बिधि बाणों बोलता, सो कत गया बिलाइ।।3।।

कबीर संसा दूरि करि, जाँमण मरण भरंम।
पंचतत तत्तहि मिले, सुरति समाना मंन।।4।।

ग्रिही तौ च्यंता धणीं, बैरागी तौ भीष।
दुहुँ कात्याँ बिचि जीव है, दौ हमैं संतौं सीष।।5।।

बैरागी बिरकत भला, गिरहीं चित्त उदार।
दुहै चूकाँ रीता पड़ै, ताकूँ वार न पार।।6।।

जैसी उपजै पेड़ मूँ, तैसी निबहै ओरि।
पैका पैका जोड़ताँ, जुड़िसा लाष करोड़ि।।7।।

कबीर हरि के नाँव सूँ, प्रीति रहै इकतार।
तौ मुख तैं मोती झड़ै, हीरे अंत न पार।।8।।

ऐसी बाँणी बोलिये, मन का आपा खोइ।
अपना तन सीतल करै, औरन कौं सुख होइ।।9।।

(34-2) ख-बुरा न करियो कोई।
ख प्रति में इसके आगे यह दोहा है—
जीव को समझै नहीं, मुबा न कहै संदेस।
जाको तन मन सौं परचा नहीं, ताकौ कौण धरम उपदेस।।3।।

(1) ख-नाना बाँणी बोलता।

(8) ख-सुरति रहै इकतार। हीरा अनँत अपार।।

कोइ एक राखै सावधान, चेतनि पहरै जागि।
बस्तन बासन सूँ खिसै, चोर न सकई लागि।।10।।559।।

(35) बेसास कौ अंग

जिनि नर हरि जठराँह, उदिकै थैं षंड प्रगट कियौ।
सिरजे श्रवण कर चरन, जीव जीभ मुख तास दीयो।।

उरध पाव अरध सीस, बीस पषां इम रषियौ।
अंन पान जहां जरै, तहां तैं अनल न चषियौ।।

इहिं भाँति भयानक उद्र में, न कबहू छंछरै।
कृसन कृपाल कबीर कहि, इम प्रतिपालन क्यों करै।।1।।

भूखा भूखा क्या करै, कहा सुनावै लोग।
भांडा घड़ि जिनि मुख दिया, सोई पूरण जोग।।2।।

रचनहार कूँ चीन्हि लै, खैचे कूँ कहा रोइ।
दिल मंदिर मैं पैसि करि, तांणि पछेवड़ा सोइ।।3।।

राम नाम करि बोहड़ा, बांही बीज अघाइ।
अंति कालि सूका पड़ै, तौ निरफल कदे न जाइ।।4।।

च्यंतामणि मन में बसै, सोई चित मैं आंणि।
बिन च्यंता च्यंता करै, इहै प्रभू की बांणि।।5।।

कबीर का तूँ चितवै, का तेरा च्यंत्या होइ।
अणच्यंत्या हरिजी करै, जो तोहि च्यंत न होइ।।6।।

करम करीमां लिखि रह्या, अब कछू लिख्या न जाइ।
मासा घट न तिल बधै, जौ कोटिक करै उपाइ।।7।।

जाकौ चेता निरमया, ताकौ तेता होइ।
रती घटै न तिल बधै, जौ सिर कूटै कोइ।।8।।

च्यंता न करि अच्यंत रहु, सांई है संभ्रथ।
पसु पंषरू जीव जंत, तिनको गांडि किसा ग्रंथ।।9।।

संत न बांधै गाँठड़ी, पेट समाता लेइ।
सांई सूँ सनमुख रहै, जहाँ माँगै तहाँ देइ।।10।।

(35-8) इसके आगे ख प्रति में यह दोहा है—
करीम कबीर जु विह लिख्या, नरसिर भाग अभाग।
जेहूँ च्यंता चितवै, तऊ स आगै आग।।10।।

राँम राँम सूँ दिल मिलि, जन हम पड़ी बिराइ।
मोहि भरोसा इष्ट का, बंदा नरकि न जाइ।।11।।

कबीर तूँ काहे डरै, सिर परि हरि का हाथ।
हस्ती चढ़ि नहीं डोलिये, कूकर भूसैं जु लाष।।12।।

मीठा खाँण मधूकरी, भाँति भाँति कौ नाज।
दावा किसही का नहीं, बित बिलाइति बड़ राज।।13।।

मौनि महातम प्रेम रस, गरवा तण गुण नेह।
ए सबहीं अह लागया, जबहीं कह्या कुछ देह।।14।।

माँगण मरण समान है, बिरला वंचै कोइ।
कहै कबीर रघुनाथ सूँ, मतिर मँगावै मोहि।।15।।

पांडल पंजर मन भवर, अरथ अनूपम बास।
राँम नाँम सींच्या अँमी, फल लागा वेसास।।16।।

मेर मिटी मुकता भया, पाया ब्रह्म बिसास।
अब मेरे दूजा को नहीं, एक तुम्हारी आस।।17।।

जाकी दिल में हरि बसै, सो नर कलपै काँइ।
एक लहरि समंद की, दुख दलिद्र सब जाँइ।।18।।

पद गाये लैलीन है, कटी न संसै पास।
सबै पिछीड़ै थोथरे, एक बिनाँ बेसास।।19।।

गावण हीं मैं रोज है, रोवण हीं में राग।
इक वैरागी ग्रिह मैं, इक गृही मैं वैराग।।20।।

गाया तिनि पाया नहीं, अणगाँयाँ थैं दूरि।
जिनि गाया बिसवास सूँ, तिन राम रह्या भरिपूरि।।21।।580।।

---

(12) ख-शिर परि सिरजणहार।
हस्ती चढ़ि क्या डोलिए। भुसैं हजार।
ख प्रति में इसके आगे यह दोहा है—
हसती चढ़िया ज्ञान कै, सहज दुलीचा डारि।
स्वान रूप संसार है, पड़या भूसौ झषि माँरि।।15।।

(15) ख-जगनाथ सौं।

(16) ख प्रति में इसके आगे ये दोहे हैं—
कबीर मरौं पै मांगौं नहीं, अपणै तन कै काज।
परमारथ कै कारणै, मोहिं माँगत न आवै लाज।।20।।
भगत भरोसै एक कै, निधरक नीची दीठि।
तिनकू करम न लागसी, राम ठकोरी पीठि।।21।।

(36) पीव पिछाँणन कौ अंग

संपटि माँहि समाइया, सो साहिब नहीं होइ।
सफल मांड मैं रमि रह्या, साहिब कहिए सोइ।।1।।

रहै निराला माँड थै, सकल माँड ता माँहि।
कबीर सेवै तास कूँ, दूजा कोई नाँहि।।2।।

भोलै भूली खसम कै, बहुत किया बिभचार।
सतगुर गुरु बताइया, पूरिबला भरतार।।3।।

जाकै मह माथा नहीं, नहीं रूपक रूप।
पुहुप बास थैं पतला ऐसा तत अनूप।।4।।584।।

(37) बिर्कताई कौ अंग

मेरे मन मैं पड़ि गई, ऐसी एक दरार।
फटा फटक पषाँण ज्यूँ, मिल्या न दूजी बार।।1।।

मन फाटा बाइक बुरै, मिटी सगाई साक।
जौ परि दूध तिवास का, ऊकटि हूवा आक।।2।।

चंदन माफों गुण करै, जैसे चोली पंन।
दोइ जनाँ भागां न मिलै, मुकताहल अरु मंन।।3।।

पासि बिनंठा कपड़ा, कदे सुरांग न होइ।
कबीर त्याग्या ग्यान करि, कनक कामनी दोइ।।4।।

चित चेतनि मैं गरक ह्वै, चेत्य न देखैं मंत।
कत कत की सालि पाड़िये, गल बल सहर अनंत।।5।।

(36-4) ख प्रति में इसके आगे यह दोहा है—
चत्र भुजा कै ध्यान मैं, ब्रिजबासी सब संत।
कबीर मगन ता रूप मैं, जाकै भुजा अनंत।।5।।

(37-3) ख प्रति में इसके आगे ये दोहे हैं—
मोती भागाँ बीधताँ, मन मैं बस्या कबोल।
बहुत सयानाँ पचि गया, पड़ि गइ गाठि गढ़ोल।।4।।
मोती पीवत बीगस्या, सानौं पाथर आइ राइ।
साजन मेरी निकल्या, जाँमि बटाऊँ जाइ।।5।।

(5) ख प्रति में इसके आगे यह दोहा है—
बाजण देह बजंतणी, कुल जंतड़ी न बेड़ि।
तुझै पराई क्या पड़ी, तूँ आपनी निबड़ि।।8।।

जाता है सो जाँण दे, तेरी दसा न जाइ।
खेवटिया की नाव ज्यूँ, धणों मिलैंगे आइ।।6।।

नीर पिलावत क्या फिरै, सायर घर घर बारि।
जो त्रिषावंत होइगा, तो पीवेगा झष मारि।।7।।

सत गंठी कोपीन है, साध न मानै संक।
राँम अमलि माता रहै, गिणैं इंद्र कौ रंक।।8।।

दावै दाझण होत है, निरदावै निरसंक।
जे नर निरदावै रहैं, ते गणै इंद्र कौ रंक।।9।।

कबीर सब जग हंडिया, मंदिर कंधि चढ़ाइ।
हरि बिन अपनाँ को नहीं, देखे ठोकि बजाइ।।10।।514।।

(38) सम्रथाई कौ अंग

नाँ कुछ किया न करि सक्या, नाँ करणे जोग सरीर।
जे कछु किया सु हरि किया, ताथै भया कबीर कबीर।।1।।

कबीर किया कछू न होत है, अनकीया सब होइ।
जे किया कछु होत है, तो करता औरे कोइ।।2।।

जिसहि न कोई तिसहि तूँ, जिस तूँ तिस सब कोइ।
दरिगह तेरी साँईंयाँ, नाँव हरू मन होइ।।3।।

एक खड़े ही लहैं, और खड़ा बिललाइ।
साई मेरा सुलषना, सूता देइ जगाइ।।4।।

सात समंद की मसि करौं, लेखनि सब बनराइ।
धरती सब कागद करौं, तऊ हरि गुण लिख्या न जाइ।।5।।

अबरन कौं का बरनिये, मोपै लख्या न जाइ।
अपना बाना बाहिया, कहि कहि थाके माइ।।6।।

झल बाँवै झल दाँहिनैं, झलहिं माँहि ब्यौहार।
आगैं पीछै झलमई, राखै सिरजनहार।।7।।

साँई मेरा बाँणियाँ, सहजि करै ब्यौपार।
बिन डाँडी बिन पालड़ै, तोलै सब संसार।।8।।

(38-1) ख प्रति में इस अंग का पहला दोहा यह है—
साई सौं सब होइगा, बंदै थै कुछ नाहीं।
राई थैं परबत करे, परबत राई माहिं।।1।।

(8) ख-ब्यौहार।

कबीर वार्‌या नांव परि, कीया राई लूँण।
जिसहिं चलावै पंथ तूँ, तिसहिं भुलावै कौंण।।9।।

कबीर करणी क्या करै, जे राँम न कर सहाइ।
जिहिं जिहिं डाली पग धरै, सोई नवि नवि जाइ।।10।।

जदि का माइ जनमियाँ, कहूँ न पाया सुख।
डाली डाली मैं फिरौं, पाती पाती दुख।।11।।

सांई सूँ सब होत है, बंदे थै कछू नाहिं।
राई थैं परबत करै, परबत राई मांहि।।12।।606।।

(39) कुसबद कौ अंग

अणी सुहेली सेल की, पड़ताँ लेइ उसास।
चोट सहारै सबद की, तास गुरू मैं दास।।1।।

खूंदन तो धरती सहै, बाढ़ सहै बनराइ।
कुसबद तो हरिजन सहै, दूजै सह्या न जाइ।।2।।

सीतलता तब जाणिए, समिता रहे समाइ।
पष छाड़ै निरपष रहै, सबद न दूष्या जाइ।।3।।

कबीर सीतलता भई, पाया ब्रह्म गियान।
जिहिं बैसंदर जग जल्या, सो मेरे उदिक समान।।4।।610।।

(40) सबद कौ अंग

कबीर सबद सरीर मैं, बिनि गुण बाजै तंति।
बाहरि भीतरि भरि रह्या, ताथैं छूटि भरंति।।1।।

सती संतोषी सावधान, सबद भेद सुबिचार।
सतगुर के प्रसाद थैं, सहज सील मत सार।।2।।

सतगुर ऐसा चाहिए, जैसा सिकलीगर होइ।
सबद मसकला फेरि करि, देह द्रपन करे सोइ।।3।।

---

(12) ख प्रति में बारहवें दोहे के स्थान पर यह दोहा है—
रैणाँ दूरां बिछोड़ियां, रहु रे संषम झूरि।
देवल देवलि धाहिणी, देसी अंगे सूर।।13।।

(39-3) **ख** काट सहैं। साधू सहै।

(4) **ख** प्रति में इसके आगे यह दोहा है—
सहज तराजू आँणि करि, सन रस देख्या तोलि।
सब रस माँहै जीभ रत, जे कोइ जाणै बोलि।।5।।

सतगुर सांचा सूरिवाँ, सबद जु बाह्या एक।
लागत ही में मिलि गया, पड्या कलेजे छेक।।4।।

हरि रस जे जन बेधिया, सतगुण सी गणि नाहि।
लागी चोट सरीर में, करक कलेजे माँहि।।5।।

ज्यूँ ज्यूँ हरिगुण साभलूँ, त्यूँ त्यूँ लागै तीर।
साँठी साँठी झड़ि पड़ि, झलका रह्या सरीर।।6।।

ज्यूँ ज्यूँ हरिगुण साभलूँ, त्यूँ त्यूँ लागै तीर।
लागै थैं भागा नहीं, साहणहार कबीर।।7।।

सारा बहुत पुकारिया, पीड़ पुकारै और।
लागी चोट सबद की, रह्या कबीरा ठौर।।8।।618।।

(41) जीवन मृतक कौ अंग

जीवन मृतक ह्वै रहै, तजै जगत की आस।
तब हरि सेवा आपण करै, मति दुख पावै दास।।1।।

कबीर मन मृतक भया, दुरबल भया सरीर।
तब पैडे लागा हरि फिरै, कहत कबीर कबीर।।2।।

कबीर मरि मड़हट रह्या, तब कोइ न बूझै सार।
हरि आदर आगै लिया, ज्यूँ गउ बछ की लार।।3।।

घर जालौं घर उबरे, घर राखौं घर जाइ।
एक अचंभा देखिया, मड़ा काल कौं खाइ।।4।।

मरताँ मरताँ जग मुवा, औसर मुवा न कोइ।
कबीर ऐसैं मरि मुवा, ज्यूँ बहुरि न मरना होइ।।5।।

बैद मुवा रोगी मुवा, मुवा सकल संसार।
एक कबीरा ना मुवा, जिनि के राम अधार।।6।।

मन मार्‌या ममता मुई, अहं गई सब छूटि।
जोगी था सो रमि गया, आसणि रही विभूति।।7।।

जीवन थै मरिबो भलौ, जौ मरि जानै कोइ।
मरनै पहली जे मरे, तौ कलि अजरावर होइ।।8।।

(40-4) ख प्रति में यह दोहा नहीं है।

(41-1) ख प्रति में इस अंग में पहला दोहा यह है—

जिन पांऊँ सै कतरी हांठत देत बदेस।
तिन पांऊँ तिथि पाकड़ौ, आगण मथा बदेस।।1।।

खरी कसौटी राम की, खोटा टिकै न कोइ।
राम कसौटी सो टिकै, जो जीवन मृतक होइ।।9।।

आपा मेट्या हरि मिलै, हरि मेट्या सब जाइ।
अकथ कहाणी प्रेम की, कह्या न को पत्याइ।।10।।

निगु साँवाँ वहि जायगा, जाकै थाघी नहीं कोइ।
दीन गरीबी बंदिगी, करता होइ सु होइ।।11।।

दीन गरीबी दीन कौ, दुंदर को अभिमान।
दुंदर दिल विष सूँ भरी, दीन गरीबी राम।।12।।

कबीर चेरा संत का, दासिन का परदास।
कबीर ऐसे ह्वै रह्या, ज्यूँ पांऊँ तलि घास।।13।।

रोड़ा ह्वै रही बाट का, तजि पादंड अभिमान।
ऐसा जे जन ह्वै रहे, ताहि मिले भगवान।।14।।632।।

(42) चित कपटी कौ अंग

कबीर तहाँ न जाइए, जहाँ कपट का हेत।
जालूँ कली कनीर की, तन रातो मन सेत।।1।।

---

(12) ख प्रति में इसके आगे ये दोहा है—
कबीर नवे स आपको, पर कौं नवे न कोइ।
धालि तराजू तौलिये, नवे स भारी होइ।।14।।
बुरा बुरा सब को कहै, बुरा न दीसे कोइ।
जे दिल खोजौ आपणो, बुरा न दीसे कोइ।।15।।

(4) ख प्रति में इसके आगे ये दोहे हैं—
रोड़ा भया तो क्या भया, पंथी को दुख देइ।
हरिजन ऐसा चाहिए, जिसी जिमीं की खेह।।18।।
खेह भई तो क्या भया, उड़ि उड़ि लागे अंग।
हरिजन ऐसा चाहिए, पाँणीं जैसा रंग।।19।।
पाणीं भया तो क्या भया, ताता सीता होइ।
हरिजन ऐसा चाहिए, जैसा हरि ही होइ।।20।।
हरि भया तो क्या भया, जैसों सब कुछ होइ।
हरिजन ऐसा चाहिए, हरि भजि निरमल होइ।।21।।

(42-1) ख प्रति में इस अंग का पहला दोहा यह है—
नवणि नयो तो का भयो, चित्त न सूधौं ज्यौंह।
पारधिया दूणा नवै, मिघ्राटक ताह।।1।।

संसारी साषत भला, कँवारी कै भाइ।
दुराचारी वेश्नों बुरा, हरिजन तहाँ न जाइ।।2।।

निरमल हरि का नाव सों, के निरमल सुध भाइ।
के ले दूणी कालिमा, भावें सों मण साबण लाइ।।3।।635।।

(43) गुरुसिष हेरा कौ अंग

ऐसा कोई ना मिले, हम कों दे उपदेस।
भौसागर में डूबता, कर गहि काढ़े केस।।1।।

ऐसा कोई ना मिले, हम को लेइ पिछानि।
अपना करि किरपा करे, ले उतारै मैदानि।।2।।

ऐसा कोई ना मिले, राम भगति का गीत।
तनमन सौपे मृग ज्यूँ, सुने बधिक का गीत।।3।।

ऐसा कोई ना मिले, अपना घर देइ जराइ।
पंचूँ लरिका पटिक करि, रहै राम ल्यौ लाइ।।4।।

ऐसा कोई ना मिले, जासौ रहिये लागि।
सब जग जलता देखिये, अपणीं अपणीं आगि।।5।।

ऐसा कोई ना मिले, जासूँ कहूँ निसंक।
जासूँ हिरदे की कहूँ, सो फिरि माडै कंक।।6।।

ऐसा कोई ना मिले, सब बिधि देइ बताइ।
सुनि मंडल मैं पुरिष एक, ताहि रहै ल्यो लाइ।।7।।

हम देखत जग जात है, जग देखत हम जाँह।
ऐसा कोई ना मिले, पकड़ि छुड़ावै बाँह।।8।।

तीनि सनेही बहु मिले, चौथे मिले न कोइ।
सबे पियारे राम के, बैठे परबसि होइ।।9।।

माया मिले महोर्बती, कूड़े आखै बेउ।
कोइ घाइल बेध्या ना मिलै, साई हंदा सैण।।10।।

सारा सूरा बहु मिलें, घाइला मिले न कोइ।
घाइल ही घाइल मिले, तब राम भगति दिढ़ होइ।।11।।

(43-5) ख प्रति में इसके आगे यह दोहा है—
ऐसा कोई ना मिले, बूझै सैन सुजान।
ढोल बजंता ना सुणौं, सुरवि बिहूंणा कान।।6।।

(11) ख-जब घाइल ही घाइल मिलै।

प्रेमी ढूँढ़त मैं फिरौं, प्रेमी मिलै न कोइ।
प्रेमी कौं प्रेमी मिलै, तब सब बिष अमृत होइ।।12।।

हम घर जाल्या आपणाँ, लिया मुराड़ा हाथि।
अब घर जालौं तास का, जै चलै हमारे साथि।।13।।648।।

(44) हेत प्रीति सनेह कौ अंग

कमोदनी जलहरि बसै, चंदा बसै अकासि।
जो जाही का भावता, सो ताही कै पास।।1।।

कबीर गुर बसै बनारसी, सिष समंदा तीर।
बिसार्‌या नहीं बीसरे, जे गुंण होइ सरीर।।2।।

जो है जाका भावता, जदि तदि मिलसी आइ।
जाकी तन मन सौंपिया, सो कबहूँ छाँड़ि न जाइ।।3।।

स्वामी सेवक एक मत, मन ही मैं मिलि जाइ।
चतुराई रीझै नहीं, रीझै मन कै भाइ।।4।।

(45) सूरा तन कौ अंग

काइर हुवाँ न छूटिये, कछु सूरा तन साहि।
भरम भलका दूरि करि, सुमिरण सेल सँबाहि।।1।।

षूँड़ै पड़्या न छूटियो, सुणि रे जीव अबूझ।
कबीर मरि मैदान मैं, करि इंद्र्याँ सूँ झूझ।।2।।

कबीर साई सूरिवाँ, मन सूँ माँडै झूझ।
पंच पयादा पाड़ि ले, दूरि करै सब दूज।।3।।

सूरा झूझै गिरदा सूँ, इक दिसि सूर न होइ।
कबीर यौं बिना सूरिवाँ, भला न कहिसी कोइ।।4।।

---

(12) ख- जब प्रेमी ही प्रेमी मिलें।

(16) ख प्रति में इसके आगे ये दोहे हैं—
जाणै ईछूँ क्या नहीं, बूझि न कीया गौन।
भूलौ भूल्या मिल्या, पंथ बतावै कौन।।15।।
कबीर जानींदा बूझिया, मारग दिया बताइ।
चलता चलता तहाँ गया, जहाँ निरंजन राइ।।16।।

(54-1) ख-जो जाही कै मन बसै।

(3) ख-पंच पयादा पकड़ि ले।

कबीर आरणि पैसि करि, पीछे रहै सु सूर।
साँई सूँ साचा भया, रहसी सदा हजूर।।5।।

गगन दमाँमाँ बाजिया, पड्या निसानै घाव।
खेत बुहार्‌या सूरिवै, मुझ मरणे का चाव।।6।।

कबीर मेरै संसा को नहीं, हरि सूँ लागा हेत।
काम क्रोध सूँ झूझणाँ, चौड़े माँड्या खेत।।7।।

सूरै सार सँबाहिया, पहर्‌या सहज संजोग।
अब कै ग्याँन गयंद चढ़ि, खेत पड़न का जोग।।8।।

सूरा तबही परषिये, लडै धणीं के हेत।
पुरिजा पुरिजा ह्वै पड़ै, तऊ न छाड़ै खेत।।9।।

खेत न छाड़ै सूरिवाँ, झूझै द्वै दल माँहि।
आसा जीवन मरण की, मन में आँणे नाहि।।10।।

अब तो झूझ्याँही वणौं, मुढ़ि चाल्या घर दूरि।
सिर साहिब कौ सौंपता, सोच न कीजै सूरि।।11।।

अब तो ऐसी ह्वै पड़ी, मनकारु चित कीन्ह।
मरनै कहा डराइये, हाथि स्यँधौरा लीन्ह।।12।।

जिस मरनै थै जग डरै, सो मरे आनंद।
कब मारिहूँ कब देखिहूँ, पूरन परमाँनंद।।13।।

कायर बहुत पमाँवही, बहकि न बोलै सूर।।
काँम पड्याँ ही जाँणिहै, किसके मुख परि नूर।।14।।

जाइ पूछौ उस घाइलै, दिवस पीड निस जाग।
बाँहणहारा जाणिहै, कै जाँणै जिस लाग।।15।।

घाइल घूमै गहि भर्‌या, राख्या रहे न ओट।
जतन कियाँ जावै नहीं, बणीं मरम की चोट।।16।।

ऊँचा विरष अकासि फल, पंषी मूए झूरि।
बहुत सयाँने पचि रहे, फल निरमल परि दूरि।।17।।

दूरि भया तौ का भया, सिर दे नेड़ा होइ।
जब लग सिर सौपे नहीं, कारिज सिधि न होइ।।18।।

कबीर यहु घर प्रेम का, खाला का घर नाहिं।
सीस उतारै हाथि करि, सो पैसे घर माँहि।।19।।

कबीर निज घर प्रेम का, मारग अगम अगाध।
सीर उतारि पग तलि धरै, तब निकटि प्रेम का स्वाद।।20।।

---

(4) ख-जाके मुख षटि नूर।
(17) ख-पंथी मूए झूरि।

प्रेम न खेती नींपजे, प्रेम न हाटि बिकाइ।
राजा परजा जिस रुचै, सिर दे सो ले जाइ।।21।।

सीस काटि पासंग दिया, जीव सरभरि लीन्ह।
जाहि भावे सो आइ ल्यौ, प्रेम आट हँम कीन्ह।।22।।

सूरै सीस उतारिया, छाड़ी तन की आस।
आगै थैं हरि मुल किया, आवत देख्या दास।।23।।

भगति दुहेली राम की, नहिं कायर का काम।
सीस उतारै हाथि करि, सो लेसी हरि नाम।।24।।

भगति दुहेली राँम की, नहिं जैसि खाड़े की धार।
जे डोलै तो कटि पड़े, नहीं तो उतरै पार।।25।।

भगति दुहेली राँम की, जैसी अगनि की झाल।
डाकि पड़े ते ऊबरे, दाधे कौतिगहार।।26।।

कबीर घोड़ा प्रेम का, चेतनि चढ़ि असवार।
ग्याँन षड़ग गहि काल सिरि, भली मचाई मार।।27।।

कबीरा हीरा वणजिया, महँगे मोल अपार।
हाड़ गला माटी गली, सिर साटै ब्यौहार।।28।।

जेते तारे रैणि के, तेते बैरी मुझ।
धड़ सूली सिर कंगुरै, तऊ न बिसारौं तुझ।।29।।

जो हार्या तौ हरि सवां, जे जीत्या तो डाव।
पारब्रह्म कूँ सेवता, जे सिर जाइ त जाव।।30।।

सिर माटै हरि सेविए, छाड़ि जीव की बाँणि।
जे सिर दीया हरि मिलै, तब लगि हाँणि न जाणि।।31।।

टूटी बरत अकास थै, कोई न सकै झड़ झेल।
साथ सती अरु सूर का, अँणी ऊपिला खेल।।32।।

सती पुकारै सलि चढ़ी, सुनी रे मीत मसाँन।
लोग बटाऊ चलि गए, हम तुझ रहे निदान।।33।।

सती बिचारी सत किया, काठौं सेज बिछाइ।
ले सूती पीव आपणा, चहुँ दिसि अगनि लगाइ।।34।।

सती सूरा तन साहि करि, तन मन कीया घाँण।
दिया महौला पीव कूँ, तब मड़हट करै बषाँण।।35।।

---

31) ख-सिर साटै हरि पाइए।

32) ख-प्रति में इसके आगे यह दोहा है—
ढोल दमामा बाजिया, सबद सुणइ सब कोइ।
जैसल देखि सती भजे, तौ दुहु कुल हासी होइ।।32।।

सती जलन कूँ नीकली, पीव का सुमरि सनेह।
सबद सुनन जीव निकल्या, भूलि गई सब देह।।36।।

सती जलन कूँ नीकली, चित धरि एकबमेख।
तन मन सौंप्या पीव कूँ, तब अंतर रही न रेख।।37।।

हौं तोहि पूछौं हे सखी, जीवत क्यूँ न मराइ।
मूंवा पीछे सत करै, जीवत क्यूँ न कराइ।।38।।

कबीर प्रगट राम कहि, छाँनै राँम न गाइ।
फूस कौ जोड़ा दूरि करि, ज्यूँ बहुरि लागै लाइ।।39।।

कबीर हरि सबकूँ भजै, हरि कूँ भजै न कोइ।
जब लग आस सरीर की, तब लग दास न होइ।।40।।

आप सवारथ मेदनी, भगत सवारथ दास।
कबीर राँम सवारथी, जिनि छाड़ी तन की आस।।41।।696।।

(46) काल कौ अंग

झूठे सुख कौ सुख कहैं, मानत है मन मोद।
खलक चवीणाँ काल का, कुछ मुख मैं कुछ गोद।।1।।

आज काल्हिक निस हमैं, मारगि माल्हंता।
काल सिचाणाँ नर चिड़ा, औझड़ औच्यंताँ।।2।।

काल सिहाँणै यों खड़ा, जागि पियारो म्यंत।
रामसनेही बाहिरा तूँ क्यूँ सोवै नच्यंत।।3।।

सब जग सूता नींद भरि, संत न आवै नींद।
काल खड़ा सिर उपरै, ज्यूँ तोरणि आया बींद।।4।।

आज कहै हरि काल्हि भजौगा, काल्हि कहे फिरि काल्हि।
आज ही काल्हि करंतडाँ, औसर जासि चालि।।5।।

कबीर पल की सुधि नहीं, करै काल्हि का साज।
काल अच्यंता झड़पसी, ज्यूँ तीतर को बाज।।6।।

कबीर टग टग चोघताँ, पल पल गई बिहाइ।
जीव जँजाल न छाड़ई, जम दिया दमामा आइ।।7।।

---

(37) ख-जलन को नीसरी।

(46-4) ख-निसह भरि।

(7) ख प्रति में इसके आगे यह दोहा है—
जूरा कूती , जीवन सभा, काल अहेड़ी बार।
पलक बिना मैं पाकड़ै, गरव्यो कहा गँवार।।8।।

मैं अकेला ए दोइ जणाँ छेती नाँहीं काँइ।
जे जम आगै ऊबरो, तो जुरा पहूँती आइ।।8।।

बारी बारी आपणीं, चेले पियारे म्यंत।
तेरी बारी रे जिया, नेड़ी आवै निंत।।9।।

दों की दाधी लाकड़ी, ठाढ़ी करै पुकार।
मति बसि पड़ौं लुहार के, जालै दूजी बार।।10।।

जो ऊग्या सो आँथवै, फूल्या सो कुमिलाइ।
जो चिणियाँ सो ढहि पड़ै, जो आया सो जाइ।।11।।

जो पहर्‍या सो फाटिसी, नाँव धर्‍या सो जाइ।
कबीर सोइ तत्त गहि, जो गुरि दिया बताइ।।12।।

निधड़क बैठा राम बिन, चेतनि करै पुकार।
यहु तन जल का बुदबुदा, बिनसत नाहीं बार।।13।।

पाँणी केरा बुदबुदा, इसी हमारी जाति।
एक दिनाँ छिप जाँहिंगे, तारे ज्यूँ परभाति।।14।।

कबीर यहु जग कुछ नहीं, षिन षारा षिन मीठ।
काल्हि जु बैठा माड़ियां, आज नसाँणाँ दीठ।।15।।

---

(9) ख प्रति में इसके आगे ये दोहे हैं—
मालन आवत देखि करि, कलियाँ करी पुकार।
फूले फूले चुणि लिए, काल्हि हमारी बार।।11।।
बाढ़ी आवत देखि करि, तरवर-डोलन लाग।
हम कटे की कुछ नहीं, पंखेरू घर भाग।।12।।
फाँगुण आवत देखि करि, बन रूना मन माँहि।
ऊँची डाली पात है, दिन दिन पीले थाँहि।।13।।
पात पंडता यों कहै, सुनि तरवर बणराइ।
अब के बिछुड़े ना मिलै, कहि दूर पड़ैगे जाइ।।14।।

(10) ख प्रति में इसके आगे यह दोहा है—
मेरा बीर लुहारिया, तू जिनि जालै मोहि।
इक दिन ऐसा होइगा, हूँ जालौंगी तोहि।।15।।

(14) ख- एक दिनाँ नटि जाहिगे, ज्यूँ तारा परभाति।
ख प्रति में इसके आगे यह दोहा है—
कबीर पंच पखेरूवा, राखे पोष लगाइ।
एक जु आया पारधी, ले गयो सबै उड़ाइ।।21।।

(15) ख-काल्हि जु दीठा मैंड़िया।

कबीर मंदिर आपणै, नित उठि करती आलि।
मड़हट देष्याँ डरपती, चौड़े दीन्हीं जालि।।16।।

मंदिर माँहि झबूकती, दीवा केसी जोति।
हंस बटाऊ चलि गया, काढ़ौ घर की छोति।।17।।

ऊँचा मंदिर धौलहर, माटी चित्री पौलि।।
एक राम के नाँव बिन, जँम पाड़गा रौलि।।18।।

कबीर कहा गरबियो, काल गहै कर केस।
नाँ जाँणै कहाँ मारिसी, कै घर कै परदेस।।19।।

कबीर जंत्र न बाजई, टूटि गए सब तार।
जंत्र बिचारा क्या करै, चलै बजावणहार।।20।।

---

(16) ख-बैठी करतौं आलि।

(18) ख प्रति में इसके आगे ये दोहे हैं—
काएँ चिणावै मालिया, चुनै माटी लाइ।
मीच सुणैगी पायणी, उधोरा लैली आइ।।26।।
काएँ चिणावै, मालिया, लाँबी भीति उसारि।
घर तौ साढ़ी तीनि हाथ, घणौ तौ पौंणा चारि।।27।।
ऊँचा महल चिणाँइयाँ, सोवन कलसु चढ़ाइ।
ते मंदर खाली पड़्या, रहे मसाणी जाइ।।28।।

(19) ख प्रति में इसके आगे ये दोहे हैं—
इहर अभागी माँछली, छापरि माँणी आलि।
डाबरड़ा छूटै नहीं, सकै त समंद सभालि।।30।।
मँछी हुआ न छूटिए, झीवर मेरा काल।
जिहिं जिहिं डाबर हूँ फिरौ, तिहिं तिहिं माँडै जाल।।31।।
पाँणी माँहि ला माँछली, सक तौ पाकड़ि तीर।
कड़ी कूद की काल की, आइ पहुँता कीर।।32।।
मंद बिकंता दिखिया झीवर के करवारि।
ऊँखड़िया रत बालियाँ, तुम क्यूँ बँधे जालि।।33।।
पाँणी मँहि घर किया, चेजा किया पतालि।
पासा पड़्या करम का, यूँ हम बीधे जाल।।34।।
सूकण लगा केवड़ा, तूटीं अरहर माल।
पाँणी की कल जाणताँ, गया ज सीचणहार।।35।।

(20) ख-कबीर जंत्र न बाजई।

धवणि धवंती रहि गई, बुझि गए अंगार।
अहरणि रह्या ठमूकड़ा, जब उठि चले लुहार।।21।।

पंथी ऊभा पंथ सिरि, बुगचा बाँध्या पूठि।
मरणाँ मुँह आगै खड़ा, जीवण का सब झूठ।।22।।

यहु जिव आया दूर थैं, अजौ भी जासी दूरि।
बिच कै बासै रमि रह्या, काल रह्या सर पूरि।।23।।

राम कह्या तिनि कहि लिया, जुरा पहूँती आइ।
मंदिर लागै द्वार यै, तब कुछ काढणां न जाइ।।24।।

बरिया बीती बल गया, बरन पलट्या और।
बिगड़ी बात न बाहुणै, कर छिटक्याँ कत ठौर।।25।।

बरिया बीती बल गया, अरू बुरा कमाया।
हरि जिन छाड़ै हाथ थैं, दिन नेड़ा आया।।26।।

कबीर हरि सूँ हेत करि, कूड़ै चित्त न लाव।
बाँध्या बार षटीक कै, तापसु किती एक आव।।27।।

विष के बन मैं घर किया। सरप रहे लपटाइ।
ताथैं जियरे डरै गह्या, जागत रैणि बिहाइ।।28।।

कबीर सब सुख राम है, और दुखाँ की रासि।
सुर नर मुनियर असुर सब, पड़े काल की पासि।।29।।

---

(21) ख- ठमेकड़ा। उठि गए।
ख प्रति में इसके आगे यह दोहा है—
कबीर हरणी दूबली, इस हरियालै तालि।
लख अहेड़ी एक जीव, कित एक टालौ भालि।।38।।

(22) ख प्रति में इसके आगे यह दोहा है—
जिसहि न हरणा इत जागि, सी क्यूँ लौड़े मीत
जैसे पर घर पाहुणा, रंहै उठाए चीत।।40।।

(25) ख- कर छूटाँ कत ठौर।

(23) ख प्रति में इसके आगे ये दोहे हैं—
कबीर गाफिर क्या फिरै, सोवै कहा न चीत।
एवड़ माहि तै ले चल्या, भज्या पकड़ि षरीस।।45।।
साँई सू मिसि मछीला, के जा सुमिरै लाहूत।
कबही उझंकै कटिसी, हुँण ज्यों बगमंकाहु।।46।।

(27) ख-कड़वे तन लाव।

काची काया मन अथिर, थिर थिर काँम करंत।
ज्यूँ ज्यूँ नर निधड़क फिरै, त्यूँ त्यूँ काल हसंत।।30।।

रोवणहारे भी मुए, मुए जलाँवणहार।
हा हा करते ते मुए, कासनि करौं पुकार।।31।।

जिनि हम जाए ते मुए, हम भी चालणहार।
जे हमको आगै मिलै, तिन भी बंध्या मार।।32।।725।।

(47) सजीवनी कौ अंग

जहाँ जुरा मरण ब्यापै नहीं, मुवा न सुणिये कोइ।
चलि कबीर तिहि देसड़ै, जहाँ बैद विधाता होइ।।1।।

कबीर जोगी बिन बस्या, षणि खाये कंद मूल।
नाँ जाणौं किस जड़ी थैं, अमर भए असथूल।।2।।

कबीर हरि चरणौं चल्या, माया मोह थैं टूटि।
गगन मंडल आसण किया, काल गया सिर कूटि।।3।।

यहु मन पटकि पछाड़ि लै, सब आपा मिटि जाइ।
पंगुल ह्वै पिवपिव करै, पीछै काल न खाइ।।4।।

कबीर मन तीषा किया, बिरह लाइ षरसाँड़।
चित्त चणूँ मैं चुभि रह्या, तहाँ नहीं काल का पाण।।5।।

तरवर तास बिलंबिए, बारह मास फलंत।
सीतल छाया गहर फल, पंषी केलि करंत।।6।।

दाता तरवर दया फल, उपगारी जीवंत।
पंषी चले दिसावराँ, बिरषा सुफल फलंत।।7।।732।।

---

(30) ख प्रति में इसके आगे यह दोहा है—

बेटा जाया तो का भया, कहा बजावै थाल।
आवण जाणा ह्वै रहा ज्यौ कीड़ी का थाल।।51।।

(47-1) ख-जुरा मीच।

(5) ख-मन तीषा भया।

(48) अपारिष कौ अंग

पाइ पदारथ पेलि करि, कंकर लीया हाथि।
जोड़ी बिछुटी हंस की, पड़्या बगाँ के साथि।।1।।

एक अचंभा देखिया, हीरा हाटि बिकाइ।
परिषणहारे बाहिरा, कौड़ी बदले जाइ।।2।।

कबीर गुदड़ी बीषरी, सौदा गया बिकाइ।
खोटा बाँध्याँ गाँठड़ी, इव कुछ लिया न जाइ।।3।।

पैड़ै मोतीं बिखर्‌या, अंधा निकस्या आइ।
जोति बिनाँ जगदीश की, जगत उलंघ्या जाइ।।4।।

कबीर यहु जग अंधला, जैसी अंधी गाइ।
बछा था सो मरि गया, ऊभी चाँम चटाइ।।5।।737।।

(49) पारिष कौ अंग

जब गुण कूँ गाहक मिलै, तब गुण लाख बिकाइ।
जब गुण कौ गाहक नहीं, तब कौड़ी बदले जाइ।।1।।

कबीर लहरि समंद की मोती बिखरे आइ।
बगुला मंझ न जाँणई, हंस जुणे चुणि खाइ।।2।।

(48-1) ख प्रति में इसके पहिले ये दोहे हैं—

 चंदन रूख बदस गयो, जण जण कहे पलास।
ज्यौं ज्यौं चूल्है लोंकिए, त्यूँ त्यूँ अधिकी बास।।1।।

हंसड़ो तो महाराण को, उड़ि पड्यो थलियाँह।
बगुलौ करि करि मारियो, सझ न जाँणै त्याँह।।2।।

हंस बगाँ के पाहुँना, कहीं, दसा कै केरि।
बगुला कांई गरबियाँ, बैठा पाँख पषेरि।।3।।

बगुला हंस मनाइ लै, नेड़ों थकाँ बहोड़ि।
त्याँह बैठा तूँ उजला, त्यों हंस्यौ प्रीति न तोड़ि।।4।।

ख-चल्याँ बगाँ के साथि।

(49-1) ख प्रति में इसके आगे यह दोहा है—

कबीर मनमना तौलिए, सबदाँ मोल न तोल।
गौहर परषण जाँणहीं, आपा खोवै बोल।।7।।

हरि हीराजन जौहरी, ले ले माँडिय हाटि।
जबर मिलैगा पारिषु, तब हीराँ की साटि।।3।।740।।

(50) उपजणि कौ अंग

नाव न जाणै गाँव का, मारगि लागा जाँउँ।
काल्हि जु काटा भाजिसी, पहिली क्यों न खड़ाउँ।।1।।

सीप भई संसार थैं, चले जु साँई पास।
अबिनासी मोहिं ले चल्या, पुरई मेरी आस।।2।।

इंद्रलोक अचरिज भया, ब्रह्मा पड्या बिचार।
कबीर चाल्या राम पै, कौतिगहार अपार।।3।।

ऊँचा चढ़ि असमान कू, मेरु ऊलंघे ऊड़ि।
पसू पंषेरू जीव जंत, सब रहे मेर में बूड़ि।।4।।

सद पाँणी पाताल का, काढ़ि कबीरा पीव।
बासी पावस पड़ि मुए, बिषै बिलंबे जीव।।5।।

कबीर सुपिनै हरि मिल्या, सूताँ लिया जगाइ।
आषि न मीचौं डरपता, मति सुपिनाँ ह्वै जाइ।।6।।

गोब्यंद कै गुण बहुत है, लिखे जु हरदै माँहि।
डरता पाँणी ना पिऊँ, मति वे धोये जाँहि।।7।।

कबीर अब तौ ऐसा भया, निरमोलिक निज नाउँ।
पहली काच कबीर था, फिरता ठाँव ठाँवै ठाउँ।।8।।

भौ समंद विष जल भर्‌या, मन नहीं बाँधै धीर।
सबल सनेही हरि मिले, तब उतरे पारि कबीर।।9।।

(49-3) ख प्रति में इसके आगे ये दोहे हैं—
कबीर सपनही साजन मिले, नइ नइ करै जुहार।
बोल्याँ पीछे जांणिए, जो जाको ब्योहार।।4।।
मेरी बोली पूरबी, ताइ न चीन्है कोइ।
मेरी बोली सो लखै, जो पूरब को होइ।।5।।

(50-3) ख ब्रह्मा भया विचार।

(4) ख ऊँचा चाल।

(5) ख प्रति में इसके आगे यह दोहा है—
कबीर हरिका डर्पतां, ऊन्हाँ धान न खाँउँ।
हिरदय भीतर हरि बसै, ताथै खरा डराउँ।।7।।

भला सहेला ऊतरयर, पूरा मेरा भाग।
राँम नाँव नौका गह्या, तब पाँणी पंक न लाग।।10।।

कबीर केसौ की दया, संसा घाल्या खोइ।
जे दिन गए भगति बिन, ते दिन सालै मोहि।।11।।

कबीर जाचण जाइया, आगै मिल्या अंच।
ले चाल्या घर आपणै, भारी खाया खंच।।12।।

(51) दया निरबैरता कौ अंग

कबीर दरिया प्रजल्या, दाझै जल थल झोल।
बस नाँही गोपाल सौ, बिनसै रतन अमोल।।1।।

ऊँनमि बिआई बादली, बर्सण लगे अँगार।
उठि कबीरा धाह थे, दाझत है संसार।।2।।

दाध बली ता सब दुखी, सुखी न देखौ कोइ।
जहाँ कबीरा पग धरै, तहाँ टुक धीरज होइ।।3।।755।।

(52) सुंदरि कौ अंग

कबीर सुंदरि यों कहै, सुणि हो कंत सुजाँण।
बेगि मिलौ तुम आइ करि, नहीं तर तजौं पराँण।।1।।

कबीर जाकी सुंदरी, जांणि करै विभचार।
ताहि न कबहूँ आदरै, प्रेम पुरिष भरतार।।2।।

जे सुंदरि साँई भजे, तजै आन की आस।
ताहि न कबहूँ परहरै, पलक न छाड़ै पास।।3।।

---

(11) ख-संता मेल्हा।

(52-2) ख प्रति में इसके आगे यह दोहा है—

दाध बली तो सब दुखी, सुखी न दीसै कोइ।
को पुत्रा को बंधवाँ, को धणहीना होइ।।3।।

(3) ख प्रति में इसके आगे ये दोहे हैं—

हूँ रोऊँ संसार कौ, मुझे न रोवै कोइ।
मुझको सोई रोइसी, जे राम सनेही होइ।।5।।

मूरो कौ का रोइए, जो अपणै घर जाइ।
रोइए बंदीवान को, जो हाटै हाट बिकाइ।।6।।

बाग बिछिटे मिग्र लौ, ति हि जि मारै कोइ।
आपै हौ मरि जाइसी, डावाँ डोला होइ।।7।।

इस मन को मैदा करौ, नान्हाँ करि करि पीसि।
तब सुख पावै सुंदरी, ब्रह्म झलकै सीस।।4।।

हरिया पारि हिंडोलना, मेल्या कंत मचाइ।
सोई नारि सुलषणी, नित प्रति झूलण जाइ।।5।।760।।

(53) कस्तूरियाँ मृग कौ अंग

कस्तूरी कुंडलि बसै, मृग ढूंढै बन माँहि।
ऐसै घटि घटि राँम हैं, दुनियाँ देखै नाँहि।।1।।

कोई एक देखै संत जन, जाँकै पाँचूँ हाथि।
जाके पाँचूँ बस नहीं, ता हरि संग न साथि।।2।।

सो साँई तन में बसै, भ्रम्यों न जाणै तास।
कस्तूरी के मृग ज्यूँ फिरि फिरि सूँघै घास।।3।।

कबीर खोजी राम का, गया जु सिंघल दीप।
राम तौ घट भीतर रमि रह्या, जो आवै परतीत।।4।।

घटि बधि कहीं न देखिए, ब्रह्म रह्या भरपूरि।
जिनि जान्या तिनि निकष्टि है, दूरि कहैं थे दूरि।।5।।

मैं जाण्याँ हरि दूरि है, हरि रह्या सकल भरपूरि।
आप पिछाँणै बाहिरा, नेड़ा ही थैं दूरि।।6।।

तिणकै ओल्हे राम है, परबत मेहैं भाइ।
सतगुर मिलि परचा भया, तब हरि पाया घट माँहि।।7।।

राँम नाँम तिहूँ लोक मैं, सकलहु रह्या भरपूरि।
यह चतुराई जाहु जलि, खोजत डोलैं दूरि।।8।।

ज्यूँ नैनूँ मैं पूतली, त्यूँ खालिक घट माँहि।
मूरखि लोग न जाँणहिं, बाहरि ढूँढण जाँहि।।9।।769।।

(52-6) ख प्रति में इसके आगे यह दोहा है—

कबीर बहुत दिवस भटकट रह्या, मन में विषै विसाम।
ढूँढत ढूँढत जग फिर्‌या, तिणकै ओल्है राँम।।7।।

(8) ख प्रति में इसके आगे यह दोहा है—

हरि दरियाँ सूभर भरिया, दरिया वार न पार।
खालिक बिन खाली नहीं, जेंवा सूई संचार।।10।।

(54) निंद्या कौ अंग

लोगे विचारा नींदई, जिन्ह न पाया ग्याँन।
राँम नाँव राता रहै, तिनहुं न भावै आँन।।1।।

दोख पराये देखि करि, चल्या हसंत हसंत।
अपने च्यँति न आवई, जिनकी आदि न अंत।।2।।

निंदक नेड़ा राखिये, आँगणि कुटि बँधाइ।
बिन साबण पाँणी बिना निरमल करै सुभाइ।।3।।

न्यंदक दूरि न कीजिये, दीजै आदर माँन।
निरमल तन मन सब करै, बकि बकि आँनहिं आँन।।4।।

जे को नींदे साथ कूँ, संकटि आवै सोइ।
नरक माँहि जाँमैं मरैं, मुकति न कबहूँ होइ।।5।।

कबीर घास न नींदिये, जो पाऊँ तलि होइ।
उड़ि पड़ै जब आँखि में, खरा दुहेली होइ।।6।।

आपन यौं न सराहिए, और न कहिए रंक।
नाँ जाँणौं किस ब्रिष तलि, कूड़ा होइ करंक।।7।।

कबीर आप ठगाइये, और न ठगिये कोइ।
आप ठग्याँ सुख ऊपजै, और ठग्याँ दुख होइ।।8।।

अब कै जे साँई मिलैं, तौ सब दुख आपौ रोइ।
चरनूँ ऊपर सीस धरि, कहूँ ज कहणाँ होइ।।9।।778।।

(55) निगुणाँ कौ अंग

हरिया जाँणै रूषड़ा, उस पाँणीं का नेह।
सूका काठ न जाणई, कबहू बूठा मेह।।1।।

झिरिमिरि झिरिमिरि बरषिया, पाँहण ऊपरि मेह।
माटी गलि सैंजल भई, पाँहण वोही तेह।।2।।

(54-1) ख प्रति में इसके आगे यह दोहा है—
निंदक तौ नाँकी, बिना, सोहै नकटयाँ माँहि।
साधू सिरजनहार के, तिनमैं सोहै नाँहि।।2।।

(6) ख-दूसरी पंक्ति।
नरक माँहि जामैं मरै, मुकति न कबहूँ होइ।

(7) आपण यौ न सराहिये, पर निंदिए न कोइ।
अजहूँ लांबा द्योहड़ा, ना जाणौ क्या होइ।।8।।

(9) ख प्रति में यह दोहा नहीं है।

पार ब्रह्म बूठा मोतियाँ, बाँधी सिषराँह।
सगुराँ सगुराँ चुणि लिया, चूक पड़ी निगुराँह।।3।।

कबीर हरि रस बरषिया, गिर डूँगर सिषराँह।
नीर मिबाणाँ ठाहरै, नाऊँ छा परड़ाँह।।4।।

कबीर मूँडठ करमिया, नव सिष पाषर ज्याँह।
बाँहणहारा क्या करै, बाँण न लागै त्याँह।।5।।

कहत सुनत सब दिन गए, उरझि न सुरझ्या मन।
कहि कबीर चेत्या नहीं, अजहूँ सुपहला दिन।।6।।

कहि कबीर कठोर कै, सबद न लागै सार।
सुधबुध कै हिरदै भिदै, उपजि विवेक विचार।।7।।

मा सीतलता के कारणै, माग बिलंबे आइ।
रोम रोम बिष भरि रह्या, अमृत कहा समाइ।।8।।

सरपहि दूध पिलाइये, दूधैं विष ह्वै जाइ।
ऐसा कोई नाँ मिले, स्यूँ सरपैं विष खाइ।।9।।

जालौ इहै बड़पणाँ, सरलै पेड़ि खजूरि।
पंखी छाँह न बीसवै, फल लागे तो दूरि।।10।।

ऊँचा कूल के कारणै, बंस बध्या अधिकार।
चंदन बास भेदै नहीं, जाल्या सब परिवार।।11।।

कबीर चंदन के निड़ै, नींव भि चंदन होइ।
बूड़ा बंस बड़ाइताँ, यौं जिनि बूड़ै कोइ।।12।।

(56) बीनती कौ अंग

कबीर साँई तो मिलहगे, पूछिहिगे कुसलात।
आदि अंति की कहूँगा, उर अंतर की बात।।1।।

कबीर भूलि बिगाड़िया, तूँ नाँ करि मैला चित।
साहिब गरवा लोड़िये, नफर बिगाड़ै नित।।2।।

(55-6) ख प्रति में यह दोहा नहीं है।

(7) ख प्रति में इसके आगे ये दोहे हैं—
बेकाँमी को सर जिनि बाहै, साठी खोवै मूल गँवावे।
दास कबीर ताहि को बाहैं, गलि सनाह सनमुखसरसाहै।।8।।
पसुआ सौ पानी पड़ो, रहि रहि याम खीजि।
ऊसर बाह्यौ न ऊगसी, भावै दूणाँ बीज।।9।।

(56-1) ख प्रति में यह दोहा नहीं है।

करता करै बहुत गुण, औगुंण कोई नाहिं।
जे दिल खाजौ आपणीं, तो सब औगुण मुझ माँहि।।3।।

औसर बीता अलपतन, पीव रह्या परदेस।
कलंक उतारी केसवाँ, भाँना भरँम अंदेस।।4।।

कबीर करत है बीनती, भौसागर के ताँई।
बंदे ऊपरि जोर होत है, जँम कूँ बरिज गुसाँई।।5।।

हज काबे ह्वै ह्वै गया, केती बार कबीर।
मीराँ मुझ मैं क्या खता, मुखाँ न बोलै पीर।।6।।

ज्यूँ मन मेरा तुझ सों, यौं जे तेरा होइ।
ताता लोबा यौं मिले, संधि न लखई कोइ।।7।।797।।

(57) साषीभूत कौ अंग

कबीर पूछै राँम कूँ, सकल भवनपति राइ।
सबही करि अलगा रहौ, सो विधि हमहिं बताइ।।1।।

जिहि बरियाँ साईं मिलै, तास न जाँणै और।
सब कूँ सुख दे सबद करि, अपणीं अपणीं ठौर।।2।।

कबीर मन का बाहुला, ऊँचा बहै असोस।
देखत हीं दह मैं पड़े, दई किसा कौं दोस।।3।।800।।

(58) बेलि कौ अंग

अब तौ ऐसी ह्वै पड़ी, नाँ तूँ बड़ी न बेलि।
जालण आँणीं लाकड़ी, ऊठी कूँपल मेल्हि।।1।।

आगै आगै दौं जलैं, पीछै हरिया होइ।
बलिहारी ता विरष की, जड़ काट्याँ फल होइ।।2।।

जे काटौ तो डहडही, सींचौं तौ कुमिलाइ।
इस गुणवंती बेलि का, कुछ गुँण कह्याँ न जाइ।।3।।

(56-3) ख प्रति में इसके आगे यह दोहा है—

बरियाँ बीती बल गया, अरु बुरा कमाया।
हरि जिनि छाड़ै हाथ थैं, दिन नेड़ा आया।।3।।

(5) ख-कबीरा विचारा करै बिनती।

(58-2) ख-दौं बलै।

आँगणि बेलि अकासि फल, अण ब्यावर का दूध।
ससा सींग की धूनहड़ी, रमै बाँझ का पूत।।4।।

कबीर कड़ई बेलड़ी, कड़वा ही फल होइ।
साँध नाँव तब पाइए, जे बेलि बिछोहा होइ।।5।।

सींध भइ तब का भया, चहूँ दिसि फूटी बास।
अजहूँ बीज अंकूर है, भीऊगण की आस।।6।।806।।

(59) अबिहड़ कौ अंग

कबीर साथी सो किया, जाके सुख दुख नहीं कोइ।
हिलि मिलि ह्वै करि खेलिस्यूँ कदे बिछोह न होइ।।1।।

कबीर सिरजनहार बिन, मेरा हितू न कोइ।
गुण औगुण बिहड़ै नहीं, स्वारथ बंधी लोइ।।2।।

आदि मधि अरू अंत लौं, अबिहड़ सदा अभंग।
कबीर उस करता की, सेवग तजै न संग।।3।।809।।

•

(6) ख प्रति में इसके आगे यह दोहा है—
सिंधि जू सहजै फुकि गई, आगि लगी बन माँहि।
बीज बास दून्यँ जले, ऊगण कौं कुछ नाँहि।।7।।

(2) पद

(राग गौड़ी)

दुलहनी गावहु मंगलचार,
हम घरि आए हो राजा राम भरतार।।टेक।।
तन रत करि मैं मन रत करिहूँ, पंचतत्त बराती।
रामदेव मोरैं पाँहुनैं आये मैं जोबन मैं माती।।
सरीर सरोवर बेदी करिहूँ, ब्रह्मा वेद उचार।
रामदेव सँगि भाँवरी लैहूँ, धंनि धंनि भाग हमार।।
सुर तेतीसूँ कौतिग आये, मुनिवर सहस अठ्यासी।
कहै कबीर हँम ब्याहि चले हैं, पुरिष एक अबिनासी।।1।।

बहुत दिनन थैं मैं प्रीतम पाये, भाग बड़े घरि बैठे आये।।टेक।।
मंगलाचार माँहि मन राखौं, राम रसाँइण रमना चाषौं।
मंदिर माँहि भयो उजियारा, ले सुतो अपना पीव पियारा।।
मैं रनि राती जे निधि पाई, हमहिं कहाँ यह तुमहि बड़ाई।
कहै कबीर मैं कछु न कीन्हा सखी सुहाग मोहि दीन्हा।।2।।

अब तोहि जान न देहुँ राम पियारे, ज्यूँ भावै त्यूँ होहु हमारे।।टेक।।
बहुत दिनन के बिछुरे हरि पाये, भाग बड़े घरि बैठे आये।।
चरननि लागि करौं बरियायी, प्रेम प्रीति राखौं उरझाई।
इत मन मंदिर रहौ नित चौषै, कहै कबीर करहु मति घोषैं।।3।।

मन के मोहन बिठुला, यह मन लागौ तोहि रे।
चरन कँवल मन मानियाँ, और न भावै मोहि रे।।टेक।।
षट दल कँवल निवासिया, चहु कौं फेरि मिलाइ रे।
दहुँ के बीचि समाधियाँ, तहाँ काल न पासैं आइ रे।।
अष्ट कवँल दल भीतरा, तहाँ श्रीरंग केलि कराइ रे।
सतगुर मिलै तौ पाइए, नहीं तौ जन्म अक्यारथ जाइ रे।।
कदली कुसुम दल भीतराँ, तहाँ दस आँगुल का बीच रे।
तहाँ दुवारस खोजि ले जनम होत नहीं मीच रे।।
बंक नालि के अंतरै, पछिम दिसाँ की बाट रे।
नीझर झरै रस पीजिये, तहाँ भँवर गुफा के घाट रे।।

त्रिवेणी मनाइ न्हवाइए सुरति मिलै जो हाथि रे।
तहाँ न फिरि मघ जोइए सनकादिक मिलिहै साथि रे।।
गगन गरिज मघ जोइये, तहाँ दीसै तार अनंत रे।
बिजुरी चमकि घन बरषिहै, तहाँ भीजत हैं सब संत रे।।
षोडस कँवल जब चेतिया, तब मिलि गये श्री बनवारि रे।
जुरामरण भ्रम भाजिया, पुनरपि जनम निवारि रे।।
गुर गमि तैं पाइए झषि सरे जिनि कोइ रे।
तहीं कबीरा रमि रह्या सहज समाधी सोइ रे।।4।।

गोकल नाइक बीठुला, मेरौ मन लागौ तोहि रे।
बहुतक दिन बिछुरै भये, तेरी औसेरि आवै मोहि रे।।टेक।।
करम कोटि कौ ग्रेह रच्यो रे, नेह कये की आस रे।।
आपहिं आप बँधाइया, द्वै लोचन मरहिं पियास रे।।
आपा पर संमि चीन्हिये, दीसैं सरब सँमान।
इहि पद नरहरि भेटिये, तूँ छाड़ि कपट अभिमान रे।।
नाँ कलहूँ चलि जाइये नाँ सिर लीजै भार।
रसनाँ रसहिं बिचारिये, सारँग श्रीरँग धार रे।।
साधै सिधि ऐसी पाइये, किंवा होइ महोइ।
जे दिठ ग्यान न ऊपजै, तौ आहुटि रहै जिनि कोइ रे।।
एक जुगति एकै मिलैं किंबा जोग कि भोग।
इन दून्यूँ फल पाइये, राम नाँम सिधि जोग रे।।
प्रेम भगति ऐसी कीजिये, मुखि अंमृत अरिषै चंद रे।
आपही आप बिचारिये, तब कंता होइ अनंद रे।।
तुम्ह जिनि जानौं गीत है, यहू निज ब्रह्म विचार।
केवल कहि समझाइया, आतम साधन सार रे।
चरम कँवल चित लाइये, राम नाम गुन गाइ।।
कहै कबीर मंसा नहीं, भगति मुकति गति पाइ रे।।5।।

---

(4) ख-जन्म अमोलिक।

(5) ख प्रति में इसके आगे यह पद है—
अब मैं राम सकल सिधि पाई, आन कहूँ तौ राम दुहाई।।टेक।।
इहि विधि बसि सबै रस दीठा, राम नाम सा और न मीठा।
और रस ह्वै कफगाता, हरिरस अधिक अधिक सुखराता।।
दूजा बणज नहीं कछु वाषर, राम नाम दोऊ तत आषर।
कहै कबीर हरिष भोगी, ताकौं मिल्या निरंजन जोगी।।6।।

अब मैं पाइबो रे पाइबो ब्रह्म गियान,
सहज समाधें सुख में रहिबो, कोटि कलप विश्राम।।टेक।।
गुर कृपाल कृपा जब कीन्हौं , हिरदै कँवल बिगासा।
भाग भ्रम दसौं दिस सुझ्या, परम जोति प्रकासा।।
मृतक उठ्या धनक कर लीयै, काल अहेड़ी भाषा।
उदय सूर निस किया पयाँनाँ, सोवत थैं जब जागा।।
अविगत अकल अनुपम देख्या, कहताँ कह्या न जाई।
सैन करै मन हो मर रहसैं, गूँगै जाँनि मिठाई।।
पहुप बिनाँ एक तरवर फलिया, बिन कर तूर बजाया।
नारी बिना नीर घट भरिया, सहज रूप सो पाया।।
देखत काँच भया तन कंचन, बिना बानी मन माँनाँ।
उड़्या बिहंगम खोज न पाया, ज्यूँ जल जलहिं समाँनाँ।।
पूज्या देव बहुरि नहीं पूजौं, न्हाये उदिक न नाउँ।
आपे मैं तब आया निरष्या, अपन पै आपा सूझ्या।
आपै कहत सुनत पुनि अपनाँ, अपन पै आपा बूझ्या।।
अपनै परचै लागी तारी, अपन पै आप समाँनाँ।
कहै कबीर जे आप बिचारै, मिटि गया आवन जाँना।।6।।

नरहरि सहजै ही जिनि जाना।
गत फल फूल तत तर पलव, अंकूर बीज नसाँनाँ।।टेक।।
प्रकट प्रकास ग्यान गुरगमि थैं, ब्रह्म अगनि प्रजारी।
ससि हरि सूर दूर दूरंतर, लागी जोग जुग तारी।।
उलटे पवन चक्र षट बेधा, मेर डंड सरपूरा।
गगन गरजि मन सुंनि समाना, बाजे अनहद तूरा।।
सुमीत सरीर कबीर बिचारी, त्रिकुटी संगम स्वामी।
पद आनंद काल थैं छूटै, सुख मैं सुरति समाँनी।।7।।

मन रे मन ही उलटि समाँना।
गुर प्रसादि अकलि भई तोकौं नहीं तर था बेगाँना।।टेक।।
नेड़ै थे दूरि दूर थैं नियरा, जिनि जैसा करि जाना।
औ लौ ठीका चढ़्या बलीडै, जिनि पीया तिनि माना।।
उलटे पवन चक्र षट बेधा, सुन सुरति लै लागी।
अमर न मरै मरै नहीं जीवै, ताहि खोजि बैरागी।।
अनभै कथा कवन सी कहिये, है कोई चतुर बिबेकी।
कहै कबीर गुर दिया पलीता, सौ झल बिरलै देखी।।8।।

इति तत राम जपहु रे प्राँनी, बुझौ अकथ कहाँणी।
हीर का भाव होइ जा ऊपरि जाग्रत रैनि बिहानी।।टेक।।
डाँइन डारै, सुनहाँ डोरै स्यंध रहै बन घेरै।
पंच कुटुंब मिलि झुझन लागे, बाजत सबद सँघेरै।।
रोहै मृग ससा बन घेरे, पारधी बाँण न मेलै।
सायर जलै सकल बन दाझै, मंछ अहेरा खेलै।।
सोई पंडित सो तत ज्ञाता, जो इहि पदहि बिचारै।
कहै कबीर सोइ गुर मेरा, आप तीरै मोहि तारै।।9।।

अवधू ग्यान लहरि धुनि मीडि रे।
सबद अतीत अनाहद राता, इहि विधि त्रिष्णाँ षाँडी।।टेक।।
बन कै संसै समंद पर कीया मंछा बसै पहाड़ी।
सुई पीवै ब्राँह्मण मतवाला, फल लागा बिन बाड़ी।।
षाड बुणैं कोली मैं बैठी, मैं खूँटा मैं गाढ़ी।
ताँणै वाणे पड़ी अनँवासी, सूत कहै बुणि गाढ़।।
कहै कबीर सुनहु रे संतौ, अगम ग्यान पद माँही।
गुरु प्रसाद सुई कै नांकै, हस्ती आवै जाँही।।10।।

एक अचंभा देखा रे भाई, ठाढ़ा सिंध चरावै गाई।।टेक।।
पहले पूत पीछे भइ माँई, चेला कै गुरु लागै पाई।
जल की मछली तरवर ब्याई, पकरि बिलाई मुरगै खाई।।
बैलहि डारि गूँनि घरि आई, कुत्ता कूँ लै गई बिलाई।।
तलिकर साषा ऊपरि करि मूल बहुत भाँति जड़ लागे फूल।
कहै कबीर या पद को बूझै, ताँकूँ तीन्यूँ त्रिभुवन सूझै।।11।।

हरि के षारे बड़े पकाये, जिनि जारे तिनि पाये।
ग्यान अचेत फिरै नर लोई, ता जनमि जनमि डहकाए।।टेक।।
धौल मँदलिया बैल रबाबी, बऊवा ताल बजावै।
पहरि चोलना आदम नाचै, भैसाँ निरति कहावै।।
स्यंध बैठा पान कतरै, घूँस गिलौरा लावै।
उँदरी बपुरी मंगल गावै, कछु एक आनंद सुनावै।।
कहै कबीर सुनहु रे संतौ, गडरी परबत खावा।
चकवा बैसि अँगारे निगले, समंद अकासा धावा।।12।।

चरखा जिनि जरे। कतौंगी हजरी का सूत नणद के भइया की सौं।।टेक।।
जलि जाई थलि ऊपजी, आई नगर मैं आप।
एक अचंभा देखिया, बिटिया जायौ बाप।।

बाबल मेरा ब्याह करि, बर उत्यम ले चाहि।
जब लाग बर पावै नहीं, तब लग तूँ ही ब्याहि।।
सुबधी कै घरि लुबधी आयो, आन बहू कै भाइ।
चूल्हे अगनि बताइ करि, फल सौ दीयो ठठाइ।।
सब जगही मर जाइयाँ, एक बड़इया जिनि मरै।
सब राँडनि कौ साथ चरषा को धारै।।
कहै कबीर सो पंडित ज्ञाता जो या पदही बिचारै।
पहलै परच गुर मिलै तौ पीछैं सतगुर तारे।।13।।

अब मोहि ले चलि नणद के बीर, अपनै देसा।
इन पंचनि मिलि लूटी हूँ, कुसंग आहि बदेसा।।टेक।।
गंग तीर मोरी खेती बारी, जमुन तीर खरिहानाँ।
सातौं बिरही मेरे निपजै, पंचूँ मोर किसानाँ।।
कहै कबीर यह अकथ कथा है, कहताँ कही न जाई।
सहज भाइ जिहिं ऊपजै, ते रमि रहै समाई।।14।।

अब हम सकल कुसल करि माँनाँ, स्वाँति भई तब गोब्यंद जाँनाँ।।टेक।।
तन मैं होती कोटि उपाधि, भई सुख सहज समाधि।।
जम थैं उलटि भये हैं राम, दुःख सुख किया विश्राँम।।
बैरी उलटि भये हैं मीता साषत उलटि सजन भये चीता।।
आपा जानि उलटि ले आप, तौ नहीं ब्यापै तीन्यूँ ताप।।
अब मन उलटि सनातन हूवा, तब हम जाँनाँ जीवन मूवा।।
कहै कबीर सुख सहज समाऊँ, आप न डरौं न और डराऊँ।।15।।

संतौ भाई आई ग्यान की आँधी रे।
भ्रम की टाटी सबै उडाँणी, माया रहै न बाँधी।।टेक।।
हिति चित की द्वै थूँनी गिराँनी, मोह बलिंडा तूटा।
त्रिस्नाँ छाँनि परि घर ऊपरि, कुबधि का भाँडाँ फूटा।।
जोग जुगति करि संतौं बाँधी, निरचू चुवै न पाँणी।
कूड़ कपट काया का निकस्या हरि की गति जब जाँणी।।
आँधी पीछै जो जल बूठा, प्रेम हरि जन भींनाँ।
कहै कबीर माँन के प्रगटे उदित भया तम षींनाँ।।16।।

ब घटि प्रगट भये राम राई, साधि सरीर कनक की नाई।।टेक।।
कनक कसौटी जैसे कसि लेइ सुनारा, सोधि सरीर भयो तन सारा।।
उपजत उपजत बहुत उपाई, मन थिर भयो तबै तिथि पाई।।

बाहरि षोजत गँवाया, उनमनीं ध्यान घट भीतरि पाया।
बिन परचै तन काँच कबीरा, परचैं कंचन भया कबीरा।।17।।

हिंडोलनाँ तहाँ झूलैं आतम राम।
प्रेम भगति हिंडोलना, सब संतन कौ विश्राम।।टेक।।
चंद सूर दोइ खंभवा, बंक नालि की डोरि।
झूलें पंच पियारियाँ, तहाँ झूलै जीय मोर।।
द्वादस गम के अंतरा, तहाँ अमृत कौ ग्रास।
जिनि यह अमृत चाषिया, सो ठाकुर हम दास।।
सहज सुँनि कौ नेहरौ गगन मंडल सिरिमौर।
दोऊ कुल हम आगरी, जो हम झूलै हिंडोल।।
अरध उरध की गंगा जमुना, मूल कवल कौ घाट।
षट चक्र की गागरी, त्रिवेणीं संगम बाट।
नाद ब्यंद की नावरी, राम नाम कनिहार।
कहै कबीर गुण गाइ ले, गुर गँमि उतरौ पार।।18।।

कौ बीनैं प्रेम लागी री माइ कौ बीन। राम रसाइण मातेरी, माई को बीनैं।। टेक।।
पाई पाई तूँ पुतिहाई, पाई की तुरियाँ बेचि खाई री, मारी कौ बीनैं।।
ऐसैं पाईपर बिथुराई, त्यूँ रस आनि बनायौ री, माई को बीनैं।
नाचैं ताँनाँ नाँचै बाँनाँ, नाचैं कूँ पुराना री, माई को बीनैं।।19।।

मैं बुनि करि सियाँनाँ हो राम, नालि करम नहीं ऊबरे।।टेक।।
दखिन कूट जब सुनहाँ झूका, तब हम सगुन बिचारा।
लरके परके सब जागत है हम घरि चोर पसारा हो राम।।
ताँनाँ लीन्हाँ बाँनाँ लीन्हाँ, माँस चलवना डऊवा हो राम।
एक पग दोई पग त्रेपग, सँध सधि मिलाई।
कर परपंच मोट बँधि आये, किलिकिलि सबै मिटाई हो राम।।
ताँनाँ तनि करि बाँनाँ बुनि करि, छाक परी मोहि ध्याँन।
कहै कबीर मैं बुंनि सिराँना जानत है भगवाँनाँ हो राम।।20।।

तननाँ बुनना तज्या कबीर, राम नाम लिखि लिया शरीर।।टेक।।
जब लग भरौं नली का बेह, तब लग टूटै राम सनेह।।

ठाड़ी रोवै कबीर की माइ, ए लरिका क्यूँ जीवै खुदाइ।
कहै कबीर सुनहुँ री माई, पूरणहारा त्रिभुवन राइ।।21।।

जुगिया न्याइ मरै मरि जाइ।
घर जाजरौ बलीडौ टेढ़ौ, औलोती डर राइ।।टेक।।
मगरी तजौ प्रीति पाषे सूँ डाँडी देहु लगाइ।
छींको छोडि उपरहि डौ बाँधा, ज्यूँ जुगि जुगि रहौ समाइ।
बैसि परहडी द्वार मुँदावौं, ख्यावों पूत घर घेरी।
जेठी धीय सासरे पठवौं, ज्यूँ बहुरि न आवै फेरी।।
लहुरी धीइ सवै कुश धोयौ, तब ढिग बैठन माई।
कहै कबीर भाग बपरी कौ, किलिकिलि सबै चुकाँई।।22।।

मन रे जागत रहिये भाई।
गाफिल होइ बसत मति खोवै, चोर मूसै घर जाई।।टेक।।
षट चक की कनक कोठड़ी, बस्त भाव है सोई।
ताला कूँजी कुलफ के लागे, उघड़त बार न होई।।
पंच पहरवा सोइ गये हैं, बसतै जागण लोगी।
करत बिचार मनहीं मन उपजी, नाँ कहीं गया न आया।
कहै कबीर संसा सब छूटा, राम रतन धन पाया।।23।।

चलन चलन सब को कहत है, नाँ जाँनौं बैकुंठ कहाँ है।।टेक।।
जोजन एक प्रमिति नहिं जानै, बातन ही बैकुंठ बषानै।
जब लग है बैकुंठ की आसा, तब लग नाहीं हरि चरन निवासा।।
कहें सुनें कैसें पतिअइये, जब लग तहाँ आप नहीं जइये।
कहै कबीर बहु कहिये काहि, साथ संगति बैकुंठहि आहि।।24।।

अपनें विचारि असवारी कीजै, सहज के पाइड़े पाव जब दीजे।।टेक।।
दै मुहरा लगाँम पहिराँऊँ, सिकली जीन गगन दौराऊँ।
चलि बैकुंठ तोहि लै तारों, थकहि त प्रेम ताजनैं मारूँ।।
जन कबीर ऐसा असवारा, बेद कतेब दहूँ थैं न्यारा।।25।।

अपनैं मैं रँगि आपनपो जानूँ, जिहि रँगि जाँनि ताही कूँ माँनूँ।।टेक।।
अभि अंतरि मन रंग समानाँ, लोग कहैं कबीर बौरानाँ।
रंग न चीन्हैं मुरखि लोई, जिह रँगि रंग रह्या सब कोई।।
जे रंग कबहूँ न आवै न जाई, कहै कबीर तिहिं रह्या समाई।।26।।

झगरा एक नवेरो राम, जें तुम्ह अपने जन सूँ काँम।।टेक।।
ब्रह्म बड़ा कि जिनि रू उपाया, बेद बड़ा कि जहाँ थैं आया।
यह मन बड़ा कि जाहँ मन मानै, राम बड़ा कि रामहि जानै।
कहै कबीर हूँ खरा उदास, तीरथ बड़े कि हरि के दास।।27।।

दास रामहिं जानि है रे, और न जानै कोइ।।टेक।।
काजल दइ सबै कोई, चषि चाहन माँहि बिनाँन।
जिनि लोइनि मन मोहिया, ते लोइन परबाँन।।
बहुत भगति भौसागरा, नानाँ विधि नाँनाँ भाव।
जिहि हिरदै श्रीहरि, भेटिया, सो भेद कहूँ कहूँ ठाउँ।।
तरसन सँमि का कीजिये, जौ गुनहिं होत समाँन।
सींधव नीर कबीर मिल्यौ है, फटक न मिल पखाँन।।28।।

कैसे होइगा मिलावा हरि सनाँ, रे तू विषै विकार न तजि मनाँ।।टेक।।
रे तौ जोग जुगति जान्याँ नहीं, तैं गुर का सबद मान्याँ नाहीं।
गंदी देही देखि न फूलिये, संसार देखि न भूलिये।।
कहै कबीर राम मम बहु गुँनी, हरि भगति बिनाँ दुख फुनफुनी।।29।।

कासूँ कहिये सुनि रामा, तेरा मरम न जानै कोई जी।
दास बबेकी सब भले परि भेद न छानाँ होई जी।।टेक।।
ए सकल ब्रह्मड तैं पूरिया, अरू दूजा महि थान जी।
राम रसाइन रसिक है, अद्भुत गति बिस्तार जी।।
भ्रम निसा जो गत करे, ताहि सूझै संसार जी।।
सिव सनकादिक नारदा, ब्रह्म लिया निज बास जी।
कहै कबीर पद पंक्यजा, अष नेड़ा चरण निवास जी।।30।।

मैं डोरै डारे जाऊँगा, तौ मैं बहुरि न भौजलि आऊँगा।।टेक।।
सूत बहुत कुछ थोरा, ताथै, लाइ ले कंथा डोरा।
कंथा डोरा लागा, तथ जुरा मरण भौ भागा।।
जहाँ सूत कपास न पूनी, तहाँ बसै इक मूनी।
उस मूनीं सूँ चित लाऊँगा, तो मैं बहुरि न भौजलि आऊँगा।।
मेरे डंड इक छाजा, तहाँ बसै इक राजा।
तिस राजा सूँ चित लाऊँगा, तो मैं बहुरि न भौजलि आऊँगा।।
जहाँ बहु हीरा धन मोती, तहाँ तत लाइ लै जोती।
तिस जोतिहिं जोति मिलाँऊँगा, तो मैं बहुरि न भौजलि आँऊँगा।।

जहाँ ऊगै सूर न चंदा, तहाँ देख्या एक अनंदा।
उस आनँद सूँ लौ लाऊँगा, तो मैं बहुरि न भौजलि आँऊँगा।।
मूल बंध इक पावा, तहाँ सिध गणेश्वर रावाँ।
तिस मूलहिं मूल मिलाऊँगा, तौ मैं बहुरि न भौजलि आँऊँगा।।
कबीरा तालिब तेरा, जहाँ गोपत हरी गुर मोरा।
तहाँ हेत हरि चित लाऊँगा, तो मैं बहुरि न भौजलि आऊँगा।।31।।

संतौ धागा टूटा गगन बिनसि गया, सबद जु कहाँ समाई।
ए संसा मोहि निस दिन व्यापै, कोई न कहै समझाई।।टेक।।
नहीं ब्रह्मंड पुँनि नाँही, पंचतत भी नाहीं।
इला प्यंगुला सुखमन नाँही, ए गुण कहाँ समाहीं।
नहीं ग्रिह द्वार कछू नहीं, तहियाँ रचनहार पुनि नाँहीं।
जीवनहार अतीत सदा संगि, ये गुण तहाँ समाँहीं।।
तूटै बँधै बँधै पुनि तूटै, तब तब होइ बिनासा।
तब को ठाकुर अब को सेवग, को काकै बिसवासा।।
कहै कबीर यहु गगन न बिनसै, जौ धागा उनमाँनाँ।
सीखें सुने पढ़ें का होई, जौ नहीं पदहि समाँना।।32।।

ता मन कौं खोजहु रे भाई, तन छूटे मन कहाँ समाई।।टेक।।
सनक सनंदन जै देवनाँमी भगति करी मन उनहुँ न जानीं।
सिव विरंचि नारद मुनि ग्यानी, यन का गति उनहूँ नहीं जानीं।।
धू प्रहिलाद बभीषन सेषा, तन भीतर मन उनहुँ न देषा।
ता मन का कोइ जानै भेव, रंचक लीन भया सुषदेव।।
गोरष भरथरी गोपीचंदा, ता मन सौं मिलि करै अनंदा।
अकल निरंजन सकल सरीरा, ता मन सौं मिलि रहा कबीरा।।33।।

भाई रे बिरले दोसत कबीरा के, यहु तत बार बार काँसों कहिए।
भानण घड़ण सँवारण संम्रथ, ज्यूँ राषै त्यूँ रहिये।।टेक।
आलम दुनों सबै फिरि खोजी, हरि बिन सकल अयानाँ।
छह दरसन छ्यानबै पाषंड, आकुल किनहुँ न जानाँ।।
जप तप संजम पूजा अरचा, जोतिग जग बीरानाँ।
कागद लिखि लिखि जगत भुलानाँ, मनहीं मन न समानाँ।।
कहै कबीर जोगी अरु, जंगम ए सब झूठी आसा।
गुर प्रसादि रटौ चात्रिग ज्यूँ, निहचैं भगति निवासा।।34।।

कितेक सिव संकर गए ऊठि, राम समाधि अजहूँ नहिं छूटि।।टेक।।
प्रलै काल कहुँ कितेक भाष, गये इंद्र से अगणित लाष।
ब्रह्मा खोजि परयो गहि नाल, कहै कबीर वै राम निराल।।35।।

अच्यंत च्यंत ए माधौ, सो सब माँहिं समानाँ।
ताह छाड़ि जे आँन भजत हैं, ते सब भ्रंमि भुलाँनाँ।।टेक।।
ईस कहै मैं ध्यान न जानूँ, दुरलभ निज पद मोहीं।
रंचक करुणाँ कारणि केसो, नाम धरण कौं तोहीं।।
कहौ धौं सबद कहाँ थै आवै, अरु फिर कहाँ समाई।
सबद अतीत का मरम न जानै, भ्रंमि भूली दुनियाई।।
प्यंड मुकति कहाँ ले कीजै, जो पद मुकति न होई।
प्यंडै मुकति कहत हैं मुनि जन, सबद अतीत था सोई।।
प्रगट गुपत गुपत पुनि प्रगट, सो कत रहै लुकाई।
कबीर परमानंद मनाये, अथक कथ्यौ नहीं जाई।।36।।

सो कछू बिचारहु पंडित लोई, जाकै रूप न रेष बरण नहीं कोई।।टेक।।
उपजै प्यंड प्रान कहाँ थैं आवै, मूवा जीव जाइ कहाँ समावै।
इंद्री कहाँ करिहि विश्रामा, सो कत गया जो कहता रामा।
पंचतत तहाँ सबद न स्वादं, अलख निरंजन विद्या न बादं।
कहै कबीर मन मनहि समानाँ, तब आगम निगम झूठ करि जानाँ।।37।।

जौं पैं बीज रूप भगवाना, तौ पंडित का कथिसि गियाना।।टेक।।
नहीं तन नहीं मन नहीं अहंकारा, नहीं सत रज तम तीनि प्रकारा।।
विष अमृत फल फले अनेक, बेद रु बोधक हैं तरु एक।
कहै कबीर इहै मन माना, कहिधूँ छूट कवन उरझाना।।38।।

पाँडे कौन कुमति तोहि लागी, तूँ राम न जपहि अभागी।।टेक।।
वेद पुरान पढ़त अस पाँडे, खर चंदन जैसैं भारा।
राम नाम तत समझत नाँहीं, अंति पड़ै मुखि छारा।।
बेद पढ्याँ का यहु फल पाँडे, सब घटि देखैं रामा।
जन्म मरन थैं तौ तूँ छूटै, सुफल हूँहि सब काँमाँ।।
जीव बधत अरु धरम कहत हौ, अधरम कहाँ है भाई।
आपन तौ मुनिजन ह्वै बैठे, का सनि कहौं कसाई।।

नारद कहै ब्यास व्यास यौं भाषैं, सुखदेव पूछौ जाई।
कहै कबीर कुमति तब छूटै, जे रहौ राम ल्यौ लाई।।39।।

पंडित बाद बदंते झूठा।
राम कह्याँ दुनियाँ गति पावै, षाँड कह्याँ मुख मीठा।।टेक।।
पावक कह्याँ मूष जे दाझैं, जल कहि त्रिषा बुझाई।
भोजन कह्याँ भूष जे भाजै, तौ सब कोई तिरि जाई।।
नर कै साथि सूवा हरि बोलै, हरि परताप न जानैं।
जो कबहूँ उड़ि जाइ जंगल में, बहुरि न सुरतै आनै।।
साची प्रीति विषै माया सूँ, हरि भगतनि सूँ हासी।
कहै कबीर प्रेम नहीं उपज्यौ, बाँध्यौ जमपुरि जासी।।40।।

जौ पै करता बरण बिचारै, तौ जनमत तीनि डाँड़ि किन सारै।।टेक।।
उतपति ब्यंद कहाँ थैं आया, जो धरी अरु लागी माया।
नहीं को ऊँचा नहीं को नीचा, जाका प्यंड ताही का सींचा।
जे तूँ बाँभन बभनी जाया, तो आँन बाँट ह्वै काहे न आया।
जे तूँ तुरक तुरकनी जाया, तो भीतरि खतनाँ क्यूँ न कराया।
कहै कबीर मधिम नहीं कोई, सौ मधिम जा मुखि राम न होई।।41।।

कथता बकता सुनता सोई, आप बिचारै सो ग्यानी होई।।टेक।।
जैसे अगनि पवन का मेला, चंचल बुधि का खेला।
नव दरवाजे दसूँ दुबार, बूझि रे ग्यानी ग्यान विचार।।
देहौ माटी बोलै पवनाँ, बूझि रे ज्ञानी मूवा स कौनाँ।
मुई सुरति बाद अहंकार, वह न मूवा जो बोलणहार।।

---

(41) ख प्रति में इसके आगे यह पद है—
काहे कौ कीजै पाँडे छोति बिचारा।
छोतिहीं तै उपना सब संसारा।।टेक।।
हमारे कैसे लोहू तुम्हारै कैसे दूध
तुम्ह कैसे बाँह्मण पाँडे हम कैसे सूद।।
छोति छोति करता तुम्हहीं जाए।
तौ ग्रभवास काहें कौं आए।।
जनमत छोत मरत ही छोति।
कहै कबीर हरि की बिमल जोति।।42।।

जिस कारनि तटि तीरथि जाँहीं, रतन पदारथ घटहीं माहीं।
पढ़ि पढ़ि पंडित बेद बषाँणै, भीतरि हूती बसत न जाँणै।।
हूँ न मूवा मेरी मुई बलाइ, सो न मुवा जौ रह्या समाइ।
कहै कबीर गुरु ब्रह्म दिखाया, मरता जाता नजरि न आया।।42।।

हम न मरैं मरिहैं संसारा, हँम कूँ मिल्या जियावनहारा।।टेक।।
अब न मरौं मरनै मन माँना, ते मूए जिनि राम न जाँना।
साकत मरै संत जन जीवै, भरि भरि राम रसाइन पीवै।।
हरि मरिहैं तौ हमहूँ मरिहैं, हरि न मरै हँम काहे कूँ मरिहैं।
कहै कबीर मन मनहि मिलावा, अमर भये सुख सागर पावा।।43।।

कौन मरै कौन जनमै आई, सरग नरग कौने गति पाई।।टेक।।
पंचतत अतिगत थैं उतपनाँ, एकै किया निवासा।
बिछूरे तत फिरि सहज समाँनाँ, रेख रही नहीं आसा।।
जल मैं कुंभ कुंभ मैं जल है, बाहरि भीतरि पानी।
फूटा कुंभ जल जलहिं समानाँ, यह तत कथौ गियानी।।
आदै गगनाँ अंतै गगना, मधे गगनाँ माई।
कहै कबीर करम किस लागै, झूठी संक उपाई।।44।।

कौन मरै कहू पंडित जनाँ, सो समझाइ कहौ हम सनाँ।।टेक।।
माटी माटी रही समाइ, पवनै पवन लिया सँग लाइ।
कहै कबीर सुनि पंडित गुनी, रूप मूवा सब देखै दुनीं।।45।।

जे को मरै मरन है मीठा, गुरु प्रसादि जिनहीं मरि दीठा।।टेक।।
मुवा करता मुई ज करनी, मुई नारि सुरति बहु धरनी।
मूवा आपा मूवा माँन, परपंच लेइ मूवा अभिमाँन।।
राम रमे रमि जे जन मूवा, कहै कबीर अविनासी हुआ।।46।।

जस तूँ तस तोहि कोइ न जान, लोग कहै सब आनहिं आँन।।टेक।।
चारि बेद चहुँ मत का बिचार, इहि भ्रँमि भूलि पर्‌यो संसार।
सुरति सुमृति दोइ कौ बिसवास, बाझि पर्‌यौ सब आसा पास।।
ब्रह्मादिक सनकादिक सुर नर, मैं बपुरो धूँका मैं का कर।
जिहि तुम्ह तारौ सोई पै तिरई, कहै कबीर नाँतर बाँध्यौ मरई।।47।।

लोका तुम्ह ज कहत हौ नंद कौ, नंदन नंद कहौ धुं काकौ रे।
धरनि अकास दोऊ नहीं होते, तब यहु नंद कहाँ थौ रे।।टेक।।
जाँमैं मरै न सँकुटि आवै, नाँव निरंजन जाकौ रे।
अबिनासी उपजै नहिं बिनसै, संत सुजस कहैं ताको रे।।
लष चौरासी जीव जंत मैं, भ्रमत नंदी थाकी रे।
दास कबीर कौ ठाकुर ऐसो, भगति करौ हरि ताकौ रे।।48।।

निरगुण राँम जपहु रे भाई, अबिगति की गति लखी न जाई।।टेक।।
चारि बेद जाकै सुमृत पुराँनाँ, नौ ब्याकरनाँ मरम न जाँनाँ।।
चारि बेद जाकै गरड समाँनाँ, चरन कवल कँवला नहीं जाँनाँ।।
कहै कबीर जाकै भेदै नाँहीं, निज जन बैठे हरि की छाहीं।।49।।

मैं सबनि मैं औरनि मैं हूँ सब।
मेरी बिलगी बिलगि बिलगाई हो,
कोई कहो कबीर कहो राँम राई हो।।टेक।।
नाँ हम बार बूढ़ नाही, हम ना हमरै चिलकाई हो।
पठए न जाऊँ अरवा नहीं आऊँ, सहजि रहूँ हरिआई हो।।
वोढन हमरे एक पछेवरा, लोक बोलै इकताई हो।।
जुलहे तनि बुनि पाँनि न पावल, फार बुनि दस ठाँई हो।।
त्रिगुंण रहित फल रमि हम राखल, तब हमारौ नाँउ राँम राई हो।।
जग मैं देखौं जग न देखै मोहि, इहि कबीर कछु पाई हो।।50।।

लोका जानि न भूलौ भाई।
खालिक खलक खलक मैं खालिक , सब घट रह्यौ समाई।।टेक।।
अला एकै नूर उपनाया, ताकी कैसी निंदा।
ता नूर थै सब जग कीया, कौन भला कौन मंदा।।
ता अला की गति नहीं जाँनी, गुरि गुड़ दीया मीठा।।
कहै कबीर मैं पूरा पाया, सब घटि साहिब दीठा।।51।।

राँम मोहि तारि कहाँ लै जैहो।
सो बैकुंठ कहौ धूं कैसा, करि पसाव मोहि दैहो।।टेक।।
जे मेरे जीव दोइ जाँनत हौ, तौ मोहि मुकति बताओ।
एकमेक रमि रह्या सबनि मैं, तो काहे भरमावौ।।
तारण तिरण जबै लग कहिये, तब लग तत न जाँनाँ।
एक राँम देख्या सबहिन मैं, कहै कबीर मन माँनाँ।।52।।

---

(50) ख-ना हम बार बूढ़ पुनि नाँही।

सोहं हंसा एक समान, काया के गुंण आँनही आन।।टेक।।
माटी एक सकल संसारा, बहुबिधि भाँडे घड़ै कुँभारा।
पंच बरन दस दुहिये गाइ, एक दूध देखौ पतिआइ।
कहै कबीर संसा करि दूरि, त्रिभवननाथ रह्या भरपूर।।53।।

प्यारे राँम मनहीं मनाँ। कासूँ कहूँ कहन कौं नाहीं, दूसरा और जनाँ।।टेक।।
ज्यूँ दरपन प्रतिब्यंब देखिये, आप दवासूँ सोई।
संसौ मिट्यौ एक कौ एकै, महा प्रलै जब होई।।
जौ रिझाऊँ तौ महा कठिन है, बिन रिझायैं थैं सब खोटी।
कहै कबीर तरक दोइ साधै, ताकी मति है मोटी।।54।।

हँम तौ एक एक करि जाँनाँ।
दोइ कहै तिनही कौं दोजग, जिन नाँहिन पहिचाँनाँ।।टेक।।
एकै पवन एक ही पानी, एक जोति संसारा।
एक ही खाक घड़े सब भाँड़े, एक ही सिरजनहारा।।
जैसे बाढ़ी काष्ट ही काटै, अगिनि न काटै कोई।।
सब घटि अंतरि तूँहीं व्यापक, धरै सरूपै सोई।।
माया मोहे अर्थ देखि करि, काहै कूँ गरबाँनाँ।।
निरभै भया कछू नाहीं ब्यापै, कहै कबीर दिवाँनाँ।।55।।

अरे भाई दोइ कहा सो मोहि बतायौ, बिचिही भरम का भेद लगावौ।।टेक।।
जोनि उपाइ रची द्वै धरनीं, दीन एक बीच भई करनी।
राँम रहीम जपत सुधि गई, उनि माला उनि तसबी लई।।
कहै कबीर चेतहु रे भौंदू, बोलनहारा तुरक न हिंदू।।56।।

ऐसा भेद बिगूचन भारी। बेद कतेब दीन अरु दुनियाँ, कौन पुरिष कौन नारी।।टेक।।
एक बूंद एकै मल मूतर, एक चाँम एक चाँम एक गूदा।
एक जोति थैं सब उतपनाँ, कौन बाँम्हन कौन सूदा।।
माटी का प्यंड सहजि उतपनाँ, नाद रु ब्यंद समाँनाँ।
बिनसि गयाँ थै का नाँव धरिहौ, पढ़ि गुनि हरि भ्रँन जाँना।।
रज गुन ब्रह्मा तम गुन संकर, सत गुन हरि है सोई।
कहै कबीर एक राँम जपहु रे, हिंदू तुरक न कोई।।57।।

हँमारै राँम रहीम करीमा केसो, अलाह राँम सति सोई।
बिसमिल मेटि बिसंभर एकै, और न दूजा कोई।।टेक।।
इनके काजी मूलाँ पीर पैकंबर, रोजा पछिम निवाजा।

इनकै पूरब दिसा देव दिज पूजा, ग्यारसि गंग दिवाजा।।
तुरक मसीति देहुरै हिंदू, दहूँठा राँम खुदाई।
जहाँ मसीति देहुरा नाहीं, तहाँ काकी ठकुराई।।
हिंदू तुरक दोऊ रह तूटी, फूटी अरु कनराई।
अरघ उरथ दसहूँ दिस जित तित, पूरि रह्या राम राई।।
कहै कबीरा दास फकीरा, अपनी रहि चलि भाई।।
हिंदू तुरक का करता एकै, ता गति लखी न जाई।।58।।

काजी कौन कतेब बषांनै।
पढ़त पढ़त केते दिन बीते, गति एकै नहीं जानैं।।टेक।।
सकति से नेह पकरि करि सुंनति, बहु नबदूँ रे भाई।।
और षुदाई तुरक मोहिं करता, तौ आपै कटि किन जाई।।
हौं तौ तुरक किया करि सुंनति, औरति सौ का कहिये।
अरध सरीरी नारि न छूटै, आधा हिंदू रहिये।।
छाँड़ि कतेब राँम कहि काजी, खून करत हौ भारी।
पकरी टेक कबीर भगति की, काजी रहै झष मारी।।59।।

मुलाँ कहाँ पुकारै दूरि, राँम रहीम रह्या भरपूरि।।टेक।।
यहु तौ अलहु गूँगा नाँही, देखै खलक दुनी दिल माँही।।
हरि गुँन गाइ बंग मैं दीन्हाँ, काम क्रोध दोऊ बिसमल कीन्हाँ।।
कहै कबीर यह मुलना झूठा, राम रहीम सबनि मैं दीठा।।60।।

पढ़ि ले काजी बंग निवाजा, एक मसीति दसौं दरवाजा।।टेक।।
मन करि मका कबिला करि देही, बोलनहार जगत गुर येही।।
उहाँ न दोजग भिस्त मुकाँमाँ, इहाँ ही राँम इहाँ रहिमाँनाँ।।
बिसमल ताँमस भरम कै दूरी, पंचूँ भयि ज्यूँ होइ सबूरी।।
कहै कबीर मैं भया दीवाँनाँ, मनवाँ मुसि मुसि सहजि समानाँ।।61।।

मुलाँ कर ल्यौ न्याव खुदाई, इहि बिधि जीव का भरम न जाई।।टेक।।
सरजी आँनैं देह बिनासै, माटी बिसमल कींता।

---

(31) ख- मन करि मका कबिला कर देही।
राजी समझि राह गति येही।।

जोति सरूपी हाथि न आया, कहौ हलाल क्या कीता।।
बेद कतेब कहौ क्यूँ झूठा, झूठा जोनि बिचारै।
सब घटि एक एक करि जाँनैं, भौं दूजा करि मारै।।
कुकड़ी मारै बकरी मारै, हक हक हक करि बोलै।
सबै जीव साँई के प्यारे, उबरहुगै किस बोलै।।
दिल नहीं पाक पाक नहीं चीन्हाँ, उसदा षोजन जाँनाँ।
कहै कबीर भिसति छिटकाई दोजग ही मन माँनाँ।।62।।

या करीम बलि हिकमति तेरी।। खाक एक सूरति बहु तेरी।।टेक।।
अर्ध गगन में नीर जमाया, बहुत भाँति करि नूरनि पाया।।
अवलि आदम पीर मुलाँनाँ, तेरी सिफति करि भये दिवाँनाँ।।
कहै कबीर यहु हत बिचारा, या रब या रब यार हमाराँ।।63।।

काहे री नलिनी तूँ कुम्हिलाँनीं, तेरे ही नालि सरोवर पाँनी।।टेक।।
जल मैं उतपति जल में बास, जल में नलनी तोर निवास।।
ना तलि तपति न ऊपरि आगि, तोर हेतु कहु कासनि लागि।।
कहैं कबीर जे उदिक समान, ते नहीं मूए हँमरे जाँन।।64।।

इब तूँ हांस प्रभु में कुछ नाँहीं, पंडित पढ़ि अभिमाँन नसाँहीं।।टेक।।
मैं मैं मैं जब लग मैं कीन्हा, तब लग मैं करता नहीं चीन्हाँ।
कहै कबीर सुनहु नरनाहा, नाँ हम जीवत न मूँवाले माहाँ।।65।।

अब का डरौं डर डरहि समाँनाँ, जब थैं मोर तोर पहिचाँनाँ।।टेक।।
जब लग मोर तोर करि लीन्हां, भै भै जनमि जनमि दुख दीन्हा।।
अगम निगम एक करि जाँनाँ, ते मनवाँ मन माँहि समाना।।
जब लग ऊँच नीच करि जाँनाँ, तो पसुवा भूले भ्रँम नाँनाँ।
कहि कबीर मैं मेरी खोई, तबहि राँम अवर नहीं कोई।।66।।

बोलनाँ का कहिये रे माई, बोलत बोलत तत नसाई।।टेक।।
बोलत बोलत बढ़ै बिकारा, बिन बोल्याँ क्यूँ होइ बिचारा।।

---

(32) ख— उसका खोज न जाँनाँ।

संत मिलै कछु कहिये कहिये, मिलै असंत पुष्टि करि रहिये।।
ग्याँनी सूँ बोल्या हितकारी, मूरिख सूँ बोल्याँ झष मारी।।
कहै कबीर आधा घट डोलै, भर्‌या होइ तौ मुषाँ न बोलै।।67।।

बागड़ देस लूचन का घर है, तहाँ जिनि जाइ दाझन का डर है।।टेक।।
सब जग देखौं कोई न धीरा, परत धूरि सिरि कहत अबीरा।।
न तहाँ तरवर न तहाँ पाँणी, न तहाँ सतगुर साधू बाँणी।।
न तहाँ कोकिला न तहाँ सूवा, ऊँचे चढ़ि चढ़ि हंसा मूवा।।
देश मालवा गहर गंभीर, डग डग रोटी पग पग नीर।।
कहैं कबीर घरहीं मन मानाँ, गूँगै का गुड़ गूँगै जानाँ।।68।।

अवधू जोगी जग थैं न्यारा; मुद्रा निरति सुरति करि सींगी, नाद न षंडै धारा।।टेक।।
बसै गगन मैं दुनीं न देखै, चेतनि चौकी बैठा।
चढ़ि अकास आसण नहीं छाड़ै, पीवै महा रस मीठा।।
परगट कंथाँ माहैं जोगी, दिल मैं दरपन जीवै।
सहँस इकीस छ सै धागा, निहचल नाकै पीवै।।
ब्रह्म अगनि मैं काया जारै, त्रिकुटी संगम जागै।
कहै कबीर सोई जोगेश्वर, सहज सुंनि ल्यौ लागै।।69।।

अवधू गगन मंडल घर कीजै, अमृत झरै सदा सुख उपजै, बंक नालि रस पीजै।।टेक।।
मूल बाँधि सर गगन समाना, सुखमन यों तन लागी।
काम क्रोध दोऊ भया पलीता, तहँ जोनणीं जागी।।
मनवाँ जाइ दरीबै बैठा, गगन भया रसि लागा।
कहै कबीर जिय संसा नाँहीं, सबद अनाहद बागा।।70।।

कोई पीवै रे रस राम नाम का, जो पीवै सो जोगी रे।
संतौ सेवा करौ राम की, और न दूजा भोगी रे।।टेक।।
यहु रस तौ सब फीका भया, ब्रह्म अगनि परजारी रे।
ईश्वर गौरी पीवन लागे; राँम तनीं मतिवारी रे।।
चंद सूर दोइ भाठी कीन्ही, सुषमनि चिगवा लागी रे।
अंमृत कूँ पी साँचा पुरया, मेरी त्रिष्णाँ भागी रे।

---

(71) ख— चंद सूर दोइ किया पयाना।
उनमनि चढ्या महारस पीवै।

यहु रस पीवै गूँगा गहिला, ताकी कोई न बूझै सार रे।
कहै कबीरा महा रस महँगा, कोई पीवेगा पीवणहार रे।।71।।

अवधू मेरा मन मतिवारा, उन्मनि चढ़्या मगन रस पीवै त्रिभवन भया उजियारा।।टेक।।
गुड़ करि ग्यान ध्याँन कर महुवा, भव भाठी करि भारा।।
सुषमन नारी सहजि समानी, पीयै पीवनहारा।।
दोइ पुड़ जोड़ि चिगाई भाठी, चुया महा रस भारी।।
काम क्रोध दोइ किया पलीता, छुटि गई संसारी।।
सुंनि मंडल मैं मँदला बाजै, तहाँ मेरा मन नाचै।
गुर प्रसादि अमृत फल पाया, सहजि सुषमनाँ काछै।।
पूरा मिल्या तबैं सुख उपज्यौ, तन की तपनि बुझानी।
कहै कबीर भवबंधन छूटै, जोतिहिं जोति समानी।।72।।

छाकि पर्‌यो आतम मतिवारा, पीवत राँम रस करत बिचारा।।टेक।।
बहुत मोलि महँगे गुड़ पावा, लै कसाब रस राँम चुवावा।।
तन पाटन मैं कीन्ह पसारा, माँगि माँगि रस पीवै बिचारा।।
कहै कबीर फाबी मतिवारी, पीवत राम रस लगी खुमारी।।73।।

बोलौ भाई राम की दुहाई,
इहि रसि सिव सनकादिक माते, पीवत अजहूँ न अघाई।।टेक।।
इला प्यंगुला भाठी कीन्हीं, ब्रह्म अगनि परजारी।
ससि हरसूर द्वार दस मूँदे, लागी जोग जुग तारी।।
मन मतिवाला पीवै राँम रस, दूजा कछू न सुहाई।
उलटी गंग नीर बहि आया, अमृत धार चुवाई।।
पंच जने सो सँग करि लीन्हें, चलत खुमारी लागी।
प्रेम पियालै पीवन लागे, सोवत नागिनी जागी।।
सहज सुनि मैं जिनि रस चाष्या, सतगुर थैं सुधि पाई।।
दास कबीर इही रसि माता, कबहुँ उछकि न जाई।।74।।

राम रस पाईया रे, ताथैं बिसरि गये रस और।।टेक।।
रे मन तेरा को नहीं, खैंचि लेइ जिनि भार।

---

(72) ख— पूरा मिल्या तबै सुष उपनाँ।।

बिरषि बसेरा पंषि का, ऐसा माया जाल।।
और मरत का रोइए, जो आपा थिर न रहाइ।
जो उपज्या सो बिन सिहै, ताथैं दुख करि मरै बलाइ।
जहाँ उपज्या तहाँ फिरि रच्या रे, पीवत मरदन लाग।।
कहै कबीर चित चेतिया, ताथैं राम सुमरि बैराग।।75।।

राम चरन मनि भाए रे।
अस ढरि जाहु राम के करहा, प्रेम प्रीतिल्यौ लाये रे।।टेक।।
आँब चढ़ी अँबली रे अँबली बबूर चढ़ी नगबेली रे।
द्वै रथ चढ़ि गयौ राँड कौ करहा, मन पाटी की सैली रे।।
कंकर कूई पतालि पनियाँ, सूनै बूँद बिकाई रे।
बजर परौ इति मथुरा नगरी, काँन्ह पियासा जाई रे।
एक दहिड़िया दही जमायौ, दुसरी परि गई साई रे।।
न्यूँति जिमाऊ अपनौ करहा, छार मुनिस कौ डारी रे।
इहि बँनि बाजै मदन भेरि रे, उहि बँनि बाजे तूरा रे।
इहि बँनि खेले राही रुकमनि, उहिं बनि कान्ह अहीरा रे।
आसि पासि तुरसी कौ बिरवा, माँहि द्वारिका गाँऊ रे।
तहाँ मेरो ठाकुर राम राइ है, भगत कबीरा नाऊँ रे।।76।।

थिर न रहै चित थिर न रहै, च्यंतामणि तुम्ह कारणि हो।
मन मैले मैं फिर फिर आहौं, तुम सुनहु न दुख बिसरावन हो।।टेक।।
प्रेम खटोलवा कसि कसि बाँध्यो, बिरह बान तिहि लागू हो।
तिहि चढ़ि इँदऊ करत गवँसिया, अंतर जमवा जागू हो।।
महरु मछा मारि न जाँनै, गहरै पैठा धाई हो।
दिन इक मगरमछ लै खैहै, तब को रखिहै बंधन भाई हो।
महरू नाम हरिइये जाँनै, सबब न बूझै बौरा हो।
चारै लाइ सकल जग खायो, तऊ न भेट निसहरा हो।।
जो महराज चाहौ महरईये, तो नाथौ ए मन बौरा हो।
तारी लाइकैं सिष्टि बिचारौ, तब गहि भेटि निसहुरा हो।।
टिकुटि भइ काँन्ह के कारणि, भ्रमि भ्रमि तीरथ कीन्हाँ हो।
सो पद देहु मोरि मदन मनोहर, जिहि पदि हरि मैं चीन्हाँ हो।।
दास कबीर कीन्ह अस गहरा, बूझै कोई महरा हो।
यह संसार जात मैं देखौं, ठाढ़ौ रहौ कि निहुरा हो।।77।।

बीनती एक राम सुनि थोरी, अब न बचाइ राखि पति मोरी।।टेक।।
जैसें मंदला तुमहि बजावा, तैसैं नाचत मैं दुख पावा।।
जे मसि लागी सबै छुड़ावौ, अब मोहिं जनि बहु रूप कछावौ।।
कहैं कबीर मेरी नाच उठावौ, तुम्हारे चरन कवल दिखलावो।।78।।

मन थिर रहै न घर ह्वै मेरा, इन मन घर जारे बहुतेरा।।टेक।।
घर तजि बन बाहरि कियौ बास, घर बन देखौं दोऊ निरास।।
जहाँ जाँऊँ तहाँ सोग संताप, जुरा मरण कौ अधिक बियाप।।
कहै कबीर चरन तोहि बंदा, घर मैं घर दे परमानंदा।।79।।

कैसे नगरि करौं कुटवारी, चंचल पुरिष बिचषन नारी।।टेक।।
बैल बियाइ गाइ भई बाँझ, बछरा दूहै तीन्यूँ साँझ।।
मकड़ी धरि माषी छछि हारी, मास पसारि चीन्ह रखवारी।।
मूसा खेवट नाव बिलइया, मीडक सोवै साप पहरइया।।
निति उठि स्याल स्यंघ सूँ झूझै, कहै कबीर कोई बिरला बूझै।।80।।

माई रे चूँन बिलूँटा खाई, वाघनि संगि भई सबहिन कै, खसम न भेद लहाई।।टेक।।
सब घर फोरि बिलूँटा खायौ, कोई न जानैं भेव।
खसम निपूतौ आँगणि सूतौ, राँड न देई लेव।।
पाडोसनि पनि भई बिराँनी, माँहि हुई घर घालै।
पंच सखी मिलि मंगल गाँवैं, यह दुख याकौं सालै।।
द्वै द्वै दीपक घरि घरि जोवा, मंदिर सादा अँधारा।
घर घेहर सब आप सवारथ, न हरि किया पसारा।।
होत उजाड़ सबै कोई जानै, सब काहू मनि भावै।
कहै कबीर मिलै जौ सतगुर, तौ यहु चून छुड़ावै।।81।।

विषिया अजहू सुख आसा, हूँण न देइ हरि के चरन निवासा।।टेक।।
सुख माँगै दुख पहली आवै, तातै सुख माँग्याँ नही भावै।।
जा सुख थैं सिव बिरंचि डराँनाँ, सो मुख हमहु साच करि जाना।
सुखि छ्या ड्या तब सब दुख भागा, गुर के सबद मेरा मन लागा।।
निस बासुरि विषैतनाँ उपगार, विषई नरकि न जाताँ बार।
कहैं कबीर चंचल मति त्यागी, तब केवल राम नाम त्यौं लागी।।82।।

---

(81) ख— खसम न भेद लषाई।
(82) ख— हौन देई न हरि के चरन निवास।।

तुम्ह गारडू मैं विष का माता, कहै न जिवावौ मेरे अमृतदाता।।टेक।।
संसार भवंगम डसिले काया, अरु दुखदारन व्यापै तेरी माया।।
सापनि क पिटारै जागे, अह निसी रोवै ताकूँ फिरि फिरि लागैं।
कहै कबीर को को नहीं राखे, राम रसाँइन जिनि जिनि चाखे।।83।।

माया तजूँ तजी नहीं जाइ, फिर फिर माया मोहि लपटाइ।।टेक।।
माया आदर माया मान, माया नहीं तहाँ ब्रह्म गियाँन।।
माया रस माया कर जाँन, माया कारनि ततै परान।।
माया जप तप माया जोग, माया बाँधे सबही लोग।।
माया जल थलि माया आकासि, माया ब्यापि रही चहुँ पासि।।
माया माता माया पिता, असि माया अस्तरी सुता।।
माया मारि करै व्यौहार, कहैं कबीर मेरे राम अधार।।84।।

ग्रिह जिनि जाँनी रूड़ौ रे।
कंचन कलस उठाइ लै मंदिर, राम कहै बिन धूरौ रे।।टेक।।
इन ग्रिह मन डहके सबहिन के, काहू कौ पर्‌यो न पूरौ रे।।
राजा राणाँ राव छत्रपति, जरि भये भसम कौं कूरौ रे।।
सबथैं नीकौ संत मँडलिया, हरि भगतनि कौं भेरौ रे।।
गोविंद के गुन बैठे गैहैं, खैहैं टूकौ टेरौ रे।।
ऐसौं जानि जाँपौं जगजीवन, जग सूँ तिनका तोरौं रे।।
कहै कबीर राम भजबे कौं, एक आध कोई सूरौ रे।।85।।

रजसि मीन देखी बहु पानी, काल जाल की खबरि न जानी।।टेक।।
गारै गरबनौ औघट घाट, सो जल छाड़ि बिकानौं हाट।।
बँध्यो न जानैं जल उदमादि, कहै कबीर सब मोहे स्वादि।।86।।

काहे रे मन दह दिस धावै, विषिया संगि संतोष न पावै।।टेक।।
जहाँ जहाँ कलपैं तहाँ बंधना, तरन कौ थाल कियौं तैं रधनाँ।।
जौ पै सुख पइयत इन माँही, तौ राज छाड़ि कत बन कौ जाँहीं।।
आनँद सहत तजौ विष नारी, अब क्या झीषै पतित भिषारी।।
कहै कबीर यहु सुख दिन चारि, तजि विषिया भजि चरन मुरारि।।87।।

जियरा जाहि गौ मैं जाँनाँ, जो देखा सो बहुरि न पेष्या माटी सूँ लपटाँनाँ।।टेक।।
बाक्ल बसतर किया पहरिबा, का तप बनखंडि बासा।।
कहा मूगध रे पाँहन पूजै, काजल डारै गाता।।
कहै कबीर सुर मुनि उपदेसा, लोका पंथि लगाई।।
सुनौ संतौ सुमिरौ भगत जन, हरि बिन जनम गवाई।।88।।

हरि ठग जग कौ ठगौरी लाई, हरि कै वियोग कैसे जीऊँ मेरी माई।।टेक।।
कौन पूरिष कौ काकी नारी, अभिअंतरि तुम्ह लेहु बिचारी।।
कौन पूत को काको बाप, कौन मरैं कौन करै संताप।।
कहै कबीर ठग सौं मन माना, गई ठगौरी ठग पहिचाना।।89।।

साईं मेरे साजि दई एक डोली, हस्त लोक अरु मैं तैं बोली।।टेक।।
हक झंझर सम सूत खटोला, त्रिस्ना बाद चहुँ दिसि डोला।।
पाँच कहार का भरम न जाना, एकै कह्या एक नहीं माना।।
भूमर धाम उहार न छावा, नैहर जात बहुत दुख पावा।।
कहै कबीर बन बहु दुख सहिये, राम प्रीति करि संगही रहिये।।90।।

बिनसि जाइ कागद की गुड़िया, जब लग पवन तबै लग उड़िया।।टेक।।
गुड़िया कौ सबद अनाहद बोलै, खसम लियै कर डोरी डोलै।
पवन थक्यो गुड़िया ठहरानी, सीस धनै धुनि रोवै प्राँनी।
कहै कबीर भजि साराँगपानी, नाहीं तर ह्वैहै खैंचा तानी।।91।।

मन रे तन कागद का पुतला।
लागै बूँद बिनसि जाइ छिन में, गरब कर क्या इतना।।टेक।।
माटी खोदहिं भीत उसारैं, अंध कहै घर मेरा।
आवै तलब बाँधि लै चालैं, बहुरि न करिहै फेरा।।
खोट कपट करि यहु धन जोर्‌या, लै धरती मैं गाड्यौ।।
रोक्यो घटि साँस नहीं निकसै, ठौर ठौर सब छाड्यौ।।
कहै कबीर नट नाटिक थाके, मदला कौन बजावै।।
गये पषनियाँ उझरी बाजी, को काहू कै आवै।।92।।

(90) कहै कबीर बहुत दुख सहिए।।

झूठे तन कौ कहा रखइये, मरिये तौ पल भरि रहण न पइये।।टेक।।
षीर षाँढ़ घृत प्यंउ सँवारा, प्राँन गये ले बाहरि जारा।।
चोवा चंदन चरनत अंगा, सो तन जरै काठ के संगा।।
दास कबीर यहु कीन्ह बिचारा, इक दिन ह्वैहै हाल हमारा।।93।।

देखहु यह तन जरता है, घड़ी पहर बिलँबौ रे भाई जरता है।।टेक।।
कहै कौ एता किया पसारा, यह तन जरि करि ह्वैहै छारा।।
नव तन द्वादस लागा आगि, मुगध न चेतै नख सिख जागी।।
काम क्रोध घट भरे बिकारा, आपहिं आप जरै संसारा।।
कहै कबीर हम मृतक समाँनाँ, राम नाम छूटै अभिमाना।।94।।

तन राखनहारा को नाहीं, तुम्ह सोच विचारि देखौ मन माँही।।टेक।।
जोर कुटुंब आपनौ करि पार्यो, मुंड ठोकि ले बाहरि जार्यौ।।
दगाबाज लूटैं अरु रोवै, जारि गाडि पुर षोजहिं षोवै।।
कहत कबीर सुनहुँ रे लोई, हरि बिन राखनहार न कोई।।95।।

अब क्या सोचै आइ बनी, सिर पर साहिब राम धनी।।टेक।।
दिन दिन पाप बहुत मैं कीन्हा, नहीं गोब्यंद की संक मनीं।।
लेट्यो भोमि बहुत पछितानी, लालचि लागौ करत धनीं।।
छूटी फौज आँनि गढ़ घेर्यौ, उड़ि गयौ गूडर छाड़ि तनीं।।
पकर्यौ हंस जम ले चाल्यौ, मंदिर रोवै नारि धनीं।।
कहै कबीर राम कित सुमिरत, चीन्हत नाहिन एक चिनी।।
जब जाइ आइ पड़ोसी घेर्यौ, छाँड़ि चल्यौ तजि पुरिष पनीं।।96।।

सुबटा डरपत रहु मेरे भाई, तोहि डर ई देत बिलाई।।
तीनि बार रूँधै इक दिन मैं, कबहुँ कै खता खवाई।।टेक।।
या मंजारी मुगध न माँनै, सब दुनियाँ डहकाई।।
राणाँ राव रंक कौ व्यापै, करि करि प्रीति सवाई।।
कहत कबीर सुनहुँ रे सुबटा, उबरै हरि सरनाई।।
लाषौ माँहि तै लेत अचानक, काह न देत दिखाई।।97।।

का माँगूँ कुछ थिर न रहाई, देखत नैन चल्या जग जाई।।टेक।।
इक लष पूत सवा लष नाती, ता रावन घरि दिया न बाती।।

लंका सी कोट समंद सी खाई, ता रावन का खबरि न पाई।।
आवत संग जात सँगाती, कहा भयौ दरि बाँधे हाथी।।
कहै कबीर अंत की बारी, हाथ झाड़ि जैसे चले जुवारी।।98।।

राम थोरे दिन को का धन करना, धंधा बहुत निहाइति मरना।।टेक।।
कोटि धज साह हस्ती बँध राजा, क्रिपन को धन कौनें काजा।।
धन कै गरबि राम नहीं जाना, नागा ह्वै जंम पै गुदराँनाँ।।
कहै कबीर चेतहु रे भाई, हंस गया कछु संगि न जाई।।99।।

काह कूँ माया दुख करि जोरी, हाथि चूँन गज पाँच पछेवरी।।टेक।।
नाँ को बँध न भाई साँथी, बाँधे रहे तुरंगम हाथी।।
मैड़ो महल बावड़ी छाजा, छाड़ि गये सब भूपति राजा।।
कहै कबीर राम ल्यौ लाई, धरी रही माया काहू खाई।।100।।

माया का रस षाण न पावा। तह लग जम बिलवा ह्वै धावा।।टेक।।
अनेक जतन करि गाड़ि दुराई, काहू साँची काहू खाई।।
तिल तिल करि यहु माया जोरी, चलति बेर तिणाँ ज्यूँ तासी।।
कहै कबीर हूँ ताँका दास, माया माँहैं रहै उदास।।101।।

मेरी मेरी दुनिया करते, मोह मछर तन धरते।।
आगै पीर मुकदम होते, वै भी गये यौं करते।।टेक।।
जिसकी ममा चचा पुनि किसका, किसका पंगड़ा जोई।।
यहु संसार बजार मंड्या है, जानैगा जग कोई।।
मैं परदेसी काहि पुकारौं, इहाँ नहीं को मेरा।।
यह संसार ढूँढ़ि सब देख्या, एक भरोसा तेरा।
खाँह हलाल हराँम निवारै, भिस्त भिस्त तिनहू कौं होई।।
पंच तत का भरम न जानै, दो जगि पड़िहै सोई।।
कुटंब कारणि पाप कमावै, तू जाँणै घर मेरा।।
ए सब मिले आप सवारथ, इहाँ नहीं को तेरा।।
सायर उतरौ पंथ सँवारौ, बुरा न किसी का करणाँ।।
कहै कबीर सुनहु रे संतौ, ज्वाब खसम कूँ भरणा।।102।।

---

(100) ख— मैडा महल अरु सोभित छाजा।
(102) ख— मेरी मेरी जब जग करता।।

रे यामै क्या मेरा क्या तेरा, लाज न मरहि कहत घर मेरा।।टेक।।
चारि पहर निस भोरा, जैसे तरवर पंखि बसेरा।।
जैसैं बनियें हाट पसारा, सब जग का सो सिरजनहारा।।
ये ले जारे वै ले गाडे, इनि दुखिइनि दोऊ घर छाड़े।।
कहठ कबीर सुनहु रे लोई, हम तुम्ह बिनसि रहैगा सोई।।103।।

नर जाँणै अमर मेरो काया, घर घर बात दुपहरी छाया।।टेक।।
मारग छाड़ि कुमारग जीवै, आपण मरैं और कूँ रोवै।।
कछू एक किया कछू एक करणा, मुगध न चेतै निहचै मरणाँ।।
ज्यूँ जल बूँद तैसा संसारा, उपजत बिनसत लागै न बारा।।
पंच पँषुरिया एक सरीरा, कृष्ण कवल दल भवर कबीरा।।104।।

मन रे अहरषि बाद न कीजै, अपनाँ सुकृत भरि भरि लीजै।।टेक।।
कुँभरा एक कमाई माटी, बहु बिधि जुगति बणाई।।
एकनि मैं मुक्ताहल मोती, एकनि ब्याधि लगाई।।
एकनि दीना पाट पटंबर, एकनि सेज निवारा।।
एकनि दोनों गरै कुदरी, एकनि सेज पयारा।।
साची रही सूँम की संपति, मुगध कहै यहु मेरी।।
अंत काल जब आइ पहुँचा, छिन में कीन्ह न बेरी।।
कहत कबीर सुनौ रे संतो, मेरी मेरी सब झूठी।।
चड़ा चौथा चूहड़ा ले गया तणी तणगती टूटी।।105।।

हड़ हड़ हड़ हड़ हसती है, दीवाँनपनाँ क्या करती है।
आड़ी तिरछी फिरती है, क्या च्यौं च्यौं म्यौं म्यौं करती है।।
क्या तूँ रंगी क्या तूँ चंगी, क्या सुख लौड़ै कीन्हाँ।।
मीर मुकदम सेर दिवाँनी, जंगल केर षजीना।
भूले भरमि कहा तुम्ह राते, क्या मदुमाते माया।।
राम रंगि सदा मतिवाले, काया होइ निकाया।।
कहत कबीर सुहाग सुंदरी, हरि भजि ह्वै निस्तारा।।
सारा षलक खराब किया है, माँनस कहा बिचारा।।106।।

---

(104) ख— मुगध न देखे।।

हरि के नाँइ गहर जिनि करऊँ। राम नाम चित मूखा न धरऊँ।।टेक।।
जैसे सती तजै संसार, ऐसै जियरा करम निवारा।।
राग दोष दहूँ मैं एक न भाषि, कदाचि ऊपजै चिता न राषि।।
भूले विसरय गहर जौ होई, कहै कबीर क्या करिहौ मोहि।।107।।

मन रे कागज कोर पराया, कहा भयौ ब्यौपार तुम्हारै, कल तर बढ़े सवाया।।टेक।।
बड़े बौहरे साँठी दीन्हौ कलतर काढ्यो खोटै।।
चार लाख अरु असी ठीक दे, जनम लिष्यो सब चोटै।।
अबकी बेर न कागद कीर्‌यौ, तौ धर्म राई सूँ तूटै।।
पूँजी बितड़ि बंदि ले दैहै, तब कहै कौन के छूटै।।
गुरुदेव ग्याँनी भयौ लगनियाँ, सुमिरन दीन्हौ हीरा।।
बड़ी निसरना नाव राम कौ, चढ़ि गयौ कीर कबीरा।।108।।

धागा ज्यूँ टूटै त्यूँ जोरि, तूटै तूटनि होयगी, नाँ ऊँ मिलै बहोरि।।टेक।।
उरझ्या सूत पाँन नहीं लागै, कूच फिरे सब लाई।
छिटकै पवन तार जब छूटै, तब मेरौ कहा बसाई।।
सुरझ्यौ सूत गुढ़ी सब भागी, पवन राखि मन धीरा।।
पचूँ भईया भये सनमुखा, तब यहु पान करीला।।
नाँन्हीं मैदा पीसि लई है, छाँणि लई द्वै बारा।।
कहै कबीर तेल जब मेल्या, बुतत न लागी बारा।।109।।

ऐसा औसरि बहुरि न आवै, राम मिलै पूरा जन पावै।।टेक।।
जनम अनेक गया अरु आया, की बेगारि न भाड़ा पाया।।
भेष अनेक एकधूँ कैसा, नाँनाँ रूप धरै नट जैसा।।
दाँन एक माँगों कवलाकंत, कबीर के दुख हरन अनंत।।110।।

हरि जननी मैं बालिक तेरा, काहे न औगुण बकसहु मेरा।।टेक।।
सुत अपराध करै दिन केते, जननी कै चित रहै न तेते।।
कर गहि केस करे जौ घाता, तऊ न हेत उतारै माता।।
कहैं कबीर एक बुधि बिचारी, बालक दुखी दुखी महतारी।।111।।

गोब्यंदे तुम्ह थैं डरपौं भारी, सरणाई आयौ क्यूँ गहिये, यहु कौन बात तुम्हारी।।टेक।।

धूप दाझतैं छाँह तकाई, मति तरवर सचपाऊँ।।
तरवर माँहै ज्वाला निकसै, तौ क्या लेई बुझाऊँ।।
जे बन जलैं त जल कुँ धावै, मति जल सीतल होई।।
जलही माँहि अगनि जे निकसै, और न दूजा कोई।।
तारण तिरण तिरण तूँ तारण, और न दूजा जानौं।।
कहै कबीर सरनाँई आयौ, अपनाँ देव नहीं मानौं।।112।।

मैं गुलाँम मोहि बेच गुसाँई, तन मन धन मेरा रामजी के ताँई।।टेक।।
आँनि कबीरा हाटि उतारा, सोई गाहक बेचनहारा।।
बेचै राम तो राखै कौन, राखै राम तो बेचै कौन।।
कहै कबीर मैं तन मन जान्या, साहब अपनाँ छिन न बिसार्‌या।।113।।

अब मोहि राम भरोसा तेरा,
जाके राम सरीखा साहिब भाई, सों क्यूँ अनत पुकारन जाई।
जा सिरि तीनि लोक कौ भारा, सो क्यूँ न करै जन को प्रतिपारा।।
कहै कबीर सेवौ बनवारी, सींचौं पेड़ पीवै सब डारी।।114।।

जियरा मेरा फिरै उदास, राम बिन निकसि न जाई साँस, अजहूँ कौन आस।।टेक।।
जहाँ जहाँ जाँऊँ राम मिलावै न कोई, कहौ संतौ कैसे जीवन होई।।
जरै सरीर यहु तन कोई न बुझावै, अनल देहै निस नींद न आवैं।।
चंदन घसि घसि अंग लगाऊँ, राम बिना दारुन दुख पाऊँ।
सतसंगति मति मनकरि धीरा, सहज जाँनि रामहि भजे कबीरा।।115।।

राम कहौ न अजहूँ केते दिना, जब ह्वै है प्राँन तुम्ह लीनाँ।।टेक।।
भौ भ्रमत अनेक जन्म गया, तुम्ह दरसन गोब्यंद छिन न भया।।
भ्रम्य भूलि पर्‌यो भव सागर, कछु न बसाइ बसोधरा।।
कहै कबीर दुखभंजना, करौ दया दुरत निकंदना।।116।।

हरि मेरा पीव भाई, हरि मेरा पीव, हरि बिन रहि न सकै मेरा जीव।।टेक।।
हरि मेरा पीव मैं हरि की बहुरिया, राम बड़े मैं छुटक लहुरिया।
किया स्यंगार मिलन कै ताँई, काहे न मिलौ राजा राम गुसाँई।।
अब की बेर मिलन जो पाँऊँ, कहै कबीर भौ जलि नही आँऊँ।।117।।

राम बान अन्ययाले तीर, जाहि लागे सो जाँने पीर।।टेक।।
तन मन खोजौं चोट न पाँऊँ, ओषद मूली कहाँ घसि लाँऊँ।।
एकही रूप दीसै सब नारी, नाँ जानौं को पियहि पियारी।।
कहै कबीर जा मस्तिक भाग, नाँ जानूँ काहु देइ सुहाग।।118।।

आस नहिं पूरिया रे, राम बिन को कर्म काटणहार।।टेक।।
जद सर जल परिपूरता, पात्रिग चितह उदास।
मेरी विषम कर्म गति ह्वै परा, ताथैं पियास पियास।।
सिध मिलै सुधि नाँ मिलै, मिलै मिलावै सोइ।।
सूर सिध जब भेटिये, तब दुख न ब्यापै कोइ।।
बौछैं जलि जैसैं मछिका, उदर न भरई नीर।।
त्यूँ तुम्ह कारनि केसवा, जन ताला बेली कबीर।।119।।

राम बिन तन की ताप न जाई, जल मैं अगनि उठी अधिकाई।।टेक।।
तुम्ह जलनिधि मैं जल कर मीनाँ, जल मैं रहौं जलहि बिन षीनाँ।
तुम्ह प्यंजरा मैं सुवनाँ तोरा, दरसन देहु भाग बड़ मोरा।।
तुम्ह सतगुर मैं नौतम चेला, कहै कबीर राम रमूं अकेला।।120।।

गोब्यंदा गुँण गाईये रे, ताथैं भाई पाईये परम निधान।।टेक।।
ऊंकारे जग ऊपजै, बिकारे जग जाइ।
अनहद बेन बजाइ करि, रह्यौं गगन मठ छाइ।।
झूठै जग डहकाइया रे, क्या जीवण की आस।
राम रसाँइण जिनि पीया, तिनकौं बहुरि न लागी रे पियास।।
अरघ षिन जीवन भला, भगवत भगति सहेत।
कोटि कलप जीवन ब्रिथा, नाँहिन हरि सूँ हेत।।
संपति देखि न हरषिये, बिपति देखि न रोइ।
ज्यूँ संपति त्यूँ बिपति है, करता करै सु होइ।।
सरग लोक न बाँछिये, डरिये न नरक निवास।
हूँणा थाँ सो ह्वै रह्या, मनहु न कीजै झूठी आस।।
क्या जप क्या तप संजमाँ, क्या तीरथ ब्रत स्नान।
जो पै जुगति न जाँनियै, भाव भगति भगवान।।

सँनि मंडल मैं सोचि लै, परम जोति परकास।।
तहूँवा रूप न रेष है, बिन फूलनि फूल्यौ रे आकास।।
कहै कबीर हरि गुण गाइ लै, सत संगति रिदा मँझारि।
जो सेवग सेवा करै, तो सँगि रमैं रे मुरारि।।121।।

मन रे हरि भजि हरि भजि हरि भज भाई।
जा दिन तेरो कोई नाँही, ता दिन राम सहाई।।टेक।।
तंत न जानूँ मंत न जानूँ , जानूँ सुंदर काया।
मीर मलिक छत्रपति राजा, ते भी खाये माया।।
बेद न जानूँ, भेद न जानूँ, जानू एकहि रामाँ।।
पंडित दिसि पछिवारा कीन्हाँ, मुख कीन्हौं जित नामा।
राज अंबरीक के कारणि, चक्र सुदरसन जारैं।।
दास कबीर कौ ठाकुर ऐसौ, भगत की सरन उबारै।।122।।

राम भणि राम भणि राम चिंतामणि, भाग बड़े पायौ छाड़ै जिनि।।टेक।।
अंसत संगति जिनि जाइ रे भूलाइ, साथ संगति मिलि हरि गुँण गाइ।
रिदा कवल में राखि लुकाइ, प्रेम गाँठि दे ज्यूँ छूटि न जाइ।
अठ सिधि नव निधि नाँव मँझारि, कहै कबीर भजि चरन मुरारि।।123।।

निरमल निरमल राम गुण गावै, सो भगता मेरे मनि भावै।।टेक।।
जे जन लेहिं राम नाँउँ, ताकी मैं बलिहारी जाँउँ।।
जिहि घटि राम रहे भरपूरि, ताकी मैं चरनन की धूरि।।
जाति जुलाहा मति कौ धीर, हरषि हरषि गुँण रमैं कबीर।।124।।

जा नरि राम भगति नहीं साधी, सो जनमत काहे न मूवौ अपराधी।।टेक।।
गरभ मूचे मुचि भई किन बाँझ, सकर रूप फिरै कलि माँझ।
जिहि कुलि पुत्र न ग्याँन बिचारी, वाकी बिधवा काहे न भई महतारी।
कहै कबीर नर सुंदर सरूप, राम भगत बिन कुचल करूप।।125।।

राम बिनाँ ध्रिग ध्रिग नर नारी, कहा तैं आइ कियौ संसारी।।टेक।।
रज बिना कैसो रजपूत, ग्यान बिना फोकट अवधूत।।

---

(121) ख— भगवंत भजन सहेत।।

गनिका कौ पूत कासौं कहै, गुर बिन चेला ग्यान न लहै।।
कबीर कन्याँ करै स्यंगार, सोभ न पावै बिन भरतार।।
कहै कबीर हूँ कहता डरूँ, सुषदेव कहै तो मैं क्या करौं।।126।।

जरि जाव ऐसा जीवनाँ, राजा राम सूँ प्रीति न होई।
जन्म अमोलिक जात है, चेति न देखै कोई।।टेक।।
मधुमाषी धन संग्रहै, युधवा मधु ले जाई रे।
गयौ गयौ धन मूँढ़ जनाँ, फिरि पीछैं पछिताई रे।।
विषिया सुख कै कारनै, जाइ गनिका सूँ प्रीति लगाई रे।
अंधै आगि न सूझई, पढ़ि पढ़ि लोग बुझाई रे।।
एक जनम कै कारणैं, कत पूजौ देव सहँसौ रे।
काहे न पूजौ राम जी, जाकौ भगत महेसौ रे।।
कहै कबीर चित चंचला, सुनहु मूढ़ मति मोरी।
विषिय फिर फिर आवई, राजा राम न मिले बहोरी।।127।।

राम न जपहु कहा भयौ अंधा, राम बिना जँम मैले फंधा।।टेक।।
सुत दारा का किया पसारा, अंत की बेर भये बटपारा।।
माया ऊपरि माया माड़ी, साथ न चले षोषरी हाँड़ी।।
जपौ राम ज्यूँ अंति उबारै, ठाढ़ी बाँह कबीर पुकारै।।128।।

डगमग छाड़ि दै मन बौरा।
अब तौ जरें बरें बनि आवै, लीन्हों हाथ सिंधौरा।।टेक।।
होइ निसंक मगन ह्वै नाचौ, लोग मोह भ्रम छाड़ौ।।
सूरौ कहा मरन थैं डरपैं, संतों न संचैं भाड़ौ।।
लोक वेद कुल की मरजादा, इहै कालै मैं पासी।
आधा चलि करि पीछा फिरिहै, ह्वै है जग मैं हाँसी।।
यह संसार सकल है मैला, राम कहै ते सूवा।
कहै कबीर नाव नहीं छाँड़ौं, गिरत परत चढ़ि ऊँचा।।129।।

---

(127) ख प्रति में इसके आगे यह पद है—
राम न जपहु कवन भ्रम लाँगै।
मरि जाहहुगे कहा कहा करहु अभागे।।टेक।।
राम राम जपहु कहा करौ वैसे, भेड कसाई कै घरि जैसे।
राम न जपहु कहा गरबना, जम के घर आगै है जाना।।
राम न जपहु कहा मुसकौ रै, जम के मुदगरि गणि गणि खहुरे।
कहै कबीर चतुर के राइ, चतुर बिना को नरकहि जाइ।।130।।

का सिधि साधि करौं कुछ नाहीं, राम रसाँइन मेरी रसनाँ माँहीं।।टेक।।
नहीं कुछ ग्याँन ध्याँन सिधि जोग, ताथैं उपजै नाना रोग।
का बन मैं बसि भये उदास, जे मन नहीं छाड़ै आसा पास।।
सब कृत काच हरी हित सार, कहै कबीर तजि जग ब्यौहार।।130।।

जौं तैं रसना राम न कहियो, तौ उपजत बिनसत भरमत रहियौ।।टेक।।
जैसी देखि तरवर की छाया, प्रॉन गये कहु काकी माया।।
जीवत कछु न कीया प्रवानाँ, मूवा मरम को काँकर जाना।।
संधि काल सुख कोई न सोवै, राजा रंक दोऊ मिलि रोवै।।
हंस सरोवर कँवल सरीरा, राम रसाइन पीवै कबीरा।।131।।

का नाँगे का बाँधे चाम, जौ नहीं चीन्हसि आतम राम।।टेक।।
नागे फिरें जोग जे होई, बन का मृग मुकुति गया कोई।।
मूँड मूड़ाये जौ सिधि होई, स्वर्ग ही भेड़ न पहुँची कोई।।
ब्यंद राखि जे खेलै है भाई, तौ षुसरै कौंण परँम गति पाई।।
पढ़ें गुनें उपजै अहंकारा, अधधर डूबे वार न पारा।।
कहै कबीर सुनहु रे भाई, राम नाम किन सिधि पाई।।132।।

हरि बिन भरमि बिगूते गदा।
जापै जाऊँ आपनपौं छुडावण, ते बीधे बहु फंधा।।टेक।।
जोगी कहै जोग सिधि नीकी, और दूजी भाई।।
लुंचित मुंडित मोनि जटाधर, ऐ जु कहै सिधि पाई।।
जहाँ का उपज्या तहाँ बिलाना, हरि पद बिसर्‌या जबहिं।।
पंडित गुँनी सूर कवि दाता, ऐ जु कहैं बड़ हँमहीं।।
वार पार की खबरि न जाँनी, फिर्‌यौ सकल बन ऐसैं।।
यहु मन बोहि थके कउवा ज्यूँ, रह्यौ ठग्यौ सो वैसैं।।
तजि बावैं दाँहिणै बिकार, हरि पद दिढ करि गहिये।।
कहै कबीर गूँगे गुड़ खाया, बूझै तौ का कहिये।।133।।

चलौ बिचारी रहौ सँभारी, कहता हूँ ज पुकारी।
राम नाम अंतर गति नाहीं, तौ जनम जुवा ज्यूँ हारी।।टेक।।
मूँड़ मुड़ाइ फूलि का बैठे, काँननि पहरि मजूसा।
बाहरि देह षेह लपटानीं, भीतरि तौ घर मूसा।।
गालिब नगरी गाँव बसाया, हाँम काँम हंकारी।

घालि रसरिया जब जँम खैंचे, तब का पति रहै तुम्हारी।।
छाँड़ि कपूर गाँठि विष बाँध्यौ, मूल हुवा ना लाहा।
मेरे राम की अभौ पद नगरी, कहै कबीर जुलाहा।।134।।

कौन बिचारि करत हौ पूजा, आतम राम अवर नहीं दूजा।।टेक।।
बिन प्रतीतैं पाती तोड़, ग्याँन बिनाँ देवलि सिर फोड़ै।।
लुचरी लपसी आप संधारै, द्वारै ठाढ़ा राम पुकारै।।
पर आत्म जौ तत बिचारै, कहि कबीर ताकै बलिहारै।।135।।

कहा भयौ तिलक गरै जपमाला, मरम न जानैं मिलन गोपाला।।टेक।।
दिन प्रति पसू करै हरिहाई, गरैं काठ बाकी बाँनि न जाई।
स्वाँग सेत करणी मनि काली, कहा भयौ गलि माला घाली।।
बिन ही प्रेम कहा भयौ रोये, भीतरि मैल बाहरि का धोये।।
गल गल स्वाद भगति नहीं धीर, चीकन चंदवा कहै कबीर।।136।।

ते हरि आवेहि काँमाँ, जे नहीं चीन्हें आतम रामाँ।।टेक।।
थोरी भगति बहुत अलंकारा, ऐसे भगता मिलैं अपारा।।
भाव न चीन्हैं हरि गोपाला, जानि क अरहट कै गलि माला।।
कहै कबीर जिनि गया अभिमाना, सो भगता भगवंत समानाँ।।137।।

कहा भयौ रचि स्वाँग बनायौ, अंतरजामी निकट न आयौ।।टेक।।
विषई विषे ढिढावै गावै, राम नाम मनि कबहूँ न भावै।।
पापी परलै जाहि अभागै, अमृत छाड़ि विषै रसि लागे।।
कहै कबीर हरि भगति न साधी, भग मुषि लागि मूये अपराधी।।138।।

जौ पैं पिय के मनि नाहीं भाये, तौ का पबरोसनि कै हुलसाये।।टेक।।
का चूरा पाइल झमकायें, कहा भयौ बिछुवा ठमकायें।।
का काजल स्यंदूर कै दीयैं, सोलह स्यंगार कहा भयौ कीयै।।
अंजन मंजन करै ठगौरी, का पचि मरै निगौड़ी बौरी।।
जौ पै पतिब्रता है नारी, कैसे ही रही सो पियहिं पियारी।।
तन मन जीवन सौपि सरीरा, ताहि सुहागिन कहै कबीरा।।139।।

दूभर पनियाँ भर्‍या न जाई, अधिक त्रिषा हरि बिन न बुझाई।।टेक।।
उपरि नीर ले ज तलि हारी, कैसे नीर भरे पनिहारी।।
उधर्‍यौ कूप घाट भयौ भरी, चली निरास पंच पनिहारी।।
गुर उपदेश भरी ले नीरा, हरषि हरषि जल पीवै कबीरा।।140।।

कहौ भइया अंबर काँसूँ लागा, कोई जाँणँगा जाँननहारा।।टेक।।
अंबरि दीसे केता तारा, कौन चतुर ऐसा चितरनहारा।।
जे तुम्ह देखौ सो यहु नाँही, यहु पद अगम अगोचर माँही।।
तीनि हाथ एक अरधाई, ऐसा अंबर चीन्हौ रे भाई।।
कहै कबीर जे अंबर जाने, ताही सूँ मेरा मन माँनै।।141।।

तन खोजौ नर करौ बड़ाई, जुगति बिना भगति किनि पाई।।टेक।।
एक कहावत मुलाँ काजी, राम बिना सब फोकटबाजी।।
नव ग्रिह बाँभण भणता रासी, तिनहुँ न काटी जम कौ पासी।।
कहै कबीर यह तन काचा, सबद निरंजन राम नाम साचा।।142।।

जाइ परो हमरो का करिहै, आप करै आप दुख भरिहै।।टेक।।
ऊभड़ जाताँ बाट बतावै, जौ न चलै तौ बहुत दुख पावै।।
अंधे कूप क दिया बताई, तरकि पड़े पुनि हरि न पत्याई।।
इंद्री स्वादि विषै रसि बहिहै, नरकि पड़े पुनि राम न कहिहै।।
पंच सखी मिलि मतौ उपायौ, जंम की पासी हंस बँधायौ।।
कहै कबीर प्रतीति न आवै, पाषंड कपट इहै जिय भावै।।143।।

ऐसे लोगनि सूँ का कहिये।
जे नर भये भगति थैं न्यारे, तिनथैं सदा डराते रहिये।।टेक।।
आपण देही चरवाँ पाँनी, ताहि निंदै जिनि गंगा आनी।।
आपण बूड़ैं और कौ बोड़ै, अगनि लगाइ मंदिर मैं सोवै।।
आपण अंध और कूँ काँनाँ, तिनकौ देखि कबीर डराँनाँ।।144।।

---

(140) ख—जल बिनु न बुझाई।।

है हरि जन सूँ जगत लरत है, फुँनिगा कैसे गरड़ भषत हैं।।टेक।।
अचिरज एक देखह संसारा, सुनहाँ खेदै कुंजर असवारा।।
ऐसा एक अचंभा देखा, जंबक करै केहरि सूँ लेखा।।
कहै कबीर राम भजि भाई, दास अधम गति कबहुँ न जाई।।145।।

हैं हरिजन थैं चूक परी, जे कछु आहि तुम्हारी हरी।।टेक।।
मोर तोर जब लग मैं कीन्हाँ, तब लग त्रास बहुत दुख दीन्हाँ।।
सिध साधिक कहैं हम सिधि पाई, राम नाम बिन सबै गँवाई।।
जे बैरागी आस पियासी, तिनकी माया कदे न नासी।।
कहै कबीर मैं दास तुम्हारा, माया खंडन करहु हमारा।।146।।

सब दुनी सयाँनी मैं बौरा, हँम बिगरे बिगरौ जिनि औरा।।टेक।।
मैं नहीं बौरा राम कियो बौरा, सतगुर जारि गयौ भ्रम मोरा।।
विद्या न पढूँ बाद नहीं जानूँ, हरि गुँन कथत सुनत बौराँनूँ।।
काँम क्रोध दोऊ भये विकारा, आपहि आप जरे संसारा।।
मीठो ककहा जाहि जो भावै, दास कबीर राम गुँन गावै।।147।।

अब मैं राम सकल सिधि पाई, आँन कहूँ तो राम दुहाई।।टेक।।
इहि चिति चाषि सबै रस दीठा, राम नाम सा और न मीठा।।
औरे रसि ह्वैहै कफ गाता, हरि रस अधिक अधिक सुखदाता।।
दूजा बणिज नहीं कछु बाषर, राम नाम दोऊ तत आषर।।
कहै कबीर जे हरि रस भोगी, ताकूँ मिल्या निरंजन जोगी।।148।।

रे मन जाहिं जहाँ तोहि भावै, अब न कोई तेरे अंकुस लावै।।टेक।।
जहाँ जहाँ जाई तहाँ तहाँ रामा, हरि पद चीन्हि कियौ विश्रामा।
तन रंजित तब देखियत दोई, प्रगट्यौ ग्याँन जहाँ तहाँ सोई।।
लीन निरंतर बपु बिसराया, कहै कबीर सुख सागर पाया।।149।।

बहुरि हम काहैं कूँ आवहिंगे।
बिछुरे पंचतत्त की रचना, तब हम रामहि पावहिंगे।।टेक।।
पृथी का गुण पाँणी सोष्या, पाँनी तेज मिलावहिंगे।।
तेज पवन मिलि सबद मिली, सहज समाधि लगावहिंगे।।

जैसे बहु कंचन के भूषन, ये कहि गालि तवावहिंगे।।
ऐसै हम लोक वेद के बिछुरें, सुनिहि माँहि समावहिंगे।।
जैसे जलहि तरंग तरंगनी, ऐसैं हम दिखलावहिंगे।।
कहै कबीर स्वामी सुख सागर, हसहि हंस मिलावहिंगे।।150।।

कबीरा संत नदी गया बहि रे,
ठाढ़ी माइ कराड़े टेरै, है कोई ल्यावैगहि रे।।टेक।।
बादल बाँनी राम घन उनयाँ, बरिषै अंमृत धारा।।
सखी नीर गंग भरि आई, पीवै प्रांन हमारा।।
जहाँ बहि लागे सनक सनंदन, रुद्र ध्यांन धरि बैठे।।
सूर्य प्रकास आनंद बमेक मैं घर कबीर ह्वै पैठे।।151।।

अवधू कामधेन गहि बाँधी रे।
भाँड़ा भंजन करे सबहिन का, कछू न सूझे आंधी रे।।टेक।।
जौ ब्यावै तौ दूध न देई, ग्यामण अंमृत सरवै।।
कौली घाल्याँ बडहि चालै ज्यूँ घेरौं त्यूँ दरवै।।
तिहि धेन थैं इंछ्या पूगी पाकड़ि खूँटै बाँधी रे।
ग्वाड़ा माँहै आनँद उपनो, खूँटै दोऊ बाँधी रे।
साई माइ सास पनि साई, साई बाकी नारी।
कहै कबीर परम पद पाया, संतौ लेहु बिचारी।।152।।

(राम रामकली)

जगत गुर अनहद कींगरी बाजे, तहाँ दीरघ नाद ल्यौ लागे।।टेक।।
त्री अस्यान अंतर मृगछाला, गगन मंडल सींगी बाजे।।
तहुँआँ एक दुकाँन रच्यो हैं, निराकार ब्रत साजे।।
गगन ही माठी सींगी करि चुंगी, कनक कलस एक पावा।
तहुँवा चबे अमृत रस नीझर, रस ही मैं रस चुवावा।।
अब तौ एक अनूपम बात भई, पवन पियाला साजा।
तीनि भवन मैं एकै जोगी, कहौ कहाँ बसै राजा।।
बिनरे जानि परणऊँ परसोतम, कहि कबीर रँगि राता।
यहु दुनिया काँई भ्रमि भुलाँनी, मैं राम रसाइन माता।।153।।

---

(152) ख—साई घर की नारी।

ऐसा ग्यान बिचारि लै लै, लाइ लै ध्याँनाँ।
सुंनि मंडल मैं घर किया, जैसे रहै सिंचाँनाँ।।टेक।।
उलटि पवन कह्याँ राखिये, कोई भरम बिचारै।
साँधै तीर पताल कूँ, फिरि गगनहि मारै।।
कंसा नाद बजाव ले, धुंनि निमसि ले कंसा।।
कंसा फूटा पंडिता, धुंनि कहाँ निवासा।।
प्यंड परे जीव कहाँ रहै, कोई मरम लखावै।
जीवत जिस घरि जाइये, ऊँचे मुषि नहीं आवै।।
सतगुर मिलै त पाइयै, ऐसी अकथ कहाँणीं।
कहै कबीर संसा गया, मिले सारंगपाँणीं।।154।।

है कोई संत सहज सुख उपजै, जाकौ जब तप देउ दलाली।
एक बूँद भरि देइ राम रस, ज्यूँ भरि देई कलाली।।टेक।।
काया कलाली लाँहनि करिहूँ, गुरू सबद गुड़ कीन्हाँ।।
काँम क्रोध मोह मद मंछर, काटि काटि कस दीन्हाँ।।
भवन चतुरदस भाटी पुरई, ब्रह्म अगनि परजारी।
मूँदे मदन सहज धुनि उपजी, सुखमन पीसनहारी।।
नीझर झरै अँमी रस निकसै, निहि मदिरावल छाका।।
कहैं कबीर यहु बास बिकट अनि, ग्याँन गुरू ले बाँका।।155।।

अकथ कहाँणी प्रेम की, कछु कही न जाई,
गूँगे केरी सरकरा, बैठे मुसुकाई।।टेक।।
भोमि बिनाँ अरू बीज बिन, तरबर एक भाई।
अनँत फल प्रकासिया, गुर दीया बताई।
कम थिर बैसि बिछारिया, रामहि ल्यौ लाई।
झूठी अनभै बिस्तरी सब थोथी बाई।।
कहै कबीर सकति कछु नाही, गुरु भया सहाई।।
आँवण जाँणी मिटि गई, मन मनहि समाई।।156।।

संतो सो अनभै पद गहिये।
कल अतीत आदि निधि निरमअ ताकूँ सदा विचारत रहिये।।टेक।।
सो काजी जाकौं काल न ब्यापैं, सो पंडित पद बूझै।
सो ब्रह्मा जो ब्रह्म बिचारै, सो जोगी जग सूझै।।
उदै न अस्त सूर नहीं ससिहर, ताकौ भाव भजन करि लीजै।

काया थैं कछु दूरि बिचारै, तास गुरू मन धीजै।
जार्‍यौ जरै न काट्यो सूकै, उतपति प्रलै न आवै।।
निराकार अषंउ मंडल मैं, पाँचौ तत्त समावै।।
लोचन अचित सबै अँधियारा, बिन लोचन जग सूझै।
पड़दा खोलि मिलै हरि ताकूँ, जो या अरथहिं बूझै।।
आदि अनंत उभै पख निरमल, द्रिष्टि न देख्या जाई।
ज्वाला उठी अकास प्रजल्यौ, सीतल अधिक समाई।।
एकनि गंध बासनाँ प्रगटै जग थैं रहै अकेला।।
प्राँन पुरिस काया थैं बिछुरे, राखि लेहु गुर चेला।
भाग भर्म भया मन अस्थिर, निद्रा नेह नसाँनाँ।।
घट की जोति जगत प्रकास्या, माया सोक बुझाँनाँ।
बंकनालि जे संमि करि राखै, तौ आवागमन न होई।।
कहैं कबीर धुनि लहरि प्रगटी, सहजि मिलैगा सोई।।157।।

जाइ पूछौ गोविंद पढ़िया पंडिता, तेराँ कौन गुरू कौन चेला।
अपणें रूप कौं आपहिं जाँणें, आपैं रहे अकेला।।टेक।।
बाँझ का पूत बाप बिना जाया, बिन पाऊँ तरबरि चढ़िया।
अस बिन पाषर गज बिन गुड़िया, बिन षडै संग्राम जुड़िया।।
बीज बिन अंकूर पेड़ बिन तरवर, बिन साषा तरवर फलिया।
रूप बिन नारी पुहुप बिन परमल, बिन नीरै सरवर भरिया।।
देव बिन देहुरा पत्र बिन पूजा, बिन पाँषाँ भवर बिलंबया।
सूरा होइ सु परम पद पावै, कीट पतंग होइ सब जरिया।।
दीपक बिन जोति जोति बिन दीपक, हद बिन अनाहद सबद बागा।
चेतनाँ होइ सु चेति लीज्यौं, कबीर हरि के अंगि लागा।।158।।

पंडित होइ सु पदहि बिचारै, मूरिष नाँहिन बूझै।
बिन हाथनि पाँइन बिन काँननि, बिन लोचन जग सूझै।।टेक।।
बिन मुख खाइ चरन बिनु चालै, बिन जिभ्या गुण गावै।
आछै रहै ठौर नहीं छाड़ै, दह दिसिही फिरि आवै।।
बिनहीं तालाँ ताल बजावै, बिन मंदल षट ताला।
बिनहीं सबद अनाहद बाजै, तहाँ निरतत है गोपाला।।
बिनाँ चोलनै बिनाँ कंचुकी, बिनहीं संग संग होई।
दास कबीर औसर भल देख्या, जाँनैगा जस कोई।।159।।

है कोई जगत गुर ग्याँनी, उलटि बेद बूझै।
पाँणीं में अगनि जरैं, अँधरे कौ सूझै।।टेक।।
एकनि ददुरि खाये, पंच भवंगा।
गाइ नाहर खायौ, काटि काटि अंगा।।
बकरी बिधार खायौ, हरनि खायौ चीता।
कागिल गर फाँदिया, बटेरै बाज जीता।।
मसै मँजार खायौ, स्यालि खायौ स्वाँनाँ।
आदि कौं आदेश करत, कहैं कबीर ग्याँनाँ।।160।।

ऐसा अद्‌भुत मेरे गुरि कथ्या, मैं रह्या उमेषै।
मूसा हसती सौ लड़ै, कोई बिरला पेषै।।टेक।।
उलटि मूसै सापणि गिली, यहु अचिरज भाई।
चींटी परबत ऊषण्याँ, ले राख्यौ चौड़ै।।
मुर्गी मिनकी सूँ लड़ै, झल पाँणौं दौड़े।
सुरहीं चूँषै बछतलि, बछा दूध उतारै।
ऐसा नवल गुँणा भया, सारदूलहि मारै।
भील लूक्या बन बीझ मैं ससा सर मारै।।
कहै कबीर ताहि गुर करौं, जो या पदहि बिचारै।।161।।

अवधू जागत नीद न कीजै।
काल न खाइ कलप नहीं ब्यापै देही जुरा न छीजै।।टेक।।
उलटी गंग समुद्रहि सोखै, ससिहर सूर गरासै।
नव ग्रिह मारि रोगिया बैठे, जल में ब्यंब प्रकासै।।
डाल गह्या थैं मूल न सूझै, मूल गह्याँ फल पावा।
बंबई उलटि शरप कौं लागी, धरणि महा रस खावा।।
बैठ गुफा मैं सब जग देख्या, बाहरि कछू न सूझै।
उलटैं धनकि पारधी मार्‌यौ, यहु अचिरज कोई बूझै।।
औंधा घड़ा न जल में डूबे, सूधा सूभर भरिया।
जाकौं यहु जुग घिण करि चालैं, ता पसादि निस्तरिया।।
अंबर बरसै धरती भीजै, बूझै जाँणौं सब कोई।
धरती बरसै अंबर भीजै, बूझै बिरला कोई।।
गाँवणहारा कदे न गावै, अणबोल्या नित गावै।
नटवर पेषि पेषनाँ पेषै, अनहद बेन बजावै।।
कहणीं रहणीं निज तत जाँणैं, यहु सब अकथ कहाणीं।
धरती उलटि आकासहिं ग्रसै, यहु पुरिसाँ की बाँणी।।
बाझ पिय लैं अंमृत सोख्या, नदी नीर भरि राष्या।
कहै कबीर ते बिरला जोगी, धरणि महारस चाष्या।।162।।

राम गुन बेलड़ी रे, अवधू गोरषनाथि जाँणीं।
नाति सरूप न छाया जाके, बिरध करै बिन पाँणीं ।।टेक।।
बेलड़िया द्वै अणीं पहूँती गगन पहूँती सैली।
सहज बेलि जल फूलण लागी, डाली कूपल मेल्ही।।
मन कुंजर जाइ बाड़ा बिलब्या, सतगुर बाही बेली।
पंच सखी मिसि पवन पयप्या, बाड़ी पाणी मेल्ही।।
काटत बेली कूपले मेल्हीं, सींचताड़ी कुमिलाँणों।
कहै कबीर ते बिरला जोगी, सहज निरंतर जाँणीं।।163।।

राम राइ अबिगत बिगति न जानै, कहि किम तोहिं रूप बषानै।।टेक।।
प्रथमे गगन कि पुहमि प्रथमे प्रभू पवन कि पाँणीं।
प्रथमे चंद कि सूर प्रथमे प्रभू, प्रथमे कौन बिनाँणीं।।
प्रथमे प्राँण कि प्यंड प्रथमे प्रभू, प्रथमे रकत कि रेत।
प्रथमे पुरिष की नारि प्रथमे प्रभू, प्रथमे बीज की खेत।।
प्रथमे दिवस कि रैणि प्रथमे प्रभू, प्रथमे पाप कि पुन्य।
कहै कबीर जहाँ बसहु निरंजन, तहाँ कुछ आहि कि सुन्य।।164।।

अवधू सो जोगी गुर मेरा, जौ या पद का करै नबेरा।।टेक।।
तरवर एक पेड़ बिन ठाढ़ा, बिन फूलाँ फल लागा।
साखा पत्र कछू नहीं वाकै अष्ट गगन मुख बागा।।
पैर बिन निरति कराँ बिन बाजै, जिभ्या हीणाँ गावै।
गायणहारे के रूप न रेषा, सतगुर होई लखावे।।
पषी का षोज मीन का मारग, कहै कबीर बिचारी।
अपरंपार पार परसोतम, वा मूरति बलिहारी।।165।।

अब मैं जाँणिबौ रे केवल राइ कौ कहाँणी।
मझां जोति राम प्रकासै, गुर गमि बाँणी।।टेक।।
तरवर एक अनंत मूरति, सुरताँ लेहू पिछाँणीं।।
साखा पेड़ फूल फल नाँहीं, ताकी अंमृत बाँणीं।।
पुहुप बास भवरा एक राता, बरा ले उर धरिया।
सोलह मंझै पवन झकोरैं, आकासे फल फलिया।।
सहज समाधि बिरष यह सीच्या, धरती जल हर सोष्या।
कहै कबीर तास मैं चेला, जिनि यहु तरुवर पेष्या।।166।।

---

(163) ख—जाति सिमूल न छाया जाकै।

राजा राम कवन रंगै, जैसैं परिमल पुहुप संगैं।।टेक।।
पंचतत ले कीन्ह बँधाँन, चौरासी लष जीव समाँन।
बेगर बेगर राखि ले भाव, तामैं कीन्ह आपको ठाँव।।
जैसे पावक भंजन का बसेष, घट उनमाँन कीया प्रवेस।।
कह्यो चाहूँ कछु कह्या न जाइ, जल जीव ह्वै जल नहीं बिगराइ।।
सकल आतमाँ बरतै जे, छल बल कौं सब चान्हि बसे।।
चीनियत चीनियत ता चीन्हिलै से, तिहि चीन्हिअत धूँका करके।।
आपा पर सब एक समान, तब हम पावा पद निरबाँण।।
कहै कबीर मन्य भया संतोष, मिले भगवंत गया दुख दोष।।167।।

अंतर गति अनि अनि बाँणी।
गगन गुपत मधुकर मधु पीवत, सुगति सेस सिव जाँणीं।।टेक।।
त्रिगुण त्रिविध तलपत तिमरातन, तंती तत मिलानीं।
भाग भरम भाइन भए भारी, बिधि बिरचि सुषि जाँणीं।।
बरन पवन अबरन बिधि पावक, अनल अमर मरै पाँणीं।
रबि ससि सुभग रहे भरि सब घटि, सबद सुनि तिथि माँहीं।।
संकट सकति सकल सुख खोये, उदित मथित सब हारे।
कहैं कबीर अगम पुर पाटण, प्रगटि पुरातन जारे।।168।।

लाघा है कछू लाधा है ताकि पारिष को न लहै।
अबरन एक अकल अबिनासी, घटि घटि आप रहै।।टेक।।
तोल न मोल माप कछु नाहीं, गिणँती ग्याँन न होई।
नाँ सो भारी नाँ सो हलका, ताकी पारिष लषै न कोई।।
जामैं हम सोई हम हा मैं, नीर मिले जल एक हूवा।
यों जाँणैं तो कोई न मरिहैं, बिन जाँणैं थैं बहुत मूवा।।
दास कबीर प्रेम रस पाया, पीवणहार न पाऊँ।
बिधनाँ बचन पिछाँड़त नाहीं, कहु क्या काढ़ि दिखाऊँ।।169।।

हरि हिरदे रे अनत कत चाहौ, भूलै भरम दुनी कत बहौ।।टेक।।
जग परबोधि होत नर खाली, करते उदर उपाया।
आत्म राम न चीन्हैं संतौ, क्यूँ रमि लै राम राया।।
लागै प्यास नीर सो पीवै, बिन लागै नहीं पीवै।
खोजै तत मिलै अबिनासा, बिन खोजैं नहीं जीवै।
कहै कबीर कठिन यह करणीं जैसी षंडे धारा।
उलटि चाल मिलै परब्रह्म कौं, सो सतगुरू हमारा।।170।।

रे मन बैठि कितै जिनि जासी, हिरदै सरोवर है अबिनासी।।टेक।।
काया मधे कोटि तीरथ, कावा मधे कासी।
माया मधे कवलापति, काया मधे बैकुंठबासी।।
उलटि पवन षटचक्र निवासी, तीरथराज गंगतट बासी।।
गगन मंडल रबि ससि दोइ तारा, उलती कूची लागि किंवारा।
कहै कबीर भई उजियारा, पच मारि एक रह्यौ निनारा।।171।।

राम बिन जन्म मरन भयौ भारी
साधिक सिध सूर अरु सुरपति भ्रमत भ्रमत गये हारी।।टेक।।
व्यंद भाव म्रिग तत जंत्रक, सकल सुख सुखकारी।
श्रवन सुनि रवि ससि सिव सिव, पलक पुरिष पल नारी।।
अंतर गगन होत अंतर धुँनि बिन सासनि है सोई।
घोरत सबद सुमंगल सब घटि, ब्यंदत ब्यदै कोई।।
पाणीं पवन अवनि नभ पावक, तिहि सँग सदा बसेरा।
कहै कबीर मन मन करि बेध्या, बहुरि न कीया फेरा।।172।।

नर देही बहुरि न पाइये, ताथैं हरषि गुंण गाईये।।टेक।।
जब मन नहीं तजै बिकारा, तौ क्यूँ तरिये भौ पारा।।
जे मन छाड़ै कुटिलाई, तब आइ मिलै राम राई।
ज्यूँ जीमण त्यूँ मरणाँ, पछितावा कछु न करणाँ।
जाँणि मरै जे कोई, तो बहुरि न मरणाँ होई।।
गुर बचनाँ मंझि समावै, तब राम नाम ल्यौ लावै।।
जब राम नाम ल्यौ लागा, तब भ्रम गया भौ भागा।।
ससिहर सूर मिलावा, तब अनहद बेन बजावा।।
जब अनहद बाजा बाजै, तब साँई संगि बिराजै।।
होत संत जनन के संगी, मन राचि रह्यो हरि रंगी।।
धरो चरन कवल बिसवासा, ज्यूँ होइ निरभे पदबासा।।
यहु काचा खेल न होई, जन षरतर खेलै कोई।।
जब षरतर खेल मचावा, तब गगनमंडल मठ छावा।।
चित चंचल निहचल कीजै, तब राम रसाइन पीजै।।
जब राम रसाइन पीया, तब काल मिट्या जन जीया।।
ज्यूँ दास कबीरा गावै, ताथैं मन को मन समझावै।।

मन ही मन समझाया, तब सतगुर मिलि सचु पाया।।173।।

अवधू अगनि जरै कै काठ।
पूछौ पंडित जोग संन्यासी, सतगुर चीन्है बाट।।टेक।।
अगनि पवन मैं पवन कबन मैं, सबद गगन के पवनाँ।
निराकार प्रभु आदि निरंजन, कत रवते भवनाँ।।
उतपति जाति कवन अँधियारा, घन बादल का बरिषा।
प्रगट्यो बीच धनरि अति अधिकै, पारब्रह्म नहीं देखा।।
मरनाँ मरै न मरि सकै, मरनाँ दूरि न नेरा।
द्वादश द्वादस सनमुख देखैं, आपैं आप अकेला।।
जे बाँध्या ते छुछंद मृकुता, बाँधनहारा बाँध्या।
जे जाता ते कौण पठाता, रहता ते किनि राख्या।।
अमृत समाँनाँ बिष मैं जानाँ, बिष मैं अमृत चाख्या।।
कहै कबीर बिचार बिचारी, तिल मैं मेर समाँनाँ।
अनेक जनम का गुर गुर करता, सतगुर तब भटाँनाँ।।174।।

अवधू ऐसा ग्यान बिचार,
भेरैं चढ़े सु अधधर डूबे, निराधार भये पारं।।टेक।।
ऊघट चले सु नगरि पहुँचे, बाट चले ते लूटे।
एक जेवड़ी सब लपटाँने, के बाँधे के छूटे।।
मंदिर पैसि च्हूँ दिसि भीगे, बाहरि रहे ते सूका।
सरि मारे ते सदा सुखारे, अनमारे ते दूषा।।
बिन नैनन के सब जग देखै, लोचन अछते अंधा।
कहै कबीर कछु समछि परी है, यहु जग देख्या धंधा।।175।।

जन धंधा रे जग धंधा, सब लोगनि जाँणौ अंधा।
लोभ मोह जेवड़ी लपटानी बिनहीं गाँठि गह्यो फंदा।।टेक।।
ऊँचे टीबे मंद बसत है, ससा बसे जल माँहीं।
परबत ऊपरि डूबि मूवा नर मूवा धूँ काँही।।
जलै नीर तिण षड़ उबरै, बैसंदर ले सींचै।
ऊपरि मूल फूल बिन भीतरि, जिनि जान्यौ तिनि नीकै।।
कहै कबीर जाँनहीं जाँनै, अनजानत दुख भारी।
हारी बाट बटाऊ जीत्या, जानत की बलिहारी।।176।।

अवधू ब्रह्म मतैं घरि जाइ,
काल्हि जू तेरी बँसरिया छीनी कहा चरावै गाइ।।टेक।।
तालि चुगें बन सीतर लउवा, पवति च़रै सौरा मछा।
बन की हिरनी कूवै बियानी, सासा फिरे अकासा।।

ऊँट मारि मैं चारै लावा, हस्ती तरंडबा देई।
बबूर की डरियाँ बनसी लैहूँ, सींयरा भूँकि भूँकि षाई।।
आँब क बौरे चरहल करहल, निबिया छोलि छोलि खाई।
मोरै आग निदाष दरी बल, कहै कबीर समझाई।।177।।

कहा करौं कैसे तिरौं, भौ जल अति भारी।
तुम्ह सरणागति केसवा राखि राखि मुरारी।।टेक।।
घर तजि बन खंडि जाइए, खनि खनि खइए कंदा।
बिषै बिकार न छूटई, ऐसा मन गंदा।।
बिष विषिया कौ बाँसनाँ, तजौं तजी नहीं जाई।
अनेक जतन करि सुरझिहौं, फुनि फुनि उरझाई।।
जीव अछित जोबन गया, कछु किया न नीका।
यहु हीरा निरमोलिका, कौड़ी पर बीका।।
कहै कबीर सुनि केसवा, तूँ सकल बियापी।
तुम्ह समाँनि दाता नहीं, हँम से नहीं पापी।।178।।

बाबा करहु कृपा जन मारगि, लावो ज्यूँ भव बंधन षूटै।
जरा मरन दुख फेरि करँन सुख, जीव जनम थैं छूटै।।टेक।।
सतगुरू चरन लागि यौं बिनऊँ, जीवनि कहाँ थैं पाई।
जा कारनि हम उपजैं बिनसैं क्यूँ न कहौ समझाई।।
आसा पास षंड नहीं पाँडे, यौं मन सुनि न लूटै।
आपा पर आनंद न बूझै, बिन अनभै क्यूँ छूटै।।
कह्याँ न उपजै नहीं जाणै, भाव अभाव बिहूनाँ।
उदै अस्त जहाँ मति बुधि नाहीं, सहजि राम ल्यौ लीनाँ।।
ज्यूँ बिंबहि प्रतिबिंब समाँनाँ, उदिक कुंभ बिगराँनाँ।
कहै कबीर जाँनि भ्रम भागा, जीवहिं जीव समाँनाँ।।179।।

संत धोखा कासूँ कहिए।
गुँण मैं निरगुँण निरगुँण मैं गुण है, बाट छाँड़ि क्यूँ बहिए।।टेक।।
अजरा अमर कथैं सब कोई, अलख न कथणाँ जाई।
नाति सरूप बरण नहीं जाकै, घटि घटि रह्यौ समाई।।
प्यंड ब्रह्मंड कथै सब कोई, वाकै आदि अरु अंत न होई।
प्यंड ब्रह्मंड छाड़ि जे कथिए, कहैं कबीर हरि सोई।।180।।

पषा पषी कै पेषणै, सब जगत भुलानाँ,
निरपष टोइ हरि भजै, सो साध सयाँनाँ।।टेक।।
ज्यूँ पर सूँ षर बँधिया, यूँ बँधे सब लाई।
जाकै आत्मद्रिष्टि है, साचा जन सोई।।

एक एक जिनि जाणियाँ, तिनही सच पाया।
प्रेम प्रीति ल्यौ लीन मन, ते बहुरि न आया।।
पूरे की पूरी द्रिष्टि, पूरा करि देखै।
कहै कबीर कछू समूझि न परई, या कहू बात अलेखै।।181।।

अजहूँ न संक्या गई तुम्हारी, नाँहि निसंक मिले बनवारी।।टेक।।
बहुत गरब गरबे संन्यासी, ब्रह्मचरित छूटी नहीं पासी।
सुंद्र मलेछ बसैं मन माँहीं, आतमराम सु चीन्हा नाहीं।।
संक्या डाँइणि बसै सरीरा, ता करणि राम रमैं कबीरा।।182।।

सब भूले हो पाषंडि रहे, तेरा बिरला जन कोई राम कहै।।टेक।।
होइ आरोगि बूँटी घसि लावै, गुर बिना जैसे भ्रमत फिरै।
है हाजिर परतीति न आवै, सो कैसें परताप धरै।।
ज्यूँ सुख त्यूँ दुख द्रिढ़ मन राखै, एकादसी एकतार करै।
द्वादसी भ्रमैं लष चौरासी, गर्भ बास आवै सदा मरै।।
सैं तैं तजै तजैं अपमारग, चारि बरन उपराति चढ़ै।
ते नहीं डूबै पार तिरि लंघै, निरगुण मिटै धापै।।
तिनह उछाह सोक नहीं ब्यापै, कहै कबीर करता आपै।।183।।

तेरा जन एक आध है कोई।
काम क्रोध अरु लोभ बिंबर्जित, हरिपद चीन्हैं सोई।।टेक।।
राजस ताँमस सातिग तीन्यूँ, ये सब तेरी माया।
चौथे पद कौं जे जन चीन्हैं, तिनहिं परम पद पाया।।
असतुति निंद्या आसा छाँड़ै, तजै माँन अभिमानाँ।
लोहा कंचन समि करि देखै, ते मूरति भगवानाँ।।
च्यंतै तौ माधौ च्यंतामणि, हरिपद रमैं उदासा।
त्रिस्ना अरु अभिमाँन रहित है, कहै कबीर सो दासा।।184।।

हरि नाँमैं दिन जाइ रे जाकौ, सोइ दिन लेखै, लाइ राम ताकौ।।टेक।।
हरि नाम मैं जन जागै, ताकै गोब्यंद साथी आगै।।
दीपक एक अभंगा, तामै सुर नर पड़ै पतंगा।
ऊँच नींच सम रिया, ताथैं जन कबीर निसतरिया।।185।।

---

(184) ख—जे जन जानैं। लोहा कंचन सँम करि जानै।

जब थैं आतम तत्त बिचारा।
तब निरबैर भया सबहिन थैं, काम क्रोध गहि डारा।।टेक।।
ब्यापक ब्रह्म सबनि मैं एकै, को पंडित को जोगी।
राँणाँ राव कवन सूँ कहिये, कवन बैद को रोगी।।
इनमैं आप आप सबहिन मैं, आप आप सूँ खेलै।
नाँनाँ भाँति घड़े सब भाँड़े, रूप धरे धरि मेलै।।
सोचि बिचारि सबै जग देख्या, निरगुण कोई न बतावै।
कहै कबीर गुँगी अरु पंडित, मिलि लीला जस गावै।।186।।

तू माया रघुनाथ की, खेलड़ चढ़ी अहेड़े।
चतुर चिकारे चुणि चुणि मारे, कोई न छोड़्या नेंड़ै।।टेक।।
मुनियर पीर डिगंबर भारे, जतन करंता जोगी।
जंगल महि के जंगम मारे, तूँरे फिरे बलवंतीं।
वेद पढ़ंता बाँम्हण मारा, सेवा करताँ स्वामी।।
अरथ करंताँ मिसर पछाड्या, तूँरे फिरे मैंमंती।
साषित कैं तू हरता करता, हरि भगतन कै चेरी।
दास कबीर राम कै दासा ज्यूँ लागी त्यूँ तोरी।।187।।

जग सूँ प्रीति न कीजिए, सँमझि मन मेरा।
स्वाद हेत लपटाइए, को निकसै सूरा।।टेक।।
एक कनक अरु कामनी, जग में दोइ फंदा।
इनपै जौ न बँधावई, ताका मैं बंदा।।
देह धरे इन माँहि बास, कहु कैसे छूटै।
सीव भये ते ऊबरे, जीवन ते लूटै।।
एक एक सूँ मिलि रह्या, तिनहीं सचु पाया।
प्रेम मगन लैलीन मन, सो बहुरि न आया।।
कहै कबीर निहचल भया, निरभै पद पाया।
संसा ता दिन का गया, सतगुर समझाया।।188।।

राम मोहि सतगुर मिलै अनेक कलानिधि, परम तथा सुखदाई।
काम अगनि तन जरत रही है, हरि रसि छिरकि बुझाई।।टेक।।
दरस परस तैं दुरमति नासी, दीन रटनि ल्यौ आई।
पाषंड भरँम कपाट खोलि कै अनभै कथा सुनाई।।
यहु संसार गँभीर अधिक, जल को गहि लावै तीरा।
नाव जिहाज खेवइया साधू, उतरे दास कबीरा।।189।।

---

(187) ख—तू माया जगनाथ की।

दिन दहुँ चहुँ कै कारणैं, जसे सैबल फूले।
झूठी सूँ प्रीति लगाइ करि, साँचे कूँ भूले।।टेक।।
जो रस गा सो परहर्‌या, बिडराता प्यारे।
आसति कहूँ न देखिहूँ, बिन नाँव तुम्हारे।।
साँची सगाई राम की, सुनि आतम मेरे।
नरकि पड़े नर बापुड़े, गाहक जस तेरे।।
हंस उड़या चित चालिया, सगपन कछू नाहीं।
माटी सूँ माटी मेलि करि, पीछैं अनखाँहीं।।
कहै कबीर जग अधला, कोई जन सारा।
जिनि हरि मरण न जाँणिया, तिनि किया पसारा।।190।।

माधौ मैं ऐसा अपराधी, तेरी भगति होत नहीं साधी।।टेक।।
कारनि कवन जाइ जग जनम्याँ, जनमि कवन सचु पाया।
भौ जल तिरण चरण च्यंतामणि, ता चित घड़ी न लाया।।
पर निंद्या पर धन पर दारा, पर अपवादैं सूरा।।
ताथैं आवागवन होइ फुनि फुनि, ता पर संग न चूरा।।
काम क्रोध माया मद मंछर, ए संतति हम माँही।
दया धरम ग्यान गुर सेवा, ए प्रभु सुपिनै नाँहीं।।
तुम्ह कृपाल दयाल दमादर, भगत बछल भौ हारो।
कहै कबीर धीर मति राखहु, सासति करौं हमारी।।191।।

राम राइ कासनि करौं पुकारा, ऐसे तुम्ह साहिब जाननिहारा।।टेक।।
इंद्री सबल निबल मैं माधौ, बहुत करै बरियाई।
लै धरि जाँहि तहाँ दुख पइये बुधि बल कछू न बसाई।।
मैं बपरौ का अलप मूढ़ मति, कहा भयो जे लूटे।
मुनि जन सती सिध अरु साधिक तेऊ न आपैं छूटे।।
जोगी जती तपा संन्यासी, अह निसि खोजैं काया।
मैं मेरी करि बहुत बिगूते, बिषै बाघ जग खाया।।
ऐकत छाँड़ि जाँहिं घर घरनी, तिन भी बहुत उपाया।
कहै कबीर कछु समझि न पाई, विषम तुम्हारी माया।।192।।

माधो चले बुनाँवन माहा, जग जीतै जाइ जुलाहा।।टेक।।
नव गज दस गज उननींसा, पुरिया एक तनाई।
सान सूत दे गंड बहुतरि, पाट लगी अधिकाई।।
तुलह न तोली गजह न मापी, पहज न सेर अढ़ाई।

(191) ख— सो गति करहू हमारी।।

अढ़ाई में जैं पाव घटे तो करकस करैं बजाई।।
दिन की बैठि खमस सूँ कीजै अरज लगी तहाँ ही।
भागी पुरिया घर ही छाड़ी चले जुलाह रिसाई।।
छोछी नली काँमि नहीं आवै, लहटि रही उरझाई।
छाँड़ि पसारा राम कहि बारै, कहै कबीर समझाई।।193।।

बाजैं जंत्र बजावै गुँनी, राम नाँम बिन भूली दुनीं।।टेक।।
रजगुन सतगुन तमगुन तीन, पंच तत से साजया बींन।।
तीनि लोक पूरा पेखनाँ, नाँच नचावै एकै जनाँ।
कहै कबीर संसा करि दूरि, त्रिभवननाथ रह्या भरपूरि।।194।।

जंत्री जंत्र अनूपन बाजे, ताकौ सबद गगन मैं गाजै।।टेक।।
सुर की नालि सुरति का तूँबा, सतगुर साज बनाया।
सुर नर गण गंध्रप ब्रह्मादिक गुर बिन तिनहुँ न पाया।।
जिभ्या ताँति नासिका करहीं, माया कै मैण लगाया।
गमाँ बतीस मोरणाँ पाँचौ, नीका साज बनाया।।
जंत्री जंत्र तजै नहीं बाजै, तब बाजै जब बाबै।
कहै कबीर सोई जन साँचाँ जंत्री सूँ प्रीति लगावै।।195।।

अवधू नादैं व्यंद गगन गाज सबद अनहद बोलै।
अंतरि गति नहीं देखै नेड़ा, ढूंढ़त बन बन डोलै।।टेक।।
सालिगराम तजौं सिव पूजौं, सिर ब्रह्मा का काटौं।
सायर फोड़ि नीर मुलकाऊँ, कुवाँ सिला दे पाटौं।।
चंद सूर दोइ तूँबा करिहूँ, चित चेतिनि की डाँड़ी।
सुषमन तंती बाजड़ लागी, इहि बिधि त्रिष्णाँ षाँडी।।
परम तत आधारी मेरे सिव नगरी घर मेरा।
कालहि षंडूँ नीच बिहंडूँ, बहुरि न करिहूँ फेरा।।
जपौं न जाप हतौं नहीं गूगल पुस्तक ले न पढ़ाऊँ।
कहै कबीर परम पद पाया, नहीं आऊँ नहीं जाऊँ।।196।।

बाबा पेड़ छाड़ि सब डाली लागे मूँढ़े जंत्र अभागे।
सोइ सोइ सब रैणि बिहाँणी, भोर भयो तब जागे।।टेक।।
देवलि जाँऊँ तौं देवी देखौं, तीरथि जाँऊँ त पाणीं।
ओछी बुधि अगोचर बाँणी, नहीं परम गति जाँणीं।।

साध पुकारैं समझत नाँहीं, आन जन्म के सूने।
बाँधै ज्यूँ अरहट की टीडरि, आवत जात बिगूते।।
गुर बिन इहि जग कौन भरोसा, काके संग है रहिए।
गनिका के घरि बेटाअ जाया, पिता नाँव किस कहिए।।
कहै कबीर यहु चित्र बिरोध्या, बूझी अमृत बाँणी।
खोजत खोजत सतगुर पाया, रहि गई आँवण जाँणीं।।197।।

भूली मालिनी, हे गोब्यंद जागतौ जगदेव, तूँ करै किसकी सेव।।टेक।।
भूली मालिन पाती तोड़ै, पाती पाती जीव।
जाँ मूरति कौ पाती तोड़ै, सो मूरति नर जीव।।
टाँचणहारै टाँचिया, दै छाती ऊपरि पाव।
लाडू लावण लापसी, पूजा चढ़ै अपार।
पूजि पुजारी ले गया, दे मूरति कै मुहिं छार।
पाती ब्रह्मा पुहपे बिष्णु, फूल फल महादेव।
तीनि देवौ एक मूरति करै किसकी सेव।
एक न भूला दोइ न भूला भूला सब संसारा।
एक न भूला दास कबीरा, जाकैं राम अधारा।।198।।

सेई मन समझि संमर्थ सरणाँगता, जाकी आदि अंति मधि कोई न पावै।
कोटि कारिज सरैं दह गुँण सब जरै, नेक जो नाँव पनिब्रत आवै।।टेक।।
आकार की ओट आकार नहीं ऊँबरै, सिव बिरंचि अरु विष्णु ताँई।
जास का सेवक तास कौ पइहैं, इष्ट कौ छाड़ि आगे न जाहीं।।
गुँण मई मूरति सेइ सब भेष मिलि, निरगुण निज रूप विश्राम नाहीं।
अनेक जुग बंदिगी विविध प्रकार की, अंति गुँण का गुँणही समाहीं।।
पाँच तत तीनि गुण जुगति करि साँनिया, अष्ट बिन हेत नहीं क्रम आया।
पाप पुन बीज अंकुर जाँमैं मरै, उपजि बिनसैं जेती सर्ब माया।।
क्रितम करता कहै परम पद क्यूँ लहै, भूलि मैं पड़्या लोक सारा।
कहै कबीर राम रमिता भजै, कोई एक जन गए उतरि पारा।।199।।

राम राइ तेरी गति जाँणीं न जाई।
जो जस करिहैं सो तस पइहै, राजा राम नियाई।।टेक।।
जैसी कहैं करैं जो तैंसीं, तो तिरत न लागै बारा।
कहता कहि गया सुनता सुणि गया, करणी कठिन अपारा।
सुरही तिण चरि अंमृत सरवै, लेर भवंगहि पाई।

अनेक जतन करि निग्रह कीजै, विषै बिकार न जाई।।
संत करै असंत की संगति, तासूँ कहा बसाई।
कहैं कबीर ताके भ्रम छूटै, जे रहे राम ल्यौ लाई।।200।।

कथणीं बदणी सब जजाल, भाव भगति अरु राम निराल।।टेक।।
कथैं बदै सुणै सब कोई, कथें न होई कीयें होई।।
कूड़ी करणीं राम न पावै, साच टिकै निज रूप दिखावै।
घट में अग्नि घर जल अवास, चेति बुझाइ कबीरा दास।।201।।

(राग आसावरी)

ऐसा रे अवधू की वाणी, ऊपरि कूवटा तलि भरि पाँणीं।।टेक।।
जब लग गगन जोति नहीं पलटै, अबिनासा सुँ चित नहीं विहुटै।
जब लग भँवर गुफा नहीं जानैं, तौ मेरा मन कैसै मानैं।।
जब लग त्रिकुटी संधि न जानैं, ससिहर कै घरि सूर न आनैं।
जब लग नाभि कवल नहीं सोधै, तौ हीरै हीरा कैसै बेधैं।।
सोलह कला संपूरण छाजा, अनहद कै घरि बाजैं बाजा।।
सुषमन कै घरि भया अनंदा, उलटि कबल भेटे गोब्यंदा।
मन पवन जब पर्‌या भया, क्यूँ नाले राँपी रस मइया।
कहै कबीर घटि लेहु बिचारी, औघट घाट सींचि ले क्यारी।।202।।

मन का भ्रम मन ही थैं भागा, सहज रूप हरि खेलण लागा।।टेक।।
मैं तैं तैं ए द्वै नाहीं, आपै अकल सकल घट माँहीं।
जब थैं इनमन उनमन जाँनाँ, तब रूप न रेष तहाँ ले बाँनाँ।।
तन मन मन तन एक समाँनाँ, इन अनभै माहैं मनमाँना।।
आतमलीन अषंडित रामाँ, कहै कबीर हरि माँहि समाँनाँ।।203।।

आत्माँ अनंदी जोगी, पीवै महारस अंमृत भोगी।।टेक।।
ब्रह्म अगनि काया परजारी, अजपा जाप जनमनी तारी।।
त्रिकुट कोट मैं आसण माँड़ै, सहज समाधि विषै सब छाँड़ै।।

त्रिवेणी बिभूति करै मन मंजन, जन कबीर प्रभु अलष निरंजन।।204।।

या जोगिया को जुगति जु बूझै, राम रमै ताकौ त्रिभुवन सूझै।।टेक।।
प्रकट कंथा गुपत अधारी, तामैं मूरति जीवनि प्यारी।
है प्रभू नेरै खोजै दूरि, ग्यान गुफा में सींगी पूरि।।
अमर बेलि जो छिन छिन पीवै, कहै कबीर सो जुगि जुगि जीवै।।205।।

सो जोगी जाकै मन मैं मुद्रा, रात दिवस न करई निद्रा।।टेक।।
मन मैं आँसण मन मैं रहणाँ, मन का जप तप मन सूँ कहणाँ।।
मन मैं षपरा मन मैं सींगी, अनहद बेन बजावै रंगी।
पंच परजारि भसम करि भूका, कहै कबीर सौ लहसै लंका।।206।।

बाबा जोगी एक अकेला, जाके तीर्थ ब्रत न मेला।।टेक।।
झोलीपत्र बिभूति न बटवा, अनहद बेन बजावै।।
माँगि न खाइ न भूखा सोवै, घर अँगना फिरि आवै।।
पांच जना का जमाति चलावै, तास गुरू मैं चेला।।
कहै कबीर उनि देस सिधाय, बहुरि न इहि जगि मेला।।207।।

जोगिया तन कौ जंत्र बजाइ, ज्यूँ तेरा आवागमन मिटाइ।।टेक।।
तत करि ताँति धर्म करि डाँड़ि, सत की सारि लगाइ।
मन करि निहचल आसँण निहचल, रसनाँ रस उपजाइ।।
चित करि बटवा तुचा मेषली, भसमै भसम चढ़ाइ।
तजि पाषंड पाँच करि निग्रह, खोजि परम पद राइ।।
हिरदै सींगी ग्याँन गुणि बाँधौ, खोजि निरंजन साँचा।
कहै कबीर निरंजन की गति, जुगति बिनाँ प्यंड काचा।।208।।

अवधू ऐसा ग्याँन बिचारी, ज्यूँ बहुरि न ह्वै संसारी।।टेक।।
च्यंत न सोच चित बिन चितवैं, बिन मनसा मन होई।
अजपा जपत सुनि अभिअंतरि, यहू तत जानैं सोई।।
कहै कबीर स्वाद जब पाया, बंक नालि रस खाया।
अमृत झरै ब्रह्म परकासैं तब ही मिलै राम राया।।209।।

गोब्यंदे तुम्हारैं बन कंदलि, मेरो मन अहेरा खेलै।
बापुर बाड़ी अनगु मृग, रचिहीं रचि मेलैं।।टेक।।
वित तरउवा पवन षेदा, सहज मूल बाँधा।
ध्यॉंन धनक जोग करम, ग्यॉंन बॉंन सॉंधा।।
षट चक्र कँवल बेध्या, जारि उजारा कीन्हॉं।
काम क्रोध लोभ मोह, हाकि स्यावज दीन्हॉं।।
गगन मंडल रोकि बारा, तहाँ दिवस न राती।
कहै कबीर छाँड़ि चले, बिछुरे सब साथी।।210।।

साधन कंचू हरि न उतारै, अनभै ह्वै तौ अर्थ बिचारै।।टेक।।
बॉंणी सुरंग सोधि करि आणै आणौं नौ रँग धागा।
चंद सूर एकंतरि कीया, सीवत बहु दिन लागा।
पंच पदार्थ छोड़ि समॉंनॉं, हीरै मोती जड़िया।
कोटि बरष लूँ क्यूँ सीयाँ, सुर नर धधैं पड़या।।
निस बासुर जे सोबै नाहीं, ता नरि काल न खाई।
कहै कबीर गुर परसादैं सहजै रह्या समाई।।211।।

जीवत जिनि मारै मूवा मति ल्यावैं,
मास बिहूँणाँ घरिमत आवै हो कंता।।टेक।।
उर बिन षुर बिन चंच बिन, बपु बिहूँना सोई।
सो स्यावज जिनि मारै कंता, जाकै रगत मांस न होई।।
पैली पार के पारधी, ताकी धुनहीं पिनच नहीं रे।
तो बेली को ढूंक्यों मृग लौ, ता मृग कैसी सनहीं रे।।
मार्‌या मृग जीवता राख्या, यहु गुरु ग्यॉंन मही रे।
कहै कबीर स्वॉंमी तुम्हारे मलन की, बेली है पर पात नहीं रे।।212।।

धरी मेरे मनवॉं तोहि धरि टॉंगौं,
तै तौ कीयौ मेरे खसम सूँ षॉंगी।।टेक।।
प्रेम की जेवरिया तेरे गलि बाँधूँ, तहाँ लै जाँउँ जहाँ मेरौ माधौ।
काया नगरीं पैसि किया मैं बासा, हरि रस छाड़ि बिषै रसि माता।।
कहै कबीर तन मन का ओरा भाव भकति हरिसूँ गठजोरा।।213।।

परब्रह्म देख्या हो तत बाड़ी फूली, फललागा बडहूली।
सदा सदाफल दाख बिजौरा कौतिकहारी भूली।।टेक।।
द्वादस कूँवा एक बनमाली, उलट नीर चलावै।
सहजि सुषमनाँ कूल भरावै, दह दिसि बाड़ी पावै।।
ल्यौकी लेज पवन का ढींकू, मन मटका ज बनाया।
सत की पाटि सुरति का चठा, सहजि नीर मुलकाया।।
त्रिकुटी चढ़यौ पाव ढौ ढारै, अरध उरध की क्यारी।
चंद सूर दोऊ पाँणति करिहै, गुर सुषि बीज बिचारी।।
भरी छाबड़ा मन बैकुंठा, साँई सूर हिया रगा।
कहै कबीर सुनहु रे संतो, हरि हँम एकै संगा।।214।।

राम नाम रँग लागौ कुरंग न होई, हरि रंग सौ रंग और न कोई।।टेक।।
और सबै रंग इहि रंग थैं छूटै, हरि रंग लागा कदे न खूटै।
कहै कबीर मेरे रंग राम राँई, और पतंग रंग उड़ि जाई।।215।।

कबीरा प्रेम कूल ढरै, हँमारे राम बिना न सरे।
बाँधि ले धौंरा सीचि लै क्यारी ज्यूँ तूँ पेड़ भरैं।।टेक।।
काया बाड़ी महैं माली, टहल करै दिन राती।
कबहूँन सोवै काज भँवारे, पाँण तिहारी माती।।
सेझै कूवा स्वाजि अति सीतल, कहबूँ कुवा बनहीं रे।
भाग हँमारे हरि रखवाले, कोई उजाड़ नहीं रे।।
गुर बीज जनाया कि रखि न पाया, मन को आपदा खोई।
औरै स्यावढ़ करै षारिसा, सिला करै सब कोई।
जौ घरि आया तौ सब ल्याया, सबही काज सँवार्‌या।
कहै कबीर सुनहु रे संतौ, थकित भया मैं हार्‌या।।216।।

राजा राम बिना तकती धो धो।
राम बिना नर क्यूँ छूटौगे, जम करै नग धो धो धो।।टेक।।
मुद्रा पहर्‌या जोग न होई, घूँघट काढ़या सती न कोई।
मा कै सँगि हिलि मिलि आया, फौकट सटै जनम गँवाया।
कहै कबीर जिनि हरि पद चीन्हाँ, मलिन प्यंड थैं निरमल कीन्हा।217।।

है कोई राम नाम बतावै, वस्तु अगोचर मोहि लखावै।।टेक।।
राम नाम सब बखानै, राम नाम का मरभ जाँनैं।।

ऊपर की मोहि बात न भावै, देखै गावैं तौ सुख पावै।
कहै कबीर कछू कहत न आवै, परचै बिनाँ मरम को पावै।।218।।

गोब्यंदे तूँ निरंजन तूँ निरंजन राया।
तेरे रूप नहीं रेख नाहीं, मुद्रा नहीं माया।।टेक।।
समद नाहीं सिषर नाहीं, धरती नाहीं गगनाँ।
रबि ससि दोउ एकै नाँही, बहता नाँही पवनाँ।।
नाद नाँही ब्यँद नाहीं काल नहीं काया।
जब तै जल ब्यंब न होते, तब तूँहीं राम राया।।
जप नाहीं तप नाहीं जोग ध्यान नहीं पूजा।
सिव नाँहीं सकती नाँहीं देव नहीं दूजा।।
रुग न जुग न स्याँम अथरबन, बेदन नहीं ब्याकरनाँ।
तेरी गति तूँहि जाँनै, कबीरा तो मरनाँ।।219।।

राम कै नाँइ निसाँन बागा, ताका मरम न जानै कोई।
भूख त्रिषा गुण वाकै नाँहीं, घट घट अंतरि लोई।।टेक।।
बेद बिबर्जित भेद बिबर्जित बिबर्जित पाप रु पुंन्यं।
स्वाँन बिबर्जित ध्यान बिबर्जित, बिबर्जित अस्थूल सुंन्यं।
भेष बिबर्जित भीख बिबर्जित, बिबर्जित ड्यंमक रूपं।
कहै कबीरा तिहूँ लोक बिबर्जित, ऐसा तत्त अनूप।।220।।

राम राम राम रमि रहिए, साषित सेती भूलि न कहिये।।टेक।।
का सुनहाँ कौ सुमृत सुनायें, का साषित पै हरि गुन गाँये।
का कऊवा कौं कपूर खवाँयें, का बिसहर कौं दूध पिलाँयें।
साषित सुनहाँ दोऊ भाई, वो नींदे कौ भौंकत जाई।
अमृत ले ले नींब स्यँचाई, कत कबीर बाकी बाँनि न जाई।।221।।

अब न बसूँ इहि गाँइ गुसाँई, तेरे नेवगी खरे सयाँने हो रामा।।टेक।।
नगर एक तहाँ जीव धरम हता, बसै जु पच किसानाँ।
नैनूँ निकट श्रवनूँ रसनूँ, इंद्री कह्या न मानै हो राँम।।
गाँइ कु ठाकुर खेत कु नेपै, काइथ खरच न पारै।
जोरि जेवरी खेति पसारै, सब मिलि मोकौं मारै हो राम।।
खोटी महतौ बिकट बलाही, सिर कसदम का पारै।
बुरा दिवाँन दादि नहिं लागै, इक बाँधे इक मारै हो राम।।

धरमराई जब लेखा माँग्या, बाकी निकसी भारी।
पाँच किसानाँ भाजि गये हैं, जीव धर बाँध्यौ पारी हो राम।।
कहै कबीर सुनुहु रे संतौ, हरि भजि बाँधौ भेरा।
अबकी बेर बकसि बंदे कौं, सब खेत करौ नबैरा।।222।।

ता भै थैं मन लागौ राम तोही, करौ कृपा जिनि बिसरौ मोहीं।।टेक।।
जननी जठर सह्या दुख भारी,
सो संक्या नहीं गई हमारी।।
दिन दिन तन छीजै जरा जनावै,
केस गहे काल बिरदंग बजावै।।
कहै कबीर करुणामय आगैं,
तुम्हारी क्रिपा बिना यहु बिपति न भागै।।223।।

कब देखूँ मेरे राम सनेही, जा बिन दुख पावै मेरी देही।।टेक।।
हूँ तेरी पंथ निहारूँ स्वाँमीं,
कब रमि लहुगे अंतरजाँमी।।
जैसें जल बिन मीन तलपै,
ऐसे हरि बिन मेरा जियरा कलपै।।
निस दिन हरि बिन नींद न आवै,
दरस पियासी राम क्यूँ सचु पावै।
कहै कबीर अब बिलंब न कीजै,
अपनौं जाँनि मोहि दरसन दीजै।।224।।

सो मेरा राम कबै घरि आवै, तो देखे मेरा जिय सुख पावै।।टेक।।
बिरह अगिनि तन दिया जराई, बिन दरसन क्यूँ होइ सराई।।
निस बासुर मन रहे उदासा, जैसें चातिग नीर पियासा।।
कहै कबीर अति आतुरताई, हमकौं बेगि मिलौ राम राई।।225।।

मैं सामने पीव गौंहनि आई।
साँई संगि साध नहीं पूगी, गयौ जोबन सुपिनाँ की नाँई।।टेक।।
पंच जना मिलि मंडप छायौ, तीन जनाँ मिलि लगन लिखाई।
सखी सहेली मंगल गावैं, सुख दुख माथै हलद चढ़ाई।।
नाँना रंगै भाँवरि फेरी, गाँठि जोरि बावै पति ताई।
पूरि सुहाग भयो बिन दूलह, चौक कै रंगि धर्‌यो सगौ भाई।।

अपने पुरिष मुख कबहूँ न देख्यौ, सती होत समझी समझाई।
कहै कबीर हूँ सर रचि मरिहूँ, तिरौ कंत ले तूर बजाई।।226।।

धीरैं धीरैं खाइबौ अनत न जाइबो, राम राम राम रमि रहिबौ।।टेक।।
पहली खाई आई माई, पीछै खैहूँ जवाई।
खाया देवर खाया जेठ, सब खाया ससुर का पेट।
खाया सब पटण का लोग, कहै कबीर तब पाया जोग।।227।।

मन मेरौ रहटा रसनाँ पुरइया, हरि कौ नाऊँ लैं लैं काति बहुरिया।।टेक।।
चारि खूँटी दोइ चमरख लाई, सहजि रहटवा दियौ चलाई।
सासू कहै काति बहू ऐसैं, बिन कातैं निसतरिबौ कैसैं।
कहै कबीर सूत भल काता, रहटाँ नहीं परम पद दाता।।228।।

अब की घरी मेरी घर करसी, साथ संगति ले मोकौं तिरसीं।।टेक।।
पहली को घाल्यौ भरमत डाल्यौ, सच कबहूँ नहीं पायी।
अब की धरनि धरी जा दिन थैं सगलौ भरम गमायौ।।
पहली नारि सदा कुलवंती, सासू सुसरा मानैं।
देवर जेठ सबनि की प्यारी, पिव कौ मरम न जाँनैं।।
अब की धरनिधरी जा दिन थैं, पीव सूँ बाँन बन्यूँ रे।
कहै कबीर भग बपुरी कौ, आइ रु राम सुन्यूँ रे।।229।।

मेरी मति बौरी राम बिसार्‌यौ, किहि बिधि रहनि रहूँ हौ दयाल।।
सेजै रहूँ नैंन नहीं देखौं, यह दुख कासौं कहूँ हो दयाल।।टेक।।
सासु की दुखी ससुर की प्यारी, जेठ के तरसि डरौं रे।
नणद सुहेली गरब गहेली, देवर कै बिरह जरौं हो दयाल।।
बाप सावको करैं लराई, माया सद मतिवाली।
सगौ भइया लै सलि चिढ़हूँ तब ह्वै हूँ पीयहि पियारी।।
सोचि बिचारि देखौं मन माँहीं, औसर आइ बन्यूँ रे।
कहै कबीर सुनहुँ मति सुंदरि, राजा राम रमूँ रे।।230।।

अवधू ऐसा ग्याँन बिचारी, ताथै भई पुरिष थैं नारी।।टेक।।
ना हूँ परनी नाँ हूँ क्वारी, पून जन्यूँ द्यौ हारी।
काली मूँड कौ एक न छोड़्यौ, अजहूँ अकन कुवारी।।

---

(227) ख—खाया पंच पटण का लोग।

बाम्हन के बम्हनेटी कहियै, जोकी के घरि चेला।
कलमाँ पढ़ि पढ़ि भई तुरकनी, अजहूँ फिरौं अकेली।।
पीहरि जाँऊँ न सासुरै, पुरषहिं अंगि न लाँऊँ।
कहै कबीर सुनहु रे संतौ, अंगहि अँग छुवाँऊँ।।231।।

मीठी मीठी माया तजी न जाई।
अग्याँनी पुरिष कौ भोलि भोलि खाई।।टेक।।
निरगुण सगुण नारी, संसारि पियारी,
लषमणि त्यागी गोरषि निवारी।
कीड़ी कुंजर मैं रही समाई,
तीनि लोक जीत्या माया किनहुँ न खाई।।
कहै कबीर पद लेहु बिचारी,
संसारि आइ माचा किन्हूँ एक कही षारी।।232।।

मन कै मैलौ बाहरि ऊजलौ किसी रे,
खाँडे की धार जन कौ धरम इसी रे।।टेक।।
हिरदा कौ बिलाव नैन बगध्यानी,
ऐसी भगति न होइ रे प्रानी।।
कपट की भगति करै जिन कोई,
अंत की बेर बहुत दुख होई।।
छाँड़ि कपट भजै राम राई,
कहै कबीर तिहँ लेक बड़ाई।।233।।

चोखौ वनज ब्यौपार, आइनै दिसावरि रे राम जपि लाहौ लीजै।।टेक।।
जब लग देखौं हाट पसारा,
उठि मन बणियों रे, करि ले बणज सवारा।
बेगे ही तुम्ह लाद लदाँनों,
औघट घआरे चलनाँ दूरि पयाँनाँ।।
खरा न खोटा नाँ परखानाँ,
लाहे कारनि रे सब मूल हिराँनाँ।।
सकल दुनीं मैं लोभ पियारा,
मूल ज राखै रे सोई बनिजारा।।
देस भला परिलोक बिराँनाँ,
जन दोइ चारि नरे पूछौ साध सयाँनाँ।।

---

(231) ख—पूत जने जनि हारी।

सायर तीन न वार न पारा,
कहि समझावै रे कबीर बणिजारा।।234।।

जौ मैं ग्याँन बिचार न पाया, तौ मैं यौं ही जनम गँवाया।।टेक।।
यह संसार हाट करि जाँनूँ, सबको बणिजण आया।
चेति सकै सो चेतौ रे भाई, मूरिख मूल गँवाया।।
थाके नैंन बैंन भी थाकै, थाकी सुंदर काया।
जाँमण मरण ए द्वै थाके, एक न थाकी माया।
चेति चेति मेरे मन चंचल, जब लग घट मैं सासा।
भगति जाव परभाव न जइयौ, हरि क चरन निवासा।।
जे जन जाँनि जपैं जग जीवन, तिनका ग्याँन नासा।
कहै कबीर वै कबहूँ न हारैं, जाँने न ढारै पासा।।235।।

लावौं बाबा आगि जलावौं घरा रे, ता कारनि मन धंधै परा रे।।टेक।।
इक डाँइनि मेरे मन मैं बसै रे, नित उठि मेरे जिय को डसै रे!
या डाँइन्य ले लरिका पाँच रे, निस दिन मोहि नचावैं नाच रे।
कहै कबीर हूँ ताकौ दास, डाँइनि कै सँगि रहे उदास।।236।।

बंदे तोहि बंदिगी सौ काँम, हरि बिन जानि और हराँम।
दूरि चलणाँ कूँच वेगा, इहाँ नहीं मुकाँम।।टेक।।
इहाँ नहीं कोई यार दोस्त, गाँठि गरथ न दाम।
एक एकै संगि चलणाँ, बीचि नहीं बिश्राँम।।
संसार सागर बिषम तिरणाँ, सुमरि लै हरि नाँम।
कहै कबीर तहाँ जाइ रहणाँ, नगर बसत निधाँन।।237।।

झूठा लोग कहैं घर मेरा।
जा घर माँहै बोलै डोलैं, सोई नहीं तन तेरा।।टेक।।
बहुत बँध्या परिवार कुटुँब मैं, कोई नहीं किस केरा।
जीवित आँषि मूँदि किन देखौ, संसार अंध अंधेरा।।
बस्ती मैं थैं मारि चलाया, जंगलि किया बसेरा।
घर कौ खरच खबरि नहीं भेजी, आप न कीया फेरा।।
हस्ती घोड़ा बैल बाँहणी, संग्रह किया घणेरा।
भीतरि बीबी हरम महल मैं, साल मिया का डेरा।।

बाजी को बाजीगर जाँनैं कै बाजीगर का चेरा।
चोरा कबहूँ उझकि न देखै चेरा अधिक चितेरा।।
नौ मन सूत उरझि नहीं सुरझै, जनमि जनमि उरझेरा।
कहै कबीर एक राम भजहु रे, बहुरि न ह्वैगा फेरा।।238।।

हावड़ि धावड़ि जनम गवावै, कबहुँ न राम चरन चित लावै।।टेक।।
जहाँ जहाँ दाँम तहाँ मन धावै, अँगुरी गिनताँ रैंनि बिहावै।
तृया का बदन देखि सुख पावै, साथ की संगति कबहूँ न आवै।।
सरग के पंथि जात सब लोई सिर धरि पोट न पहुँच्या कोई।
कहै कबीर हरि कहा उबारे, अपणैं पाव आप जो मारै।।239।।

प्राँणी काहै कै लोभ लागि, रतन जनम खोयौ।
बहुरि हीरा हाथि न आवै, राम बिना रोयौ।।टेक।।
जल बूँद थैं ज्यानि प्यंड बाँध्या, अगनि कुंढ रहाया।
दस मास माता उदरि राख्या, बहुरि लागी माया।।
एक पल जीवन की आसा नाहीं, जम निहारे सासा।
बाजीगर संसार कबीरा, जाँनि ढारौ पासा।।240।।

फिरत कत फूल्यौ फूल्यौ।
जब दस मास उधर मुखि होते, सो दिन काहै भूल्यौ।।टेक।।
जौ झारै तौ होई भसम तन, रहत कृम ह्वै जाई।।
काँचै कुंभ उद्यक भरि राख्यौ, तिनकी कौन बड़ाई।।
ज्यूँ माषी मधु संचि करि, जोरि जोरि धन कीनो।।
मूय पीछै लेहु लेहु करि, प्रेत रहन क्यूँ दोनों।।
ज्यू घर नारी संग देखि करि, तब लग संग सुहेली।।
मरघट घाट खैंचि करि राखे, वह देखिहु हंस अकेली।।
राम न रमहु मदन कहा भूले, परत अँधेरैं कूवा।।
कहै कबीर सोई आप बँधायौ, ज्यूँ नलनी का सूवा।।241।।

जाइ रे दिन हीं दिन देहा, करि लै बौरी राम सनेहा।।टेक।।
बालापन गयौ जोबन जासी, जुरा मरण भौ संकट आसी।
पलट केस नैन जल छाया, मूरिख चेति बुढ़ापा आया।।
राम कहत लज्या क्यूँ कीजै, पल पल आउ घटै तन छीजै।
लज्या कहै हूँ जम की दासी, एकै हाथि मूदिगर दूजै हाथि पासी।।
कहै कबीर तिनहूँ सब हार्‌या, राम नाम जिनि मनहु बिसार्‌या।।242।।

मेरी मेरी करताँ जनम गयौ, जनम गयौ पर हरि न कह्यौ।।टेक।।
बारह बरस बालापन खोयौ, बीस बरस कछु तप न कयौ।
तीर बरस कै राम न सुमिर्‌यौ, फिरि पछितानौं बिरध भयो।।
आयौ चोर तुरंग मुसि ले गयौ, मोरी राखत मगध फिरै।।
सीस चरन कर कंपन लागै, नैन नीर अस राल बहै।
जिभ्द्या बचन सूध नहीं निकसै, तब सुकरित की बात कहै।।
कहै कबीर सुनहु रे संतौ धन संच्यौ कछु संगि न गयौ।
आई तलब गोपाल राइ की, मैंडी मंदिर छाड़ि चल्यौ।।243।।

जाहि जाती नाँव न लीया, फिरि पछितावैगी रे जीया।।टेक।।
धंधा करत चरन कर घाटे, जाउ घटि तन खीना।
बिषै बिकार बहुत रूचि माँनी, माया मोह चित दीन्हाँ।।
जागि जागि नर काहें सोवै, सोइ सोइ कब जागेगा।
जब घर भीतरि चोर पड़ैंगे, अब अंचलि किसके लागैगा।।
कहै कबीर सुनहु रे संतो, करि ल्यौ जे कछु करणाँ।
लख चौरासी जोनि फिरौगे, बिना राम की सरनाँ।।244।।

माया मोहि मोहि हित कीन्हाँ, ताथैं मेरो ग्यॉन ध्यॉन हरि लीन्हाँ।।टेक।।
संसार ऐसा सुपिन जैसा, जीव न सुपिन समाँन।
साँच करि नरि गाँठि बाँध्यौं, छाड़ि परम निधाँन।।
नैन नेह पतंग हुससै, पसू न पेखै आगि।
काल पासि जु मुगध बाँध्या, कलंक काँमिनी लागि।।
करि विचार बिकार परहरि, तिरण तारण सोइ।
कहै कबीर रघुनाथ भजि नर, दूजा नाँही कोइ।।245।।

ऐसा तेरा झूठा मीठा लागा, ताथैं साचे सूँ मन भागा।।टेक।।
झूठे के घरि झूठा आया, झूठै खान पकाया।
झूठी सहन क झूठा बाह्या, झूठै झूठा खाया।।
झूठा ऊठण झूठा बैठण, झूठो सबै सगाई।
झूठे के घरि झूठा राता, साचे को न पत्याई।।

---

(243) ख—मौरी बाँधत।
(244) ख—धंधा करत करत कर थाके।

कहै कबीर अलह का पगुरा, साँचे सूँ मन लावौ।
झूठे केरी संगति त्यागौ, मन बंछित फल पावौ।।246।।

कौंण कौण गया राम कौंण कौण न जासी,
पड़सी काया गढ़ माटी थासी।।टेक।।
इंद्र सरीखे गये नर कोड़ी, पाँचौं पाँडौं सरिषी जोड़ी।
धू अबिचल नहीं रहसी तारा, चंद सूर की आइसी वारा।।
कहै कबीर जब देखि संसारा, पड़सी घट रहसी निरकारा।।247।।

ताथैं सेविये नाराँइणाँ प्रभू मेरो दीनदयाल दया करणाँ।।टेक।।
जौ तुम्ह पंडित आगम जाँणौं, विद्या व्याकरणाँ।
तंत मंत सब ओषदि जाणौं, अंति तऊ मरणाँ।।
राज पाट स्यंधासण आसण, बहु सुंदर रमणाँ।
चंदन चीर कपूर विराजत, अंति तऊ मरणाँ।।
जोगी जती तपी संन्यासी, बहु तीरथ भरमणाँ।
लुंचित मुंडित मोनि जटाधर, अंति तऊ मरणाँ।।
सोचि बिचारि सबै जग देख्या, कहूँ न ऊबरणाँ।
कहै कबीर सरणाई आयौ, मेटि जामन मरणाँ।।248।।

पाँड़े न करसि बाद बिबादं, या देही बिना सबद न स्वादं।।टेक।।
अंड ब्रह्मंड खंड भी माटी माटी नवनिधि काया।
माटी खोजत सतगुर भेट्या, तिन कछू अलख लखाया।।
जीवत माटी मूवा भी माटी, देखौ ग्यान बिचारी।
अंति कालि माटी मैं बासा, लेटे पाँव पसारी।।
माटी का चित्र पवन का थंभा, ब्यंद संजोगि उपाया।
भाँनैं घड़े सवारै सोई, यहु गोब्यंद की माया।
माटी का मंदिर ग्यान की दीप पवन बाति उजियारा।
तिहि उजियारै सब जग सूझै कबीर ग्याँन बिचारा।।249।।

मेरी जिभ्या बिस्न नैन नाराँइन, हिरदै जपौं गोबिंदा।
जम दुवार जब लेख माँग्या, तब का कहिसि मुकंदा।।टेक।।
तूँ ब्राह्मण मैं कासी का जुलाहा, चीन्हि न मोर गियाना।
तैं सब माँगे भूपति राजा, मोरे राम धियाना।।

पूरब जनम हम ब्राँह्मन होते, वोछैं करम तप हीनाँ।
रामदेव की सेवा चूका, पकरि जुलाहा कीन्हाँ।।
नौमी नेम दसमी करि संजम, एकादसी जागरणाँ।
द्वादसी दाँन पुन्नि की बेलाँ, सर्व पाप छ्यौ करणाँ।।
भौ बूड़त कछू उपाय करीजै, ज्यूँ बतिरि लंघै तीरा।
राम नाम लिखि मेरा बाँधौ, कहै उपदेस कबीरा।।250।।

कहु पाँडे सुचि कवन ठाँव, जिहि घरि भोजन बैठि खाऊँ।।टेक।।
माता जूठा पिता पुनि जूठा जूठे फल चित लागे।
जूठ आँवन जूठा जाँनाँ, चेतहु क्यूँ न अभागे।।
अन्न जूठा पाँनी पुनि जूठा, जूठे बैठि पकाया।
जूठी कड़छी अन्न परोस्या, जूठे जूठा खाया।।
चौका जूठा गोबर जूठा, जूठी का ढोकारा।
कहै कबीर तेई जन सूचे, जे हरि भजि तजहिं बिकारा।।251।।

हरि बिन झूठे सब ब्यौहार, केते कोऊ करौ गँवार।।टेक।।
झूठा जप तप झूठा ग्याँन, राम राम बिन झूठा ध्यांन।
बिजि नखेद पूजा आचार, सब दरिया मैं वार न पार।।
इंद्री स्वारथ मन के स्वाद, जहाँ साच तहाँ माँडै बाद।
दास कबीर रह्या ल्यौ लाइ, मर्म कर्म सब दिये बहाइ।।252।।

चेतनि देखै रे जग धंधा,
राम नाम का मरम न जाँनैं, माया कै रसि अंधा।।टेक।।
जतमत हीरू कहा ले आयो, मरत कहा ले जासी।
जैसे तरवर बसत पँखेरू, दिवस चारि के बासी।।

---

(250) ख प्रति में इसके आगे यह पद है--
कहु पाँडे कैसी सुचि कीजै, सुचि कीजै तौ जनम न लीजै।।टेक।।
जा सुचि केरा करहु बिचारा, भिष्ट भए लीन्हा औतारा।
जा कारणि तुम्ह धरती काटी, तामैं मूए जीव सौ साटी।।
जा कारणि तुम्ह लीन जनेऊ, थूक लगाइ कातै सब कोऊ।
एक खाल घृत केरी साखा, दूजी खाल मैले घृत राखा।।
सो घृत सब देवतनि चढ़ायौ, सोई घृत सब दुनियाँ भायौ।
कहै कबीर सुचि देहु बताई, राम नाम लीजौ रे भाई।।250।।

आपा थापि अवर कौ निंदै, जन्मत हो जड़ काटी।
हरि को भगति बिना यहु देही, धब लौटे ही फाटी।।
काँम क्रोध मोह मद मछर, पर अपवाद न सुणियें।
कहैं कबीर साध की संगति, राम नाम गुण भणिये।।253।।

रे जम नाँहि नवै व्यापारी, जे भरैं जगाति तुम्हारी।।टेक।।
बसुधा छाड़ि बनिज हम कीन्हों, लाद्यो हरि को नाँऊँ।
राम नाम की गूँनि भराऊँ, हरि कै टाँडे जाँऊँ।।
जिनकै तुम्ह अगिवानी कहियत, सो पूँजी हँम पासा।
अबै तुम्हारी कछु बल नाँहीं, कहै कबीरा दासा।।254।।

मीयाँ तुम्ह सौं बोल्याँ बणि नहीं आवै।
हम मसकीन खुदाई बंदे, तुम्हारा जस मनि भावै।।टेक।।
अलह अवलि दीन का साहिब, जार नहीं फुरमाया।
मुरिसद पीर तुम्हारै है को, कहौ कहाँ थैं आया।।
रोजा करै निवाज गुजारै, कलमैं भिसत न होई।
संतरि काबे इक दिल भीतरि, जे करि जानैं कोई।।
खसम पिछाँनि तरस करि जिय मैं माल मनी करि फीकी।
आपा जाँनि साँई कूँ जाँनै, तब ह्वै भिस्त सरीकी।।
माटी एक भेष धरि नाँनाँ, सब मैं ब्रह्म समानाँ।
कहै कबीर भिस्त छिटकाई, दाजग ही मन मानाँ।।255।।

अलह ल्यौ लाँयें काहे न रहिये, अह निसि केवल राम नाम कहिये।।टेक।।
गुरमुखि कलमा ग्याँन मुखि छुरि, हुई हलाहल पचूँ पुरी।।
मन मसीति मैं किनहूँ न जाँनाँ, पंच पीर मालिम भगवानाँ।।
कहै कबीर मैं हरि गुन गाऊँ, हिंदू तुरक दोऊ समझाऊँ।।256।।

रे दिल खोजि दिलहर खोजि, नाँ परि परेसाँनीं माँहि।
महल माल अजीज औरति, कोई दस्तगोरी क्यूँ नाँहि।।टेक।।
पीराँ मुरीदाँ काजियाँ, मुलाँ अरू दरबेस।
कहाँ थें तुम्ह किनि कीये, अकलि है सब नेस।।
कुराना कतेबाँ अस पढ़ि पढ़ि, फिकरि या नहीं जाइ।
टुक दम करारी जे करै, हाजिराँ सुर खुदाइ।।

दरोगाँ बकि बकि हूँहि खुसियाँ, बे अकलि बकहिं पुमाहिं।
इक साच खालिक खालक म्यानै, सो कछू सच सूरति माँहि।।
अलह पाक तूँ नापाक क्यूँ, अब दूसर नाँहीं कोइ।
कबीर करम करीम का, करनीं करै जाँनै सोइ।।257।।

खालिक हरि कहीं दर हाल।
पंजर जसि करद दुसमन मुरद करि पैमाल।।टेक।।
भिस्त हुसकाँ दोजगाँ दुंदर दराज दिवाल।
पहनाम परदा ईत आतम, जहर जंगम जाल।
हम रफत रहबरहु समाँ, मैं खुर्दा सुमाँ बिसियार।
हम जिमीं असमाँन खालिक, गुद मुँसिकल कार।।
असमाँन म्यानैं लहँग दरिया, तहा गुसल करदा बूद।
करि फिकर रह सालक जसम, जहाँ स तहाँ मौजूद।।
हँम चु बूँद खालिक, गरक हम तुम पेस।
कबीर पहन खुदाइ की, रह दिगर दाबानेस।।258।।

अलह राम जीऊँ तेरे नाई, बंदे ऊपरि मिहर करी मेरे साँई।।टेक।।
क्या ले माटी भुँइ सूँ, मारैं क्या जल देइ न्हवायें।
जो करै मसकीन सतावै, गूँन ही रहै छिपायें।।
क्या तू जू जप मंजन कीये, क्याँ मसीति सिर नाँयें।
रोजा करैं निमाज गुजारैं, क्या हज काबै जाँयें।।
ब्राह्मण ग्यारसि करै चौबीसौं, काजी महरम जाँन।
ग्यारह मास जुदे क्यू कीये, एकहि माँहि समाँन।।
जौ रे खुदाइ मसीति बसत है, और मुलिक किस केरा।
तीरथ मूरति राम निवासा, दुहु मैं किनहूँ न हेरा।।
पूरिब दिसा हरी का बासा, पछिम अलह मुकाँमा।
दिल ही खोजि दिलै दिल भीतरि, इहाँ राम रहिमाँनाँ।।
जेती औरति मरदाँ कहिये, सब मैं रूप तुम्हारा।
कबीर पंगुड़ा, अलह राम का, हरि गुर पीर हमारा।।259।।

---

(257) 'क' प्रति में आठवीं पंक्ति का पाठ इस प्रकार है
साचु खलक खालक, सैल सूरति माँहि।।
(259) ख—सब मैं नूर तुम्हारा।।

मैं बड़ मैं बड़ मैं बड़ माँटी, मण दसना जट का दस गाँठी।।टेक।।
मैं बाबा का जाध कहाँऊँ, अपणी मारी नींद चलाऊँ।
इनि अहकार घणें घर घाले, नाचर कूदत जमपुरि चाले।।
कहै कबीर करता ही बाजी, एक पलक मैं राज बिराजी।।260।।

काहे बीहो मेरे साथी, हूँ हाथी हरि केरा।
चौरासी लख जाके मुख मैं, सो च्यंत करेगा मेरा।।टेक।।
कहौ गौन षिबै कहौ कौन गाजै, कहा थैं पाँणी निसरै।
ऐसी कला अनत है जाकैं, सो हँम कौं क्यूँ बिसरै।।
जिनि ब्रह्मांड रच्यै बहु रचना, बाब बरन ससि सूरा।
पाइक पंच पुहमि जाकै प्रकटै, सो क्यूँ कहिये दूंरा।।
नैन नालिका जिनि हरि सिरजे, बसन बसन बिधि काया।
साधू जन कौं क्यूँ बिसरै, ऐसा है राम राया।।
को काहू मरम न जानैं, मैं सरनाँगति तेरी।
कहै कबीर बाप राम राया, हुरमति राखहु मेरी।।261।।

(राग सोरठि)

हरि को नाम न लेइ गँवारा, क्या सोचे बारंबारा।।टेक।।
पंच चोर गढ़ मंझा, गड़ लूटै दिवस रे संझा।।
जौ गढ़पति मुहकम होई, तौ लूटि न सकै कोई।।
अँधियारै दीपक चहिए, तब बस्त अगोचर लहिये।।
जब बस्त अगोचर पाई, तब दीपक रह्या समाई।।
जौ दरसन देख्या चहिये, तौ दरपन मंजत रहिये।।
जब दरपन लागै कोई, तब दरसन किया न जाई।।
का पढ़िये का गुनिये, का बेद पुराना सुनिये।।
पढ़े गुने मति होई, मैं सहजैं पाया सोई।।
कहैं कबीर मैं जाँनाँ, मैं जाँनाँ मन पतियाँनाँ।।
पतियानाँ जौ न पतीजै, तौ अंधै कूँ का कीजै।।262।।

अंधै हरि बिन को तेरा, कवन सूँ कहत मेरी मेरा।।टेक।।
तजि कुलाक्रम अभिमाँनाँ, झूठे भरमि कहा भुलानाँ।।
झूठे तन की कहा बड़ाई, जे निमष माँहि जरि जाई।।
जब लग मनहिं बिकारा, तब लगि नहीं छूटै संसारा।
जब मन निरमल करि जाँनाँ, तब निरमल माँहि समानाँ।

ब्रह्म अगनि ब्रह्म सोई, अब हरि बिन और न कोई।।
जब पाप पुँनि भ्रँम जारी, तब भयो प्रकास मुरारी।
कहैं कबीर हरि ऐसा, जहाँ जैसा तहाँ तैसा।।
भूलै भरमि परै जिनि कोई, राजा राम करै सो होई।।263।।

मन रे सर्‌यौ न एकौ काजा, ताथैं भज्यौ न जगपति राजा।।टेक।।
बेद पुराँन सुमृत गुन पढ़ि गुनि भरम न पावा।
संध्या गायत्री अरु षट करमाँ, तिन थैं दूरि बतावा।।
बनखंडि जाइ बहुत तप कीन्हाँ, कंद मूल खनि खावा।
ब्रह्म गियाँना अधिक धियाँनी, जंम कै पटैं लिखावा।।
रोजा किया निवाज गुजारी, बंग दे लोग सुनावा।
हिरदै कपट मिलै क्यूँ साँई, क्या हल काबै जावा।।
पहर्‌यौ काल सकल जग ऊपरि, माँहै लिखे सब ग्याँनी।
कहै कबीर ते भये षालसे, राम भगति जिनि जाँनी।।264।।

मन रे जब तैं राम कह्यौ, पीछै कहिबे कौ कछू न रह्यौ।।टेक।।
का जाग जगि तप दाँनाँ, जौ तै राम नाम नहीं जाँना।।
काँम क्रोध दोऊ भारे, ताथैं गुरु प्रसादि सब जारे।।
कहै कबीर भ्रम नासी, राजा राम मिले अबिनासी।।265।।

राम राइ सी गति भई हमारी, मो पै छूटत नहीं संसारी।।टेक।।
यूँ पंखी उड़ि जाइ अकासाँ, आस रही मन माँहीं।।
छूटीं न आस टूट्यौ नहीं फंधा उडिबौ लागौ काँहीं।।
जो सुख करत होत दुख तेही, कहत न कछु बनि आवै।।
कुंजर ज्यूँ कस्तूरी का मृग, आपै आप बँधावै।।
कहै कबीर नहीं बस मेरा, सुनिये देव मुरारी।।
इन भैभीत डरौं जम दूतनि, आये सरनि तुम्हारी।।266।।

राम राइ तूँ ऐसा अनभूत, तेरी अनभैं थैं निस्तरिये।।
जे तुम्ह कृपा करौ जगजीवन तौ कतहूँ न भूलि न परिये।।टेक।।
हरि पद दुरलभ अगम अगोचर, कथिया गुर गमि बिचारा।
जा काराँनि हम ढूँढत फिरते, आथि भर्‌यो संसारा।।

प्रगटी जोति कपाट खोलि दिये, दगधे जम दुख द्वारा।
प्रगटे बिस्वनाथ जगजीवन, मैं पाये करत बिचारा।।
देख्यत एक अनेक भाव है, लेखत जात अजाती।
बिह कौ देव तजि ढूँढत फिरते मंडप पूजा पाती।।
कहै कबीर करुँणामय किया, देरी गलियाँ बह बिस्तारा।
राम कै नाँव परम पद पाया छूटै बिघन बिकारा।।267।।

राम राइ को ऐसा बैरागी, हरि भजि मगन रहै बिष त्यागी।।टेक।।
ब्रह्मा एक जिनि सृष्टि उपाई, नाँव कुनाल धराया।
बहु विधि भाँडै उमही घड़िया, प्रभु का अंत न पाया।।
तरबर एक नाँनाँ बिधि फलिया, ताकै मूल न साखा।
भौजलि भलि रह्या रे प्राणीं सो फल कदे न चाखा।।
कहै कबीर गुर बचन हेत करि और न दुनियाँ आथी।
माटी का तन माँटी मिलिहै, सबद गुरू का साथी।।268।।

नैक निहारी हो माया बिनती करै,
दीन बचन बोले कर जोरै, फुनि फुनि पाइ परै।।टेक।।
कनक लेहु जेता मनि भावै, कामिन लेहु मन हरनीं।
पुत्र लेहु विद्या अधिकारी राजा लेहु सब धरनीं।।
अठि सिधि लेहु तुम्ह हरि के जनाँ नवैं निधि है तुम्ह आगैं।।
सुर नर सकल भवन के भूपति, तेऊ लहै न मागैं।।
तै पापणीं सबै संधारे काकौ काज सँवार्‌यौ।।
दास कबीर राम कै सरनै छाड़ी झूठी माया।
गुर प्रसाद साध की संगति, तहाँ परम पद पाया।।269।।

तुम्ह घरि जाहू हमारी बहनाँ, बिष लागै तुम्हारै नैना ।।टेक।।
अंजन छाड़ि निरंजन राते नाँ किसही का दैनाँ।
बलि जाऊँ ताकी जिनि तुम्ह पठई एक महा एक बहनाँ।।
राती खाँडी देख कबीरा, देखि हमारा सिंगारौ।।
सरग लोक थै हम चलि आई, करत कबीर भरतारौ।।
सर्ग लोक में क्या दुख पड़िया, तुम्ह आई कलि माँहि।
जाति जुलाहा नाम कबीरा, अजहुँ पतीजौ नाँही।।

तहाँ जाहु जहाँ पाट पटंबर, अगर चंदन घसि लीनाँ।
आइ हमारै कहाँ करौगी, हम तौ जाति कमीनाँ।।
जिनि हँम साजे साँज्य निवाजे बाँधे काचै धागै।
जे तुम्ह जतन करो बहुतेरा, पाँणी आगि न लागै।।
साहिब मेरा लेखा मागै लेखा क्यूँ करि दीजै।
ते तुम्ह जतन करो बहुतेरा, तौ पाँइण नीर न भीजै।।
जाकी मैं मछी मो मेरा मछा, सो मरा रखवालू।
टुक एक तुम्हारै हाथ लगाऊँ, तो राजाँ राँम रिसालू।।
जाति जुलाहा नाम कबीरा, बनि बनि फिरौं उदासी।
आसि पासि तुम्ह फिरि फिरि बैसो, एक माउ एक मासी।।270।।

ताकूँ रे कहा कीजै भाई,
तजि अंमृत बिषै सूँ ल्यौ लाई।।टेक।।
बिष संग्रह कहा सुख पाया,
रंचक सुख कौ जनम गँवाया।।
मन बरजै चित कह्यो न करई,
सकति सनेह दीपक मैं परई।।
कहत कबीर मोहि भगति उमाहा,
कृत करणी जाति भया जुलाहा।।271।।

रे सुख इब मोहि बिष भरि लगा
इनि सुख डहके मोटे मोटे छत्रपति राजा।।टेक।।
उपजै बिनसै जाइ बिलाई संपति काहु के संगि न जाई।।
धन जोबन गरब्यो संसारा, बहु जन जारि बरि ह्वैहै छारा।
चरन कवल मन राखि ले धीरा, राम रमत सुख कहै कबीरा।।272।।

इब न रहूँ माटी के घर मैं,
इब मैं जाइ रहूँ मिलि हरि मैं।।टेक।।
छिनहर घर अरु झिरहर टाटी, धन गरजत कंपै मेरी छाती।।
दसवैं द्वारि लागि गई तारी, दूरि गवन आवन भयौ भारी।।
चहुँ दिसि बैठे चारि पहरिया, जागत मुसि गये मोर नगरिया।।
कहै कबीर सुनहु ले लोई, भाँनड़ घड़ण सँवारण सोई।।273।।

कबीर बिगर्‌या राम दुहाई,
तुम्ह जिनि बिगरौ मेरे भाई।।टेक।।
चंदन कै ढिग बिरष जु मैला, बिगरि बिगरि सो चंचल ह्वैला।।
पारस कौं जे लोह छिवैगा, बिगरि बिगरि सो कंचन ह्वैला।।
गंगा मैं जे नीर मिलैगा, बिगरि बिगरि गंगोदिक ह्वैला।।
कहै कबीर जे राम कहैला, बिगरि बिगरि सो राँमहि ह्वैला।।274।।

राम राम भई बिकल मति मोरी,
कै यहु दुनी दिवानी तेरी।।टेक।।
जे पूजा हरि नाही भावै सो पूजनहार चढ़ावै।।
जिहि पूजा हरि भल माँनै, सो पूजनहार न जाँनै।।
भाव प्रेम की पूजा ताथै भयो देव थैं दूजा।।
का कीजै बहुत पसारा, पूजी जे पूजनहारा।।
कहै कबीर मैं गावा, मैं गावा आप लखावा।।
जो इहि पद माँहि समाना, सो पूजनहार सयाँना।।275।।

राम राम भई बिगूचनि भारी,
भले इन ग्याँनियन थैं संसारी।।टेक।।
इक तप तीरथ औगाहैं इक मानि महातम चाँहै।।
इक मैं मेरी मैं बीझै, इक अहमेव मैं रीझै।।
इक कथि कथि भरम जगाँवै, सँमिता सी बस्त न पावैं।
कहै कबीर का कीजै, हरि सूझे सो अंजन दीजै।।276।।

काया मंजसि कौन गुनाँ,
घट भीतरि है मलनाँ।।टेक।।
जौ तूँ हिरदै सुध मन ग्यानीं, तौ कहा बिरौले पाँनी।
तूँबी अठसठी तीरथ न्हाई, कड़वापन तऊ न जाई।।
कहै कबीर बिचारी, भवसागर तारि मुरारी।।277।।

कैसे तूँ हरि कौ दास कहायौ;
करि बहु भेषर जनम गँवायौ।टेक।।
सुध बुध होइ भज्यौ नहिं सोई काछ्यो ड्यँभ उदर कै ताँई।।
हिरदै कपट हरि सूँ नहीं साचौ, कहा भयो जे अनहद नाच्यौ।।
झूठे फोकट कलू मँझारा, राम कहै ते दास नियारा।।
भगति नारदी मगन सरीरा, इहि बिधि भव तिरि कहै कबीरा।।278।।

राँम राइ इहि सेवा भल माँने,
जै कोई राँम नाँम तन जाँनैं।।टेक।।
दे नर कहा पषालै काया, सो तन चीन्हि जहाँ थैं आया।।
कहा बिभूति अटा पट बाँधें, का जल पैसि हुतासन साधें।।
राँममाँ दोई आखिर सारा, कहै कबीर तिहुँ लोक पियारा।।179।।

इहि बिधि राँम सूँ ल्यौ लाइ।
चरन पाषें निरति करि, जिभ्या बिना गुँण गाइ।।टेक।।
जहाँ स्वाँति बूद न सीप साइर सहजि मोती होइ।
उन मोतियन में नीर पीयौ पवन अंबर धोइ।।
जहाँ धरनि बरषै गगन भीजै, चंद सूरज मेल।
दोइ मिलि तहाँ जुड़न लागे, करता हंसा केलि।।
एक बिरष भीतरि नदी चाली, कनक कलस समाइ।
पंच सुवटा आइ बैठे, उदै भई बनराइ।।
जहाँ बिछट्यो तहाँ लाग्यौ, गगन बैठी जाइ।
जन कबीर बटाऊवा, जिनि मारग लियौ चाइ।।280।।

ताथैं मोहि नाचवौ, न आवै,
मेरो मन मंदला न बजावै।।टेक।।
ऊभर था ते सूभर भरिया, त्रिष्णां गागरि फूटी।
हरि चिंतत मेरे मंदला भीनौं, भरम भीयन गयौ छूटी।।
ब्रह्म अगनि मैं जरी जु ममिता, पाषंड अरु अभिमानाँ।
काम चोलना भया पुराना, मोपैं होइ न आना।।
जे बहु रूप कीये ते किये, अब बहु रूप न होई।
थाकी सौंज संग के बिछुरे, राम नाँम मसि धोई।।
जे थे सचल अचल ह्वै थाके, करते बाद बिबाद।
कहै कबीर मैं पूरा पाया, भय राम परसाद।।281।।

अब क्या कीजै ग्यान बिचारा,
निज निरखत गत ब्यौहारा।।टेक।।
जाचिग दाता इक पाया धन दिया जाइ न खाया।।
कोई ले भरि सकै न मूका, औरनि पै जानाँ चूका।।
तिस बाझ न जीब्या जाई, वो मिलै त घालै खाई।।
वो जीवन भला कहाहीं, बिन मूवाँ जीवन नाहीं।।
घसि चंदन बनखंडि बारा, बिन नैननि रूप निहारा।।
तिहि पूत बाप इक जाया, बिन ठाहर नगर बसाया।।
जौ जीवत ही मरि जाँनै, तौ पंच सयल सुख मानैं।।
कहै कबीर सो पाया, प्रभु भेटत आप गँवाया।।282।।

अब मैं पायौ राजा राम सनेही।।टेक।
जा बिनु दुख पावै मेरी देही।।टेक।।
वेद पुरान कहत जाकी साखी, तीरथि ब्रति न छूटै जंम की पासी।।
जाथैं जनम लहत नर आगैं, पाप पुंनि दोऊ भ्रम लागै।।
कहै कबीर सोई तत जागा, मन भया मगन प्रेम रस लागा।।283।।

बिरहिनी फिरै है नाम अधीरा,
उपजि बिनाँ कछू समझि न परई, बाँझ न जानै पीरा।।टेक।।
या बड़ बिथा सोई भल जाँनै राँम बिरह सर मारी।
कैसो जाँनै जिनि यहु लाई, कै जिनि चोट सहारी।।
संग की बिछुरी मिलन न पावै सोच करै अरु काहै।।
जतन करै अरु जुगति बिचारै, रटै राँम कूँ चाहै।।
दीन भई बूझै सखियन कौं, कोई मोही राम मिलावै।
दास कबीर मीन ज्यूँ तलपै, मिलै भलै सचु पावै।।284।।

जातनि बेद न जानैगा जन सोई,
सारा भरम न जाँनै राँम कोई।।टेक।।
चषि बिन दिवस जिसी है संझा,
ब्यावन पीर न जानै बंझा।।
सूझै करक न लागै कारी,
बैद बिधाता करि मोहि सारी।।
कहै कबीर यहु दुख कासनि कहिये,
अपने तन की आप ही सहिये।।285।।

जन की पीर हो राजा राम भल जाँनै,
कहूँ काहि को मानै।।टेक।।
नैन का दुःख बैन जाँनैं, बैन को दुख श्रवनाँ।।
प्यंड का दुख प्रान जानै, प्रान का दुख मरनाँ।।
प्यास का दुख प्यासा जानै, प्यास का दुख नीर।।
भगति का दुख राम जानैं, कहै दास कबीर।।286।।

तुम्ह बिन राँम कवन सौं कहिये,
लागी चोट बहुत दुख सहिये।।टेक।।
बेध्यौ जीव बिरह कै भालै, राति दिवस मेरे उर सालै।।
को जानै मेरे तन की पीरा, सतगुर सबद बहि गयौ सरीरा।।

---

(287) ख प्रति में अंतिम पंक्ति इस प्रकार है—
लागी चोट बहुत दुख सहियो।। देखो 287 की टेक।

तुम्ह से बैद न हमसे रोगी, उपजी बिथा कैसै जीवैं बियोगी।।
निस बासुरि मोहि चितवत जाई, अजहूँ न आइ मिले राँम राई।।
कहत कबीर हमकौं दुख भारी, बिन दरसन क्यूँ जीवहि मुरारी।।287।।

तेरा हरि नाँमैं जुलाहा,
मेरे राँम रमण को लाहा।।टेक।।
दस सै सूत्र की पुरिया पूरी, चंद सूर दोइ साखी।
अनत नाँव गिनि लई मजूरी, हिरदा कवल मैं राखी।।
सुरति सुमृति दोइ खूँटी कीन्हीं आरँभ कीया बमेकीं।
ग्यान तत की नली भराई बुनित आतमा पेषीं।।
अबिनासी धन लई मँजूरी, पूरी थापनि पाई।
रस बन सोधि सोधि सब आये, निकटै दिया बताई।।
मन सूधा कौ कूच कियौ है, गयान बिरथनीं पाई।
जीव की गाँठि गुढ़ी सब भागी, जहाँ की तहाँ ल्यौ लाई।।
बेठि बेगारि बुराई थाकी, अनभै पद परकासा।
दास कबीर बुनत सच पाया, दुख संसार सब नासा।।288।।

भाई रे सकहु त तनि बुनि लेहु रे,
पीछै राँमहि दोस न देहु रे।।टेक।।
करगहि एकै बिनाँनी, ता भीतरि पंच पराँनीं।।
तामैं एक उदासी, तिहि तणि बुणि सबै बिनासी।।
ज तूँ चौसठि बरिया धावा, नहीं होइ पंच सूँ मिलाँवा।।
जे तैं पाँसै छसै ताँणी, तौ सुख सूँ रह पराँणीं।।
पहली तणियाँ ताणाँ पीछ बुणियाँ बाँणाँ।।
तणि बुणि मुरतब कीन्हाँ, तब राम राइ पूरा दीन्हाँ।।
राछे भरत भइ संझा, तारूणीं त्रिया मन बंधा।।
कहै कबीर बिचारा, अब छोछी नली हँमारी।।289।।

वै क्यूँ कासी तजैं मुरारी,
तेरी सेवा चोर भये बनवारी।।टेक।।
जोगी जती तपी संन्यासी, मठ देवल बस परसै कासी।।
तीन बार जे निज प्रति न्हावै, काया भीतरि खबरि न पावै।।
देवल देवल फेरी देहीं, नाँव निरंजन कबहुँ न लेहीं।।
चरन बिरद कासी कौं न देहूँ, कहै कबीर भल नरकहिं जैहूँ।।290।।

तब काहे भूलौ बजजारे,

अब आयौ चाहै संगि हँमारे।।टेक।।

जब हँम बनजी लौंग सुपारी, तब तुम्ह काहे बनजी खारी।
जब हम बनजी परमल कस्तूरी, तब तू काहे बनजी कूरी।।
अंमृत छाड़ि हलाहल खाया, लाभ लाभ करि करि मूल गँवाया।
कह कबीर हँम बनज्या सोई, जाँथै आवागमन न होई।।291।।

परम गुर देखो रिदै बिचारी,

कछू करौ सहाई हमारी।।टेक।।

लावानालि तंति एक सँमि करि जंत्र एक भल साज।
सति असति कछु नाहीं जानूँ, जैसे बजवा तैसैं बाजा।।
चोर तुम्हारा तुम्हारी आग्या, मुसियत नगर तुम्हारा।
इनके गुनह हमह का पकरौ, का अपराध हमारा।।
सेई तुम्ह सेई हम एकै कहियत, जब आपा पर नाहीं जाँनाँ।
ज्यूँ जल मैं जल पैसि न निकसै, कहै कबीर मन माँनाँ।।292।।

मन रे आइर कहाँ गयौ,

ताथैं मोहि वैराग भयौ।।टेक।।

पंच तत ले काया कीन्हीं, तत कहा ले कीन्हाँ।
करमौं के बसि जीव कहत है, जीव करम किनि दीन्हाँ।।
आकास गगन पाताल गगन दसौं दिसा गगन रहाई ले।
आँनँद मूल सदा परसोतम, घट बिनसै गगन न जाई ले।।
हरि मैं तन हैं तन मैं हरि है, है पुनि नाँही सोई।
कहै कबीर हरि नाँम न छाडू सहजै होई सो होई।।293।।

हँमारै कौन सहै सिरि भारा,

सिर की शोभा सिरजनहारा।।टेक।।

टेढ़ी पाग बड जूरा, जरि भये भसम कौ कूरा।।
अनहद कीगुरी बाजी, तब काल द्रिष्टि भै भागी।।
कहै कबीर राँम राया, हरि कैं रँगैं मूड़ मुड़ाया।।294।।

कारनि कौन सँवारै देहा,

यहु तनि जरि बरि ह्वैहै षेहा।।टेक।।

वोवा चंदन चरचत अंगा, सो तन जरत काठ के संगा।।
बहुत जतन करि देह मुट्याई, अगनि दहै कै जंबुक खाई।।
जा सिरि रचि रचि बाँधत पागा, ता सिर चंच सँवारत कागा।।
कहि कबीर सब झूठा भाई, केवल राम रह्यो ल्यौ लाई।।295।।

धन धंधा ब्यौहार सब, माया मिथ्याबाद।
पाँणीं नीर हलूर ज्यूँ, हरि नाँव बिना अपवाद।।टेक।।
इक राम नाम निज साचा, चित चेति चतुर घट काचा।
इस भरमि न भूलसि भोली, विधना की गति है ओली।।
जीवते कूँ मारन धावै, मरते को बेरि जिआवे।
जाकै हुँहि जम से बैरी, सो क्यूं न सोवै नींद घनेरी।।
जिहि जागत नींद उपावै तिहि सोवत क्यूँ न जगावै।।
जलजंतु न देखिसि प्रानी, सब दीसै झूठ निदानी।।
तन देवल ज्यूं धज आछै, पड़ियां पछितावै पाछै।।
जीवत ही कछू कीजै, हरि राम रसाइन पीजै।।
राम नाम निज सार है, माया लागि न खोई।।
अंति कालि सिर पोटली, ले जात न देख्या कोई।।
काहू के संगि न राखी, दीसै बीसल की साखी।।
जब हंस पवन ल्यौ खेलै, पसर्यो हाटिक जब मेंलै।।
मानिष जनम अवतारा, नां ह्वैहै बारंबारा।।
कबहूँ ह्वै किसा बिहाँनाँ, तर पंखी जेम उड़ानाँ।।
सब आप आप कूं जाई, को काहू मिलै न भाई।।
मूरिख मनिखा जनम गंवाया, बर कौडी ज्यूं डहकाया।।
जिहि तन धन जगत भुलाया, जग राख्यो परहरि माया।।
जल अंजुरी जीवन जैसा, ताका है किसा भरोसा।
कहै कबीर जग धंधा, काहे न चेतहु अंधा।।296।।

रे चित चेति च्यंति लै ताही, जा च्यंतत आपा पर नांही।।टेक।।
हरि हिरदै एक ग्याँन उपाया, ताथैं छूटि गई सब माया।।
जहां नांद न ब्यंद दिवस नहीं राती, नहीं नरनारि नहीं कुल जाती।।
कहै कबीर सरब सुख दाता। अवगति अलख अभेद बिधाता।।297।।

सरवर तटि हंसणी तिसाई जुगति बिनाँ हरि जल पिया न जाई।।टेक।।
पीया चाहे तौ लै खग सारी, उड़ि न सकै दोऊ पर भारी।।
कुंभ लीयै ठाढ़ी पनिहारी, गुण बिन नींर भरै कैसे नारी।।
कहै कबीर गुर एक बुधि बताई, सहज सुभाइ मिलै राम राई।।298।।

भरथरी भूप भंया बैरागी।
बिरह बियोग बनि बनि ढूंढै। वाकी सूरति साहिब सौं लागी।।टेक।।
हसती घोड़ा गांव गढ़ गूडर, सहर कनडापा इक आगी।
जोगी हूवा जांणि जग जाता, सहर उजींणीं त्यागी।।
छत्र सिघासण चवर ढुलंता, राग रंग बहु आगी।।
सेज रमैंणी रंभा होती, तासौं प्रीत न लागी।।
सूर बीर गाढ़ा पग रोप्या, इह बिधि माया त्यागी।।
सब सुख छाड़ि भज्या इक साहिब, गुरु गोरख ल्यौ लागी।।
मनसा बाचा हरि हरि भाखै, ग्रंध्रप सुत बड़ भागी।
कहै कबीर कुदर भजि करता, अमर भणे अणरागी।।299।।

(राग केदारौ)

सार सुख पाइये रे, रंगि रमहु आत्माँराँम।।टेक।।
बनह बसे का कीजिये, जे मन नहीं तजै बिकार।
घर बन तत समि जिनि किया ते बिरला संसार।।
का जटा भसम लेपन किये, कहा गुफा मैं बास।
मन जीत्या जग जीतिये, जौ बिषया रहै उदास।।
सहज भाइ जे ऊपजै, ताका किसा माँन अभिमान।
आपा पर समि चीनियैं, तब मिलै आतमां राम।।
कहै कबीर कृपा भई, गुर ग्यान कह्या समझाइ।
हिरदै श्री हरि भेटियै, जे मन अनतै नही जाइ।।300।।

है हरि भजन कौ प्रवान।
नींच पांवै ऊँच पदवी बाजते नीसान।।टेक।।
भजन कौ प्रताप ऐसो, तिरे जल पाषान।
अधम भील अजाति गनिका, चढ़े जात बिवांन।।
नव लख तारा चलै मंडल, चलै ससिहर भांन।
दास धू कौ अटल पदवी, राम को दीवाँन।।
निगम जाकी साखि बोलै, कहै संत सुजाँन।
जन कबीर तेरी सरनि आयौ, राखि लेहु भगवांन।।301।।

---

(299) ख प्रति में यह पद नहीं है।

चलो सखी जाइये तहां, जहां गये पाइयै परमानंद।।टेक।।
यहु मन आमन धूमनाँ, मेरो तन छीजत नित जाइ।
च्यंतामणि चित चोरियौ, ताथैं कछू न सुहाइ।।
सुँनि लखी सुपनै की गति ऐसी, हरि आए हम पास।
सोवत ही जगाइया, जागत भए उदास।।
चलु सखी बिलम न कीजिये, जब लग सांस सरीर।
मिलि रहिये जमनाथ सूं, सूं कहै दास कबीर।।302।।

मेरे तन मन लागी चोट सठोरी।
बिसरे ग्यान बुधि सब नाठी, भई बिकल मति बौरी।।टेक।।
देह बदेह गलित गुन तीनूं, चलत अचल भई ठौरी।
इत उत चित कित द्वादस चितवत, यहु भई गुपत ठगौरी।।
सोई पै जानै पीर हमारी, जिहिं सरीर यहु ब्यौरी।
जन कबीर ठग ठग्यौ है बापुरौ, सुंनि सँमानी त्यौरी।।303।।

मेरी अंषियां जानि सुजांन भई।
देवर भरम ससुर संग तजि करि, हरि पीव तहां गई।।टेक।।
बालपनै के करम हमारे, काटे जानि दई।
बांह पकरि करि कृपा कीन्हीं, आप समीप लई।।
पानी की बूंद थैं जिनि प्यंड साज्या, तासंगि अधिक करई।
दास कबीर पल प्रेम न घटई, दिन दिन प्रीति नई।।304।।

हो बलियां कब देखोगी तोहि।
अह निस आतुर दरसन कारनि, ऐसी ब्यापै मोहि।।टेक।।
नैन हमारे तुम्ह कूं चांहै, रती न मांनै हारि।।
बिरह अगनि तन अधिक जरावै, ऐसी लेहु बिचारि।।
सुनहुं हमारी दादि गुसांई, अब जिन करहुं वधीर।।
तुम्ह धीरज मैं आतुर स्वामी, काचै भांडै नीर।।
बहुत दिनन के बिछुरै माधौ, मननहीं बांधे धीर।।
देह छतां तुम्ह मिलहु कृपा करि, आरतिवंत कबीर।।305।।

वे दिन कब आवैगे भाइ।
जा कारनि हम देह धरी है, मिलिबौ अंगि लगाइ।।टेक।।
हौं जाँनू जे हिल मिलि खेलूँ, तन मन प्राँन समाइ।
या काँमनाँ करौ परपूरन, समरथ हौ राम राइ।।

मांहि उदासी साधौ चाहे, चितवन रैनि बिहाइ।
सेज हमारी स्यंध भई है, जब सोऊँ तब खाइ।
यह अरदास दास की सुनिये, तन को तपति बुझाइ।।
कहै कबीर मिलै जे साँई, मिलि करि मंगल गाइ।।306।।

बाल्हा आव हमारे गेहु रे, तुम्ह बिन दुखिया देह रे।।टेक।।
सब को कहै तुम्हारी नारी, मोकौ इहै अदेह रे।
एकमेक ह्वै सेज न सोवै, तब लग कैसा नेह रे।।
आन न भावै नींद न आवै, ग्रिह बन धरै न धीर रे।
ज्यूं कामी कौ काम पियारा, ज्यूं प्यासे कूं नीर रे।।
है कोई ऐसा परउपगारी, हरि सूं कहै सुनाइ रे।।
ऐसे हाल कबीर भये हैं, बिन देखे जीव जाइ रे।।307।।

माधौ कब करिहौ दाया।
काम क्रोध अहंकार ब्यापै, नां छूटे माया।।टेक।।
उतपति ब्यंद भयौ जा दिन थें, कबहूं सच नहीं पायो।
पंच चोर सगि लाइ दिए हैं, दन संगि जनम गंवायो।
तन मन डस्यौ भुजंग भामिनी, लहरी वार न पारा।
सो गारडू मिल्यो नहीं कबहूँ, पसर्‌यो बिष बिकराला।
कहै कबीर यहु कासूं कहिये, यह दुख कोई न जानै।
देहु दीदार बिकार दूरि करि, तब मेरा मन मांनै।।308।।

मैं बन भूला तूं समझाइ।
चित चंचल रहै न अटक्यौ, बिषै बन कूं जाइ।।टेक।।
संसार सागर मांहि भूल्यो, थक्यो करत उपाइ।
मोहनी माया बाघनी थैं, राखि लै राम राइ।
गोपाल सुनि एक बीनती, सुमति तन ठहराइ।
कहै कबीर यहु काम रिप है, मारै सबकूं ढाह।।309।।

भगति बिन भौजलि डूबत है रे।
बोहिथ छाडि बेसि करि डूंडै, बहुतक दुख सहै रे।।टेक।।
बार बार जम पै डहकावै, हरि को ह्वै न रहे रे।
चोरी के बालक की नाई, कासूं बाप कहे रे।।

---

(308) ख— लहरी अंत न पारा।

नलिनी के सुवटा की नांई, जग सूं राचि रहे रे।
बंसा अपनि बंस कुल निकसै, आपहिं आप दहे रे।।
खेवट बिनां कवन भौ तारै, कैसे पार गहे रे।
दास कबीर कहै समझावै, हरि की कथा जीवै रे।।
राँम कौ नाँव अधिक रस मीठौं, बारंबार पीवै रे।।310।।

चलत कत टेढौं टेढ़ौं रे।
नउँ दुवार नरक धरि मूंदे, तू दुरगंधि को बैढी रे।।
जे जारे तौ होई भसमतन, तामे कहां भलाई।।
सूकर स्वाँन काग कौ भखिन, रहित किरम जल खाई।
फूटे नैन हिरदै नाहीं सूझै, मति एकै नहीं जानीं।।
माया मोह ममिता सूं बांध्यो, बूडि मूवो बिन पाँनी।।
बारू के घरवा मैं बैठी, चेतन नही अयाँनाँ।
कहै कबीर एक राम भगति बिन, बूड़े बहुत सयाना।।311।।

अरे परदेसी पीव पिछाँनि।
कहा भयौ तोकौं समझि न परई, लागी कैसी बांनि।।टेक।।
भोमि बिडाणी मैं कहा रातौ, कहा कियो कहि मोहि।
लाहै कारनि मूल गमावै, समझावत हूं तोहि।।
निस दिन तोहि क्यूं नींद परत है, चितवत नांही तोहि।।
जम से बैरी सिर परि ठाढे, पर हथि कहां बिकाइ।
झूठे परपंच मैं कहा लगौ, ऊंठे नाँही चालि।।
कहै कबीर कछू बिलम न कीजै, कौन देखी काल्हि।।312।।

भयौ रे मन पहुंनड़ौ दिन चारि।
आजिक काल्हिक मांहि चलौगो, ले किन हाथ सँवारि।।टेक।।
सौंज पराई जिनि अपणावै, ऐसी सुणि किन लेह।
यहु संसार इसी रे प्राँणी, जैसी धूँवरि मेह।
तन धन जीवन अंजुरी कौ पानी, जात न लागै बार।
सैवल के फूलन परि फूल्यो, गरब्यो कहाँ गँवार।।
खोटी खाटै खरा न लीया, कछू न जाँनी साटि।
कहै कबीर कछू बनिज न कीयौ, आयौ थौ इहि हाटि।।313।।

मन रे राम नामहिं जांनि।
थरहरी थूँनी पर्‌यो मंदिर सूतौ खूँटी तानि।।टेक।।
सैन तेरी कोई न समझै, जीभ पकरी आंनि।
पाँच गज दोवटी माँगी, चूँन लीयो साँनि।

बैसंदर पोषरी हांडी, चल्यौ लादि पलाँनि।
भाई बंध बोलइ बहु रे, काज कीनौ आँनि।।
कहै कबीर या मैं झूठ नाँहीं, छाँड़ि जीय की बाँनि।
राम नाम निसंक भजि रे, न करि कुल की काँनि।।314।।

प्राणी लाल औसर चल्यो रे बजाइ।
मुंठी एक मठिया मुठि एक कठिया, संग काहू कै न जाइ।।टेक।।
देहली लग तेरी मिहरी सगी रे, फलसा लग सगी माइ।
मड़हट लूं सब लोग कुटुंबी, हंस अकेलो जाइ।
कहां वे लौग कहां पुर पाटण, बहुरि न मिलबौ आइ।
कहै कबीर जगनाथ भजहु रे, जन्म अकारथ जाइ।।315।।

राम गति पार न पावै कोई।
च्तामणि प्रभु निकटि छाडि करि, भ्रंमि मति बुधि खोई।।टेक।।
तीरथ बरत जपै तप करि करि, बहुत भांति हरि सोधै।
सकति सुहाग कहौ क्यूं पावे, अछता कंत बिरोधै।।
नारी पुरिष बसै इक संगा, दिन दिन जाइ अबोलै।
तजि अभिमान मिलै नही पीव कूं, ढूंढ़त बन बन डोलै।।
कहै कबीर हरि अकथ कथा है, बिरला कोई जानै।
प्रेम प्रीति बेधी अंतर गति, कहूं काहि को मानै।।316।।

राम बिनां संसार धंध कुहेरा,
सिरि प्रगट्या जम का फेरा।।टेक।।
देव पूजि पूजि हिंदू मूये, तुरूक मूये हज जाई।
जटा बांधि बांधि जोगी मूये, कापड़ी के दारौ याई।।
कवि कवीवै कविता मूये, कापड़ी के दारौ जाई।
केस लूंचि लूंचि मूये बरतिया, इनमें किनहुँ न पाई।।
धन संचते राजा मूये, अरु ले कंचन भारी।
बेद पढ़े पढ़े पंडित मूये, रूप भूले मूई नारी।
जे नर जोग जुगति करि जाँनै, खोजै आप सरीरा।
तिनकूँ मुकति का संसा नाहीं, कहत जुलाह कबीरा।।317।।

कहूं रे जे कहिबे की होइ।
नाँ को जानै नाँ को मानै ताथें अचिरज मोहि।।टेक।।
अपने अपने रंन के राजा, मांनत नाहीं कोइ।
अति अभिमान लोभ के घाले, अपनपौ खोइ।।

मैं मेरि करि यहु तन खोयो, समझत नहीं गंवार।
भौजलि अधफर थाकि रहे हैं, बूड़े बहुत अपार।।
मोहि आग्या दई दयाल दया करि, काहू कूँ समझाइ।
कहै कबीर मैं कहि हारयो, अब मोहिं दोष न लाइ।।318।।

एक कोस बन मिलांन न मेला।
बहुतक भांति करै फुरमाइस, है असवार अकेला।।टेक।।
जोरत कटक जु धरत सब गढ़, करतब झेली झेला।
जोरि कटक गढ़ तोरि पातसाह, खेलि चल्यो एक खेला।।
कूंच मुकांम जोग के घर मैं, कछू एक दिवस खटांनां।
आसन राखि बिभूति साखि दे, फुनि ले माटी उड़ांनां।।
या जोगी की जुगति जू जांनै, सो सतगुर का चेला।
कहै कबीर उन गुर की कृपा थैं, तिनि सब भरम पछेला।।319।।

(राम मारू)

मन रे राम सुमिरि राम सुमिरि राम सुमिरि भाई।
राम नाम सुमिरन बिनै, बूड़त है अधिकाई।।टेक।।
दारा सुत गेह नेह, संपति अधिकाई।।
यामैं कछु नांहि तेरौ, काल अवधि आई।।
अजामेल गज गनिका, पतित करम कीन्हां।।
तेऊ उतरि पारि गये, राम नाम लीन्हां।।
स्वांन सूकर काग कीन्हौ, तऊ लाज न आई।।
राम नाम अमृत छाड़ि, काहे बिष खाई।
तजि भरम करम बिधि नखेद, राम नाम लेही।।
जन कबीर गुर प्रसादि, राम करि सनेही।।320।।

राम नाम हिरदै धरि, निरमौलिक हीरा।
सोभा तिहूं लोक, तिमर जाय त्रिविध पीरा।।टेक।।
त्रिसनां नै लोभ लहरि, काम क्रोध नीरा।
मद मछर कछ मछ हरषि सोक तीरा।।
कांमनी अरु कनक भवर, बोये बहु बीरा।।
जब कबीर नवका हरि, खेवट गुरु कीरा।।321।।

चलि मेरी सखी हो, वो लगन राम राया।
जब तक काल बिनासै काया।। टेक।।
जब लोभ मोह की दासी, तीरथ ब्रत न छूटै जंम की पासी।

आवैंगे जम के घालैगे बांटी, यहु तन जरि बरि होइगा माटी।
कहै कबीर जे जन हरि रंगिराता, पायौ राजा राम परम पद दाता।।322।।

(राग टोड़ी)

तू पाक परमानंदे।
पीर पैकंबर पनहु तुम्हारी, मैं गरीब क्या गंदे।।टेक।।
तुम्ह दरिया सबही दिल भीतरि, परमानंद पियारे।
नैक नजरि हम ऊपरि नांहि, क्या कमिबखत हमारे।।
हिकमति करै हलाल बिचारै, आप कहांवै मोटे।
चाकरी चोर निवाले हाजिर, सांई सेती खोटे।।
दांइम दूवा करद बजावै, मैं क्या करूं भिखारी।
कहै कबीर मैं बंदा तेरा, खालिक पनह तुम्हारी।।323।।

अब हम जगत गौंहन तैं भागे,
जग की देखि गति रांमहिं ढूंरि लांगे।।टेक।।
अयांनपनै थैं बहु बौराने, समझि पर तब फिर पछिताने।
लोग कहौ जाकै जो मनि भावे, लहै भुवंगम कौन डसावै।।
कबीर बिचारि इहै डर डरियै, कहै का हो इहाँ रै मरिये।।324।।

(राग भैरूँ)

ऐसा ध्यान धरौ नरहरी
सबद अनाहद च्यंत करी।।टेक।।
पहलो खोजौ पंचे बाइ, बाइ ब्यंद ले गगन समाइ।
गगन जोति तहां त्रिकुटी संधि, रबि ससि पवनां मेलौ बंधि।।
मन थिर होइ न कवल प्रकासै, कवला मांहि निरंजन बासै।
सतगुरु संपट खोलि दिखावै, निगुरा होइ तो कहां बतावै।
सहज लछिन ले तजो उपाधि, आसण दिढ निद्रा पुनि साधि।।
पुहुप पत्र जहां हीरा मणीं, कहै कबीर तहां त्रिभुवन धणीं।।325।।

इहि बिधि सेवियै श्री नरहरी,
मन की दुबिध्या मन परहरी।।टेक।।
जहाँ नहीं तहाँ कछू जाँणि, जहां नहीं तहां लेहु पछाँणि।।
नांही देखि न जइये भागि, जहाँ नहीं तहाँ रहिये लागि।।
मन मंजन करि दसवैं द्वारि, गंगा जमुना सधि बिचारि।।

नादहि ब्यंद कि ब्यंदहि नाद, नादहिं ब्यंदमिलै गोब्यंद।
देवी न देवा पूजा नहीं जाप, भाइ न बंध माइ नहीं बाप।
गुणातीत जस निरगुन आप, भ्रम जेवड़ो जन कीया साप।।
तन नांही कब जब मन नांही, मन परतीति ब्रह्म मन मांहि।
परहरि बकुला ग्रहि गुन डार, निरखि देखि निधि वार न पार।।
कहै कबीर गुरपरम गियांन, सुनि मंडल मैं धरो धियांन।।
प्यंड परे जीव जेहैं जहां, जीवत ही ले राखी तहां।।326।।

अलह अलख निरंजन देव, किहि बिधि करौं तुम्हारी सेव।।टेक।।
विश्न सोई जाको विस्तार, सोई कृस्न जिनि कीयौ संसार।
गोब्यंद ते ब्रह्मंडहि नहै, सोई राम जे जुगि जुगि रहै।।
अलह सोई जिनि उमति उपाई, दस दर खोलै सोई खुदाई।
लख चौरासी रब परवरै, सोई करीम जे एती करै।
गोरख सोई ग्यांन गमि गहे, महादेव सोई मन को लहै।।
सिध सोई जो साधै इति, नाय सोई जो त्रिभवन जती।
सिध साधू पैकंबर हूवा, जपै सू एक भेष है जूवा।
अपरंपार की नांउ अनंत, कहै कबीर सोई भगवंत।।327।।

तहाँ जौ राम नाम ल्यौ लागै,
तो जरा मरण छूटै भ्रम भागै।।टेक।।
अगम निगम गढ़ रचि ले अवास, तहुवां जोति करै परकास।
चमकै बिजुरी तार अनंत, तहाँ प्रभु बैठे कवलाकंत।।
अखंड मंडित मंडित भंड, त्रि स्नांन करै त्रीखंड।।
अगम अगोचर अभिअंतरा, ताकौ पार न पावै धरणीधरा।
अरध उरध बिचि लाइ ले अकास, तहुंवा जोति करै परकास।
टार्‌यौ टरै न आवै जाइ, सहज सुंनि मैं रह्यौ समाइ।
अबरन बरन स्यांम नहीं पीत, होहू जाइ न गावै गीत।
अनहद सबद उठे झणकार, तहाँ प्रभु बैठे समरथ सार।
कदली पुहुप दीप परकास, रिदा पंकज मैं लिया निवास।
द्वादस दल अभिअंतरि स्यंत, तहाँ प्रभु पाइसि करिलै च्यंत।।
अमलिन मलिन घाम नहीं छांहां, दिवस न राति नहीं हे ताहाँ।
तहाँ न उगै सूर न चंद, आदि निरंजन करै अनंद।।
ब्रह्मंडे सो प्यंडे जांन, मानसरोवर करि असनांन।
सोहं हंसा ताकौ जाप, ताहि न लिपै पुन्य न पाप।।

काया मांहै जांनै सोई, जो बोलै सो आपै होई।
जोति मांहि जें मन थिर करै, कहै कबीर सो प्रांणी तिरै।।328।।

एक अचंभा ऐसा भया,
करणीं थैं कारण मिटि गया।।टेक।।
करणी किया करम का नास, पावक मांहि पुहुप प्रकास।
पुहुप मांहि पावक प्रजरै, पाप पुंन दोउ भ्रम टरै।।
प्रगटी बास बासना धोइ, कुल प्रगटयौ कुल घाल्यौ खोइ।
उपजी च्यंत च्यंत मिटि गई, भौ भ्रम भागा ऐसे भई।
उलटी गंग मेर कूं चली, धरती उलटि अकासहिं मिली।।
दास कबीर तत ऐसी कहै, ससिहर उलटि राह की गहै।।329।।

है हजूरि क्या दूर बतावै,
दुंदर बांधे सुंदर पावै।।टेक।।
सो मुलनां जो मनसूं लरै, अह निसि काल चक्र सूं भिरै।
काल चक्र का मरदै मांन, तां मुलनां कूं सदा सलांम।।
काजी सो जो काया बिचारै, अहनिसि ब्रह्म अगनि प्रजारै।
सुप्पनै बिंद न देई झरनां, ता काजी कूं जुरा न मरणां।।
सो सुलितान जु द्वै सुत तानै, बाहरि जाता भीतरि आनै।
गगन मंडल मैं लसकर करै, सो सुलितान छत्र सिरि धरै।।
जोगी गोरख गोरख करै, हिंदू राम नाम उच्चरै।
मुसलमान कहै एक खुदाइ, कबीरा को स्वांमी घटि घटि रह्यौ समाइ।।330।।

आऊँगा न जाऊँगा, न मरुँगा न जीऊँगा।
गुर के सबद मैं रमि रमि रहूंगा।।टेक।।
आप कटोरा आपै थारी, आपै पुरिखा आपै नारी।
आप सदाफल आपै नींबू, आपै मुसलमान आपै हिंदू।।
आपै मछकछ आपै जाल, आपै झींवर आपै काल।
कहै कबीर हम नांही रे नांही, नां हम जीवत न मूवले मांही।।331।।

हम सब मांहि सकल हम मांहीं,
हम थैं और दूसरा नाहीं।।टेक।।
तीनि लोक मैं हमारा पसारा, आवागमन सब खेल हमारा।
खट दरसन कहियत हम मेखा, हमहीं अतीत रूप नहीं रेखा।
हमहीं आप कबीर कहावा, हमहीं अपनां आप लखावा।।332।।

सो धन मेरे हरि का नांउ, गांठि न बांधौं बेचि न खांउ।।टेक।।
नांउ मेरे खेती नांउ मेरे बारी, भगति करों मैं सरनि तुम्हारी।
नांउ मेरे सेवा नांउ मेरे पूजा, तुम्ह बिन और न जानौ दूजा।।
नांउ मेरे बंधव नांउ मेरे भाई, अंत कि बेरियां नांव सहाई।
नांउ मेरे निरधन ज्यूं निधि पाई, कहै कबीर जैसे रंक मिठाई।।333।।

अब हरि अपनो करि लीनौं, प्रेम भगति मेरौ मन भीनौं।।टेक।।
जरै सरीर अंग नहीं मोरौ, प्रान जाइ तो नेह तोरौ।
च्यंतामणि क्यू पाइए ठोली, मन दे राम लियौ निरमोली।।
ब्रह्मा खोजत जनम गवायौ, सोई राम घट भीतरि पायो।
कहै कबीर छूटी सब आसा, मिल्यो राम उपज्यौ बिसवासा।।334।।

लोग कहै गोबरधनधारी, ताकौ मोहिं अचंभो भारी।।टेक।।
अष्ट कुली परबत जाके पग की रैना, न सातौ सायर अंजन नैना।।
ए उपमां हरि किती एक ओपै, अनेक मेर नख उपारि रोपै।।
धरनि अकास अधर जिनि राखी, ताकी मुगधा कहै न साखी।
सिव बिरंचि नारद जस गावै, कहै कबीर ताको पार न पावै।।335।।

राम निरंजन न्यारा रे, अंजन सकल पसारा रे।।टेक।।
अंजन उतपति वो उंकार, अंजन मांड्या सब बिस्तार।
अंजन ब्रह्मा शंकर ईद, अंजन गोपी संगि गोब्यंद।।
अंजन बाणी अंजन बेद, अंजन कीया नांनां भेद।
अंजन विद्या पाठ पुरांन, अंजन फोकट कथाहिं गियांन।।
अंजन पाती अंजन देव, अंजन की करै अंजन सेव।।
अंजन नाचै अंजन गावै, अंजन भेष अनंत दिखावै।
अंजन कहौ कहां लग केता, दांन पुनि तप तीरथ जेता।।
कहै कबीर कोई बिरला जागै, अंजन छाड़ि निरंजन लागै।।336।।

अंजन अलप निरंजन सार, यहै चीन्हि नर करहुं बिचार।।टेक।।
अंजन उतपति बरतनि लोई, बिना निरजंन मुक्ति न होई।
अंजन आवै अंजन जाइ, निरंजन सब घट रह्यौ समाइ।
जोग ग्यांन तप सबै बिकार, कहै कबीर मेरे राम अधार।।337।।

एक निरंजन अलह मेरा, हिंदु तुरक दहू नहीं नेरा।।टेक।।
राखूं ब्रत न मरहम जांनां, तिसही सुमिरूं जो रहै निदांनां।
पूजा करूं न निमाज गुजारूं, एक निराकार हिरदै नमसकारूँ।।
नां हज जांउं न तीरथ पूजा, एक पिछांणा तौ का दूजा।
कहै कबीर भरम सब भागा, एक निरंजन सूं मन लागा।।338।।

तहां मुझ गरीब की को गुदरावै, मजलिस दूरि महल को पावै।।टेक।।
सत्तरि सहस सलार है जाके, असी लाख पैकंबर ताकै।
सेख जु कहिय सहस अठ्यासी, छपन कोड़ि खलिबे खासी।
कोड़ि तैतीसूं अरु खिलखांनां, चौरासी लख फिरै दिवांना।।
बाबा आदम पै नजरि दिलाई, नबी भिस्त घनेरी पाई।
तुम्ह साहिब हम कहा भिखारी, देत जबाब होत बजगारी।।
जन कबीर तेरी पनह समांनां, भिस्त नजीक राखि रहिमांनां।।339।।

जौ जाचौं तो केवल राम, आंन देव सूं नांहीं काम।।टेक।।
जाकै सूरिज कोटि करै परकास, कोटि महादेव गिरि कबिलास।
ब्रह्मा कोटि बेद ऊचरै, दुर्गा कोटि जाकै मरदन करैं।।
कोटि चंद्रमां गहै चिराक, सुर तेतीसूं जीमैं पाक।
नौग्रह कोटि ठाढे दरबार, धरमराइ पौली प्रतिहार।।
कोटि कुबेर जाकै भरें भंडार, लक्ष्मी कोटि करैं सिंगार।
कोटि पाप पुंनि ब्यौहरै, इंद्र कोटि जाकी सेवा करें।
जगि कोटि जाकै दरबार, गंधप कोटि करै जैकार।
विद्या कोटि सबै गुण कहै, पारब्रह्म कौ पार न लहै।।
बासिग कोटि सेज बिसतरै, पवन कोटि चौबारे फिरै।।
कोटि समुद्र जाकै पणिहारा, रोमावली अठारहु भारा।।
असंखि कोटि जाकै जमावली, रावण सेन्यां जाथैं चली।।
सहसवांह के हरे परांण, जरजोधन घाल्यौ खै मान।
बावन कोटि जाके कुटवाल, नगरी नगरी क्षेत्रपाल।।
लट छूटी खेलैं बिकराल, अनंत कला नटवर गोपाल।
कंद्रप कोटि जाकै लांवन करै, घट घट भीतरि मनसा हरै।
दास कबीर भजि सारंगपान, देह अभै पद मांगौ दान।।340।।

मन न डिगै ताथैं तन न डराई, केवल राम रहे ल्यौ लाई।।टेक।।
अति अथाह जल गहर गंभीर, बांधि जँजीर जलि बोरे हैं कबीर।
जल की तरंग उठि कटि है जंजीर, हरि सुमिरन तट बैठे हैं कबीर।।
कहै कबीर मेरे संग न साथ, जल थल में राखै जगनाथ।।341।।

भलै नीदौ भलै नींदै भले नीदौ लोग, तनौ मन राम पियारे जोग।।टेक।।
मैं बौरी मेरे राम भरतार, ता कारंनि रचि करौ स्यंगार।
जैसे धुबिया रज मल धौवै, हर तप रत सब निंदक खोवै।।
न्यंदक मेरे माई बाप, जन्म जन्म के काटे पाप।
न्यंदक मेरे प्रान अधार, बिन बेगारी चलावै भार।।
कहै कबीर न्यंदक बलिहारी, आप रहै जन पार उतारी।।342।।

जो मैं बौरा तौ राम तोरा, लोग मरम का जांनै मोरा।।टेक।।
माला तिलक पहरि मन मानां, लोगनि राम खिलौनां जांना।
थोरी भगति बहुत अहंकारा, ऐसे भगता मिलै अपारा।।
लोग कहै कबीर बीराना, कबीरा कौ मरम रांम भल जाना।।343।।

हरिजन हंस दसा लिये डोलै, निर्मल नांव चवै जस बोलै।।टेक।।
मानसरोवर तट के बासी, राम चरन चित आंन उदासी।
मुकताहल बिन चंच न लावै, मौंनि गहे कै हरि गुन गांवै।।
कउवा कुबधि निकट नहीं आवै, सो हंसा निज दरसन पावै।।
कहै कबीर सोई जन तेरा, खीर नीर का करै नबेरा।।344।।

सति राम सतगुर की सेवा, पूजहु राम निरंजन देवा।।टेक।।
जल कै मंजन्य जो गति होई, मीनां नित ही न्हावै।
जैसा मींनां तैसा नरा, फिरि फिरि जोनी आवै।।
मन मैं मैला तीर्थ न्हावै, तिनि बैकुंठ न जांनां।
पाखंड करि करि जगत भुलांनां, नांहिन राम अयांनां।।
हिरदे कठोर मरै बनारसि, नरक न बंच्या जाई।
हरि कौ दास मरै जे मगहरि, सेन्यां सकल तिराई।।
पाठ पुरान बेद नहीं सुमिरत, तहां बसै निरकारा।
कहै कबीर एक ही ध्यावो, बावलिया संसारा।।345।।

क्या ह्वै तेरे न्हाई धाँई, आतम रांम न चीन्हा सोंई।।टेक।।
क्या घट उपरि मंजन कीयै, भीतरि मैल अपारा।
राम नाम बिन नरक न छूटै, जे धोवै सौ बारा।।
का नट भेष भगवां बस्तर, भसम लगावै लोई।
ज्यूं दादुर सुरसरी जल भीतरि हरि बिन मुकति न होई।।
परिहरि काम राम कहि बौरे सुनि सुख बंधू मोरी।
हरि कौ नांव अभयपददाता कहै कबीरा कोरी।।346।।

पांणी थे प्रकट भई चतुराई, गुर प्रसादि परम निधि पाई।।टेक।।
इक पांणी वांणी कूं धोवै एक पांणी पांणी कूं मोहै।
पांणी ऊँचा पांणी नीचां, ता पांणी का लीजै सींचा।।
इसक पांणी थैं प्यंड उपाया, दास कबीर राम गुण गाया।।347।।

भजि गोब्यंद भूलि जिनि जाहु, मनिषा जनम कौ एही लाहु।।टेक।।
गुर सेवा करि भगति कमाई, जौ तै मनिषा देही पाई।
या देही कूँ लौचै देवा, सो देही करि हरि कि सेवा।।
जब लग जरा रोग नहीं आया, तब लग काल ग्रसे नहि काया।
जब लग हींण पड़े नहीं वाणीं, तब लग भजि मन सारंगपाणीं।।
अब नहीं भजसि भजसि कब भाई, आवेगा अंत भज्यौ नहीं जाई।।
जे कछू करौ सोई तत सार फिरि पछितावोगे बार न पार।।
सेवग सो जो लागे सेवा, तिन्हीं पाया निरंजन देवा।
गुर मिलि जिनि के खुले कपास, बहुरि न आवै जोनी बाट।।
यहु तेरा औसर यहु तरि बार, घट ही भीतरि सोचि बिचारि।
कहै कबीर जीति भावै हारि बहु बिधि कह्यौ पुकारि पुकार।।348।।

ऐसा ज्ञान बिचारि रे मनां, हरि किन सुमिरै दुख भँजना।।टेक।।
जब लग मैं में मेरी करै, तब लग काज एक नहीं सरै।
जब यहु मैं मेरी मिटि जाइ, तब हरि काज संवारै आइ।
जब स्यंध रहै बन मांहि, तब लग यहु बन फूलै नांहि।
उलटि स्याल स्यंध कूं खाइ, तब यहु भूलै सब बनराई।।
जीत्या डूबै हार्‌या तिरै, गुर प्रसाद जीव ही मरै।
दास कबीर कहै समझाइ, केवल राम रहौ ल्यो लाइ।।349।।

जागि रे जीव जागि रे।
चोरन को डर बात कहत हैं, उठि उठि पहरै लागि रे।।टेक।।
ररा करि टोप समां करि बखतर, ग्यान रतन करि ताग रे।
ऐसै जौ अजराइल मारै, मस्तकि आवै भाग रे।।
ऐसी जागणी जे को जागै, तौ हरि देइ सुहाग रे।
कहै कबीर जग्या ही चाहिये, क्या गृह क्या बैराग रे।।351।।

जागहु रे नर सोवहु कहा,
जम बटपारै रूंधे पहा।।टेक।।
जागि थेति कछू करौ उपाई, मोटा बैरी है जंमराई।
सेत काग आये बन मांहि, अजहु रे नर चेतै नांहि।।
कहै कबीर तबै नर जागै, जंम का डंड मूंड मैं लागै।।352।।

जाग्या रे नर नींद नसाई,
चित चेत्यो च्यंतामणि पाई।।टेक।।
सोवत सोवत बहुत दिन बीते, जन जाग्या तसकर गये रीते।
जन जागे का ऐमहि नांण, बिष से लागे वेद पुराण।
कहै कबीर अब सोवो नांहि, राम रतन पाया घट मांहि।।352।।

संतनि एक अहेरा लाधा, मिर्गनि खेत सबति का खाधा।।टेक।।
या जंगल मैं पांचौ मृगा, एई खेत सबनि का चरिगा।
पाराधीपनौ जे साधै कोई, अध खाधा सा राखै सोई।।
कहै कबीर जो पंचौ मारै, आप तिरै और कूं तारै।।353।।

हरि कौ बिलोवनो विलोइ मेरी माई,
ऐसै बिलोइ जैसे तत न जाई।।टेक।।
तन करि मटकी मननि बिलोइ, ता मटकी मैं पवन समोइ।
इला पयंगुला सुषमन नारी, बेगि विलोइ ठाढी छलिहारी।।
कहै कबीर गुजरी बौरांनी, मटकी फूटी जोतिं समानी।।354।।

आसण पवन किये दिढ़ रहु रे,
मन का मैल छाड़ि दे बौरे।।टेक।।
क्या सींगी मुद्रा चमकाये, क्या बिभूति सब अंगि लगाये।।
सो हिंदू सो मुसलमान, जिसका दुरस रहै ईमांन।।
सो ब्रह्मा जो कथै ब्रह्म गियान, काजी सो जानै रहिमांन।।
कहै कबीर कछू आन न कीजै, राम नाम जपि लाहा दीजै।।355।।

ताथैं कहिये लोकोचार,

बेद कतेब कथैं ब्योहार।।टेक।।

जारि बारि करि आवै देहा, मूबां पीछै प्रीति सनेहा।
जीवन पित्रहि गारहि डंगा, मूँवां पित्र ले घालैं गंगा।।
जीवत पित्र कूं अन न ख्वावै, मूंवा पीछे ष्यंड भरावै।।
जीवत पित्र कूं बोलै अपराध, मूंवां पीछे देहि सराध।।
कहि कबीर मोहि अचिरज आवै, कउवा खाइ पित्र क्यूं पावै।।356।।

बाप राम सुनि बीनती मोरी, तुम्ह सूं प्रगट लोगन सूं चोरी।।टेक।।
पहलै काम मुगध मति कीया, ता भै कंपै मेरा जीया।
राम राइ मेरा कह्या सुनीजै, पहले बकसि अब लेखा लीजै।।
कहै कबीर बाप राम राया, कबहुं सरनि तुम्हारी आया।।357।।

अजहूँ बीच कैसे दरसन तोरा,

बिन दरसन मन मांनै, क्यूं मोरा।।टेक।।

हमहिं कुसेवग क्या तुम्हहिं अजांनां, दुइ मैं दोस कहौ किन रांमां।
तुम्ह कहियत त्रिभवन पति राजा, मन बंछित सब पुरवन काजा।।
कहै कबीर हरि दरस दिखावौ, हमहिं बुलावौ कै तुम्ह चलि आवौ।।358।।

क्यूं लीजै गढ़ बंका आई, दोवग काट अरू तेवड़ खाई।।टेक।।
काम किवाड़ दुख सुख दरवानी, पाप पुंनि दरवाजा।
क्रोध प्रधान लोभ बड़ दुंदर, मन मैं बासी राजा।।
स्वाद सनाह टोप ममिता का, कुबधि कामांण चढ़ाई।
त्रिसना तीर रहे तन भीतरि, सुबधि हाथि नहीं आई।
प्रेम पलीता सुरति नालि करि, गोला ग्यांन चलाया।
ब्रह्म अग्नि ले दियां पलीता, एकैं चोट ढहाया।
सत संतोष लै लरनै लागे, तोरै दस दरवाजा।।
साध संगति अरु गुर की कृपा थैं, पकर्‌यो गढ़ को राजा।
भगवंत शीर सकति सुमिरण की, काटि काल की पासी।
दास कबीर चढ़े गढ़े ऊपरि, राज दियौ अबिनासी।।

रैनि गई मति दिन भी जाइ,

भवर उड़े बन बैठे आई।टेक।।

कांचै करवै रहै न पानी, हंस उड़्या काया कुमिलांनी।

थरहर थरहर कंपै जीव, नां जांनूं का करिहै पीव।
कऊवा उड़ावत मेरी बहिंयां पिरांनी, कहै कबीर मेरी कथा सिरांनी।।360।।

काहे कूं बनाऊँ परिहै टाटी,
का जांनूं कहाँ परिहै माटी।।टेक।।
काहे कूं मंदिर महल चिणांऊँ, मूवां पीछै घड़ी एक रहण न पाऊँ।।
कहो कूं छाऊँ ऊँच ऊंचेरा, साढ़े तीनि हाथ घर मेरा।।
कहै कबीर नर गरब न कीजै, जेता तन तेती भुंइ लीजै।।361।।

(राग बिलावल)

बार बार हरि का गुण गावै, गुर गमि भेद सहर का पावै।।टेक।।
आदित करै भगति आरंभ, काया मंदिर मनसा थंभ।
अखंड अहनिसि सुरष्या जाइस, अनहद बेन सहज मैं पाइ।।
सोमवार ससि अमृत झरे, चाखत बेगि तपै निसतरै।।
बांधी रोक्याँ रहै दुवार, मन मतिवाला पीवनहार।।
मंगलवार ल्यौ मांहीत, पंच लोक की छाड़ौ रीत।।
घर छाँड़ै जिनि बाहिर जाइ, नहीं तर खरौ रिसावै राइ।
बुधवार करै बुधि प्रकास, हिरदा कवल मैं हरि का बास।।
गुर गमि दोउ एक समि करै, उरध पंकज थैं सूधा धरै।।
ब्रिसपति बिषिया देइ बहाइ, तीनि देव एकै संगि लाइ।
तीनि नदी तहां त्रिकुटी मांहि, कुसमल धोवै अहनिसि न्हांहि।।
सुक्र सुधा ले इहि ब्रत चढ़ै, अह निस आप आपसूं लड़ै।।
सुरषी पंच राखिये सबै, तो दूजी द्रिष्टि न पैसे कबै।
थावर थिर करि घट मैं सोइ, जोति दीवटी मेल्है जोइ।
बाहरि भीतरि भया प्रकास, तहां भया सकल करम का नास।।
जब लग घट मैं दूजो आंण, तब लग महलि न पावै जांण।।
रमिता राम सूं लागै रंग, कहै कबीर ते निर्मल अंग।।362।।

राम भेज सो जांनिये, जाके आतुर नांहीं।
सत संत संतोष लीयै रहै धीरज मन मांहिं।।टेक।।
जन कौ काम क्रोध ब्यापै नहीं, त्रिष्णां न जरावै।
प्रफुलित आनंद मैं, गोब्यंद गुंण गावै।।

जन कौ पर निंदा भावै नहीं, अरु असति न भाषै।
काल कलपनां मेटि करि, चरनूं चित राखे।
जन सम द्रिष्टि सीतल सदा, दुबिधा नहीं आनै।
कहै कबीर ता दास तूं मेरा मन मांनै।।363।।

माधौ सो मिलै जासौं मिलि रहिये, ता कारनि बक बहु दुख सहिये।।टेक।।
छत्रधार देखत ढहि जाइ, अधिक गरब थें खाक मिलाइ।
अगम अगोचर लखीं न जाइ, जहां का सहज फिरि तहां समाइ।।
कहै कबीर जूठे अभिमान, से हम सो तुम्ह एक समान।।364।।

अहो मेरे गोब्यंद तुम्हारा जोर, काजी बकिवा हस्ती तोर।।टेक।।
बांधि भुजा भलै करि डार्‌यौ, हस्ती कोपि मूंड में मार्‌यो।
भाग्यौ हस्ती चीसां मारी, वा मूरति की मैं बलिहारी।।
महावत तोकूं मारौ साटी, इसहि मरांऊँ घालौं काटी।।
हस्ती न तोरै धरै धियांन, वाके हिरदैं बसै भगवाँन।।
कहा अपराध संत हौं कीन्हां, बांधि पोट कुंजर कूं दीन्हां।।
कुंजर पोट बहु बंदन करै, अजहूं न सूझैं काजी अंधेरै।।
तीनि बेर पतियारा लीन्हां, मन कठोर अजहूं न पतीनां।।
कहै कबीर हमारै गोब्यंद, चौथे पद ले जन का ज्यंद।।365।।

कुसल खेम अरु सही सलांमति, ए दोइ काकौं दीन्हां रे।
आवत जात दुहूँधा लूटै, सर्व तत हरि लीन्हाँ रे।।टेक।।
माया मोह मद मैं पीया, मुगध कहै यहु मेरी रे।
दिवस चारि भलै मन रंजै, यहु नाहीं किस केरी रे।
सुर नर मुनि जन पीर अवलिया, मीरां पैदा कीन्हा रे।
कोटिक भये कहां लूं बरनूं, सबनि पयांनां दीन्हाँ रे।।
धरती पवन अकास जाइगा, चंद जाइगा सूरा रे।
हम नांही तुम्ह नांही रे भाई, रहे राम भरपूरा रे।।
कुसलहिं कुसल करत जग खीना, पड़े काल भी पासी रे।
कहै कबीर सबै जग बिनस्या, रहे राम अबिनासी।।366।।

मन बनजारा जागि न सोई लाहे कारनि मूल न खोई।।टेक।।
लाहा देखि कहा गरबांना, गरब न कीजै मूरखि अयांनां।
जिन धन संच्या सो पछितांनां, साथी चलि गये हम भी जाँनाँ।।

निसि अंधियारी जागहु बंदे, छिटकन लागे सबही संधे।
किसका बंधू किसकी जोई, चल्या अकेला संगि न कोई।
ढरि गए मंदिर टूटे बंसा, सूखे सरवर उड़ि गये हंसा।
पंच पदारथ भरिहै खेहा, जरि बरि जायगी कंचन देहा।।
कहत कबीर सुनहु रे लोई, राम नाम बिन और न कोई।।367।।

मन पतंग चेते नहीं अंजुरी समांन।
बिषिया लागि बिगूचिये दाझिये निदांन।।टेक।।
काहे नैन अनिदियै सूझत, नहीं आगि।
जनम अमोलिक खोइयै, सांपनि संगि लागि।
कहै कबीर चित चंचला, गुर ग्यांन कह्यौ समझाइ।।
भगति हीन न जरई जरै, भावै तहाँ जाइ।।368।।

स्वादि पतंग जरे जरी जाइ, अनहद सौ मेरौ चित न रहाइ।।टेक।।
माया कै मदि चेति न देख्या, दुबिध्या मांहि एक नहीं पेख्या।
भेष अनेक किया बहु कीन्हां, अकल पुरिष एक नहीं चीन्हां।।
केते एक मूये मरेहिगे केते, केतेक मुगध अजहूं नहीं चेते।
तंत मंत सब ओषद माया, केवल राम कबीर दिढाया।।369।।

एक सुहागनि जगत पियारी, सकल जीव जंत की नारी।।टेक।।
खसम करै वा नारि न रोवै, उस रखवाला औरै होवै।
रखवाले का होइ बिनास, उतहि नरक इत भोग बिलास।।
सूहागनि गलि सोहे हार, संतनि बिख बिलसै संसार।
पीछे लागी फिरै पचि हारी, संत की ठठकी फिरै बिचारी।।
सत भजै बा पाछी पडै गुर के सबदूं मार्यौ डरै।
साषत कै यहु प्यंड पराइनि, हमारी द्रिष्टि परै जैसे डाँइनि।।
अब हम इसका पाया भेद, होइ कृपाल मिले गुरदेव।।
कहै कबीर इब बाहरि परी, संसारी कै अचलि टिरी।।370।।

परोसनि मांगै संत हमारा,
पीव क्यूं बौरी मिलहि उधारा।।टेक।।
मासा मांगै रती न देऊं, घटे मेरा प्रेम तो कासनि लेऊँ।
राखि परोसनि लरिका मोरा, जे कछु पाउं सू आधा तोरा।
बन बन ढूँढ़ौं नैन भरि जोऊँ, पीव न मिलै तौ बिलखि करि रोऊं।
कहै कबीर यहु सहज हमारा, बिरली सुहागनि कंत पियारा।।371।।

राम चरन जाकै हिरदै बसत है, ता जन कौ मन क्यूं डोलै।
आनौ आठ सिध्य नव निधि ताकै हरषि हरषि जस बोलैं।।टेक।।
जहां जहां जाई तहां सच पावै, माया ताहि न झोलै।
बारबार बरजि बिषिया तै, लै नर जौ मन तोलै।।
ऐसी जो उपजै या जीय कै, कुटिल गांठि सब खोलै।।
कहै कबीर जब मनपरचौ भयौ, कहे राम के बोलै।।372।।

जंगल मैं का सोवनां, औघट है घाटा,
स्यंध बाघ गज प्रजलै, अरु लंबी बाटा।।टेक।।
निस बासुरी पेड़ा पड़ै, जमदानी लूटै।
सूर धीर साचै मते, सोई जन छूटै।।
चालि चालि मन माहरा, पुर परण गहिये।
मिलिये त्रिभुवन नाथ सूं, निरभै होइ रहिये।।
अमर नहीं संसार मैं, बिनसै नरदेही।
कहै कबीर बेसास सूं, भजि राम सनेही।।373।।

(राग ललित)

राम ऐसो ही जांनि जपी नरहरी,
माधव मदसूदन बनवारी।।टेक।।
अनुदिन ग्यान कथै घरियार, धूवं धौलह रहै संसार।
जैसे नदी नाव करि संग, ऐसै ही मात पिता सुत अंग।।
सबहि नल दुल मलफ लकीर, जल बुदबुदा ऐसो आहि सरीर।
जिभ्या राम नाम अभ्यास, कहौ कबीर तजि गरम बास।।374।।

रसनां राम गुन रिस रस पीजै, गुन अतीत निरमोलिक लीजै।।टेक।।
निरगुन ब्रह्म कथौ रे भाई, जा सुमिरन सुधि बुधि मति पाई।
बिष तजि राम न जपसि अभागे, का बूड़े लालच के लागे।।
ते सब तिरे रांम रस स्वादी, कहै कबीर बूड़े बकवादी।।375।।

निबरक सुत ल्यौ कोरा, राम मोहि मारि, कलि बिष बोरा।।टेक।।
उन देस जाइबा रे बाबू, देखिबो रे लोग किन किन खैबू लो।
उड़ि कागा रे उन देश जाइबा, जासूं मेरा मन चित लागा लो।
हाट ढूंढि ले, पंटनपुर ढूंढि ले, नहीं गांव कै गोरा लो।
जल बिन हंस निसह बिन रबू कबीर का स्वांमी पाइ परिकै मनैबू लो।।376।।

(राग बसंत)

सो जोगी जाकै सहज भाइ, अकल प्रीति की भीख खाइ।।टेक।।
सबद अनाहद सींगी नाद, काम क्रोध बिषया न बाद।
मन मुद्रा जाकै गुर को ग्यांन, त्रिकुट कोट मैं धरत ध्यान।।
मनहीं करन कौं करै सनांन, गुरको सबद ले ले धरै धियांन।
काया कासी खोजै बास, तहां जोति सरूप भयौ परकास।।
ग्यांन मेषली सहज भाइ, बंक, नालि को रस खाइ।
जोग मूल कौ देइ बंद, कहि कबीर थीर होइ कंद।।377।।

मेरौ हार हिरांनौ मैं लजाऊँ, सास दुरासनि पीव डराऊँ।।टेक।।
हार गुह्यौ मेरौ राम ताग, बिचि बिचि मान्यक एक लाग।।
रतन प्रवालै परम जोति, ता अंतरि लागे मोति।।
पंच सखी मिलिहै सुजान, चलहु त जइये त्रिवेणी न्हान।
न्हाइ धोइ कै तिलक दीन्ह, नां जानूं हार किनहूं लीन्ह।।
हार हिरांनी जन बिमल कीन्ह, मेरौ आहि परोसनि हार लीन्ह।
तीनि लोक की जानै पीर, सब देव सिरोमनि कहै कबीर।।378।।

नहीं छाड़ी बाबा राम नाम, मोहिं और पढ़न सूं कौन काम।।टेक।।
प्रह्लाद पधारे पढ़न साल, संग सखा लीये बहुत बाल।
मोहि कहा पढ़ाव आल जाल, मेरी पाटी मैं लिखि दे श्री गोपाल।।
तब सैनां मुरकां कह्यौ जाइ, प्रहिलाद बंधायौ बेगि आइ।
तूं राम कहन की छाड़ि बांनि, बेगि छुड़ाऊँ मेरो कह्यौ मांनि।।
मोहि कहा डरावै बार बार, जिनि जल थल गिरा कौ कियौ प्रहार।।
बांधि मोरि भावै देह जारि, जे हूं राम छाड़ौ तौ गुरहि गार।
तब काढ़ि खड़ग कोप्यौ रिसाइ, तोहि राखनहारौ मोहि बताइ।।
खंभा मैं प्रगट्यो गिलारि, हरनाकस मारयो नख बिदारि।।
महापुरुष देवाधिदेव नरस्यंध प्रकट कियौ भगति भेव।
कहै कबीर कोई लहै न पार, प्रहिलाद उबारयौ अनेक बार।।379।।

हरि कौ नाउँ तत त्रिलोक सार, लौलीन भये जे उतरे पार।।टेक।।
इक जंगम इक जटाधार, इक अंगि बिभूति करै अपार।

इक मुनियर इक मनहूं लीन, ऐसै होत होत जग जात खीन।।
इक आराधै सकति सीव, इक पड़वा दे दे बधै जीव।।
इक कुलदेव्यां कौ जपहि जाप, त्रिभवनपति भूले त्रिविध ताप।।
अंतहि छाड़ि इक पीवहि दूध, हरि न मिलै बिन हिरदै सूध।
कहै कबीर ऐसै बिचारि, राम बिना को उतरे पार।।380।।

हरि बोलि सूवा बार बार, तेरी ढिग मीनां कछूं करि पुकार।।टेक।।
अंजन मंजन तजि बिकार, सतगुर समझायो तत सार।।
साध संगति मिली करि बसंत, भौ बंद न छूटै जुग जुगंत।।
कहै कबीर मन भया अनंद, अनंत कला भेटे गोब्यंद।।381।।

बनमाली जानै बन की आदि, राम नाम बिना जनम बादि।।टेक।।
फूल जू फुले रूति बसंत, जामैं मोहिं रहे सब जीव जंत।
फूलनि मैं जैसे रहै बास, यूं घटि घटि गोबिंद है निवास।।
कहै कबीर मनि भया अनंद, जगजीवन मिलियौ परमानंद।।382।।

मेरे जैसे बनिज सौ कवन काज,
मूल घटै सिरि बधै ब्याज।।टेक।।
नाइक एक बनिजारे पांच, बैल पचीस कौ संग साथ।
नव बहियां दस गौनि आहि, कसनि बहत्तरि लागै ताहि।।
सात सूत मिलि बनिज कीन्ह, कर्म पयादौ संग लीन्ह।।
तीन जगति करत रारि, चल्यो है बनिज वा बनज झारि।।
बनिज खुटानीं पूंजी टूटि, षाडू दह दिसि गयौ फूटि।।
कहै कबीर यहु जन्म बाद, सहजि समांनूं रही लादि।।383।।

माधौ दारन सुख सह्यौ न जाइ, मेरौ चपल बुधि तातैं कहा बसाइ।।टेक।।
तन मन भीतरि बसै मदन चोर, जिनि ग्यान रतन हरि लीन्ह मोर।
मैं अनाथ प्रभू कहूं काहि, अनेक बिगूचै मैं को आहि।।
सनक सनंदन सिव सुकादि, आपण कवलापति भये ब्रह्मादि।।
जोगी जंगम जती जटाधर, अपनैं औसर सब गये हैं हार।।
कहै कबीर रहु संग साथ, अभिअंतरि हरि सूं कहौ बात।।
मन ग्यांन जांति कै करि बिचार, राम रमत भौ तिरिवौ पार।।384।।

तू करौ डर क्यूं न करे गुहारि, तूं बिन पंचाननि श्री मुरारि।।टेक।।
तन भीतरि बसै मदन चोर, तिकिन सरबस लीनौ छोर मोर।।
मांगै देइ न बिनै मांन, तकि मारै रिदा मैं काम बांन।।
मैं किहि गुहराँऊँ आप लागि, तू करी डर बड़े बड़े गये है भागि।।
ब्रह्मा बिष्णु अरु सुर मयंक, किहि किहि नहीं लावा कलंक।।
जप तप संजम सुंनि ध्यान, बंदि परे सब सहित ग्यांन।।
कहि कबीर उबरे द्वे तीनि, जा परि गोबिंद कृपा कीन्ह।।385।।

ऐसे देखि चरित मन मोह्यौ मोर, ताथैं निस बासुरि गुन रमौं तोर।।टेक।।
इक पढ़हिं पाठ इक भ्रमें उदास इक नगन निरंतर रहै निवास।।
इक जोग जुगति तन हूंहिं खीन, ऐसे राम नाम संगि रहै न लीन।।
इक हूंहि दीन एक देहि दांन, इक करै कलापी सुरा पान।।
इक तंत मंत ओषध बांन, इक सकल सिध राखै अपांन।।
इक तीर्थ ब्रत करि काया जीति, ऐसै राम नाम सूं करै न प्रीति।।
इक धोम धोटि तन हूंहिं स्यान, यूं मुकति नहीं बिन राम नाम।।
सत गुर तत कह्यौ बिचार, मूल गह्यौ अनभै बिसतार।।
जुरा मरण थैं भये धीर, राम कृपा भई कहि कबीर।।386।।

सब मदिमाते कोई न जाग, ताथे संग ही चोर घर मुसन लाग।।
पंडित माते पढ़ि पुरांन, जोगी माते धरि धियांन।।
संन्यासी माते अहंमेव, तपा जु माते तप के भेव।।
जागे सुक ऊधव अंकूर, हणवंत जागे ले लंगूर।।
संकर जागे चरन सेव, कलि जागे नामां जेदेव।।
ए अभिमान सब मन के कांम, ए अभिमांन नहीं रही ठाम।।
आतमां रांम कौ मन विश्राम, कहि कबीर भजि राम नाम।।387।।

चलि चलि रे भंवरा कवल पास, भवरी बोले अति उदास।।टेक।।
तैं अनेक पुहुप कौ लियौ भोग, सुख न भयौ तब बढ़यो है रोग।।
हौ जु कहत तोसूं बार बार, मैं सब बन सोध्यौ डार डार।।
दिनां चारि के सुरंग फूल, तिनहिं देखि कहा रह्यौ है भूल।।
या बनासपती मैं लागैगी आगि, अब तूँ जैहौ कहां भागि।।

पुहुप पुरांने भये सूक तब भवरहि लागी अधिक भूख।
उड़यो न जाइ बल गयो है छूटि, तब भवरी रूंना सीस कूटि।।
दस दिसी जोवै मधुप राइ, तब भवरी ले चली सिर चढ़ाइ।।
कहै कबीर मन कौ सुभाव, राम भगति बिन जम को डाव।।388।।

आवध राम सबै क़रम करिहूं,
सहज समाधि न जम थैं डरिहूं।।टेक।।
कुंभरा ह्वै करि बासन धरिहूं, धोबी ह्वै मल धोऊँ।
चमरा ह्वै करि बासन रंगों, अघौरी जति पांति कुल खोऊँ।।
तेली ह्वै तन कोल्हूं करिहौ, पाप पुंनि दोऊ पेरूं।।
पंच बैल जब सूध चलाऊँ, राम जेवरिया जोरूं।।
क्षत्री ह्वै करि खड़ग संभालूं, जोग जुगति दोउ सांधूं।।
नउवा ह्वै करि मन कूं मूंडूं, बाढ़ी ह्वै कर्म बाढूं।।
अवधू ह्वै करि यह तन धूतौ, बधिक ह्वै मन मारूं।।
बनिजारा ह्वै तन कूं बनिजूं, जूवारी ह्वै जम जारूं।।
तन करि नवका मन करि खेवट, रसना करउँ बाड़ारूँ।।
कहि कबीर भवसागर तरिहूं आप तिरू बष तारूँ।।389।।

(राग माली गौड़ी)

पंडिता मन रंजिता, भगति हेत त्यौ लाइ लाइ रे।।
प्रेम प्रीति गोपाल भजि नर, और कारण जाइ रे।।टेक।।
दाँम छै पणि कांम नाहीं, ग्याँन छै पणि अंध रे।।
श्रवण छै पणि सुरत नाहीं, नैन छै पणि अंध रे।।
जाके नाभि पदम सूं उदित ब्रह्मा, चरन गंग तरंग रे।।
कहै कबीर हरि भगति बांछू जगत गुर गोब्यंद रे।।390।।

बिष्णु ध्यांन सनान करि रे, बाहरि अंग न धोई रे।
साच बिन सीझसि नहीं, कांई ग्यांन दृष्टैं जोइ रे।।
जंबाल मांहैं जीव राखै, सुधि नहीं सरीर रे।।
अभिअंतरि भेद नहीं, कांई बाहरि न्हावै नीर रे।।
निहकर्म नदी ग्यांन जल, सुंनि मंडल मांहि रे।।
ओभूत जोगी आतमां, कांई पेड़ै संजमि न्हाहि रे।।
इला प्यंगुला सुषमनां, पछिम गंगा बालि रे।।
कहै कबीर कुसमल झड़ै, कांई मांहि लौ अंग पषालि रे।।391।।

भजि नारदादि सुकादि बंदित, चरन पंकज भांमिनी।
भजि भजिसि भूषन पिया मनोहर देव देव सिरोवनी।।टेक।।
बुधि नाभि चंदन चरिचिता, तन रिदा मंदिर भीतरा।।
राम राजसि नैन बांनी, सुजान सुंदर सुंदरा।।
बहु पाप परबत छेदनां, भौ ताप दुरिति निवारणां।।
कहै कबीर गोब्यंद भजि, परमांनंद बंदित कारणां।।392।।

(राग कल्याण)

ऐसै मन लाइ लै राम रसनाँ,
कपट भगति कीजै कौन गुणाँ।।टेक।।
ज्यूँ मृग नादैं बध्यौ जाइ, प्यंड परे बाकौ ध्याँन न जाइ।
ज्यूँ जल मीन हेत करि जांनि, प्रांन तजै बिसरै नहीं बानि।।
भ्रिगी कीट रहै ल्यौ लाइ, ह्वै लोलीन भ्रिंग ह्वै जाइ।।
राम नाम निज अमृत सार, सुमिरि सुमिरि जन उतरे पार।।
कहै कबीर दासनि को दास, अब नहीं छाड़ौ हरि के चरन निवास।।393।।

(राग सारंग)

यहु ठग ठगत सकल जग डोलै, गवन करै तब मुषह न बोलै।।
तूँ मेरो पुरिषा हौं तेरी नारी, तुम्ह चलतैं पाथर थैं भारी।।
बालपनाँ के मीत हमारे, हमहिं लाडि कत चले हो निनारे।।
हम सूं प्रीति न करि री बौरी, तुमसे केते लागे ढौरी।।
हम काहू संगि गए न आये, तुम्ह से गढ़ हम बहुत बसाये।।
माटी की देही पवन सरीरा, ता ठग सूं जन डरै कबीरा।।394।।

धंनि सो घरी महूरत्य दिनाँ, जब ग्रिह आये हरि के जनाँ।।टेक।।
दरसन देखत यहु फल भया, नैनाँ पटल दूरि ह्वै गया।
सब्द सुनत संसा सब छूटा, श्रवन कपाट बजर था तूटा।।
परसत घाट फेरि करि घड़्या, काया कर्म सकल झड़ि पड़्या।।
कहैं कबीर संत भल भाया, सकस सिरोमनि घट मैं पाया।।395।।

(राग मलार)

जतन बिन मृगनि खेत उजारे,
टारे टरत नहीं निस बासुरि, बिडरत नहीं बिडारे।।टेक।।
अपने अपने रस के लोभी, करतब न्यारे न्यारे।
अति अभिमान बदत नहीं काहू, बहुत लोग पचि हारे।।
बुधि मेरी फिरषी गुर मेरौ बिझुका, आखिर दोइ रखवारे।।
कहै कबीर अब खान न देहूं, बरियां भली संभारे।।396।।

हरि गुन सुमरि रे नर प्राणी।
जतन करत पतन ह्वै जैहै, भावै जांणम जांणी।।टेक।।
छीलर नीर रहै धूं कैसे, को सुपिनै सच पावै।
सूकित पांन परत तरवर थैं, उलटि न तरवरि आवै।।
जल थल जीव डहके इन माया, कोई जन उबर न पावै।।
राम अधार कहत हैं जुगि जुगि, दास कबीरा गावै।।397।।

(राग धनाश्री)

जपि जपि रे जीयरा गोब्यंदो, हित चित परमांनदौ रे।
बिरही जन कौ बाल हौ, सब सुख आनंदकंदौ रे।।टेक।।
धन धन झीखत धन गयौ, सो धन मिल्यौ न आये रे।।
ज्यूं बन फूली मालती, जन्म अबिरथा जाये रे।।
प्रांणी प्रीति न कीजिये, इहि झूठे संसारी रे।।
धूंवां केरा धौलहर जात न लागै बारी रे।।
माटी केरा पूतला, काहै गरब कराये रे।।
दिवस चार कौ पेखनौ, फिरि माटी मिलि जाये रे।।
कांमीं राम न भावई, भावै विषै बिकारी रे।
लोह नाव पाहन भरी, बूड़त नांहीं बारी रे।।
नां मन मूवा न मारि सक्या, नां हरि भजि उतर्‌या पारो रे।।
कबीर कंचन गहि रह्यौ, काच गहै संसार रे।।398।।

न कछु रे न कछू राम बिनां।
सरीर धरे की रहै परमगति, साध संगति रहनाँ।।टेक।।
मंदिर रचत मास दस लागै, बिनसत एक छिनां।
झूठे सुख के कारनि प्रांनीं, परपंच करता घना।।
तात मात सुख लोग कुटुंब, मैं फूल्यो फिरत मनां।
कहै कबीर राम भजि बौरे, छांड़ि सकल भ्रमनां।।399।।

कहा नर गरबसि थोरी बात।
मन दस नाज टका दस गंठिया, टेढ़ौ टेढ़ौ जात।।टेक।।
कहा लै आयौ यहु धन कोऊ, कहा कोऊ लै जात।।
दिवस चारि की है पतिसाही, ज्यूं बनि हरियल पात।।
राजा भयौ गांव सौ पाये, टका लाख दस ब्रात।।
रावन होत लंका को छत्रपति, पल मैं गई बिहात।।
माता पिता लोक सुत बनिता, अंत न चले संगात।।
कहै कबीर राम भजि बौरे, जनम अकारथ जात।।400।।

नर पछिताहुगे अंधा।
चेति देखि नर जमपुरि जैहै, क्यूँ बिसरौ गोब्यंदा।।टेक।।
गरभ कुंडिनल जब तूं बसता, उरध ध्याँन ल्यो लाया।
उरध ध्याँन मृत मंडलि आया। नरहरि नांव भुलाया।।
बाल विनोद छहूं रस भीनाँ, छिन छिन बिन मोह बियापै।।
बिष अमृत पहिचानन लागौ, पांच भांति रस चाखै।।
तरन तेज पर तिय मुख जोवै, सर अपसर नहीं जानैं।।
अति उदमादि महामद मातौ, पाष पुंनि न पिछानै।।
प्यंडर केस कुसुम भये धौला, सेत पलटि गई बांनीं।।
गया क्रोध मन भया जु पावस, कांम पियास मंदाँनीं।।
तूटी गांठि दया धरम उपज्या, काया कवल कुमिलांनां।।
मरती बेर बिसूरन लागौ, फिरि पीछैं पछितांनां।।
कहै कबीर सुनहुं रे संतौ, धन माया कछू संगि न गया।।
आई तलब गोपाल राइ की, धरती सैन भया।।401।।

लोका मति के भोरा रे।
जो कासी तन तजै कबीर, तौ रामहिं कहा निहोरा रे।।टेक।।
तब हमें वैसे अब हम ऐसे, इहै जनम का लाहा।
ज्यूँ जल मैं जल पैसि न निकसै, यूँ ढुरि मिलै जुलाहा।।
राम भगति परि जाकौ हित चित, ताकौ अचिरज काहा।।
गुर प्रसाद साध की संगति, जग जीते जाइ जुलाहा।।
कहै कबीर सुनहु रे संतो, भ्रमि परे जिनि कोई।।
जस कासी तस मगहर ऊसर हिरदै राम सति होई।।402।।

ऐसी आरती त्रिभुवन तारै, तेज पुंज तहां प्रांन उतारै।।टेक।।
पाती पंच पुहुप पूजा देव निरंजन और न दूजा।।
तन मन सीस समरपन कीन्हां, प्रकट जोति तहां आतम लीना।।
दीपक ग्यान सबद धुनि घंटा पर पुरिख तहां देव अनंता।।
परम प्रकाश सकल उजियारा, कहै कबीर मैं दास तुम्हारा।।

(3) रमैणी

(राग सूहौ)

तू सकल गहगरा, सफ सफा दिलदार दीदार।।
तेरी कुदरति किनहूं न जानी, पीर मुरीद काजी मुसलमानी।।
देवौ देव सुर नर गण गंध्रप, ब्रह्मा देव महेसुर।।
तेरी कुदरति तिन्हूं न जांनी।टेक।।
काजी सो जो काया बिचारै, तेल दीप मैं बाती जारै।।
तेल दीप मैं बाती रहे, जोति चीन्हि जे काजी कहै।।
मुलनां बंग देइ सुर जाँनी, आप मुसला बैठा ताँनी।।
आपुन मैं जे करै निवाजा, सो मुलनाँ सरबत्तरि गाजा।।
सेष सहज मैं महल उठावा, चंद सूर बिचि तारौ लावा।।
अर्ध उर्ध बिचि आनि उतारा, सोई सेष तिहूँ लोक पियारा।।
जंगम जोग बिचारै जहूँवाँ, जीव सिव करि एकै ठऊवां।।
चित चेतनि करि पूजा लावा, तेतौ जंगम नांउँ कहावा।।
जोगी भसम करै भौ मारी, सहज गहै बिचार बिचारी।।
अनभै घट परचा सू बोलै, सो जोगी निहचल कदे न डोलै।।
जैन जीव का करहू उबारा, कौंण जीव का करहु उधारा।।
कहाँ बसै चौरासी मतै संसारी, तिरण तत ते लेहु बिचारी।।
प्रीति जांनि राम जे कहै, दास नांउ सो भगता लहै।।
पंडित चारि वेद गुंण गावा, आदि अंति करि पूत कहावा।।
उतपति परलै कहौ बिचारी, संसा घालौ सबै निवारी।।
अरधक उरधक ये संन्यासी, ते सब लागि रहै अबिनासी।।
अजरावर कौ डिढ करि गहै, सो संन्यासी उम्मन रहै।।
जिहि धर चाल रची ब्रह्मंडा, पृथमीं मारि करी नव खंडां।।
अविगत पुरिस की गति लखी न जाई, दास कबीर अगह रहे ल्यौ लाई।।1।।

---

(1) ख प्रति में इसके आगे यह रमैणी है —

(ग्रंथ बावनी)

बावन आखिर लोकत्री, सब कुछ इनहीं माँहि।।
ये सब षिरि षिरि जाहिगे, सो आखिर इनमें नाँहि।।

ते तौ आधि अनंद सरूपा, गुन पल्लव बिस्तार अनूपा।
साखा तत थैं कुसम गियाँनाँ, फल सो आछा राम का नाँमाँ।।
सदा अचेत चेत जिव पंखी, हरि तरवर करि बास।।
झूठ जगि जिनि भूलसी जियरे, कहन सुनन की आस।।

जिहि ठगि ठगि सकल जग खावा, सो ठग ठग्यो ठौर मन आवा।।
डडा डर उपजै डर जाई, डरही मैं डर रह्यौ समाई।।
जो डर डरै तो फिर डर लागै, निडर होई तो डरि डर भागै।।
ढढा ढिग कत ढूंढै आना, ढूँढत ढूँढत गये परांना।।
चढ़ि सुमर ढूँढि जग आवा, जिमि गढ़ गढ़्या सुगढ़ मैं पावा।।
णणारि णरूं तौ नर नाहीं, करै ना फुनि नवै न संचरै।।
धनि जनम ताहीं कौ गिणां, मेरे एक तजि जाहि घणां।।
तता अतिर तिस्यौ नहीं गाई, तन त्रिभुवन में रह्यौ समाई।
जे त्रिभुवन तन मोहि समावै, तो ततै तन मिल्या सचु पावै।।
अथा अथाह थाह नहीं आवा, वो अथाह यहु थिर न रहावा।।
थोरै थलि थानै आरंभै, तो बिनहीं थंभै मंदिर थंभै।।
ददा देखि जुरे बिनसन हार, जस न देखि तस राखि बिचार।।
दसवै द्वारि जब कुंजी दीजै, तब दयालु को दरसन कीजै।।
धधा अरधै उरध न बेरा, अरधै उरधै मंझि बसेरा।।
अरधै त्यागि उरध जब आवा, तब उरधै छांड़ि अरध कत धावा।।
नना निस दिन निरख जाई, निरखत नैन रहे रतबाई।।
निरखत निरखत जब जाइ पावा, तब लै निरखै निरख मिलावा।।
पपा अपार पार नहीं पावा, परम जोति सौ पर्‍यो आवा।।
पांचौ इंद्री निग्रह करै, तब पाप पुंनि दोऊ न संचरै।।
फफा बिन फूलाँ फलै होई, ता फल फंफ लहै जो कोई।
दूंणी न पड़ै फूंकैं बिचारैं, ताकी फूंक सबै तन फारै।।
बबा बंदहिं बंदै मिलावा, बंदहि बंद न बिछुरन पावा।।
जे बंदा बंदि गहि रहै, तो बंदगि होइ सबै बंद लहै।।
भभा भेदै भेद नहीं पावा, अरभैं भांनि ऐसो आवा।।
जो बाहरि सो भीतरि जाना, भयौ भेद भूपति पहिचाना।।
ममाँ मन सो काज है, मनमानाँ सिधि होइ।।
मनहीं मन सौ कहै कबीर, मन सौं मिल्याँ न कोइ।।
ममाँ मूल गह्याँ मन माना, मरमी होइ सूँ मरमही जाना।।
मति कोई मनसौं मिलता बिलमावै, मगन भया तैं सोगति पावै।।

(सतपदी रमैणी)

कहन सुनन कौ जिहि जग कीन्हा, जग भुलाँन सो किनहुँ न चीन्हा।।
सत रज तम थें कीन्हीं माया, आपण माझै आप छिपाया।।

तुरक सरीअत जनिये, हिंदू बेद पुरान।।
मन समझन कै कारनै, कछु एक पढ़िये ज्ञान।।

जहाँ बोल तहाँ आखिर आवा, जहाँ अबोल तहां मन न लगावा।।
बोल अबोल मंझि है सोई, जे कुछि है ताहि लखै न कोई।।
ओ अंकार आदि मैं जाना, लिखि करि मेटै ताहि न माना।।
ओ ऊकार करै जस कोई, तस लिखि मरेणां न होई।।
ककाँ कवल किरणि मैं पावा, अरि ससि बिगास सपेट नहीं आवा।।
अस जे जहां कुसुम रस पावा। तौ अकह कहा कहि का समझावा।।
खखा इहै खोरि मनि आवा, तौ खोरहि छाँड़ चहूँ दिस धावा।।
खसमहिं जानि षिमा करि रहै, तौ हो दून षेव अखै पद लहै।।
गगा गूर के बचन पिछाना, दूसर बात न धरिये काना।।
सोई बिहंगम कबहुं न जाई, अगम गहै गहि गगन रहाई।।
घघा घटि निमसै सोई, घट फाटा घट कबहुं न होई।।
तौ घट माँहि घाट जो पावा, सुघटि छाड़ि औघट कत आवा।।

नना निरखि सनेह करि, निरवालै संदेह।।
नाहीं देखि न भाजिये, प्रेम सयानप येह।।

चचा चरित चित्र है भारी, तजि बिचित्र चेतहुँ चितकारी।।
चित्र विचित्र रहै औडेरा, तजि बिचित्र चित राखि चितेरा।।
छछा इहै छत्रपति पासा, तिहि छाक न रहै छाड़ि करि आसा।।
रे मन तूं छिन छिन समझाया, तहां छाड़ि कत आप बधाया।।
जजा जे जानै तौ दुरमति हारी, करि बासि काया गांव।।
रिण रोक्या भाजै नहीं, तौ सूरण थारो नांव।।
झझा उरझि सुरझि नहीं जाना, रहि मुखि झझखि झझखि परवाना।।
कत झषिझषि औरनि समझावा, झगरौ कीये झगरिबौ पावा।।

नना निकटि जु घटि रहै, दूरि कहाँ तजि आइ।
जा कारणि जग ढूंढियो, नैड़े पायौ ताहि।।

टटा निकट घाट है माहीं, खोलि कपाट महील जब जाहीं।।
रहै लपटि जहि घटि पर्‌यो आई, देखि अटल टलि कतहुँ न जाई।
ठठा ठौर दूरि ठग नीरा, नीठि नीठि मन कीया धीरा।।

सूक बिरख यहु जगत उपाया, समझि न परै बिषम तेरी माया।।
साखा तीनि पत्र जुग चारी, फल दोइ पापै पुंनि अधिकारी।।
स्वाद अनेक कथ्या नहीं जांहीं, किया चरित सो इन मैं नाहीं।।
तेतौ आहि निनार निरंजना, आदि अनादि न आंन।।
कहन सुनन कौ कीन्हु जग, आपै **आप भुलाँन**।।
जिनि नटवे नटसारी साजी, जे खेलै **सो दीसे** बाजी।।
मो बपरा थें जोगपति ढीठो, सिव बिरंचि **नारद नहीं** दीठी।।
आदि अंति जो लीन भये हैं, सहजै जाँनि **संतोखि रहे** हैं।।

जजा सुतन जीवतही जरावै, जोबन जारि जुगुति सो पावै।।
अंसंजरि बुजरि जरि बरिहै, तब जाइ जोति उजारा लहै।।
ररा सरस निरस करि जानैं, निरस होइ सुरस करि मानै।।
यहु रस बिसरै सो रस होई, सो रस सरिक लहै जे कोई।।
लला लहौ तो भेद है, कहूं तो कौ उपगार।।
बटक बीज मैं रमि रह्या, ताका तीन लोक बिस्तार।।
ववा वोइहिं जाणिये, इहि जाण्याँ वो होइ।।
वो अस यहु जबहीं मिल्या, तब मिलत न जाणे कोइ।।
ससा सो नीको करि सोधै, घट पर्‌या की बात निरोधै।।
घट पर्‌यो जे उपजै भाव, मिले ताहि त्रिभुवनपति राव।।
षषा खोजि परे जे कोई, जो खोजै सो बहुरे न होइ।।
षोजि बूझि जे करै बिचार, तौ भौ जल तिरत न लागे बार।।
शशा शोई शेज नू बारे, शोई शाव शंदेह निवारे।।
अति सुख बिशरे परम सुख पावै, शो अस्त्री सो कंत कहावै।।
हहा होइ होत नहीं जानै, जब जब होइ तबै मन मानै।।
ससा उनमन से मन लावै, अनंत न जाइ परम सुख पावै।।
अरु जे तहाँ प्रेम ल्यौ लावै, तो डालह लहैं लैहि चरन समावै।।
षषा षिरत षपत नहीं चेते, षपत षपत गये जुग केते।।
अब जुग जानि जोरि मन रहै, तौ जहाँ थै बिछर्‌यो सो थिर रहै।।
बावन आषिर जोरै आनि, एकौ आषिर सक्या न जानि।।
सति का शब्द कबीरा कहै, पूछौ जाइ कहा मन रहै।।
पंडित लोगन कौ बौहार, ग्यानवंत कौं तन बिचारि।।
जाकै हिरदै जैसी होई, कहै कबीर लहैगा सोई।।2।।

सहजै राम नाम ल्यौ लाई, राम नाम कहि भगति दिढाई।
राम नाम जाका मन माँनाँ, तिन तौ निज सरूप पहिचाँनाँ।।
निज सरूप निरंजना निराकार अपरंपार अपार।
राम नाम ल्यौ लाइस जियरे, जिनि भूलै बिस्तार।।
करि बिस्तार जग धंधै लाया, अंत काया थैं पुरिष उपाया।।
जिहि जैसी मनसा तिहि तैसा भावा, ताकूँ तैसा कीन्ह उपावा।।
तेतौ माया मोह भुलाँनाँ, खसम राम सो किनहूँ न जांनां।।
ता मुखि बिष आवै विष जाई, ते बिष ही बिष मैं रहै समाई।।
माता जगत भूत सुधि नांहीं, भ्रमि भूले नर आवैं जांहीं।।
जानि बूझि चेते नहीं अंधा, करम जठर करम के फंधा।।
करम का बांधा जीयरा, अह निसि आवै जाइ।।
मनसा देही पाइ करि, हरि बिसरै तौ फिर पीछै पछिताइ।।
तौ करि त्राहि चेति जा अंधा, तजि पर कीरति भजि चरन गोब्यंदा।।
उदर कूप तजौ ग्रभ बासा, रे जीव राम नाम अभ्यासा।।
जगि जीवन जैसे लहरि तरंगा, खिन सुख कूँ भूलसि बहु संगा।।
भगति कौ हीन जीवन कछू नांहीं, उतपति परलै बहुरि समाहीं।।
भगति हीन अस जीवनां, जन्म मरन बहु काल।।
आश्रम अनेक करसि रे जियरा, राम बिना कोइ न करै प्रतिपाल।।
सोई उपाय करि यहु दुख जाई, ए सब परहरि बिसै सगाई।।
माया मोह जरै जग आगी, ता संगि जरसि कवन रस लागी।।
त्राहि त्राहि करि हरी पुकारा, साधु संगति मिलि करहु बिचारा।।
रे रे जीवन नहीं बिश्रांमां, सब दुख खंडन राम को नांमां।।
राम नाम संसार मैं सारा, राम नाम भौ तारन हारा।।
सुम्रित बेद सबै सुनै, नहीं आवै कृत काज।
नहीं जैसे कुंडिल बनित मुख, मुख सोभित बिन राज।।
अब गहि राम नाम अबिनासी, हरि तजि जिनि कतहूं कैं जासी।।
जहां जाइ तहां तहां पतंगा, अब जिनि जहरि संमझि बिष संगा।।
चोखा राम नाम मनि लीन्हा, भिंग्री कीट भ्यंग नहीं कीन्हा।।
भौसागर अति वार न पारा, ता तिरबे का करहु बिचारा।।
मनि भावै अति लहरि बिकारा, नहीं गमि सूझै वार न पारा।।
भौसागर अथाह जल तामैं बोहिथ राम अधार।
कहै कबीर हम हरि सरन, तब गोपद खुर बिस्तार।।2।।

(बड़ी अष्टपदी रमैंणी)

एक बिनाँनी रच्या बिनांन, सब अयांन जो आपै जांन।।
सत रज तम थें कीन्हीं माया, चारि खानि बिस्तार उपाया।।
पंच तत ले कीन्ह बंधानं, पाप पुंनि मांन अभिमानं।।
अहंकार कीन्हें माया मोहू, संपति बिपति दीन्हीं सब काहू।।
भले रे पोच अकुल कुलवंता, गुणी निरगुणी धन नीधनवंता।।
भूख पियास अनहित हित कीन्हां, हेत मोर तोर करि लीन्हा।।
पंच स्वाद ले कीन्हां बंधू, बंधे करम जा आहि अबंधू।।
अचर जीव जंत जे आही, संकट सोच बियापैं ताही।।
निंद्या अस्तुति मांन अभिमांना, इनि झूठै जीव हत्या गियांनां।।
बहु बिधि करि संसार भुलावा, झूठै दोजगि साच लुकावा।।

माया मोह धन जोबना, इनि बंधे सब लोइ।।
झूठै झूठ बियापियां, कबीर अलख न लखई कोइ।।

झूठनि झूठ सांच करि जानां, झूठनि मैं सब सांच लुकानां।।
धंध बंध कीन्ह बहुतेरा, क्रम बिवर्जित रहै न नेरा।।
षट दरसन षट आश्रम कीन्हा, षट रस खाटि काम रस लीन्हां।।
चारि बेद छह सास्त्र बखानैं, विद्या अनंत कथैं को जांने।।
तप तीरथ ब्रत कीन्हें पूजा, धरम नेम दान पुन्य दूजा।।
और अगम कन्हें ब्यौहारा, नहीं गमि सूझै वार न पारा।।
लीला करि करि भेख फिरावा, ओट बहुत कछू कहत न आवा।।
गहन ब्यंद नहीं कछू नहीं सूझै, आपन गोप भयौ आगम बूझै।।
भूलि पर्‌यो जीव अधिक डराई, रजनी अंध कूप ह्वै धाई।।
माया मोह उनवै भरपूरी, दादुर दामिनि पवनां पूरी।।
तरिपै बरिषै अखंड धारा, रैनि भाँमिनी भया अँधियारा।।
तिहि बियोग तजि भये अनाथा, परे निकुंज न पावै पंथा।।
वेद न आहि कहूं को मानै, जानि बूझि मैं मया अयानै।।
नट बहु रूप खेलै सब जांनै, कला केर गुन ठाकुर मांने।।
ओ खेले सब ही घट मांही, दूसर के लेखै कछु नाहीं।।
जाकें गुन सोई पै जांनै, और को जानै पार अयानै।।
भले रे पोच औसर जब आवा, करि सनामांन पूरि जम पावा।।
दान पुन्य हम दिहूं निरासा, कब लग रहूं नटारंभ काछा।।
फिरत फिरत सब चरन तुरांनै, हरि चरित अगम कथै को जानै।।
गण गंध्रप मुनि अंत न पावा, रह्यो अलख जग धंधै लावा।।

इहि बांजी सिव बिरंचि भुलांनां, और बपुरा को क्यंचित जानां।।
त्राहि त्राहि हम कीन्ह पुकारा, राखि राखि साई इहि बारा।।
कोटि ब्रह्मंड गहि दीन्ह फिराई, फल कर कीट जनम बहुताई।।
ईस्वर जोग खरा जब लीन्हा, टर्‌यो ध्यान तप खंड न कीन्हां।।
सिध साधिका उनथै कहु कोई, मन चित अस्थिर कहुं कैसे होई।।
लीला अगम कथै को पारा, बसहु समीप कि रहौ निनारा।।

खग खोज पीछै नहीं, तूं तत अपरंपार।।
बिन परसै का जांनिये, सब झूठे अहंकार।।

अलख निरंजन लखै न कोई, निरभै निराकार है सोई।।
सुनि असथूल रूप नहीं रेखा, द्रिष्टि अद्रिष्टि छिप्यौ नहीं पेखा।।
बरन अबरन कथ्यौ नहीं जाई, सकल अतीत घट रह्यौ समाई।।
आदि अंत ताहि नहीं मधे, कथ्यौ न जाई आहि अकथे।।
अपरंपार उपजै नहीं बिनसै, जुगति न जांनिये कथिये कैसे।।

जस कथिये तत होत नहीं, जस है तैसा सोइ।।
कहत सुनत सुख उपजै, अरु परमारथ होइ।।

जांनसि नहीं कस कथसि अयांनां, हम निरगुन तुम्ह सरगुन जानां।।
मति करि हीन कवन गुन आंहीं, लालचि लागि आसिरै रहाई।।
गुंन अरु ग्यान दोऊ हम हीनां, जैसी कुछ बुधि बिचार तस कीन्हां।।
हम मसकीन कछु जुगति न आवै, ते तुम्ह दरवौ तौ पूरि जन पावै।।
तुम्हरे चरन कवल मन राता, गुन निरगुन के तुम्ह निज दाता।।
जहुवां प्रगटि बजावहु जैसा, जस अनभै कथिया तिनि तैसा।।
बाजै जंत्र नाद धुनि होई, जे बजावै सो औरै कोई।।
बाजी नाचै कौतिग देखा, जो नचावै सो किनहूं न पेखा।।

आप आप थैं जानियें, है पर नाहीं सोइ।।
कबीर सुपिनै केर धंन ज्यूं, जागत हाथि न होइ।।

जिनि यहु सुपिनां फुर करि जांनां, और सब दुखियादि न आंनां।।
ग्यांन हीन चेत नहीं सूता, मैं जाया बिष हार भै भूता।।
पारधी बांन रहै सर सांधे, बिषम बांन मारै बिष बाधै।।
काल अहेड़ी संझ सकारा, सावज ससा सकल संसारा।।
दावानल अति जरै बिकारा, माया मोह रोकि ले जारा।।
पवन सहाइ लोभ अति भइया, जम चरचा चहुं दिसि फिरि गइया।।
जम के चर चहुं दिसि फिरि लागे, हंस पखेरुवा अब कहां जाइवे।।
केस गहै कर निस दिन रहई, जब धरि ऐंचे तब धरि महई।।

कठिन पासु कछू चलै न उपाई, जंम दुवारि सीझे सब जाई।।
सोई त्रास सुनि राम न गावै, मृगत्रिष्णां झूठी दिन धावै।।
मृत काल कीनहूं नहीं देखा, दुख कौ सुख करि सबहीं लेखा।
सुख करि मूल न चीन्हसि अभागी, चीन्है बिना रहै दुख लागी।।
नीब काट रस नीब पियारा, यूं विष कूं अमृत कहै संसारा।।
अछित रोज दिन दिनहि सिराई, अमृत परहरि करि बिष खाई।।
जांनि अजांनि जिन्है बिष खावा, परे लहरि पुकारै धावा।।
बिष के खांये का गुंन होई, जा बेद न जानै परि सोई।।
मुरछि मुरछि जीव जरिहै आसा, कांजी अलप बहुखीर बिनासा।।
तिल सुख कारनि दुख अस मेरू, चौरासी लख लीया फैरू।।
अलप सुख दुख आहि अनंता, मन मैंगल भूल्यौ मैंमंता।।
दीपक जोति रहै इक संगा, नैन नेह मांनूं परै पतंगा।।
सुख विश्राम किनहूं नहीं पावा, परहरि साच झूठे दिन धावा।।
लालच लागे जनम सिरावा, अति काल दिन आइ तुरावा।।
जब लग है यहु निज तन सोई, तब लग चेति न देखै कोई।
जब निज चलि करि किया पयांनां, भयौ अकाज तब फिर पछितांनां।।

मृगत्रिष्णां दिन दिन ऐसी, अब मोहि कछू न सोहाइ।।
अनेक जतन करि टारिये, करम पासि नहीं जाइ।।

रे रे मन बुधिवत भंडारा, आप आप ही करहुं बिचारा।।
कवन सयाँना कौन बौराई, किहि दुख पइये किहि दुख जाई।।
कवन सार को आहि असारा, को अनहित को आहि पियारा।।
कवन साच कवन है झूठा, कवन करू को लागै मीठा।।
किहि जरिये किहि करिये अनंदा, कवन मुकति को मल के फंदा

रे रे मन मोंहि ब्यौरि कहि, हौ तत पूछौ तोहि।।
संसै मूल सबै भई, समझाई कहि मोहि।।

सुनि हंसां मैं कहूं बिचारी, त्रिजुग जोति सबै अंधियारी।।
मनिषा जनम उत्तिम जो पावा, जांनू राम तौ सयांन कहावा।।
नहीं चेतै तो जनम गंवाया, पर्‌यौ बिहान तब फिरि पछतावा।।
सुख करि मूल भगति जो जांनै, और सबै दुख या दिन आनै।।
अंमृत केवल राम पियारा, और सबै बिष के भंडारा।।
हरि आहि जौ रमियै रांमां, और सबै बिसमा के कांमां।।
सार आहि संगति निरवांनां, और सबै असार करि जांनां।।
अनहित आहि सकल संसारा, हित करि जानियै राम पियारा।।

साच सोई जे थिरह रहाई, उपजै बिनसै झूठ ह्वै जाई।।
मींठा सो जो सहजै पावा, अति कलेस थैं करू कहावा।।
ना जरियै ना कीजै मैं मेरा, तहां अनंद जहां राम निहोरा।।
मुकति सोज आपा पर जांनै, सो पद कहां जु भरमि भुलानै।।

प्राननाथ जग जीवनाँ, दुरलभ राम पियार।
सुत सरीर धन प्रग्रह कबीर, जीये रे तर्वर पंख बसियार।।

रे रे जीव अपना दुख न संभारा, जिहि दुख ब्याप्या सब संसारा।।
मायां मोह भूले सब लोई, क्यंचित लाभ मांनिक दीयौ खोई।।
मै मेरी करि बहुत बिगूला, जननी उदर जन्म का सूला।।
बहुत रूप भेष बहु कीन्हां, जुरा मरन क्रोध तन खींना।।
उपजै बिनसै जोनि फिराई, सुख कर मूल न पावै चाही।।
दुख संताप कलेस बहु पावै, सो न मिलै जे जरत बुझावै।।
जिहि हित जीव राखिहै भाई, सो अनहित है जाइ बिलाई।।
मोर तोर करि जरे अपारा, मृगतृष्णा झूठी संसारा।।
माया मोह झूठ रह्यौ लागी, को भयौ इहां का ह्वै है आगी।।
कछु कछु चेति देखि जीव अबहीं, मनिषा जनम ज पावै कबही।।
सारि आहि जे संग पियारा, जब चेतै तब ही उजियारा।।
त्रिजुग जोनि जे आहि अचेता, मनिषा जनम भयौ चित चेता।।
आतमां मुरछि मुरछि जरि जाई, पिछले दुख कहता न सिराई।।
सोई त्रास जे जांनै हंसा, तौ अजहुं न जीव करै संतोसा।।
भौसागर अति वार न पारा, ता तिरिबे को करहु बिचारा।।
जा जल की आदि अंति नहीं जानिये, ताकौ डर काहे न मानियै।।
को बोहिथ को खेवट आही, जिहि तिरिये सो लीजै चाही।।
समझि बिचारि जीव जब देखा, यहु संसार सुपन करि लेखा।
भई बुधि कछू ग्यांन निहारा, आप आप ही किया बिचारा।।
आपण मैं जे रह्यौ समाई, नेड दूरि कथ्यौ नहीं जाई।।
ताके चीन्है परचौ पावा, भई समझि तासूं मन लावा।।

भाव भगति हित बोहिया, सतगर खेवनहार।।
अलप उदिक तब जांणिये, जब गोपदखुर बिस्तार।।3।।

(दुपदी रमैंणी)

भरा दयाल बिषहर जरि जागा, गहगहान प्रेम बहु लागा।।
भया अनंद जीव भये उल्हासा, मिले राम मनि पूगी आसा।।

मास असाढ़ रबि धरनि जरावै, जरत जरत जल आइ बुझावै।।
रूति सुभाइ जिमीं जब जागी, अंमृत धार होइ झर लागी।।
जिमीं मांहि उठी हरियाई, बिरहनि पीव मिले जन जाई।।
मनिकां मनि के भये उछाहा, कारनि कौन बिसारी नाहा।।
खेल तुम्हारा मरन भया मेरा, चौरासी लख कीन्हां फेरा।।
सेवग संत जे होइ अनिआई, गुन अवगुन सब तुम्हि समाई।।
अपने औगुन कहूं न पारा, इहै अभाग जे तुम्ह न संभारा।।
दरबो नहीं काँई तुम्ह नाहा, तुम्ह बिछुरे मैं बहु दुख चाहा।।
मेघ न बरिखै जांहि उदासा, तू न सारंग सागर आसा।।
जलहर मर्‌यौ ताहि नहीं भावै, कै मारि जाइ कै उहै पियावै।।
मिलहु राम मनि पुरवहु आसा, तुम्ह बिछुरया मैं सकल निरासा।।
मै रनिरासी जब निध्य पाई, राम नाम जीव जाग्या जाई।।
नलिनीं कै ज्यूं नीर अधारा, खिन बिछुरयां थैं रवि प्रजारा।।
राम बिनां जीव बहुत दुख पावै, मन पतंक जगि अधिक जरावै।।
माघ मास रुति कवलि तुसारा, भयौ बसंत तब बाग संभारा।।
अपनै रंगि सब कोइ राता, मधुकर बार लेहि मैंमंता।।
बन कोकिला नाद गहगहांना, रुति बसंत सब कै मनि मानां।।
बिरहन्य रजनी जुग प्रति भइया, पिव पिव मिलें कलप टलि गइया।।
आतमा चेति समझि जीव जाई, बाजी झूठ राम निधि पाई।।
भया दयाल निति बाजहिं बाजा, सहज रांम नांम मन राजा।।

जरत जरत जल पाइया, सुख सागर कर मूल।।
गुर प्रसादि कबीर कहि, भागी संसै सूल।।

राम नाम जिन पाया सारा, अबिरथा झूठ सकल संसारा।।
हरि उतंग मैं जानि पतंगा, जंबकु केहरि कै ज्यूं संगा।।
क्यंचिति ह्वै सुपिनै निधि पाई, नहीं सोभा कौ धरी लुकाई।।
हिरदै न समाइ जानियै नहीं पारा, लागै लोभ न और हकारा।।
सुमिरत हूं अपनै उनमानां, क्यंचित जोग रांम मैं जानां।।
मुखां साध का जानियै असाधा, क्यचित जोग राम मैं लाधा।।
कुबिज होई अंमृत फल बंछ्या, पहुंचा तब मन पूगी इंछ्या।।
नियर थें दूरि दूरि थैं नियरा, रामचरित न जानियै जियरा।।
सीत थैं अगिन फुनि होई, रबि थैं ससि ससि थैं रबि सोई।।
सीत थैं अगनि परजई, थल थैं निधि निधि थैं थल करई।।
वज्र थैं तिण खिण भीतरि होई, तिण थैं कुलिस करे फुनि सोई।।

गिवर छार छार गिरि होई, अविगति गति जानै नहीं कोई।।
जिहि दुरमति डोल्यौ संसारा, परे असूझि बार नहिं पारा।।
बिख अंमृत एक करि लीन्हां, जिनि चीन्हा सुख तिहकूं हरि दीन्हा।।
सुख दुख जिनि चीन्हा नहीं जांनां, ग्रासे काल सोग रुति मांनां।।
होइ पतंग दीपक मैं परई, झूठै स्वादि लागि जीव जरई।।
कर गहि दीपक परहि जू कूपा, बहु अचिरज हम देखि अनूपा।।
ग्यानहीन ओछी मति बाधा, मुखां साध करतूति असाधा।।
दरसन समि कछू साध न होई, गुर समांन पूजिये सिध सोई।।
भेष कहा जे बुधि बिगूढ़ा, बिन परचे जग बूडनि बूड़ा।।
जदपि रबि कटिये सुर आटी, झूठे रबि लीन्हा सुर चाही।।
कबहूं हुतासन होइ जरावै, कबहुं अखंड धार बरिषावै।।
कबहूँ सीत काल करि राजा, तिहूं प्रकार बहुत दुख देखा।।
ताकूं सेवि मूढ सुख पावै, दौरे लाभ कूं मूल गवाबै।।
अछित राज दिने दिन होई, दिवस सिराह जनम गये खोई।।
मृत काल किनहूं नहीं देखा, माया माह धन अगम अलेखा।।
झूठै झूठ रह्यौ उरझाई, साचा अलख जग लख्या न जाई।
साचै नियरै झूठै दूरी, बिष कूं कहै सजीवन मूरी।।
कथ्यौ न जाइ नियरै अरु दूरी, सकल अतीत रह्या घट पूरी।।
जहां देखौ तहां राम समांनां, तुम्ह बिन ठौर और नहिं आंनां।।
जदपि रह्या सकल घट पूरी, भाव बिनां अभिअंतरि दूरी।।
लोभ पाप दोऊ जरै निरासा, झूठै झूठि लागि रही आसा।।
जहुवां ह्वै निज प्रगट बजावा, सुख संतोष तहां हम पावा।।
नित उठि जस कीन्ह परकासा, पावक रहै जैसे काष्ठ निवासा।।
बिना जुगति कैसे मथिया जाई, काष्ठै पावक रह्या समाई।।
कष्टै कष्ट अगनि पर जरई, जारै दार अग्नि समि करई।।
ज्यूं राम कहै ते राम होई, दुख कलेस घालै सब खोई।।
जन्म के कलि बिष जांहि बिलाई, भरम करम का कछु न बसाई।।
भरम करम दोऊ बरतै लोई, इनका चरित न जांनै कोई।।
इन दोऊ संसार भुलावा, इनके लागैं ग्यांन गंवावा।।
इनकौ भरम पै सोई बिचारी, सदा अनंद लै लीन मुरारी।।
ग्यांन दृष्टि निज पेखे जोई, इनका चरित जानै पै सोई।।
ज्यूं रजनी रज देखत अंधियारी, डसे भुवंगम बिन उजियारी।।
तारे अगिनत गुनहि अपारा, तऊ कछू नहीं होत अधारा।।

झूठ देखि जीव अधिक डराई, बिना भुवंगम डसी दुनियाई।।
झूठै झूठ लागि रही आसा, जेठ मास जैसे कुरंग पियासा।।
इक त्रिषावंत दह दिसि फिर आवै, झूठै लागा नीर न पावै।।
इक त्रिषावंत अरु जाइ जराई, झूठी आस लागि मरि जाई।।
नीझर नीर जांनि परहरिया करम के बांधे लालच करिया।।
कहै मोर कछु आहि न वाहीं, धरम करम दोऊ मति गवाई।।
धरम करम दोउ मति परहरिया, झूठे नांऊ साच ले धरिया।।
रजनी गत भई रबि परकासा, धरम करम धूं केर बिनासा।।
रवि प्रकास तारे गुन खींनां, आचार ब्यौहार सब भये मलीनां।।
बिष के दाधे बिष नहीं भावै, जरत जरत सुखसागर पावै।।
अनिल झूठ दिन धावै आसा, अंध दुरगंध सहै दुख त्रासा।।
इक त्रिषावंत दूसरे रबि तपई, दस दिसि ज्वाला चहुंदिसि जरई।।
करि सनमुखि जब ग्यांन बिचारी, सनमुखि परिया अगनि मंझारी।।
गछत गछत तब आगै आवा, बित उनमांन ढिबुआ इक पावा।।
सीतल सरीर तन रह्या समाई, तहां छाड़ि कत दाझै जाई।।
यूं मन बारुनि भया हमारा, दाधा दुख कलेस संसारा।।
जरत फिरे चौरासी लेखा, सुख कर मूल कितहूं नहीं देखा।।
जाके छाड़े भये अनाथा, भूलि परे नहीं पावै पंथा।।
अछे अभि अंतरि नियरै दूरी, बिन चीन्ह्या क्यूं पाइये मूरी।।
जा दिन हंस बहुत दुख पावा, जरत जरत गुरि राम मिलावा।।
मिल्या राम रह्या सहजि समाई, खिन बिछुरया जीव उरझै जाई।।
जा मिलियां तैं कीजै बधाई, परमानंएद रैनि दिन गाई।।
सखी सहेली लीन्ह बुलाई, रूति परमानंद भेटिये जाई।।
चली सखी जहुंवा निज रांमां, भये उछाह छाड़े सब कामा।।
जानूं कि मोरै सरस बसंता, मैं बलि जाऊँ तोरि भगवंता।।
भगति हेत गावै लैलीनां, ज्यूं निनाद कोकिला कीन्हा।।
बाजै संख सबद धुनि बैनां, तन मन चित हरि गोविंद लीना।।
चल अचल पांइन पंगुरनी मधुकरि ज्यूं लेहि अघरनी।।
सावज सींह रहे सब मांची, चंद अरु सूर रहै रथ खांची।।
गण गंध्रप सुनि जीवै देवा, आरति करि करि बिनवै सेवा।।
बासि गयंद्र ब्रह्मा करै आसा, हम क्यूं चित दुर्लभ राम दासा।।
भगति हेतु राम गुन गावै, सुर नर मुनि दुर्लभ पद पावै।।
पुनिम बिमल ससि मात बसंता, दरसन जोति मिले भगवंता।।

चंदन बिलनी बिरहिनि धारा, यूं पूजिये प्रानपति राम पियारा।।
भाव भगति पूजा अरु पाती, आतमराम मिले बहु भांती।।
राम राम राम रुचि मांनै, सदा अनंद राम ल्यौ जांनै।।
पाया सुख सागर कर मूला, जो सुख नहीं कहूं समतूला।।
सुख समाधि सुख भया हमारा, मिल्या न बेगर होइ।।
जिहि लाधा सो जांनिहै, राम कबीर और न जानै कोइ।।

(अष्टपदी रमैणी)

केऊ केऊ तीरथ ब्रत लपटानां, केऊ केऊ केवल राम निज जाना।।
अजरा अमर एक अस्थाना, ताका मरम काहू बिरलै जानां।।
अबरन जोति सकल उजियारा, द्रिष्टि समान दास निस्तारा।।
जो नहीं उपज्या धरनि सरीरा, ताकै पथि न सींच्या नीरा।।
जा नहीं लागे सूरजि के बांनां, सो मोहिं आंनि देहु को दाना।।
जब नहीं होते पवन नहीं पानी, तब नहीं होती सिष्टि उपांनी।।
जब नहीं होते प्यंड न बासा, तब नहीं होते धरनी अकासा।।
जब नहीं होते गरभ न मूला, तब नहीं होते कली न फूला।।
जब नहीं होते सबद न स्वादं, तब नहीं होते विद्या न वादं।।
जब नहीं होते गुरू न चेला, तब गम अगमै पंथ अकेला।।
अवगति की गति क्या कहूँ, जिसकर गांव न नांव।।
गन बिहूंन का पेखिये, काकर धरिये नांव।।
आदम आदि सुधि नहीं पाई, मां मां हवा कहां थै आई।।
जब नहीं होते रांम खुदाई, साखा मूल आदि नहीं भाई।।
जब नहीं होते तुरक न हिंदू, माका उदर पिता का ब्यंदू।।
जब नहीं होते गाइ कसाई, तब बिसमला किनि फुरमाई।।
भूले फिरै हीन ह्वै धांवै, ता साहिब का पंथ न पावै।।
संजोगै करि गुंण धरया, बिजोगै गुँण जाइ।।
जिभ्या स्वारथि आपणै कीजै बहुत उपाइ।।
जिनि कलमां कलि मांहि पठावा, कुदरत खोजि तिनहं नहीं पावा।।
कर्म करीम भये कर्तूता, वेद कुरान भये दोऊ रीता।।
कृतम सो जु गरभ अवतरिया, कृतम सो जु नाव जस धरिया।।
कृतम सुनित्य और जनेऊ, हिंदू तुरक न जानै भेऊ।।
मन मुसले की जुगति न जांनै, मति भूलै द्वै दीन बखानै।।
पाणी पवन संयोग करि, कीया है उतपाति।।
सुंनि मैं सबद समाइगा, तब कासनि कहिये जाति।।

तुरकी धरम बहुत हम खोजा, बहु बाजगर करै ए बोंधा।।
गाफिल गरब करै अधिकाई, स्वारथ अरथि बधै ए गाई।।
जाकौ दूध धाइ करि पीजै, ता माता को बध क्यूं कीजै।।
लहुरै थकै दुहि पीया खीरो, ताका अहमक भकै सरीरो।।

बेअकली अकलि न जांनहीं, भूले फिरै ए लोइ।।
दिल दरिया दीदार बिन, भिस्त कहाँ थै होइ।।

पंडित भूले पढ़ि गुन्य वेदा, आप न पांवै नांनां भेदा।।
संध्या तरपन अरु षट करमां, लागि रहे इनकै आशरमां।।
गायत्री जुग चारि पढ़ाई, पूछौ जाइ कुमति किनि पाई।।
सब में राम रहै ल्यौ सींचा, इन थैं और कहौ को नीचा।।
अति गुन गरब करै अधिकाई, अधिकै गरबि न होइ भलाई।।
जाकौ ठाकुर गरब प्रहारी, सो क्यूँ सकई गरब संहारी।।

कुल अभिमाँन बिचार तजि, खोजौ पद निरबांन।।
अंकुर बीज नसाइगा, तब मिलै बिदेही थान।।

खत्री करै खत्रिया धरमो, तिनकूं होय सवाया करमो।
जीवहि मारि जीव प्रतिपारैं, देखत जनम आपनौ हारै।।
पंच सुभाव जु मेटै काया, सब तजि करम भजैं राम राया।।
खत्री सों जु कुटुंब सूं सूझै, पंचू मेटि एक कूं बूंझै।।
जो आवध गुर ग्यान लखावा, गहि करबल धूप धरि धावा।।
हेला करै निसांनै घाऊ, जूझ परै तहां मनमथ राऊ।।

मनमथ मरे न जीवई, जीवण मरण न होइ।।
सुनि सनेही रांम बिन, गये अपनपौ खोइ।।

अरु भूले षट दरसन भाई, पाखंड भेष रहे लपटाई।।
जैन बोध अरु साकत सैंना, चारवाक चतुरंग बिहूंना।।
जैन जीव की सुधि न जानै, पाती तोरि देहुरै आंनै।।
अरु पिथमीं का रोम उपारै, देखत जीव कोटि संहारै।।
मनमथ करम करै असरारा, कलपत बिंद धसै तिहि द्वारा।।
ताकी हत्या होइ अदभूता, षट दरसन मैं जैन बिगूता।।

ग्यान अमर पद बाहिरा, नेड़ा ही तैं दूरि।।
जिनि जान्याँ तिनि निकटि है, रांम रह्या सकल भरपूरि।।

आपनं करता भये कुलाला, बहु बिधि सिष्टि रची दर हाला।।
बिधनां कुंभ कीये द्वै थाना, प्रतिबिंब ता मांहि समांनां।।
बहुत जतन करि बांनक, सौं मिलाय जीव तहाँ ठाँना।।

जठर अगनि दी कीं परजाली, ता मैं आप करै प्रतिपाली।।
भीतर थैं जब बाहिर आवा, सिव सकती द्वै नाँव धरावा।।
भूलै भरमि परै जिनि कोई, हिंदू तुरक झूठ कुल दोई।।
घर का सुत जो होइ अयाँनाँ, ताके संगि क्यूँ जाइ सयाँनाँ।।
साची बात कहै जे वासूँ, सो फिरि कहै दिवाँनाँ तासू।।
गोप भिन्न है एकै दूधा, कासूँ कहिए बाँम्हन सूधा।।
जिनि यहु चित्र बनाइया, सो साचा सतधार।।
कहै कबीर ते जन भले, जे चित्रवत लेहि बिचार।।5।।

(बारहपदी रमैंणी)

पहली मन में सुमिरौ सोई, ता सम तुलि अवर नहीं कोई।।
कोई न पूजै बाँसूँ प्रांनां, आदि अंति वो किनहूँ न जाँनाँ।।
रूप सरूप न आवै बोला, हरू गरू कछू जाइ न तोला।।
भूख न त्रिषां धूप नहीं छांही, सुख दुख रहित रहै सब मांही।।
अविगत अपरंपार ब्रह्म, ग्याँन रूप सब ठाँम।।
बहु बिचारि करि देखिया, कोई न सारिख राँम।।
जो त्रिभुवन पति ओहै ऐसा, ताका रूप कहो धै कैसा।।
सेवग जन सेवा कै तांई, बहुत भांति करि सेवि गुसाई।।
तैसी सेवा चाहौ लाई, जा सेवा बिन रह्या न जाई।।
सेव करंताँ जो दुख भाई, सो दुख सुख बरि गिनहु सवाई।।
सेव करंताँ सो सुख पावा, तिन्य सुख दुख दोऊ बिसरावा।।
सेवग सेव भुलानियाँ, पंथ कुपंथ न जान।
सेवक सो सेवा करै, जिहिसेवा भल माँन।।
जिहि जग की तस की तस के ही, आपै आप आथिहै एही।।
कोई न लखई वाका भेऊ, भेऊ होई तो पावै भेऊ।।
बावैं न दांहिनै आगै न पीछू, अरध उरध रूप नहीं कीछू।।
माय न बाप आव नही जावा, नाँ बहु जण्याँ न को वहि जावा।।
वो है तैसा वोही जानै, ओही आहि आहि नहीं आँनै।।
नैनाँ बैंन अगोचरीं, श्रवनाँ करनी सार।
बोलन कै सुख कारनै, कहिये सिरजनहार।।
सिरजनहार नाँउ धूँ तेरा, भौसागर तिरिबै कूँ भेरा।।
जे यहु मेरा राम न करता, तौ आपै आप आवंटि जग मरता।।
राम गुसाई मिहर जु कीन्हाँ, भेरा साजि संत कौ दीन्हाँ।।

दुख खंडणाँ मही मंडणा, भगति मुकुति बिश्राम।।
विधि करि भेरा साजिया, धर्‌या राम का नाम।।
जिनि यह भेरा दिढ़ करि गहिया, गये पार तिन्हौ सुख लहिया।।
दुमनाँ ह्वै जिनि चित्त डुलावा, करि छिटके थैं थाह न पावा।।
इक डूबे अरु रहे उबारा, ते जगि जरे न राखणहारा।।
राखन की कछु जुगति न कीन्हीं, राखणहार न पाया चीन्हीं।।
जिनि चिन्हा ते निरमल अंगा, जे अचीन्ह ते भये पतंगा।।
राम नाम ल्यौ लाइ करि, चित चेतन ह्वै जागि।।
कहै कबीर ते ऊबरे, जे रहे राम ल्यौ लागि।।
अरचित अविगत है निरधारा, जांष्यां जाइ न वार न पारा।।
लोक बेद थै अछै नियारा, छाड़ि रह्यौ सबही संसारा।।
जसकर गांउ न ठांउ न खेरा, कैसें गुन बरनूं मैं तेरा।।
नहीं तहाँ रूप रेख गुन बांनां, ऐसा साहिब है अकुलांनां।
नहीं सो ज्वान न बिरध नहीं बारा, आपै आप आपनपौ तारा।।
कहै कबीर बिचारि करि, जिनि को लावै भंग।।
सेवौ तन मन लाइ करि, राम रह्या सरबंग।।
नहीं सो दूरि नहीं सो नियरा, नहीं सो तात नहीं सो सियरा।।
पुरिष न नारि करै नहीं क्रीरा, धांम न घांम न ब्यापै पीरा।।
नदी न नाव धरनि नहीं धीरा, नहीं सो कांच नहीं सो हीरा।।
कहै कबीर बिचारि करि, तासूँ लावो हेत।।
बरन बिबरजत ह्वै रह्या, नां सो स्यांम न सेत।।
नां वो बारा ब्याह बराता, पीत पितंबर स्यांम न राता।।
तीरथ ब्रत न आवै जाता, मन नहीं मोनि बचन नहीं बाता।।
नाद नबिंद गरंथ नहीं गाथा, पवन न पांणी संग न साथा।।
कहै कबीर बिचार करि, ताकै हाथि न नाहिं।।
सो साहिब किनि सेवियै, जाके धूप न छांह।।
ता साहिब कै लागौ साथा, सुख दुख मेटि रह्यौ अनाथा।
ना दसरथ धरि औतरि आवा, नां लंका का राव संतावा।।
देवै कूख न औतरि आवा, ना जसवै ले गोद खिलावा।।
ना वो ग्वाल कै सँग फिरिया, गोबरधन ले न कर् धरिया।।
बाँवन होय नहीं बलि छलिया, धरनी बेद लेन उधरिया।।
गंडक सालिकराम न कोला, मछ कछ ह्वै जलहिं न डोला।।
बद्री वैस्य ध्यांन नहीं लावा, परसरांम ह्वै खत्री न सतावा।।

द्वारामती सरीर न छाड़ा, जगन्नाथ ले प्यंड न गाड़ा।।

कहै कबीर बिचार करि ये ऊले ब्योहार।

याही थैं जे अगम है, सो बरति रह्या संसारि।।

नां तिस सबद व स्वाद न सोहा, ना तिहि मात पिता नहीं मोहा।।

नां तिहि सास ससुर नहीं सारा, ना तिहि रोज न रोवनहारा।।

नां तिहि सूतिग पातिक जातिग, नां तिहि माइ न देव कथा पिक।।

नां तिहि ब्रिध बधावा बाजै, नां तिहि गीत नाद नहीं साजै।।

नां तिहि जाति पांत्य कुल लीका, नां तिहि छोति पवित्र नहीं सींचा।।

कहै कबीर बिचारि करि, ओ है पद निरबांन।

सति ले मन मैं राखिये, जहां न दूजी आन।।

नां सो आवै ना सो जाई, ताकै बंध पिता नहीं माई।।

चार बिचार कछु नहीं वाकै, उनमनि लागि रहौ जे ताकै।।

को है आदि कवन का कहिये, कवन रहनि वाका ह्वै रहिये।।

कहै कबीर बिचारि करि, जिनि को खोजै दूरि।।

ध्यान धरौ मन सुध करि, राँम रह्या भरपूरि।।

नाद बिंद रंक इक खेला, आपै गुरू आप ही चेला।।

आपै मंत्र आपै मंत्रेला, आपै पूजै आप पूजेला।।

आपै गावै आप बजावै, अपनां कीया आप ही पावै।।

आपै धूप दीप आरती, अपनीं आप लगावै जाती।।

कहै कबीर बिचारि करि, झूठा लोही चांम।।

जो या देही रहित हैं, सो है रमिता राम।।

(चौपदी रमैंणी)

ऊंकार आदि है मूला, राजा परजा एकहिं सूला।

हम तुम्ह मां हैं एकै लोहू, एकै प्रान जीवन है मोहू।।

एकही बास रहै दस मासा, सूतग पातग एकै आसा।।

एकहीं जननीं जन्यां संसारा, कौन ग्यान थैं भये निनारा।।

ग्यांन न पायो बावरे, धरी अविद्या मैड।

सतगुर मिल्या न मुक्ति फल ताथैं खाई बैड।।

बालक ह्वै भग द्वारे आया, भग भुगतान कूं पुरिष कहावा।।

ग्यांन न सुमिर्‌यो निरगुण सारा, बिष थैं बिरंचि न किया बिचारा।।

साध न मिटी जनम की, मरन तुराँनाँ आइ।।

मन क्रम बचन न हरि भज्या, अंकुर बीज नसाइ।।

तिण चारि सुरही उदिक जु पीया, द्वार दूध बछ कूं दीया।
बछा चूखत उपजी न दया, बछा बांधि बिछोही मया।।
ताका दूध आप दुहि पीया, ग्यान बिचार कछू नहीं कीया।।
जे कुछ लोगनि सोई किया, माला मंत्र बादि ही लीया।।
पीया दूध रूध्र ह्वै आया, मुई गाइ तब दोष लगाया।।
बाकस ले चमरां कूं दीन्हीं, तुचा रंगाई करौती कीन्हीं।।
ले रूकरौती बैठे संगा, ये देखौ पीछे के रंगा।।
तिहि रूकरौती पाँणी पीया, बहु कुछ पाँड़े अचिरज कीया।।

अचिरज कीया लोक मैं, पीया सुहागल नीर।।
इंद्री स्वारथि सब किया, बंध्या भरम सरीर।।

एकै पावन एक ही पांणी, करी रसोई न्यारी जाँनी।।
माटी सूं माटी ले पोती, लागी कहाँ कहाँ धूं छोती।।
धरती लीपि पवित्र कीन्हीं, छोति उपाय लोक बिचि दीन्हीं।।
याका हम सूं कहौ बिचारा, क्यूँ भव तिरिहौ इहि आचारा।।
ए पाँखंड जीव के भरमाँ, माँनि अमानि जीव के करमां।।
करि आचार जू ब्रह्म सतावा, नांव बिनां संतोष न पावा।।
सालिगराम सिला करि पूजा, तुलसी तोड़ि भया नर दूजा।।
ठाकुर ले पाटै पौढ़ावा, भोग लगाइ अरु आपै खावा।।
सांच सील का चौका दीजै, भाव भगति कीजै सेवा कीजै।।
भाव भगति की सेवा मांनै, सतगुर प्रकट कहै नहीं छाँनै।।
अनभै उपजि न मन ठहराई, परकीरति मिलि मन न समाई।।
जब लग भाव भगति नहीं करिहौ, तब लग भवसागर क्यूँ तिरिहौ।।

भाव भगति बिसवास बिनु, कटै न संसै सूल।।
कहै कबीर हरि भगति बिन, मूकति नहीं रे मूल।।

●

परिशिष्ट

अर्थात्

श्रीग्रंथसाहब के दिए हुए पदों में से कबीरदास के
उन पदों का संग्रह जो इस ग्रंथावली
में नहीं आए हैं।

(1) साखी

आठ जाम चौसठि घरी तुअ निरखत रहै जीव।
नीचे लोइन क्यों करौ सब घट देखौ पीउ।।1।।

ऊँच भवन कनक कामिनी सिखरि धजा फहराइ।
ताते भली मधूकरी संत संग गुन गाइ।।2।।

अंबर धनहरू छाइया बरिष भरे सर ताल।।
चातक ज्यों तरसत रहै, तिनकौ कौन हवाल।।3।।

अल्लह की कर बंदगी जिह सिमरत दुख जाइ।
दिल महि साँई परगटै बुझै बलंती लाइ।।4।।

अवरह कौ उपदेस ते मुख मैं परिहै रेतु।
रासि बिरानी राखते खाया घर का खेतु।।5।।

कबीर आई मुझहि पहि अनिक करे करि भेसु।
हम राखे गुरु आपने उन कीनो आदेसु।।6।।

आखी केरे माटूके पल पल गई बिहाइ।
मनु जंजाल न छाड़ई जम दिया दमामा आइ।।7।।

आसा करिये राम की अवरै आस निरास।
नरक परहि ते मानई जो हरिनाम उदास।।8।।

कबीर इहु तनु जाइगा सकहु त लेहु बहोरि।
नागे पांवहुऊ ते गये जिनके लाख करोरि।।9।।

कबीर इहि तनु जाइगा कवने मारग लसाइ।
कै संगति करि साध की कै हरि के गुन गाइ।।10।।

एक घड़ी आधी घड़ी आधी हूं ते आध।
भगतन सेटी गोसटे जो कीने सो लाभ।।11।।

एक मरंते दुइ मुये दोइ मरंतेहि चारि।
चारि मरंतहि छंहि मुये चारि पुरुष दुइ नारि।।12।।

ऐसा एक आधु जो जीवत मृतक होइ।
निरभै होइ कै गुन रवै जत पेखौ तत सोइ।।13।।

कबीर ऐसा को नहीं इह तन देवै फूकि।
अंधा लोगु न जानई रह्यौ कबीरा कूकि।।14।।

ऐसा जंतु इक देखिया जैसी देखी लाख।
दीसै चंचलु बहु गुना मति हीना नापाक।।15।।

कबीर ऐसा बीजु सोइ बारह मास फलंत।
सीतल छाया गहिर फल पंखी केल करंत।।16।।

ऐसा सतगुर जे मिलै तुट्ठा करे पसाउ।
मुकति दुआरा मोकला सहजै आवौ जाउ।।17।।

कबीर ऐसी होइ परी मन को भावतु कीन।
मरने ते क्या डरपना जब हाथ सिधौरा लीन।।18।।

कंचन के कुंडल बने ऊपर लाख जड़ाउ।
दीसहि दाधे कान ज्यों जिन मन नाहीं नाउ।।19।।

कबीर कसौटी राम की झूठा टिका न कोइ।
राम कसौटी सो सहै जो मरि जीवा होइ।।20।।

कबीर कस्तूरी भया भवर भये सब दास।
ज्यों ज्यों भगति कबीर की त्यों त्यों राम निवास।।21।।

कागद केरी ओबरी मसु के कर्म कपाट।
पाहन बोरी पिरथमी पंडित थाड़ी बाट।।22।।

काम परे हरि सिमिरिये ऐसा सिमरो चित।
अमरपुरा बांसा करहु हरि गया बहोरै बित्त।।23।।

काया कजली बन भया मन कुंजर मयमंतु।
अंक सुज्ञान रतन्न है खेवट बिरला संतु।।24।।

काया काची कारवी काची केवल धातु।
सावतु रख हित राम तनु माहि त बिनठी बात।।25।।

कारन बपुरा क्या करै जौ राम न करै सहाइ।
जिहि जिहि डाली पग धरौं सोई मुरि मुरि जाइ।।26।।

कबीर कारन सो भयो जो कीनौ करतार।
तिसु बिनु दूसर को नहीं एकै सिरजनुहार।।27।।

कालि करंता अबहि करु अब करता सुइ ताल।
पाछै कछू न होइगा जौ सिर पर आवै काल।।28।।

कीचड़ आटा गिर पर्‍या किछू न आयो हाथ।
पीसत पीसत चाबिया सोई निबह्या साथ।।29।।

कबीर कूकरु भौकता कुरंग पिछैं उठि धाइ।
कर्मी सति गुर पाइया जिन हौ लिया छड़ाइ।।30।।

कबीर कोठी काठ की दह दिसि लागी आगि।
पंडित पंडित जल मुवे मूरख उबरे भागि।।31।।

कोठे मंडल हेतु करि काहे मरहु संवारि।
कारज साढ़े तीन हथ धनी त पौने चारि।।32।।

कौड़ी कौड़ी जोरि के जोरे लाख करोरि।
चलती बार न कछु मिल्यो लई लंगोटी छोरि।।33।।

खिंथा जलि कोयला भई खापर फूटम फूट।
जोगी बपुड़ा खोलियो आसनि रही बिभूति।।34।।

खूब खाना खीचरी जामैं अंमृत लोन।
हेरा रोटी कारने गला कटावै कौन।।35।।

गंगा तीर जू घर करहि पीवहि निर्मल नीर।
बिनु हरि भगति न मुकति होइ यों कहि रमे कबीर।।36।।

कबीर राति होवहि कारिया कारे ऊभे जंतु।
लैं गाहे उठि धावते सिजानि मारे भगवंतु।।37।।

कबीर मनतु न कीजियै चाम लपेटे हाथ।
हैबर उपर छत्र तर ते फुन धरती गाड़।।38।।

कबीर गरबु न कीजियै ऊँचा देखी अवासु।
आजु कालि भुइ लेटना ऊपरि जामै घासु।।39।।

कबीर गरबु न कीजियै रंकु न हसियै कोइ।
अजहु सु नाउ समुद्र महि क्या जानै क्या होइ।।40।।

कबीर गरबु न कीजियै देही देखि सुरंग।
आजु कालि तजि जाहुगे ज्यों कांचुरी भुजंग।।41।।

गहगंच पर्‌यो कुटुंब के कंठै रहि गयो राम।
आइ परे धर्म राइ के बीचहिं धूमा धाम।।42।।

कबीर गागर जल भरी आजु कालि जैहै फूटि।
गुरु जु न चेतहि आपुनो अधमाझली जाहिगे लूटि।।43।।

गुरु लागा तब जानिये मिटै मोह तन ताप।
हरष सोग दाझै नहीं तब हरि आपहि आप।।44।।

कबीर बाणी पीड़ते सति गुरु लिये छुड़ाइ।
परा पूरबली भावनी परगति होई आइ।।45।।

चकई जौ निसि बीछुरै आइ मिले परभाति।
जो नर बिछुरै राम स्यों ना दिन मिले न राति।।46।।

चतुराई नहिं अति धनी हरि जपि हिरदै माहि।
सूरी ऊपरि खेलना गिरैं त ठाहुर नाहि।।47।।

चरन कमल की मौज को कहि कैसे उनमान।
कहिबे को सोभा नहीं देखा ही परवान।।48।।

कबीर चावल कारने तुमको मुहली लाइ।
संग कुसंगी बैसते तब पूछै धर्मराइ।।49।।

चुगै चितारै भी चुगै चुगि चुगि चितारै।
जैसे बच रहि कुंज मन माया ममता रे।।50।।

चोट सहेली सेल की लागत लेइ उसास।
चोट सहारे सबद की तासु गुरू मैं दास।।51।।

जग काजल की कोठरी अंध परे तिस मांहि।
हौ बलिहारी तिन्न की पैसु जू नीकसि जाहि।।52।।

जग बांध्यौ जिह जेवरी तिह मत बंधहु कबीर।
जैहहि आटा लोन ज्यों सोन समान शरीर।।53।।

जग मैं चेत्यो जानि कै जग मैं रह्यौ समाइ।
जिनि हरि नाम न चेतियो बादहि जनमें आइ।।54।।

कबीर जहं जहं हौ फिर्‌यो कौतक ठाओ ठांइ।
इक राम सनेही बाहरा ऊजरू मेरे भांइ।।55।।

कबीर जाको खोजते पायो सोई ठौर।
सोइ फिरि के तू भया जकौ कहता और।।56।।

जाति जुलाहा क्या करे हिरदै बसै गुपाल।
कबीर रमइया कंठ मिलु चूकहि सब जंजाल।।57।।

कबीर जा दिन ही सुआ पाछै भया अनंद।
मोहि मिल्यो प्रभु आपना संगी भजहि गोबिंद।।58।।

जिह दर आवत जातहू हटकै नाही कोइ।
सो दरु कैसे छोड़िये जौ दरु ऐसा होइ।।59।।

जीया जो मारहि जोरु करि कहते हहि जु हलालु।
दफतर दई जब काढिहै होइगा कौन हवालु।।60।।

कबीर जेते पाप किये राखे तलै दुराइ।
परगट भये निदान सब पूछै धर्मराइ।।61।।

जैसी उपजी पेड़ ते जो तैसी निबहै ओड़ि।
हीरा किसका बापुरा पुजहिं न रतन करोड़ि।।62।।

जो मैं चितवौ ना करै क्या मेरे चितवे होइ।
अपना चितव्या हरि करैं जो मारै चित न होइ।।63।।

जोर किया सो जुलुम है लेइ जवाब खुदाइ।
दफतर लेखां नीकसै मार मुहै मुह खाइ।।64।।

जो हम जंत्र बजावते टूटि गई सब तार।
जंत्र बिचारा क्या करे चले बजावनहार।।65।।

जो गृह कर हित धर्म करु नाहिं त करु बैराग।
बैरागी बंधन करै ताकौ बड़ौ अभागु।।66।।

जौ तुहि साध पिरम्म की सीस काटि करि गोइ।
खेलत खेलत हाल करि जौ किछु होइ त होइ।।67।।

जौ तुहि साध पीरम्म की पाके सेती खेलु।
काची सरसो पेलि कै ना खलि भई न तैलु।।68।।

कबीर झंखु न झंखियै तुम्हरो कह्यो न होइ।
कर्म करीम जु करि रहे मेटि न साकै कोइ।।69।।

टालै टेलै दिन गया ब्याज बढंतो जाइ।
नां हरि भज्या ना खत फट्यो काल पहूंचो आइ।।70।।

ठाकुर पूजहिं मोल ले मन हठ तीरथ जाहि।
देखा देखी स्वांग धरि भूले भटका खाहि।।71।।

कबीर डगमग क्या करहि कहा डुलावहि जीउ।
सब सुख की नाइ को राम नाम रस पीउ।।72।।

डूबहिगो रे बापुरे बहु लोगन की कानि।
परोसी के जो हुआ तू अपने भी जानि।।73।।

डूबा था पै उब्बर्‌यो गुन की लहरि झबक्कि।
जब देख्यो बड़ा जरजरा तब उतरि पर्‌यौ ही फरक्कि।।74।।

तरवर रूपी रामु है फल रूपी बैरागु।
छाया रूपी साधु है जिन तजिया बादु बिबादु।।75।।

कबीर तासै प्रीति करि जाको ठाकुर राम।
पंडित राजे भूपती आवहि कौने काम।।76।।

तूं तूं करता तूं हुआ मुझ मं रही न हूं।
जब आपा पर का मिटि गया जित देखौ तित तूं।।77।।

थूनी पाई थिति भई सति गुरु बंधी धीर।
कबीर हीरा बनजिया मानसरोवर तीर।।78।।

कबीर थोड़े जल माछली झीवर मेल्यौ जाल।
इहटौ घनै न छूटिसहि फिरि करि समुद सम्हालि।।79।।

कबीर देखि कै किह कहौ कहे न को पतिआइ
हरि जैसा तैसा उही रहौ हरखि गुन गाइ।।80।।

देखि देखि जग ढूंढ़िया कहूं न पाया ठौर।
जिन हरि का नाम न चेतिया कहा भुलाने और।।81।।

कबीर धरती साध की तरकस बैसहि गाहि।
धरती भार न ब्यापई उनकौ लाहू लाहि।।82।।

कबीर नयनी काठ की क्या दिखलावहि लोइ।
हिरदै राम न चेतही इक नयनी क्या होइ।।83।।

जा घर साध न सोवियहि हरि की सेवा नाहि।
ते घर मरहट सारखे भूत बसहि तिन मांहि।।84।।

ना मोहि छानि न छापरी ना मोहि घर नहीं गाउं।
मति हरि पूछे कौन है मेरे जाति न नांउ।।85।।

निर्मल बूँद अकास की लीनी भूमि मिलाइ।
अनिक सियाने पच गये ना निरवारी जाइ।।86।।

नृपनारी क्यों निंदिये क्यों हरिचेरी कौ मान।
ओह माँगु सवारै बिषै कौ ओह सिमरै हरि नाम।।87।।

नैंन निहारै तुझको स्रवन सुनहु तुव नाउ।
नैन उचारहु तुव नाम जो चरन कमल रिद ठाउ।।88।।

परदेसी कै घाघरै चहु दिसि लागी आगि।
खिंथा जल कुइला भई तागे आँच न लागि।।89।।

परभाते तारे खिसहिं त्यों इहु खिसै सरीरु।
पै दुइ अक्खर ना खिसहिं त्यों गहि रह्यौ कबीरु।।90।।

पाटन ते ऊजरूं भला राम भगत जिह ठाइ।
राम सनेही बाहरा जमपुर मेरे भाइ।।91।।

पापी भगति न पावई हरि पूजा न सुहाइ।
माखी चंदन परहरै जहँ बिगध तहँ जाइ।।92।।

कबीर पारस चंदनै तिन है एक सुगंध।
तिहि मिलि तेउ ऊतम भए लोह काठ निरगंध।।93।।

पालि समुद सरवर भरा पी न सकै कोइ नीरु।
भाग बड़े ते पाइयो तू भरि भरि पीउ कबीर।।94।।

कबीर प्रीति इकस्यो किए आगँद बद्धा जाइ।
भावै लंबे केस कर भावै घररि मुड़ाइ।।95।।

कबीर फल लागे फलनि पाकन लागै आंव।
जाइ पहूँचै खसम कौ जौ बीचि न खाई काँव।।96।।

बाम्हन गुरु है जगत का भगतन का गुरु नाहिं।
उरझि उरझिं कै पच मुआ चारहु बेदहु माहि।।97।।

कबीर बेड़ा जरजरा फूटे छेक हजार।
हरुये हरुये तिरि गये डूबे जिनि सिर भार।।98।।

भली भई जौ भौ पर्‌या दिसा गई सब भूलि।
ओरा गरि पानी भया जाइ मिल्यौ ढलि कूलि।।99।।

कबीर भली मधूकरी नाना बिधि को नाजु।
दावा काहू को नहीं बड़ी देस बड़ राजु।।100।।

भाँग माछुली सुरापान जो जो प्रानी खाहि।
तीरथ बरत नेम किये ते सबै रसातल जांहि।।101।।

भार पराई सिर धरै चलियो चाहै बाट।
अपने भारहि ना डरै आगै औघट घाट।।102।।

कबीर मन निर्मल भया जैसा गंगा नीर।
पाछै लागो हरि फिरहिं कहत कबीर कबीर।।103।।

कबीर मन पंखी भयो उड़ि उड़ि दह दिसि जाइ।
जो जैसी संगति मिलै सो तैसी फल खाइ।।104।।

कबीर मन मूड्या नहीं केस मुड़ाये काइ।
जो किछु किया सो मन किया मुंडामुंड अजाइ।।105।।

मया तजी तो क्या भया जौ मानु तज्यो नहीं जाइ।
मान मुनी मुनिवर गले मानु सबै को खाइ।।106।।

कबीर महदी करि घालिया आपु पिसाइ पिसाइ।
तैसेई बात न पूछियै कबहु न लाई पाइ।।107।।

माई मूढहू तिहि गुरू जाते भरम न जाइ।
आप डुबे चहु बेद महि चेले दिये बहाइ।।108।।

माटी के हम पूतरे मानस राख्यो नाउ।
चारि दिवस के पाहुने बड़ बड़ रूधहि ठाउ।।109।।

मानस जनम दुर्लभ है होइ न बारै बारि।
जौ बन फल पाके भुइ गिरहिं बहुरि न लागै डारि।।110।।

कबीर माया डोलनी पवन झकोलनहारु।
संतहु माखन खाइया छाछि पियै संसारु।।111।।

कबीर माया डोलनी पवन बहै हिवधार।
जिन बिलोया तिन पाइया अवन बिलोवनहार।।112।।

कबीर माया चोरटी मुसि मुसि लावै हाटि।
एकु कबीरा ना मुसै जिन कीनी बारह बाटि।।113।।

मारी मरौ कुसंग की केले निकटि जु बेरि।
उह झूलै उह चीरिये साकत संगु न हेरि।।114।।

मारे बहुत पुकारिया पीर पुकारै और।
लागी चोट मरम्म की रह्यौ कबीरा ठौर।।115।।

मुकति दुबारा संकुरा राई दसएँ भाइ।
मन तौ मंगल होइ रह्यौ निकस्यो क्यौं कै जाइ।।116।।

मुल्ला मुनारे क्या चढ़हि साँई न बहरा होइ।
जाँ कारन बाँग देहि दिल ही भीतरि जोइ।।117।।

मुहि मरने का चाउ है मरौं तौ हरि के द्वार।
मत हरि पूछै को है परा हमारै बार।।118।।

कबीर मेरी जाति की सब कोइ हंसनेहारु।
बलिहारी इस जाति कौ जिह जपियो सिरजनहारु।।119।।

कबीर मेरी बुद्धि को जसु न करै तिसकार।
जिन यह जमुआ सिरजिआ सु जपिया परबदिगार।।120।।

कबीर मेरी सिमरनी रसना ऊपरि रामु।
आदि जगादि सगस भगत ताकौ सब बिश्राम।।121।।

जम का ठेगा बुरा है ओह नहिं सहिया जाइ।
एक जु साधु मोहि मिलो तिन लीया अंचल लाइ।।122।।

कबीर यह चेतानी मत सह सारहि जाइ।
पाछै भोग जु भोगवै तिनकी गुड़ लै खाइ।।123।।

रस को गाढ़ो चूसिये गुन को मरिये रोइ।
अवगुन धारै मानसै भलो न कहियो कोइ।।124।।

कबीर राम न चेतिये जरा पहूँच्यौ आइ।
लागी मंदर द्वारि ते अब क्या काढ्यो जाइ।।125।।

कबीर राम न चेतियो फिरिया लालच माहि।
पाप करंता मरि गया औध पुजी खिन माहि।।126।।

कबीर राम न छोड़िये तन धन जाइ त जाउ।
चरन कमल चित बोधिया रामहि नाम समाउ।।127।।

कबीर राम न ध्याइयो मोटी लागी खरि।
काया हाड़ी काठ की ना ओह चढ़ै बहोरि।।128।।

राम कहना महि भेंदु है तामहिं एकु बिचारु।
सोइ राम सबै कहहिं सोई कौतुकहारु।।129।।

कबीर राम मैं राम कहु कहिबे माहि बिबेक।।
एक अनेकै मिलि गयां एक समाना एक।।130।।

रामरतन मुख कोथरी पारख आगै भोलि।
कोइ आइ मिलैगो गाहकी लेगी महँगे मोलि।।131।।

लागी प्रीति सुजान स्यों बरजै लोगु अजानु।
तास्यो टूटी क्यों बनै जाके जीय परानु।।132।।

बांसु बढ़ाई बूड़िया यों मत डुबहु कोइ।
चंदन कै निकटें बसे बांसु सुगंध न होइ।।133।।

कबीर बिकारहु चितवते झूठे करंते आस।
मनोरथ कोइ न पूरियो चाले ऊठि निरास।।134।।

बिरहु भुअंगम मन बसै मन्तु न मानै कोइ।
राम बियोगी ना जियै जियै त बौरा होइ।।135।।

बैदु कहै हौं ही भला दारू मेरे बस्सि।
इह तौ बस्तु गोपाल की जब भावै ले खस्सि।।136।।

वैष्णव की कुकरि भली साकत की बुरी माइ।
ओह सुनहिं हर नाम जस उह पाप बिसाहन जाइ।।137।।

वैष्णव हुआ त क्या भया माला मेली चारि।
बाहर कंचनवा रहा भीतरि भरी भंगारि।।138।।

कबीर संसा दूरि करु कागह हेरु बिहाउ।
बावन अक्खर सोधि कै हरि चरनों चित लाउ।।139।।

संगति करियै साध की अंति करै निर्बाहु।
साकत संगु न कीजिये जाते होइ बिनाहु।।140।।

कबीर संगत साध की दिन दिन दूना हेतु।
साकत कारी कांबरी धोए होइ न सेतु।।141।।

संत की गैल न छांड़ियै मारगि लागा जाउ।
पेखत ही पुन्नीत होइ भेटत जपियै नाउ।।142।।

संतन की झुरिया भली भठी कुसत्ती गांउ।
आगि लगै तिह धौलहरि जिह नाहीं हरि को नांउ।।143।।

संत मुये क्या रोइयै जो अपने गृह जाय।
रोवहु साकत बापुरो जू हाटै हाट बिकाय।।144।।

कबीर सति गुरु सुरमे बाह्या बान जु एकु।
लागत की भुइ गिरि पर्‌या परा कलेजे छेकु।।145।।

कबीर सब जग हौं फिर्‌यो मांदलु कंध चढ़ाइ।
कोई काहू को नहीं सब देखी ठोक बजाइ।।146।।

कबीर सब तें हम बुरे हम तजि भलो सब कोइ।
जिन ऐसा करि बूझिया मीतु हमारा सोइ।।147।।

कबीर समुंद न छाड़ियै जौ अति खारो होइ।
पोखरि पोखरि ढूंढ़ते भली न कहियै कोइ।।148।।

कबीर सेवा की दुइ भले एक संतु इकु राम।
राम जु दाता मुकति को संतु जपावै नामु।।149।।

सांचा सति गुरु मैं मिल्या सबद जु बाह्या एकु।
लागत ही भुइ मिलि गया पर्‌या कलेजे छेकु।।150।।

कबीर साकत ऐसा है जैसी लसन की खानि।
कोने बैठे खाइये परगट होइ निदान।।151।।

साकत संगु न कीजियै दुरहि जइये भागि।
बासन करा परसियै तउ कछु लागै दागु।।152।।

सांचा सतिगुरु क्या करै जो सिक्खा माही चूक।
अंधे एक न लागई ज्यों बासु बजाइयै फूँकि।।153।।

साधू की संगति रहौ जौ की भूसी खाउ।
होनहार सो होइहै साकत संगि न जाउ।।154।।

साधु को मिलने जाइये साधु न लीजै कोइ।
पाछे पाउं न दीजियो आगै होइ सो होइ।।155।।

साधू संग परापति लिखिया होइ लिलाट।
मुक्ति पदारथ पाइयै ठाकन अवघट घाट।।156।।

सारी सिरजनहार की जाने नाहीं कोइ।
कै जानै आपन धनी कै दासु दिवानी होइ।।157।।

सिखि साखा बहुतै किये केसी कियो न मीतु।
चले थे हरि मिलन को बीचै अटको चीतु।।158।।

सुपने हू बरड़ाइकै जिह मुख निकसै राम।
ताके पा की पानही मेरे तन को चाम।।159।।

सुरग नरक ते मैं रह्यौ सति गुरु के परसादि।
चरन कमल की मौज महि रहौ अंति अरु आदि।।160।।

कबीर सूख न एह जुग करहि जु बहुतैं मीत।
जो चित राखहि एक स्यों ते सुख पावहिं नीत।।161।।

कबीर सूरज चांद कै उदय भई सब देह।
गुरु गोबिंद के बिन मिले पलटि भई सब खेह।।162।।

कबीर सोई कुल भलो जा कुल हरि को दासु।
जिह कुल दासु न ऊपजे सो कुल ढाकु पलासु।।163।।

कबीर सोइ मारिये जिहि मूये सुख होइ।
भलो भलो सब कोई कहै बुरो न मानै कोइ।।164।।

कबीर सोइ मुख धन्नि है जा मुख कहिये राम।
देही किसकी बापुरी पवित्र होइगो ग्राम।।165।।

हंस उड़यौ तनु गाड़िगो सोझाई सैनाह।
अजहूं जीउ न छाड़ई रंकांई नैनाह।।166।।

हज काबे हौं जाइया आगे मिल्या खुदाइ।
साई मुझस्यो लर पर्‌या तुझै किन फुरमाई गाइ।।167।।

हरदी पीर तनु हरे चून चिन्ह न रहाइ।
बलिहारी इहि प्रीति कौ जिह जाति बरन कुल जाइ।।168।।

हरि को सिमरन छाड़िकै पाल्यो बहुत कुटुंब।
धंधा करता रहि गया भाई रहा न बंधु।।169।।

हरि का सिमरन छाड़िकै राति जगावन जाइ।
सर्पनि होइहै औतरे जाये अपने खाइ।।170।।

हरि का सिमरन छाड़िकै अहोई राखे नारि।
गदही होइ कै औतरै भारु सहै मन चारि।।171।।

हरि का सिमरन जो करै सो सुखिया संसारि।
इत उत कतहु न डोलई जस राखै सिरजनहारि।।172।।

हाड़ जरे ज्यों लाकरी केस जरे ज्यों घासु।
सब जग जरता देखिकै भयो कबीर उदासु।।173।।

है गै बाहन सघन घन छत्रपती की नारि।
तासु पटंतर ना पुजै हरि जन की पनहारि।।174।।

है गै बाहन सघन घन लाख धजा फहराइ।
या सुख तै भिक्खा भली जौ हरि सिमरन दिन जाइ।।175।।

जहाँ ज्ञान तहँ धर्म है जहाँ झूठ तहँ पाप।
जहां लाभ तहं काल है जहां खिमा तहँ आप।।176।।

कबीरा तुही कबीरू तू तेरो नाउ कबीर।
रात रतन तब पाइयै जो पहिले तजहिं सरीर।।177।।

कबीरा धूर सकेल कै पुरिया बांधी देह।
दिवस चारि को पेखना अंत खेह की खेह।।178।।

कबीरा हमरा कोइ नहीं हम किसहू के नाहि।
जिन यहु रचन रचाइया तितहीं माहिं समाहिं।।179।।

कोइ लरका बेचई लरकी बेचै कोइ।
साँझा करे कबीर स्यों हरि संग बनज करेइ।।180।।

जहँ अनभै तहं भौ नहीं जहँ भै तहं हरि नाहिं।।
कह्यौ कबीर बिचारिकै संत सुनहु मन माँहि।।181।।

जोरी किये जुलुम है कहता नाउ हलाल।
दफतर लेखा माडिये तब होइगौ कौन हवाल।।182।।

ढूंढ़त डोले अंध गति अरु चीनत नाहीं अंत।
कहि नामा क्यों पाइयै बिन भगतई भगवंत।।183।।

नीचे लोइन कर रहौ जे साजन घट मांहि।।
सब रस खेलो पीव सौ कियो लखावौ नाहिं।।184।।

बूड़ा बंस कबीर का उपज्यो पूत कमाल।
हरि का सिमरन छाड़िकै घर ले आया माल।।185।।

मारग मोती बीथरे अंधा निकस्यो आइ।
जोति बिना जगदीस की जगत उलंघे जाइ।।186।।

राम पदारथ पाइ कै कबिरा गांठि न खोल।
नहीं पहन नहीं पारखू नहीं गाहक नहीं मोल।।187।।

सेख सबूरी बाहरा क्या हज काबै जाइ।
जाका दिल साबत नहीं ताको कहां खुदाइ।।188।।

सुनु सखी पिउ महि जिउ बसै जिउ महिबसै कि पीउ।
जीव पीउ बूझौ नहीं घट महि जीउ कि पीउ।।189।।

हरि है खांडू रे तुमहि बिखरी हाथों चूनी न जाइ।
कहि कबीर गुरु भली बुझाई चीटीं होइ के खाइ।।190।।

गगन दमामा बाजिया पर्‌यो निसानै घाउ।
खेत जु मार्‌यो सूरमा जब जूझन को दाउ।।191।।

सूरा सो पहिचानिये जु लरै दीन के हेत।
पुरजा पुरजा कटि मरै कबहुँ न छाड़ै खेत।।192।।

(2) पदावली

अंतरि मैल जे तीरथ न्हावै तिसु बैकुंठ न जाना।
लोक पतीणे कछू न होवै नाहीं राम अयाना।
पूजहू राम एकु ही देवा साचा नावण गुरु की सेवा।
जल के मज्जन जे गति होवै नित नित मेडुक न्हावहि।।
जैसे मेडुक तैसे ओइ नर फिरि फिरि जोनी आवहि।
मनहु कठोर मरै बनारस नरक न बांच्या जाई।
हरि का संत मरै हाँड़वैत सगली सैन तराई।।
दिन सुरैनि बेद नहीं सासतर तहाँ बसै निरकारा।
कहि कबीर नर तिसहि धियावहु बावरिया संसारा।।1।।

अंधकार सुख कबहि न सोइहै। राजा रंक दोऊ मिलि रोइहै।।
जो पै रसना राम न कहिबो। उपजत बिनसत रोवंत रहिबो।।
जम देखिय तरवर की छाया। प्रान गये कछु बाकी माया।।
जस जंती महि जीव समाना। मुये मर्म को काकर जाना।।
हंसा सरबर काल सरीर। राम रसाइन पीउ रे कबीर।।2।।

अग्नि न दहै पवन नहीं गमनै तस्कर नेरि न आवै।
राम नाम धन करि संचौनी सो धन कतही न जावै।।
हमारा धन माधव गोबिंद धरनधर इहै सार धन कहियै।
जो सुख प्रभु गोबिंद की सेवा सो सुख राज न लहियै।।
इसु धन कारण सिव सनकादिक खोजत भये उदासी।
मन मुकुंद जिह्वा नारायण परै न जम की फांसी।।
निज धन ज्ञान भगति गुरु दीनी तासु सुमति मन लागी।
जलत अंग थंभि मन धावत भरम बंधन भौ भागी।।
कहै कबीर मदन के माते हिरदै देखु बिचारी।
तुम घर लाख कोठि अस्व हस्ती हम घर एक मुरारी।।3।।

अचरज एक सुनहु रे पंडिया अब किछु कहन न जाई।
सुर नर गन गंध्रब जिन मोहे त्रिभुवन मेखलि लाई।
राजा राम अनहद किंगुरी बाजै जाकी दृष्टि नाद लव लागै।।
भाठी गगन सिडिया अरु चूंडिया कनक कलस इक पाया।।

तिस महि धार चुए अति निर्मल रस महि रस न चुआया।
एक जु बात अनूप बनी है पवन पियाला साजिया।।
तीन भवन महि एको जागी कहहु कवन है राजा।।
ऐसे ज्ञान प्रगट्या पुरुषोत्तम कहु कबीर रंगराता।
और दुनी सब भरमि भुलाना मन राम रसाइन माता।।5।।

अनभौ कि नैन देखिया बैरागी अड़े।
बिनु भय अनभौ होइ वणाँ हंबै।
सहुह दूरि देखैं ताभौ पावै बैरागी अड़े।
हुक्मै बूझै न निर्भऊ होइ न बेणा हंबै।।
हरि पाखंड न कीजई बैरागी अड़ै।
पाखंडि रता सब लोक बणाँ हंबै।।
तृष्णा पास न छोड़ई बैरागी अड़े।
ममता जाल्या पिंड बणाँ हंबै।
चिंता जाल तन जालिया बैरागी अड़े।
जे मन मिरतक होइ वणा हंबै।।
सत गुरु बिन वैराग न होवई बैरागी अड़े।
जे लोचै सब कोई बणां हंबै।।
कर्म होवे संतगुरु मिलै बैरागी अड़े।
सहजै पावै सोइ बणा हंबै।।
कह कबीर इक बैरागी अड़े।
मौको भव जल पारि उतारि बड़ा हंबै।।5।।

अब मौको भये राजा राम सहाई। जनम मरन कटि परम गति पाइ।
साधू संगति दियो रलाइ। पचं दूत ते लियो छड़ाइ।।
अमृत नाम जपौ जप रसना। अमोल दास करि लीनो अपना।
सति गुरु कीनों पर उपकारु। काढ़ि लीन सागर संसारु।।
चरन कमल स्यों लागी प्रीति। गोबिंद बसै निता नित चीति।।
माया तपति बुझ्या अग्यारु। मन संतोष नाम आधारु।।
जल थल पूरि रहै प्रभु स्वामी। जत पेखो तत अंतर्यामी।।
अपनी भगति आपही दृढ़ाई। पूरब लिखतु गिल्या मेरे भाई।।
जिसु कृपा करै तिसु पूरन साज। कबीर को स्वामी गरीब निवाज।।6।।

अब मोहि जलत राम जल पाइया। राम उदक तन जलत बुझाइया।।
जेहि पावक सुर नर है जारे। राम उदक जन जलत उबारे।।

मन मांरन कारन बन जाइयै। सो जल बिन भगवंत न पाइयै।।
जेहि पावक सुर नर है जारे। राम उदक जन जलत उबारे।।
भवसागर सुखसागर माही। पीव रहे जल निखूटत नाहीं।।
कहि कबीर भजु सारिंगपानी। राम उदक मेरी तिषा बुझानी।।7।।

अमल सिरानी लेखा देना। आये कठिन दूत जम लेना।।
क्या तै खटिया कहा गवाया। चलहु सिताब दिवान बुलाया।।
चलु दरहाल दिवान बुलाया। हरि फुर्मान दरगह का आया।।
करौ अरदास गाव किछु बाकी। लेउ निबेर आज की राती।।
किछू भी खर्च तुम्हारा सारौ। सुबह निवाज सराइ गुजारी।।
साधु संग जाकौ हरि रंग लागा।धन धन सो जन पुरुष सभागा।।
ईत ऊत जन सदा सुहेले। जनम पदारथ जीति अमोले।।
जागत सोया जन्म गंवाया। माल धन जोर्‌या भया पराया।।
कहु कबीर तेई नर भूले। खसम बिसारि माटी संग रूलें।।8।।

अल्लह एकु मसीति बसतु है अवर मुलकु किस केरा।
हिंदू मूरति नाम निवारी दुहमति तत्तु न हेरा।।
अल्लह राम जीउ तेरी नाई। तू करीमह राम तिसाई।।
दक्खन देस हरी का बासा पच्छिम अलह मुकामा।
दिल महि खोजि दिलै दिल खोजहु एही ठौर मुकामा।।
ब्रह्म न ज्ञान करहि चौबीसा काजी महरम जाना।।
ग्यारह मास पास कै राखे एकै माहि निधाना।।
कहाउड़ीसे मज्जन कियाँ क्या मसीत सिर नायें।।
दिल महि कपट निवाज गुजारै क्या हज काबै जायें।।
एते औरत मरदा साजै ये सब रूप तुमारे।।
कबीर पूंगरा राम अलह का सब गुरु पीर हमारे।।
कहत कबीर सुनहु नर नरवै परहु एक की सरना।
केवल नाम जपहु रे प्रानी तबही निहचै तरना।।9।।

अवतरि आइ कहा तुम कीना। राम को नाम न कबहूं लीना।।
राम न जपहुं कवन भनि लागे। मरि जैबे को क्या करहु अभागे।।
दुख सुख करिकै कुटुंब जिवाया। मरती बार इकसर दुख पाया।।
कंठ गहन तब कर न पुकारा। कहि कबीर आगे ते न सभारा।।10।।

अवर मुये क्या सोग करीजै। तौ कीजै जो आपन जीजै।।
मैं न मरौ मरिबो संसारा। अब मोहि मिल्यो है जियावनहारा।।
या देही परमल महकंदा। ता सुख बिसरे परमानंदा।।
कुअटा एकु पंच पनिहारी। टूटी लाजु भरैं मतिहारी।।
कहु कबीर इकु बुद्धि बिचारी। ना उ कुअटा ना पनिहारी।।11।।

अव्वल अल्लह नूर उपाया कुदरत के सब बंदे।।
एक नूर ते सब जन उपज्या कौन भले को मंदे।।

लोगा भरमि न भूलहु भाई।
खालिकु खलक खलक महि खालिकु पूरा रह्यो सब ठाई।
माटी एक अनेक भांति करि साजी साजनहारे।।
ना कछु पोच माटी के मांणे, ना कछु पोच कुंभारे।।
सब महि सच्चा एको सोई तिसका किया सब किछु होई।।
हुकम पछानै सु एको जानै बंदा कहियै सोई।।
अल्लह अलख न जाई लखिया गुरु गुड़ दीना मीठा।।
कहि कबीर मेरी संका नासी सर्व निरंजन डीठा।।12।।

अस्थावर जगम कीट पतंगा। अनेक जनम कीये बहुरंगा।।
ऐसे घर हम बहुत बसाये। जब हम राम गर्भ होइ आये।।
जोगी जपी तपी ब्रह्मचारी। कबहु राजा छत्रपति कबहु भेखारी।।
साकत मरहि संत जन जीवहि। राम रसायन रसना पीवहि।।
कहु कबीर प्रभु किरपा कीजै। हारि परै अब पूरा दीजै।।13।।

अहि निसि नाम एक जौ जागै। केतक सिद्ध भये लव लागै।।
साधक सिद्ध सकल मुनि हारे। एकै नाम कलपतरु तारे।।
जो हरि हरे सु होहि न आना। कहि कबीर राम नाम पछाना।।14।।

आकास गगन पाताल गगन है चहु दिसि गगन रहाइले।
आनंद मूल सदा पुरुषोत्तम घट बिनसै गगन न जाइलै।।
मोहि बैराग भयो इह जीउ आइ कहां गयो।
पंच तत्व मिलि काया कीनों तत्व कहां ते कीन रे।।
कर्मबद्ध तुम जीव कहत हौ कर्महि किन जीउ दीन रे।।
हरि महि तनु है तनु महि हरि है सर्व निरंतर सोइ रे।।
कहि कबीर राम नाम न छोड़ो सहजे होइ सु होइ रे।।15।।

अगम दुर्गम गढ़ रचियो बास। जामहि जोति करै परगास।।
बिजली चमकै होइ अनंद। जिह पोड़े प्रभु बाल गुबिंद।।
इहु जीउ राम नाम लव लागै। जरा मरन छूटै भ्रम भागै।।
अबरन बरन स्यों मन ही प्रीति। हौ महि गायत गावहिं गीति।।
अनहद सबद होत झनकार। जिह पौड़े प्रभु श्रीगोपाल।।
खंडल मंडल मंडल मंडा। त्रिय अस्थान तोनि तिय खंडा।।
अगम अगोचर रह्या अभ्यंत। पार न पावै कौ धरनीधर मंत।।
कदली पुहुप धूप परगास। रज पंकज महि लियो निवास।।
द्वादस दल अभ्यंतर मत। जहं पौड़े श्रीकवलाकंत।
अरध उरध मुख लागो कास। सुन्न मंडल महि करि परगासु।।
ऊँहा सूरज नाहीं चंद। आदि निरंजन करै अनंद।।
सो ब्रह्मंडि पिंड सो जानु। मानसरोवर करि स्नानु।।
सोहं सो जाकहुं है जाप। जाको लिपत न होइ पुन्न अरु पाप।।
अबरन बरन धाम नहिं छाम। अबरन पाइयै गुरु की साम।।
टारी न टरै आवै न जाइ। सुन्न सहज महि रह्या समाइ।।
मन मद्धे जाने जे कोइ। जो बोलै सो आपै होइ।।
जोति मंत्रि मनि अस्थिर करै। कहि कबीर सो प्रानी तरै।।16।।

आपे पावक आपे पवना। जारै खसम त राखै कवना।
राम जपतु तनु जरि किन जाइ। राम नाम चित रह्या समाइ।।
काको जरै काहि होइ हानि। नटवर खेलै सारिंगपानि।।
क़हु कबीर अक्खर दुइ भाखि। होइगा खसम त लेइगा राखि।।17।।

आस पास घन तुरसी का बिरवा मांझ बनारस गाऊँ रे।
वाका सरूप देखि मोहीं ग्वारिन मोकौ छाड़ि न आउ न जाहु रे।।
तोहि चरन मन लागी। सारिंगधर सो मिलै जो बड़ भागी।।
वृंदावन मन हरन मनोहर कृष्ण चरावत गाऊँ रे।।
जाका ठाकुर तुही सारिंगधर मोहि कबीरा नाऊँ रे।।19।।

इंद्रलोक सिवलोकै जैबो। ओछे तप कर बाहरि ऐबो।।
क्या मांगी किछु थिर नाहीं। राम नाम राखु मन माहीं।।
सोभा राज विभव बड़ि पाई। अंत न काहू संग सहाई।।
पुत्र कलत्र लक्ष्मी माया। इनते कछु कौने सुख पाया।।
क़हत कबीर अवर नहिं कामा। हमरे मन धन राम को नामा।।19।।

इक तु पतरि भरि उरकट कुरकट इक तू पतरि भरि पानी।।
आस पास पंच जोगिया बैठे बीच नकटि देरानी।।
नकटी को ठनगन बाड़ाडूं किनहिं बिबेकी काटी तूं।।
सकल माहि नकटी का बासा सकल मारिऔ हेरी।।
सकलिया की हौ बहिन भानजी जिनहि बरी तिसु चेरी।।
हमरो भर्ता बड़ो विवेकी आपे संत कहावै।।
आहु हमारे माथे काइमु और हमरै निकट न आवै।।
नाकहु काटी कानहु काटी काटि कूटि कै डारीं।।
कहु कबीर संतन की बैरनि तीनि लोक की प्यारी।।20।।

इन माया जगदीस गुसाई तुमरे चरन बिसारे।।
किंचत प्रीति न उपजै जन को जन कहा करे बेचारे।।
धृग तन धृग धन धृगं इह माया धृग धृग मति बुधि फन्नी।।
इस माया कौ दृढ़ करि राखहु बांधे आप बचन्नी।।
क्या खेती क्या लेवा देवा परपंच झूठ गुमाना।।
कहि कबीर ते अंत बिगूते आया काल निदाना।।21।।

इसु तन मध्ये मदन चोर। जिन ज्ञानरतन हरि लीन मोर।।
मैं अनाथ प्रभु कहौं काहि। की कौन बिगूतो मैं की आहि।।
माधव दारुन दुख सह्यौ न जाइ। मेरो चपल बुद्धि स्यों कहा बसाइ।।
सनक सनंदन सिव सुकादि। नाभि कमल जाने ब्रह्मादि।।
कविजन जोगी जटाधारि। सब आपन औसर चले उगारि।।
तू अथाह मोहि थाह नाहिं। प्रभु दीनानाथ दुख कहौं काहि।।
मेरो जनम मरन दुख आथि धीर। सुखसागर गुन रव कबीर।।22।।

इहु धन मेरो हरि को नाउँ। गांठि न बांधो बेचि न खाँउ।।
नाँउ मेरे खेती नाँउ मेरे बारी। भगति करौ जन सरन तुम्हारी।।
नाँउ मेरे माया नाँउ मेरे पूँजी। तुमहि छोड़ि जानौ नहिं दूजी।।
नाँउ मेरे बंधिय नाँउ मेरे भाई। नाँउ मेरे संगी अति होई सहाई।।
माय़ा महि जिसु रखै उदास। कहि कबीर हौं ताकौ दास।।23।।

उदक समुँद सलल की साख्या नदी तरंग समावहिंगे।।
सुन्नहि सुन्न मिल्या ममदर्सी पवन रूप होइ जावहिंगे।।
बहुरि हम काहि आवहिंगे।।

आवनजाना हुक्म तिसै का हुक्मै बुज्झि समावहिंगे।।
जब चूकै पंच धातु की रचना ऐते भर्म चुकावहिंगे।।
दर्सन छोड़ भए समदर्सी एको नाम धियावहिंगे।।
जित हम लाए तितही लागे तैसे करम कमावहिंगे।।
हरि जी कृपा करै जौ अपनी तो गुरु के सब्द कमावहिंगें।।
जीवत मरहु मरहु फुनि जीवहु पुनरपि जन्म न होइ।।
कह कबीर जो नाम समाने सुन्न रह्याँ लव सोई।।24।।

उपजै निपजै निपजिस भाई। नयनहु देखत इह जग जाई।।
लाज न मरहु कहौ घर मेरा। अंत की बार नहीं कछु तेरा।।
अनेक जतन कर काया पाली। मरती बार अगनि संग जाली।।
चोवा चंदन मर्दन अंगा। सो तनु जले क्राठ के संगा।।
कहु कबीर सुनहु रे गुनिया। बिनसैगो रूप देखै सब दुनियां।।25।।

उलटत पवन चक्र षट भेदै सुरति सुन्न अनुरागी।।
आवै न जाइ मरै न जीवै तासु खोज बैरागी।।
मेरा मन मनहीं उलटि समाना।
गुरु परसादि अकल भई अवरै नातरु था बेगाना।।
निबरै दूरि दूरि फनि निबरैं जिन जैसा करि मान्या।।
अलउती का जैसे भया बरेडा जिन पिया तिन जान्या।।
तेरी निर्गुण कथा काहि स्यों कहिये ऐसा कोई बिबेकी।।
कहु कबीर निज दया पलीता तिनतै सीझल देखी।।26।।

उलटि जात कुल दोऊ बिसारी। सुन्न सहजि महि बुनत हमारी।।
हमरा झगरा रहा न कोऊ। पंडित मुल्ला छाड़ै दोऊ।।
बुनि बुनि आप आप पहिरावौं। जह नहीं आप तहां ह्वै गावौं।।
पंडित मुल्ला जो लिखि दिया। छाड़ि चले हम कछू न लिया।।
रिदै खलासु निरिखि ले मीरा। आपु खोजि खोजि मिलै कबीरा।।27।।

उस्तुति निंदा दोउ बिबरजित तजहू मानु अभिमान।
लोहा कांचन सम करि जानहि ते मुरति भगवान।।
तेरा जन एक आध कोइ।
काम क्रोध लोभ मोह बिबरजित हरिपद चीन्है सोई।
रजगुण तमगुण सतगुण कहियै इह तेरी सब माया।।
चौथे पद को जो नर चीन्है तिनहिं परम पद पाया।।

तीरथ बरत नेम सुचि संजम सदा रहै निहकामा।।
त्रिस्ना अरु माया भ्रम चूका चितवत आतमरामा।।
जिह मंदिर दीपक परिगास्या अंधकार तह नासा।।
निरभौ पूरि रहे भ्रम भागा कहि कबीर जनदासा।।28।।

ऋद्धि सिद्ध जाकौ फुरी तब काहु स्यो क्या काज।।
तेरे कहिने कौ गति क्या कहौं मैं बोलत ही बड़ लाज।।
राम जह पाया राम ते भवहि न बारे बार।।
झूठा जग डहकै घना दिन दुइ बर्तन की आज।।
राम उदक जिह जन पिया तिह बहुरि न भई पियासा।।
गुरु प्रसादि जिहि बुझिया आसा ते भया निरासा।।
सब सचुन दरि आइया जो आतम भया उदास।।
राम नाम रस चाखिया हरि नामा हरि तारि।।
कहु कबीर कंचन भया भ्रम गया समुद्रै पारि।।29।।

एक कोटि पंचसिक दारा पंचे मांगहि हाला।
जिमि नाहीं मैं किसी की बोई ऐसा देव दुखाला।।
हरि के लोगा मोकौ नीति डसै पटवारी।।
ऊपर भुजा करि मैं गुरु पहि पुकारा तिनकौ लिया उबारी।।
नव डाडी दस मुंसफ धावहि रहयति बसन न देही।।
डोरी पूरी मापहि नाही बहु बिष्टाला लेही।।
बहुतरि घर इक पुरुष समाया उन दीया नाम दिखाई।।
धर्मराय का दफ्तर सोध्या बाकी रिज मन काई।।
संता को मति कोई निदंहु संत राम है एको।
कहु कबीर मैं सो गुरु पाया जाका नाउ बिबेकौ।।30।।

एक जोति एका मिली किबा होइ न होइ।
जितु घटना मन उपजै फूटि मरै जन सोइ।।
सावल सुंदर रामय्या मेरा मन लागा तोहि।।
साधु मिलै सिधि पाइयै कियेहु योग कि भोग।।
दुहु मिलि कारज ऊपजै राम नाम संयोग।।
लोग जानै इहु गीता है इह तो ब्रह्म बिचार।।
ज्यो कासी उपदेश होइ मानस मरती बार।
कोई गावै कोई सुनै हरि नामा चितु लाइ।
कहु कबीर संसा नहीं अंत परम गति पाइ।।31।।

एक स्वान कै धर गीवण, जननी जानत सुत बड़ा होत है।
इतना कुन जानै जि दिन दिन अवध घटत है।।
मोर मोर करि अधिक लाहु धरि पेखत ही जमराउ हंसै।।
ऐसा तै जगु भरम भुलाया कैसे मुझे जब मोह्या है माया।।
कहत कबीर छोड़ि बिषया रस इतु संगति निहची मरना।।
रमय्या जबहु प्राणी अनत जीवण बाणी इन बिधि भवसागर तरना।।
जाति सुभावै ता लागे भाउं। मर्म भुलावा बिचहु जाइ।।
उपजै सहज ज्ञान मति जागै। गुरु प्रसाद अंतर लव लागै।।
इतु संगति नाहीं मरणा। हुकुम पछाणि ता खसमै मिलणा।।32।।

ऐसौ अचरज देख्यौ कबीर। दधि कै भोलै बिरोलै नीर।।
हरी अंगूरी गदहा चरै। नित उठि हासै हीगै मरै।।
माता भैसा अम्मुहा जाइ। कुदि कुदि चरै रसातल पाइ।।
कहु कबीर परगट भई खेड़। ले ले कौ चूधे नित भेड़।।
राम रमत मति परगटि आई। कहु कबीर गुरु सोझी पाई।।33।।

ऐसो इहु संसार पेखना रहन न कोऊ पैहे रे।।
सूधे सूधे रेगि चलहु तुम नतर कुधका दिवैहै रे।।
बारे बूढ़े तरुने भैया सबहु जम लै जैहै रे।।
मानस बपुरा मूसा कीनौ मींच बिलैया खैहै रे।।
धनवंता अरु निर्धन मनई ताकी कछू न कानी रे।।
राजा परजा सम करि मारै ऐसो काल बढ़ानी रे।।
हरि के सेवक जो हरि भाये तिनकी कथा निरारी रे।।
आवहि न जाहि न कबहूं मरती पारब्रह्म संगारी रे।।
पुत्र कलत्र लच्छमी माया इहै तजहु जिय जानी रे।।
कहत कबीर सुनहु रे संतहु मिलिहै सारंगपानी रे।।34।।

ओई जू दीसहि अंबरि तारे। किन ओइ चीते चीतन हारे।।
कहु रे पंडित अंबर कास्यो लागा। बूझे बूझनहार सभागा।।
सूरज चंद्र करहि उजियारा। सब महि पसर्‌या ब्रह्म पसार्‌या।।
कहु कबीर जानैगा सोई। हिरदै राम मुखि रामै होई।।35।।

कंचन स्यो पाइयै नहीं तोलि। मन दे राम लिया है मोलि।।
अब मोहि राम अपना करि जान्या। सहज सुभाइ मेरा मन मान्या।।
ब्रह्मै कथि कथि अंत न पाया। राम भगति बैठे घर आया।।

कहु कबीर चंचल मति त्यागी। केवल राम भक्ति निज भागी।।36।।
कत नहीं ठौर मूल कत लावौ। खोजत तनु महिं ठौर न पावौ।।
लागी होइ सो जानै पीर। राम भगत अनियाले तीर।।
एक भाइ देखौ सब नारी। क्या जाना सह कौन पियारी।।
कहु कबीर जाके मस्तक भाग। सब परिहरि ताको मिले सुहाग।।37।।

करवतु भया न करवट तेरी। लागु गले सुन बिनती मेरी।।
हौ बारी मुख फेरि पियारे। करवट दे मोकौ काहे को मारे।।
जौ तन चीरहि अंग न मोरी। पिंड परै तो प्रीति न तोरी।।
हम तुम बीच भयो नहीं कोई। तुमहि सुंकत नारि हम सोई।
कहत कबीर सुनहु रे लोई। अब तुमरी परतीती न होई।।38।।

कहा स्वान कौ सिमृति सुनाये। कहा साकत पहि हरि गुन गाये।।
राम राम रमे रमि रहियै। साकत स्यों भूलि नहिं कहिये।।
कौआ कहा कपूर चराये। कह बिसियर को दूध पिआये।।
सत संगति मिल बिबेक बुधि होई। पारस परस लोहा कंचन सोई।
साकत स्वान सब करै कहाया। जो धूरि लिख्या सु करम कमाया।।
अभिरत लै लै नीम सिंचाई। कहत कबीर वाको सहज न जाई।।39।।

काम क्रोध तृष्णा के लीने गति नहिं एकै जाना।
फूटी आंखै कछू सूझै बूड़ि मुये बिनु पानी।।
चलत कत टेढ़े टेढ़े टेढ़े।
अस्थि चर्म बिष्टा के मूँदे दुरगंधहिं के बेढ़े।।
राम न जपहु कौन भ्रम भूले तुमते काल न दूरे।।
अनेक जतन करि इह तन राखहु रहे अवस्था पूरे।।
आपन कीया कछू न होवै क्या को करै परानी।।
जाति सुभावै सति गुरु भेटै एको नाम बखानी।।
बलुवा के धरुआ मैं बसत फुलवत्ते देह अयाने।।
कहु कबीर जिह राम न चेत्यो बूड़े बहुत सयाने।।40।।

काया कलालनि लादनि मेलै गुरु का सबद गुड़ कीनु रे।
त्रिस्ना काल क्रोध मद मत्सर काटि काटि कसु दीन रे।।
कोई हेरै संत सहज सुख अंतरि जाको जप तप देउ दलाली रे।।
एक बूँद भरि तन मन देवो जोमद देइ कलाली रे।।
भुवन चतुरदस भाठी कीनी ब्रह्म अगिन तन जारी रे।।

मुद्रा मदक सहज धुनि लागी सुखमन पोचनहारी रे।।
तीरथ बरत नेम सचि संजम रवि ससि गहनै देउ।
सुरति पियास सुधारस अमृत एहु महारसु पेउ रे।।
निर्झर धार चुऔ अति निर्मल इह रस मुनआ रातो रे।।
कहि कबीर सगले मद छूछे इहै महारस साचो रे।।41।।

कालबूत की हस्तनी मन बौरा रे चलत रच्यो जगदीस।
काम सुजाइ गज बसि परे मन बौरा रे अकसु सहियो सीस।।
बिषय बाचु हरि राचु समझु मन बौरा रे।
निर्भय होइ न हरि भजे बन बौरा रे गह्यो न राम जहाज।।
मर्क्कट मुष्टी अनाज की बन बौरा रे लीनी हाथ पसारि।।
छूटन को संसा पर्‌या मन बौरा रे नाच्यो घर घर बारि।।
ज्यो नलनी सुअटा गह्यो मन बौरा रे माया इहु ब्योहारु।।
जैसा रंग कसुम का मन बौरा रे त्यों पसर्‌यो पासारु।।
न्हावन को तीरथ घने मन बौर रे पूजन को बहु देव।।
कबीर छूटत नहीं मन बौर रे छूट न हरि की सेव।।42।।

काहू दीने पाट पटंबर काहू पलघ निवारा।
काहू गरी गोदरी नाहीं काहू खान परारा।।
अहि रख बादु न कीजै रे मन सुकृत करि करि लीजै रे मन।।
कुमरै एक जु माटी गंधी बहु बिधि बानी लाई।।
काहू कहि मोती मुकताहल काहू ब्याधि लगाई।।
सूमहि धन राखन कौ दीया मुगध कहै धन मेरा।।
जम का दंड मुंड महि लागै खिन महि करै निबेरा।।
हरि जन ऊतम भगत सदावै आज्ञा मन सुख पाई।।
जो तिसु भावै सति करि मानै भाणा मंत्र बसाई।।
कहै कबीर सुनहु रे संतहु मेरी मेरी झूठी।।
चिरगट फारि चटारा लै गयो तरी तागरी छूटी।।43।।

किनही बनज्या कांसा ताबा किनही लोग सुपारी।
संतहु बनज्या नाम गोबिंद का ऐसी खेप हमारी।।
हरि के नाम के ब्यापारी।
हीरा हाथ चढ्या निर्मोलक छूटि गई संसारी।।
सांचे लाए तो सच लागे सांचे के ब्योपारी।।
सांची वस्तु के भार चलाए पहुंचे जाइ भंडारी।।

आपहि रतन जवाहर मानिक आपै है पासारी।।
आपै ह्वै दस दिसि आप चलावै निहचल है ब्यापारी।।
मन करि बैल सुरति करि पेडा ज्ञान गोनि भरी डारी।
कहत कबीर सुनहु रे संतहु निबही खेप हमारी।।44।।

कियौ सिंगार मिलन के ताई। हरि न मिले जगजीवन गुसाई।।
हरि मेरौ पितर हौं हरि की बहुरिया। राम बड़े मैं तनक लहुरिया।।
धनि पिय एकै संग बसेरा। सेज एक पै मिलन दुहेरा।।
धन्न सुहागिन जो पिय भावै, कहि कबीर फिर जनमि न आवै।।45।।

कूटन सोइ जु मन को कूटै। मन कूटै तो जम तै छूटै।।
कुटि कुटि मन कसवही लावे। सो कूटनि मुकति बहु पावै।।
कूटन किसै कहहु संसार। सकल बोलन के माहि बिचार।।
नाचन सोइ जु मन स्यौ नाचै। झूठ न पतियै परचै साचै।।
इसु मन आगे पूरै ताल। इसु नाचन के मन रखवाल।।
बाजारी सो बजारहिं सोधै। पांच पलीतह को परबोधै।।
नव नायक की भगतिप छाने। सो बाजारी हम गुरु माने।।
तस्कर सोइ जिता तित करै। इंद्री कै जतनि नाम ऊचरै।।
कहु कबीर हम ऐसे लक्खन। धन्न गुरुदेव अतिरूप बिचक्खन।।46।।

कोऊ हरि समान नहीं राजा।
ए भूपति सब दिवस चारि के झूठे करत दिवाजा।।
तेरो जन होइ सोइ कत डोलै तीनि भवन पर छाजा।।
हात पसारि सकै को जन को बोलि सकै न अंदाजा।।
चेति अचेति मूढ़ मन मेरे बाजे अनहद बाजा।।
कहि कबीर संसा भ्रम चूको ध्रुव प्रह्लाद निवाजा।।47।।

कोटि सूर जाके परगास। कोटि महादेव अरु कविलास।।
दुर्गा कोटि जाकै मर्दन करै। ब्रह्म कोटि बेद उच्चरै।।
जौ जांनौ तौ केवल राम। आन देव स्यो नाहीं काम।।
कोटि चंद्र में करहि चराक। सुर तेतीसौ जेवहि पाक।।
नवग्रह कोटि ठाढ़े दरबार। धर्म कोटि जाके प्रतिहार।।
पवन कोटि चौबारे फिरहिं। बासक कोटि सेज बिस्तरहिं।।
समुंद्र कोटि जाके पनिहार। रोमावलि कोटि अठारहि भार।।
कोटि कुबेर भरहिं भंडार। कोटिक लख्मी करै सिंगार।।

कोटिक पाप पुन्य बहु हिराहि। इंद्र कोटि जाके सेवा कराहि।।
छप्पन कोटि जाके प्रतिहार। नगरी नगरी खियत अपार।।
लट छूटी बरतै बिकराल। कोटि कला खेलै गोपाल।।
कोटि जग जाकै दरबार। गंधर्व कोटहिं करहिं जयकार।।
बिद्या कोटि सबे गुन कहै। ताउ पारब्रह्म का अंत न लहै।।
बावन कोटि जाके रोमावली। रावन सैना जह ते छली।।
सहस कोटि बहु कहत पुरान। दुर्योधन का मथिया मान।।
कंद्रप कोटि जाकै लवै न धरहिं। अंतर अंतर मनसा हरहिं।।
कहि कबीर सुनि सारंगपान। देहि अभयपद माने दान।।48।।

कोरी को काहु भरम न जाना। सब जग आन तनायो ताना।
जब तुम सुनि ले बेद पुराना। तब हम इतनकु पसर्‌यो ताना।।
धरनि अकास की करगह बनाई। चंद सुरज दुह साथ चलाई।।
पाई जोरि बात इक कीनी तह ताती मन माना।।
जोलाहे घर अपना चीना घट ही राम पछाना।।
कहत कबीर कारगह तोरी। सूतै सूत मिलाये कोरी।।49।।

भव निधि तरनतारन चिंतामनि इक निमिष इहु मन लागा।।
गोबिंद हम ऐसे अपराधी।
जिन प्रभु जीउ पिंड था दीया तिसकी भाव भगति नहीं साधी।
परधन परतन परतिय निंद्य पर अपवाद न छूटै।।
आवागमन होत है फुनि फुनि इहु पर संग न छूटै।।
जिह घर कथा होत हरि संतन इक निमिष न कीनो मैं फेरा।।
लंपट चोर धूत मतवारे तिन संगि सदा बसेरा।।
दया धर्म और गुरु की सेवा ए सुपनंतरि नाहीं।।
दीन दयाल कृपाल दमोदर भगति बछल भैहारी।।
कहत कबीर भीर जनि राखहु हरि सेवा करौं तुमारी।।50।।

कौन तो पूत पिता को काकौ। कौन मेरे को देइ संतापौ।
हरि ठग जग कौ ठगौरी लाई। हरि के बियोग कैसे जियों मेरी माई।।
कौन को पुरुष कौन को नारी। या तत लेहु सरीर बिचारी।।
कहि कबीर ठग स्यों मन मान्या। गई ठगौरी ठग पहिचान्या।।51।।

क्या जप, क्या तप क्या ब्रत पूजा। जाकै रिदै भाव है दूजा।।
रे जन मन माधव स्यों लाइयै। चतुराई न चतुर्भुज पाइयै।
परिहरि लोभ अरु लोकाचार। परिहरि काम क्रोध अहंकार।।
कर्म करत बद्धे अहंमेव। मिल पाथर की करही सेव।
कहु कबीर भगत कर पाया। भोलै भाइ मिलै रघुराया।।52।।

क्या पढ़िये क्या गुनियै। क्या वेद पुराना सुनियै।
पढ़े सुनै क्या होई। जो सहज न मिलियो सोई।।
हरि का नाम न जपसि गंवारा। क्या सोचहिं बारंबारा।।
अंधियारे दीपक चहियै। इक वस्तु अगोचर लहियै।।
वस्तु अगोचर पाई। घट दीपक रह्या समाई।।
कहि कबीर अब जान्या। जब जान्या तौ मन मान्या।।
मन माने लोग न पतीजै। न पतीजै तौ क्या कीजै।।53।।

खसम मरे तौ नारी न रोवै। उस रखवारा औरो होवै।।
रखवारे का होइ बिनास। आगे नरक इहा भोग बिलास।।
एक सुहागिन जगत पियारी। सगले जीव जंत की नारी।।
सोहागिन गल सोहै हार। संत को विष बिगसै संसार।।
करि सिंगार बहै पखियारी। संत की ठिठकी फरै बिचारी।।
संत भागि ओह पाछै परै। गुरु परसादी मारहु डरै।।
साकत को ओह पिंड पराइणि। हमसो दृष्टि परै त्रखि डाइणि।।
हम तिसका बहु जान्या भेव। जबहु कृपाल मिले गुरु देव।।
कहु कबीर अब बाहर परी। संसारै कै अंचल लरी।।54।।

गंग गुसाइन गहिर गंभीर। जंजीर बांधि करि खरे कबीर।
मन न डिगै तन काहे को डराइ। चरन कमल चित रह्यो समाइ।।
गंगा की लहरि मेरी टूटी जंजीर। मृगछाला पर बैठे कबीर।।
कहि कबीर कोऊ संग न साथ। जल थल राखन है रघुनाथ।।55।।

गंगा के संग सलिता बिगरी। सो सलिता गंगा होइ निबरी।।
बिगर्‌यो कबीरा राम दुहाई। साचु भयो अन कतहिं न जाई।।
चंदन के संगि तरवर बिगर्‌यो। सो तरवर चंदन ह्वै निबर्‌यो।।
पारस के संग तांबा बिगर्‌यो। सो तांबा कंचन ह्वै निबर्‌यो।।
संतन संग कबीरा बिगर्‌यो। सो कबीर राम ह्वै निबर्‌यो।।56।।

गगन नगरि इक बूँद न वर्षे नाद कहा जु समाना।।
पारब्रह्म परमेसर माधव परम हंस ले सिधाना।।
बाबा बोलते ते कहा गये देही कै संगि रहते।।
सुरति माहि जो निरते करते कथा वार्ता कहते।।
बजावनहारी कहां गयी जिन इहु मंदर कीना।।
साखी सबद सुरत नहीं उपजै खिंच तेज सब लीना।।
स्त्रवननि बिकल भये संगि तेरे इंद्री का बल थाका।।
चरन रहे कर ढरक परे हैं मुखहु न निकसै बाता।।
थाके पंचदूत सब तस्कर आप आपणै भ्रमते।।
थाका मम कुंजर उर थाका तेज सूत धरि रमते।।
मिरतक भये दसै बंद छूटे मित्र भाई सब छोरे।
कहत कबीरा जो हरि ध्यावै जीवन बंधन तोरे।।57।।

गगन रसाल चुए मेरी भाठी। संचि महारस तन भया काठी।।
वाकौ कहिये सहज मतवारा। पीवत राम रस ज्ञान बिचारा।।
सहज कलाननि जौ मिलि आई, आनंदि माते अनदिन जाई।।
चीन्हत चीत निरंजन लाया। कहु कबीर तौ अनभव पाया।।58।।

गज नव गज दस गज इक्कीस पुरी आये कत नाई।।
साठ सूत नव खंड बहत्तर पाटु लगो अधिकाई।।
गई बुनावन माहो घर छोड़्यो जाइ जुलाहो।
गजी न मिनियै तोलि न तुलियै पांच न सेर अढ़ाई।।
जौ जरि पाचन बेगि न पावै झगरू करै घर आई।।
दिन की बैठ खसम की बरकस इह बेला कत आई।।
छूटे कुंडे भीगै पुरिया चल्यो जुलाहो रिसाइ।।
छोछी नली तंतु नहीं निकसै नतरु रही उरझाही।।
छोड़ि पसाराई हारहु बपुरी कहु कबीर समुझाही।59।।

गज साढ़े तै तै धोतिया तिहरे पाइनि तग्गा।
गली जिना जपमालिया लौटे हत्थिनि बग्गा।।
ओइ हरिके संतन आखि यदि बानारसि के ठग्गा।
ऐसे संत न मोकौ भावहि डाला स्यों पेड़ा गटकावहिं।।
बासन माजि चरावहिं ऊपर काठी धोइ जलावहिं।।
बसुधा खोदि करहि दुइ चूल्हे सारे माणस खावहिं।।

ओई पापी सदा फिरहि अपराधौ मुखहु अपरस कहावहिं।।
सदा सदा फिरहि अभिमानी सकल कुटुंब डूबावहिं।।
जित को लाया तितही लागा तैसे करम कमावै।।
कहु कबीर जिसु सति गुरु भेटे पुनरपि जनमि न आवै।।60।।

गर्भ बास महि कुल नहिं जाती। ब्रह्म बिंद ते सब उतपाती।।
कहु रे पंडित बामन कब क होये। बामन कहि कहि जनम मति खोये।।
जौ तू ब्राह्मण ब्राह्मणी जाया। तौ आन बाट काहे नहीं आया।।
तुम कत ब्राह्मण हम कत शूद। हम कत लोहू तुम कत दूध।
कहु कबीर जो ब्रह्म बिचारै। सो ब्राह्मण कहियत है हमारे।।61।।

गूड़ करि ज्ञान ध्यान करि महुआ भाठी मन धारा।
सुषमन नारी सहज समानी पीवै पीवन हारा।।
अवधू मेरा मन मतवारा।
उन्मद चढ़ा रस चाख्या त्रिभुवन भया उजियारा।
दुइ पुर जोरि रसाई भाठी पीउ महारस भारी।।
काम क्रोध दुइ किये जलेता छूटि गई, संसारी।।
प्रगट प्रगास ज्ञान गम्मित सति गुरू ते सुधि पाई।
दास कबीर तासु मदमाता। उचकि न कबहूँ जाई।।62।।

गुरु चरण लागि हम बिनवत पूछत कह जीव पाया।।
कौन काज जग उपजै बिनसै कहहु मांहि समझाया।।
देव करहु दया मोहि मारग लावहु जित भवबंधन टूटै।।
जनम मरण दुख फेड़ कर्म सुख जीव जनम ते छूटै।।
माया फाँस बंधन ही फारै अरु मन सुन्नि न लूके।।
आपा पद निर्वाण न चीन्हा इन बिधि अमिउ न चूके।।
कही न उपजै उपजी जाणे भाव प्रभाव बिहूण।
उदय अस्त की मन बुधि नासी तो सदा सहजि लवलीण।।
ज्यों प्रतिबिंब बिंब कौ मिलिहै उदक कुंभ बिगराना।।
कहु कबीर ऐसा गुण भ्रम भागा तौ मन सुन्न समाना।।63।।

गुरु सेवा ते भगति कमाई। तब इह मानस देही पाई।
इस देही कौ सिमरहिं देव। सो देही भुज हरि की सेव।।
भजहु गुबिंद भूल मत जाहु। मानस जनम की रही चाहु।।
जब लग जरा रोग नहीं आया। जब लग काल ग्रसी नहिं काया।।

जब लग विकल भई नहीं बानी। भजि लेहि रे मन सारंगपानी।।
अब न भजसि भजसि कब भाई। आवैं अंत न भजिया जाई।।
जो किछु करहिं सोई अवि सारू। फिर पछताहु न पावहु पारू।।
जो सेवक जो लाया सेव। तिनहु पाये निरंजन देव।।
गुरु मिलि ताके खुले कपाट। बहुरि न आवै योनी वाट।।
इही तेरा अवसर इह तेरी वार। घट भीतर तू देखु बिचारि।।
कहत कबीर जीति कै हारि। बहुबिधि कह्यौ पुकारि पुकारि।।64।।

गृह तजि बन खंड जाइयै चुनि खाइयै कंदा।
अजहु बिकार न छोड़ई पापी मन मंदा।।
क्यौं छूटा कैसे तरौ भवनिधि जल भारी।।
राखु राख मेरे बीठुला, जन सरनि तुमारी।।
बिषम बिषय बासना तजिय न जाई।।
अनिक यत्न करि राखियै फिरि लपटाई।।
जरा जीवन जोबन गया कछु कीया नीका।
इह जीया निर्मोल को कौड़ी लगि मीका।।
कहु कबीर मेरे माधवा तू सर्वव्यापी।।
तुम सम सरि नाहीं दयाल मो सम सरि पापी।।65।।

गृह शोभा जाकै रे नाहीं। आवत पहिया खूदे जाहि।।
वाकै अंतरि नहीं संतोष। बिन सोहागिन लागे कोष।।
धन सोहागनि महा पबीत। तपे तपीसर डालै चीत।।
सोहागनि किरपन की पूती। सेवक तजि जग तस्यो सूती।।
साधू कै ठाढ़ी दरबारि। सरनि तेरी मोके निस्तारि।।
सोहागनि है अति सुंदरी। पगनेवर छनक छन हरी।।
जौ लग प्रान तऊ लग संगे। नाहिन चली बेगि उठि नंगे।।
सोहागनि भवन त्रै लीया। दस अष्टपुराण तीरथ रसकीया।।
ब्रह्मा विष्णु महेसर बेधे। बड़ भूपति राजै है छेधे।।
सोहागिन उर पारि न पारि। पांच नारद कै संग बिधबारि।।
पाँच नारद के मिठवे फूटे। कहु कबीर गुरु किरपा छूटे।।66।।

चंद सूरज दुइ जोति सरूप। जीता अंतरि ब्रह्म अनूप।।
करु रे ज्ञानी ब्रह्म बिचारु। जोति अंतरि धरि आप सारु।।

हीरा देखि हीरै करो आदेस। कहै कबीर निरंजन अलेखु।।67।।
चरन कमल जाके रिदै। बसै सो जन क्यौं डोलै देव।
मानौ सब सुख नवनिधि ताके सहजि जस बोलै देव।।
तब इह मति जौ सब महि पेखै कुटिल गाँठि जब खोलै देव।।
बारंबार माया ते अटकै लै नरु जो मन तौलै देव।।
जहाँ उह जाइ तहीं सुख पावै माया तासु न झोलै देव।।
कहि कबीर मेरा मन मान्या राम प्रीति को ओलै देव।।68।।

हरि बिन बैल बिराने ह्वैहै।
चार पाव दुइ सिंग गुंग मुख तब कैसे गुन गैहै।
ऊठत बैठत ठैगा परिहै तब कत मूड लुकेहै।।
फाटे नाक न टूटै का धन कोदौ कौ भूस खैहै।।
सारो दिन डोलत बन महिया अजहु न पेट अघैहै।।
जन भगतन को कही न मानी कीयो अपने पैहै।।
दुख सुख करत महा भ्रम बूड़ौ अनिक योनि भरमैहै।।
रतन जनम खोयो प्रभु बिसर्‌यौ इह अवसर कत पैहैं।।
भ्रमत फिरत तेलक के कपि ज्यों गति बिनु रैन बिंहैहै।।
कहत कबीर राम नाम बिन मुंड धूनै पछितैहै।।69।।

चारि दिन अपनी नौबति चले बजाइ।
इतनकु खटिया गठिया मठिया संग न कछु लै जाइ।
देहरी बैठी मेहरी रोवै हारे लौ संग माइ।।
मरहट लगि सब लोग कुटुंब मिलि हंस इकेला जाइ।।
वै सुत वै बित वै पुर पाटन बहुरि न देखै आई।।
कहत कबीर राम को न सिमरहु जन्म अकारथ जाई।।70।।

चोवा चंदन मर्दन अंगा। सो तन जलै काठ के संगा।
इसु तन धन की कौन बड़ाई। धरनि परै उरबारि न जाई।।
रात जि सोवहि दिन करहि काम। इक खिन लेहि न हरि का नाम।
हाथि त डोर मुख खाये तंबोर। मरती बार कसि बांध्यौ चोर।।
गुरु मति रहि रसि हरि गुन गावै। रामै राम रमत सुख पावै।।
किरपा करि के नाम दृढ़ाई। हरि हरि बास सुगंध बसाई।।
कहत कबीर चेते रे अंधा। सत्य राम झूठ सब धंधा।।71।।

जग जीवत ऐसा सूपनौ जैसा जीव सुपन समान।
साचु करि हम गांठ दीनी छोड़ि परम निधान।।
बाबा माया मोह हितु कीन जिन ज्ञान रतन हरि लीन।
नयन देखि पतंग उरझै पसु न देखै आगि।।
काल फास न मुगध चेतै कनिक कॉमिनि लागि।।
करि बिचारि बिकार परिहरि तुरन तारेन सोइ।।
कहि कबीर जग जीवन ऐसा दुतिया नहीं कोई।।72।।

जन्म मरन का भ्रम गया गोविंद लिव लागी।
जीवन सुन्नि समानिया नुरु साखी जागी।।
कासी ते धुनी उपजै धुनि कांसी जाई।।
त्रिकुटी संधि मैं पेखिया घटहू घट जागी।।
ऐसी बुद्धि समाचरी घट माही तियागी।।
आप आप जे जागिया तेज तेज समाना।।
कहु कबीर अब जानिया गोविंद मन माना।।73।।

जब जरिये तब होइ भसम तन रहे किरम दल खाई।।
काची गागरि नीर परतु है या तन की इहै बड़ाई।।
काहे भया फिरतो फूला फूला।
जब दस मास उरध मुख रहता सो दिन कैसे भूला।।
ज्यों मधु मक्खी त्यों सठोरि रसु जोरि जोरि धन कीया।।
मरती बार लेहु लेहु करिये भूत रहन क्यों दीया।।
देहुरी लौ बरी नारि संग भई आगि सजन सुहेला।।
मरघट लौ सब लगे कुटुंब भयो आगै हंस अकेला।।
कहत कबीर सुनहु रे प्रानी परे काल ग्रस कूआ।।
झूठी माया आप बंधाया ज्यों नलनी भ्रमि सुआ।।74।।

जब लग तेल दीवै मुख बाती तब सूझै सब कोई।
तेल जलै बाती ठहरानी सूना मंदर होई।।
रे बौरे तुहि घरी न राखै कोई तूं राम नाम जपि सोई।।
काकी माता पिता कहु काको कौन पुरुष की जोई।।
घट फूटे कोउ बात न पूछै काढ़हु काढ़हु होई।।
देहुरी बैठ माता रोवै खटिया ले गये भाई।।
लट छिटकाये तिरिया रोवै हंस इकेला जाई।।
कहत कबीर सुनहु रे संतहु भौसागर के ताई।।
इस बदे सिर जुलम होत है जम नहीं घटै गुसाई।।75।।

जब लगी मेरी मेरी करै। तब लग काज एक नहि सरै।।
जब मेरी मेरी मिट जाई। तब प्रभु काज सवारहिं आई।।
ऐसा ज्ञान बिचारु मना। हरि किन सिमरहु दुख भंजना।।
जब लगि सिंध रहे बन माहि। तब लग बन फूनई नाहि।।
जब ही स्यार सिंध कौ खाई। फूल रहीं सगली बनराई।।
जीतौ बूड़े हारो लरै। गुरु परसादि पार उतरै।
दास कबीर कहै समझाई। केवल रहहु लिव लाई।।76।।

जब हम एकौ एक करि जानिया। तब लोग कहै दुख मानिया।।
हम अपतह अपनौ पति खोई। हमरै खोज परहु मति कोई।।
हम मंदे मंदे मन माहि। सांझपाति काहु स्यौं नाहीं।।
पति मा अपति ताकी नहीं लाज। तब जानहुगे जब उधरैगा पाज।।
कहु कबीर पति हरि पखानु। सबर त्यागी भजु केवल रामु।।77।।

जल महि मीन माया के बेधे। दीपक पतंग माया के छेदे।।
काम मया कुंजर को ब्यापै। भुवंगम भुंग माया माहि खापै।।
माया ऐसी मोहनी भाई। जेते जीय तेते डहकाई।।
पंखी मृग माया महि राते। साकर माँखी अधिक संतापे।।
तुरे उष्ट माया महिं मेला। सिध चौरासी माया महि खेला।।
छिय जती माया के बंदा। भवै नाथु सूरज अरु चंदा।।
तपे रखीसर माया महि सूता। माया महि कास अरु पंच दूता।।
स्वान स्याल माया महि राता। बंतर चीते अरु सिंघाता।।
माजर गाडार अरु लूबरा, बिरख सूख माया महि परा।।
माया अंतर भीतर भीने देव। नागर इंद्रा अरु धरतेव।।
कहि कबीर जिसु उदर तिसु माया। तब छूटै जब साधु पाया।।
जल है सूतक थल है सूतक सूतक आपति होई।।
जनमे सूतक मूए फुनि सूतक सूतक परज बिगोई।।
कहुरे पंडित कौन पबीता ऐसा ज्ञान जपहु मेरे मीता।।
नैनहु सूतक बनहु सूतक सूतक स्त्रवनी होई।।
ऊठत बैठत सूतक लागै सूतक परै रसोई।।
फांसन की बिधि सब कोऊ जानै छूटन की इकु कोई।।
कहि कबीर राम रिदै बिचारै सूतक तिनैं न होई।।79।।

जहँ किछू अहा तहाँ किछु नाहीं पंच तत तह नाहीं।।
इड़ा पिंगला सुषमन बदे ते अवगुन कंत जाहीं।।

तागा तूटा गगन बिनसि गया तेरा बोलत कहागा समाई।
एह संसा मौको अनदिन ब्यापै मोको कौन कहै समझाई।।
जब ब्रह्मंड पिंड तह नाहीं रचनहार तह नाहीं।।
जोड़नहारी सदा अतीता इह कहिये किसु माहीं।।
जोड़ी जुड़े न तोड़ी तूटै जब लग होइ बिनासी।।
काको ठाकुर काको सेवक को काहू के जासी।।
कहु कबीर लिव लागि रही है जहाँ बसै दिन राती।
वाका मर्म वोही पर जानै ओहु तौ सदा अबिनासी।।80।।

जाके निगम दूध के ठाटा। समुद बिलोवन की माटा।
ताकी होहु बिलोवनहारी। क्यों मिटैगी छाछि तुम्हारी।।
चेरी तू राम न करसि भरतारा। जग जीवन प्रान अधारा।।
तेरे गलहि तौक पग बेरी। तू घर घर रमिए फेरो।।
तू अजहू न चेतसि चेरी। तू जेम बपुरी है हेरी।।
प्रभु करन करावन हारी। क्या चेरी हाथ बिचारी।।
सोई सोई जागी। जितु लाई तितु लागी।
चेरी तै सुमति कहां ते पाई। जाके भ्रम की लीक मिटाई।।
सुरसु कबीरै जान्या। मेरो गुरु प्रसाद मन मान्या।।81।।

जाकै हरि सा ठाकुर भाई। सु कति अनत पुकारन जाई।
अब कहु राम भरोसा तोरा। तब काहूं को कौन निहोरा।।
तीनि लोक जाके इहि भार। मो काहे न करै प्रतिपार।
कहु कबीर इक बुद्धि बिचारी। क्या बस जौ बिष दे महतारी।।82।।

जिन गढ़ कोटि किए कंचन के छोड़ गया सो रावन।
काहे कीजत है मन भावन।
जब जम आइ केस ते पकरै तहं हरि का नाम छुड़ावन।।
काल अकाल खसम का कीना इहु परपंच बधावन।।
कहि कबीर ते अंते मुक्ते जिन हिरदै राम रसायन।।83।।

जिह मुख बेद गायत्री निकसै सो क्यों ब्राह्मन बिसरु करै।।
जाके पाय जगत सब लागै सो क्यों पंडित हरि न कहै।।
काहे मेरे ब्राह्मन हरि न कहहिं रामु न बोलहि पांडे दोजक भरहिं।
आपन ऊँच नीच घरि भोजन हठे करम करि उदर भरहिं।।
चौदस अमावस रचि रचि माँगहिं कर दीपक लै कूप परहिं।।

तूँ ब्राह्मन मैं कासी का जुलाहा मोहि तोहिं बराबरि कैसे कै बनहि।।
हमरे राम नाम कहि उबरे बेद भरोसे पांडे डूब मरहिं।।84।।

जिह कुल पूत न ज्ञान बिचारी। बिधवा कस न भई महतारी।।
जिह नर राम भगति नहीं साधी। जनमत कस न मुयो अपराधी।।
मुच मुच गर्भ गये कौन बचिया। बुड़भुज रूप जीवेजग मझिया।।
कहु कबीर जैसे सुंदर स्वरूप। नाम बिना जैसे कुबज कुरूप।।85।।

लिह मरनै कब जगत तरास्या। सो मरना गुरु सबद प्रगास्या।
अब कैसे मरो मरम सब मान्या। मर मर जाते जिन राम न जान्या।।
मरनौ मरन कहै सब कोई। सहजे मरै अमर होइ सोई।
कहु कबीर मन भयो अनंदा। गया भरम रहा परमानंदा।।
जिह सिमरनि होइ मुकित दुवारि। जाहि बैकुंठ नहीं संसारि।।
निर्भव के घर बजावहिं तूर। अनहद बजहिं सदा भरपूर।।
ऐसा सिमरन कर मन माहिं। बिनु सिमरन मुक्ति कत नाहिं।।
जिह सिमरन नाहीं ननकारू। मुक्ति करै उतरै बहुभारू।।
नमस्कार करि हिरदय मांहि। फिर फिर तेरा आवन नाहिं।।
जिह सिमरन कहहिं तू केलि। दीपक बांधि धर्यो तिन तेल।।
सो दीपक अमर कु संसारि। काम क्रोध बिष काढ़ि ले मार।।
जिह सिमरन तेरी गति होइ। सो सिमरन रखु कंठ पिरोइ।।
सो सिमरन करि नहीं राखि उतारि। गुरु परसादी उतरहिं पार।।
जिह सिमरन नहीं तुहि कान। मंदर सोवहि पटंबरि तानि।।
सेज सुखाली बिगसै जीउ। सो सिमरन तू अनहद पीउ।।
जिह सिमरन तेरी जाइ बलाइ। जिह सिमरन तुझ पोह न माई।।
सिमरि सिमरि हरि हरि मन गाइयै इरह सिमरन सति गुरु ते पाइयै।।
सदा सदा सिमरि दिन राति। ऊठत बैठत सासि गिरासि।।
जागु सोई सिमरन रस भोग। हरि सिमरन पाइयै संजोग।।
जिहि सिमरन नाहीं तुझ भाऊ। सो सिमरन राम नाम अधारू।।
कहि कबीर जाका नहीं अंतु। तिसके आगे तंतु न मंतु।।87।।

जिह मुख पांचो अमृत खाये। तिहि मुख देखत लूकट लाये।
इक दुख राम राइ काटहु मेरा। अग्नि दहै अरु गरभ बसेरा।।
काया बिमति बहु बिधि माती। क़ो जारे को गड़ले माटी।।
कहु कबीर हरि चरण दिखावहु। पाछे ते जम को पठावहु।।88।।

जिह सिर रचि बांधत पाग। सो सिर चुंच सवारहिं काग।।
इसु तन धन को दया गर्बीया। राम नाम काहे न दृढ़ीया।।
कहत कबीर सुनहु मन मेरे। इही हवाल होहिंगे तेरे।।89।।

जीवत पितर न माने कोऊ मुएं सराद्ध कराहीं।
पीतर भी बपुरे कहु क्यों पावहिं कौआ कूकर खाहीं।।
मोंकौ कुसल बतावहु कोई।
कुसल कुसल करते जग बिनसे कुसल भी कैसे होई।
माटी के करि देवी देवा तिसु आगे जीउ देही।।
ऐसे पितर तुम्हरे कहियहिं आपन कह्या न लेही।
सरजीव काटहिं निरजीव पूजहि अंत काल कौ भारी।।
राम नाम की गति नहीं जानी भय डूबे संसारी।
देवी देवा पूजहिं डोलहिं पारब्रह्म नहीं जाना।।
कहत कबीर अकुल नहीं चेत्या विषया त्यौं लपटाना।
जीवत मरै मरै फुनि जीवै ऐसे सुन्नि समाया।
अंजन माहि निरंजन रहियै बहुरि न भव जल पाया।।।
मेरे राम ऐसा खीर बिलोइये।
गुरु मति मनुवा अस्थिर राखहु इन विधि अमृत पिओइये।
गुरुकै बाणी बजर कलछेदी प्रगट्या पद परगासा।।
सक्ति अधेर जेवणी भ्रम चूका निहचल सिव घर बासा।।
तिन बिन बाणै धनुष चढ़ाइयै इहु जग बेध्या भांई।
दस दिसि बूड़ी पावन झुलावै डोरि रही लिव लाई।।
जनमत मनुवा सुन्नि समाना दुबिधा दुर्मति भागी।
बहु कबीर अनुभौ इकु देख्या राम नाम लिव लागी।।91।।

जो जन भाव भगति कछु जाने ताको अचरज काहो।
बिनु जल जल महि पैसि न निकसै तो ढरि मिल्या जुलाहो।।
हरि के लोग मैं तो मति का भोरा।
जो तन कासी तजहिं कबीरा रामहि कहा निहोरा।
कहतु कबीर सुनहु रे लोई भरम न भूलहु कोई।।
क्या कासी क्या ऊसर मगहर राम रिदय जौ होई।।92।।

जेते जतन करत ते डूबे भव सागर नहीं तार्‌यौ रे।
कर्म धर्म करते बहु संजम अहं बुद्धि मन जार्‌यौ रे।।

सांस ग्रास को दाता ठाकुर सो क्यों मनहुं बिसार्यौ रे।।
हीरा लाल अमोल जनम है कौड़ी बदलै हार्यौ रे।।
तृष्णा तृषा भूख भ्रमि लागी हिरदै नाहिं बिचार्यौ रे।।
उनमत मान हिर्यौ मन माही गुरु का सबद न धार्यौ रे।।
स्वाद लुभंत इंद्री रस प्रेर्यौ मद रन लेत बिकार्यौ रे।।
कर्म भाग संतन संगा ते काष्ठ लोह उद्धार्यौ रे।।
धावत जोनि जनम भ्रमि थाके अब दुख करि हम हार्यौ रे।।
कहि कबीर गुरु मिलत महा रस प्रेम भगति निस्तार्यौ रे।।93।।

जेइ बाझु न जीया जाई। जौ मिलै तौ घाल अघाई।।
सद जीवन भलो कहाही। मुए बिन जीवन नाहीं।।
अब क्या कथियै ज्ञान बिचारा। निज निर्खत गत ब्यौहारा।।
घसि कुंकम चंदन गार्या। बिन नयनहु जगत निहारया।।
पूत पिता इक जाया। बिन ठाहर नगर बनाया।
जाचक जन दाता पाया। सो दिया न जाई खाया।।
छोड्या जाइ न मूका। औरन पहि जाना चूका।।
जो जीवन मरना जानै। सो पंच सैल सुख मानै।।
कबीरै सो धन पाया। हरि भेट आप मिटाया।।94।।

जैसे मंदर महि बल हरना ठाहरै। नाम बिना कैसे पार उतारै।।
कुंभ बिना जल ना टिकावै। साधू बिन ऐसे अवगत जावै।।
जारौ तिसै जु राम न चेतै। तन तन रमत रहै महि खेतै।।
जैसे हलहर बिना जिमी नहि बोइये। सूत बिना कैसे मणी परोइयै।।
घुंडी बिन क्या गंठि चढ़ाइये। साधू बिन तैसे अवगत जाइयै।
जैसे मात पिता बिन बाल न होई। बिंब बिना कैसे कपरे धोई।।
घोर बिना कैसे असवार। साधू बिन नाहीं दरबार।।
जैसे बाजे बिन नहीं लीजै फेरी। खमस दुहागनि तजिहो हेरी।।
कहै कबीर एकै करि जाना। गुरुमुखि होइ बहुरि नहीं मरना।।95।।

जोइ खसम है जाया।
पूत बाप खेलाया। बिन रसना खीर पिलाया।
देखहु लोगा कलि को भाऊ। सुति मुकलाई अपनी माऊ।।
पग्गा बिन हुरिया मारता। बदनै बिन खिन खिन हासता।।
निद्रा बिन नरु पै सोवै। बिन बासन खीर बिलोवै।।
बिनु अस्थन गऊ लेबेरी। पंडे बिनु घाट घनेरी।।

बिन सत गुरु बाट न पाई। कहु कबीर समझाई।।96।।
जो जन लेहि खमस का नाउ। तिनकै सद बलिहारै जाउ।।
सो निर्मल हरि गुन गावै। सो भाई मेरे मन भावै।।
जिहि घर राम रह्या भरपूरि। तिनकी पग पंकज हम धूरि।।
जाति जुलाहा मति का धीरू। सहजि सहजि गुन रमै कबीरू।।
जो जन परमिति परमनु जाना। बातन ही बैकुंठ सभाना।।
ना जानौं बैकुंठ कहाहीं। जान न सब कह हित हाही।।
कहन कहावत नहिं पतियैहै। तौ मन मानै जातेहु मैं जइहै।।
जब लग मन बैकुंठ की आस। तब लगि होहिं नहीं चरन निवास।।
कहु कबीर इह कहियै काहि। साध संगति बैकुंठै आहि।।98।।

जो पाथर को कहिते देव। ताकी बिरथा होवै सेव।।
जो पाथर की पांई पाई। तिस की घाल अजाई जाई।।
ठाकुर हमरा सद बोलंता। सबै जिया को प्रभ दान देता।।
अंतर देव न जानै अंधु। भ्रम का मोह्या पावै फंधु।।
न पाथर बोलै ना किछु देइ। फोकट कर्म निहफल है सेइ।।
जे मिरतक के चंदन चढ़ावै। उससे कहहु कौन फल पावैं।।
जो मिरतक को विष्टा मांहिं सुलाई। तो मिरतक का क्या घटि जाई।।
कहत कबीर हौ करहुं पुकार। समझ देखु साकत गावार।।
दूजै भाइ बहुत घर घाले। राम भगत है सदा सुखाले।।99।।

जो मैं रूप किये बहुतेरे अब फुनि रूप न होई।
ताँगा तंत साज सब थाका राम नाम बसि होई।।
अब मोहि नाचनो न आवै। मेरा मन मंदरिया न बजावै।।
काम क्रोध काया लै जारौ तृष्णा गागरि फूटी।
काम चोलना भया है पुराना गया भरम सब छूटी।।
सर्व भूत एक करि जान्या चूके बाद बिबादा।
कहि कबीर मैं पूरा पाया भये राम परसादा।।100।।

जो तुम मोकौ दूरि करत हौ तौ तुम मुक्ति बतावहुगे।।
एक अनेक होइ रह्यो सकल महि अब कैसे भर्मावहुगे।।
राम मोकौ तारि कहाँ लै जैहै।
सोधौ मुक्ति कहा देउ कैसी करि प्रसाद मोहि पाइहै।
तारन तरन कबै लगि कहिये जब लगि तत्व न जान्या।।
अब तौ विमल भए घट ही महि कहि कबीर मन मान्या।।101।।

ज्यों कपि के कर मुष्टि चरन की लुब्धि न त्यागि दयो।
जो जों कर्म किये लालच स्यों ते फिर गरहि पर्‌यो।।
भगति बिनु बिरथे जनम गयो।
साध संगति भगवान भजन बिन कही न सच्च रह्यो।।
ज्यों उद्यान कुसुम परफुल्लित किनहि न घ्राउ लयो।
तैसे भ्रमत अनेक जोनि महि फिरि फिरि काल हयो।।
या धन जोबन अरु सुत दारा पेखन कौ जु दयो।।
तिनहीं माहि अटकि जो उरझें इंद्री प्रेरि लयो।।
औध अनल तन तिन को मंदर चह दिसि ठाठ ठयो।।
कहि कबीर भव सागर तरन कौ मैं सति गुरु ओट लयो।।102।।

ज्यों जल छोड़ि बाहर भयो मीना। पूरब जनम हौं तप का हीना।।
अब कहु राम कवन गति मोरी। तजीले बनारस मति भई थोरी।।
सकल जनम सिवपुरी गवाया। मरती बार मगहर उठि आया।।
बहुत बरस तप कीया कासी मरन भया मगहर कौ बासी।।
कासी मगहर सम बीचारी। ओछी भगति कैसे उतरसि पारी।।
कहु गुरु गजि सिव सबको जामै। मूवा कबीर रमत श्रीरामै।।103।।

ज्योति की जाति जाति की ज्योति। तितु लागे कंचुआ फल मोती।
कौन सुघर जो निर्भौं कहियै। भव भजि जाइ अभय ह्वै रहियै।।
तट तीरथ नहि मन पतियाइ। चार अचार रहे उरझाइ।
पाप पुन्य दुइ इक समान। निज घर पारस तजहु गुन आन।।104।।

टेढ़ी पाग टेढ़े चले लागे बीरे खान।।
भाउ भगति स्यो काज न कछु ए मेरो काम दीवान।।
राम बिसार्‌यौ है अभिमानी।
कनक कामिनी महा सुंदरी पेखि पेखि सचु मानी।
लालच झूठ बिकार महा मद इह विधि औध बिहानी।।
कहि कबीर अंत की बेर आई लागौ काल निदानी।।105।।

डंडा मुद्रा खिंथा आधारी। भ्रम कै भाई सबै भेषधारी।
आसन पवन दूरि करि बवरे। छोड़ि कपट नित हरि भज बवरे।।

जिह तू याचहि सो त्रिभुवन भोगी। कहि कबीर कैसो गज जोगी।।106।।

तन रैनी मन पुनरपि करिहौ पाचौ तत्त्व बराती।।
राम राइ स्यों भांवरि लैंहो आतम तिह रंगराती।।
गाउ गाउ री दुलहिनी मंगलचारा।
मेरे गृह आये राजा राम भतारा।।
नाभि कमल मुहि बेदी रचि ले ब्रह्म ज्ञान उच्चारा।।
राम राइ स्यों दूल्हो पायो अस बड़ भाग हमारा।।
सुर नर मुनि जन कौतक आये कोटि तैतीसो जाना।।
कहि कबीर मोहि ब्याहि चले हैं पुरुष एक भगवाना।।107।।

तरवर एक अनंत डार साखा पुहुप पत्र रस भरिया।।
इह अमृत की बाड़ी है रे तिन हरि पूरै करिया।।
जानी जानी रे राजा राम की कहानी।
अंतर ज्योति राम परगासा गुरु मुख बिरलै जानी।।
भवन एक पुहुप रस बीधा बार हले उर धरिया।।
सोरह मध्ये पवन झकोर्‌यो आकासे फर फरिया।।
सहज सुन्न इक बिरवा उपज्या धरती जलहर सोख्या।।
कहि कबीर हौ ताका सेवक जिनका इहु बिरवा देख्यां।।108।।

टूटे तागे निखुटी पानि। द्वार ऊपर झिलिकावहि कान।।
कूच बिचारे फूए फाल। या मुंडिया सिर चढ़िबो कान।।
इहु मुंडिया सगलो द्रव खोई। आवत जात ना कसर होई।।
तुरी नारि की छोड़ि बाता। राम नाम वाका मन राता।।
लरिकी लरिकन खैबो नाहि। मुंडिया अनुदिन धाये जाहि।।
इक दुइ मंदर इक दुइ बाट। हमकौ साथरु उनको खाट।।
मूंड पलोसि कमर बंधि पोथी। हमकौ चाबन उनकौ रोटी।।
मुंडिया मुंडिया हुए एक। ए मुंडिया बूडत की टेक।।
सुनि अधली लोई बेपीर। इस मुंडियन भजि सरन कबीर।।109।।

तू मेरो मेरु परबत सुवामी ओट गही मैं तेरी।।
ना तुम डोलहु ना हम गिरते रखि लीनी हरि मेरी।।
अब तब जब तूही तूही। हम तुम परसाद सुखी सदाहीं।।
तोरे भरोसे मगहर बसियो। मेरे तन की तपति बुझाई।।
पहिले दर्सन मगहर पायो। फुनि कासी बसे आई।
जैसा मगहर तैसा कासी हम एकै करि जानी।।
हम निर्धन ज्यों इह धन पाया मरते फूटि गुमानी।।
करे गुमान चुभहिं तिसु सूला कोऊ काढ़न कौ नाहीं।।

अजै सुचोभ को बिलल बिलाते नरके घोर पचाहीं।।
कौन नरक क्या स्वर्ग बिचारा संतन दोऊ रादे।।
हम काहू की काणि न कढ़ते अपने गुरु परसादे।।
अब तौ जाइ चढ़े सिंहासन मिलिहैं सारंगपानी।।
राम कबीरा एक भये हैं कोई न सकै पछानी।।110।।

थरथर कंपै बाला जीउ। ना जानौ क्या करसी पीउ।।
रैनि गई मति दिन भी जाइ। भवर गये बग बैठे आइ।।
काचै करबै रहै न पानी। हंस चला काया कुम्हिलानी।।
क्वारी कन्या जैसे करत सिंगारा। क्यों रलिया मानै बोझ भतारा।।
काग उड़ावत भुजा पिरानी। कहि कबीर इह कथा सिरानी।।111।।

थाके नयन स्रवण सुनि थाके थाकी सुंदर काया।
जरा हाक दी सब मति थाकी एक न थाकिस माया।।
बावरै तै ज्ञान बिचार न पाया बिरथा जनम गंवाया।।
तब लगि प्रानी तिसे सरेबहु जब लगि मही सांसां।।
जे घट जाइत भाव न जासी हरि के चरन निवासा।।
जिसकौ सबद बसावै अंबर चूकहि तिसहि पियासा।।
हुक्मैं बूझै चौपड़ी खेलै मन जिन ढाले पासा।।
जो मन जनि भजहि अवगति कौ तिनका कछू न नासा।
कहु कबीर ते जन कबहु न हारहिं ढालि जु जानहिं पासा।।112।।

दरमादे ठाढ़े दरबारि।
तुझ बिन सुरति करै को मेरी दर्सन दीजै खोलि किवार
तुम धन धनी उदार तियारी स्रवनन सुनियत सुजस तुमार।।
मांगौ काहि रंक सब देखौ तुम ही ते मेरो निसतार।
जयदेव नामा बिप्प सुदामा तिनकौ कृपा भई है अपार।।
कहि कबीर तुम समरथ दाते चारि पदारथ देत न बार।।113।।

दिन ते पहर पहर ते घरियाँ आयु घटै तनु छीजै।
कौल अहेरी फिरहि बधिक ज्यों कहहु कौन बिधि कीजै।।
सो दिन आवन लागा।
माता पिता भाई सुत बनिता कहहु कोऊ है काका।
जग लगु जोति काया महि बरतै आपा पसू न बूझै।।
लालच करै जीवन पद कारन लोचन कछू न सूझै।
कहत कबीर सुनहु रे प्रानी छोड़हु मन के भरमा।।

केवल नाम जपहु रे प्रानी परहु एक की सरना।।114।।
दीन बिसार्‌यो रे दीवाने दीन बिसार्‌यो।
पेट भर्‌यो पसुआ ज्यों सोयो मनुष जनम है हारयो।।
साध संगति कबहु नहिं कीनी रचियो धंधै झूठ।।
स्वान सूकर बायस सम जीवै भटकत चाल्यो ऊठि।।
आपन की दौरघ करि जानै औरन कौ लघु मान।।
मनसा वाचा करमना मैं देखे दोजक जान।।
कामी क्रोधी चातुरी बाजीगर बेकाम।।
निंदा करते जनम सिरानी कबहु न सिमर्‌यो राम।।
कहि कबीर चेतै नहिं मूरख मुगध गवार।
राम नाम जानियो नहीं, कैसे उतरसि पार।।115।।

दुइ दुइ लोचन पेखा। हौं हरि बिन और न देखा।।
नैन रहे रंग लाई। अब बेगल कहन न जाई।।
हमारा भर्म गया भय भागा। जब राम नाम चितु लागा।।
बाजीगर डंक बजाई। सब खलक तमासे आई।।
बाजीगर स्वांग सकेला। अपने रंग रवै अकेला।।
कथनी कहि धर्म न जाई। सब कथि कथि रही लुकाई।।
जाकौ गुरु मुखि आप बुझाई। ताके हिरदै रह्या समाई।।
गुरु किंचित किरपा कीनी। सब तन मन देह हरि लीनी।।
कहि कबीर रंगि राता। मिल्यो जग जीवनदाता।।116।।

दुनिया हुसियार बेदार जगत मुसियत हौ रे भाई।।
निगम हुसियार पहरुआ देखत जम ले जाई।।
नीबु भयो आंबु आंबु भयो नींबा केला पाका झारि।।
नालिएर फल सेबरिया पाका मूरख मुगध गवार।।
हरि भयो खांडु रे तुमहि विखरियो हस्ती चुन्यो न जाई।
कहि कबीर कुल जाति पांति तजि चींटी होइ चुनि खाई।।117।।

देखो भाई ज्ञान की आई आंधी।
सबै उड़ानी भ्रम की टाटी रहै न माया बाँधी।।
दुचिते की दुई थूनि गिरानीं मोह बलेड़ा टूटा।।
तिष्णा छानि परी घर ऊपर दुमिति भाँड़ा फूटा।।
आँधी पाछै जो जल वर्षे तिहि तेरा जन भींना।।
कहि कबीर मग भया प्रगासा उदय भानु जब चीना।।118।।

देइ मुहार लगाम पहिरावौ। सगल तजीनु गगनं दौरावौ।।
अपने बिचारै असवारी कीजै। सहज के पावड़े पग धरि लीजै।।
चलु रे बैकुंठ तुझहि ले तारी। हित चित प्रेम के चाबुक मारी।।
कहत कबीर भले असवारा। बेद कतेब ते रहहि निरारा।।119।।

देही गावा जीउ धर्म हत उवसहि पंच किरसाना।।
नैनू नकटू स्त्रवन रसपति इंद्री कह्या न माना।।
बाबा अब न बसहु इहु गाउ।
घरी घरी का लेखा माँगै काइथु चेतू नाउ।
धर्मराय जब लेखा माँग बाकी निकसी भारी।।
पच कृसनवा भागि गए लै बाध्यौ जोउ दरबारी।।
कहहि कबीर सुनहु रे संतहु खेतहि करौ निबेरा।।
अबकी बार बखसि बंदे को बहुरि न भव जल फेरा।।120।।

धन्न गुपाल धन्न गुरुदेव। धन्न अनादि भूखे कब लुटह केव।।
धन ओहि संत जिन ऐसी जानी। तिनको मिलिबो सारंगपानी।।
आदि पुरुष ते होई अनादि। जपियै नाम अन्न कै सादि।।
जपियै नाम जपियै अन्न। अभै कै संग नीका बन्न।।
अन्ने बाहर जो नर होवहिं। तीनि भवन महि अपनो खोवहिं।।
छोड़हि अन्न करै पाखंड। ना सोहागनि ना बोहि रंग।।
जग महि बकते दूधाधारी। गुप्ती खावहि बटिका सारी।।
अन्नै बिना न होइ सुकाल। तजियै अन्न न मिलै गुपाल।।
कहु कबीर हम ऐसे जान्या। धन्न अनादि ठाकुर मन मान्या।।121।।

नगन फिरत जो पाइये जोग। बनका मिरग मुकति सब होग।।
क्या नागे क्या बांधे चाम। जब नहिं चीन्हसि आतम राम।।
मूँढ़ मुडांए जो सिद्धि पाई। मुक्ती भेड़ न गय्या काई।।
बिंदु राख जो तरयै भाई। खुसरै क्यों न परम गति पाई।।
कहु कबीर सुनहु नर भाई। राम नाम बिन किन गति पाई।।122।।

नर मरै नर काम न आवै। पशु मरै दस काज संवारे।।
अपने कर्म की गति मैं क्या जानी। मैं क्या जानौ बाबा रे।।
हाड़ जले जैसे लकड़ी का तूला। केस जले जैसे घास का पूला।।
कहत कबीर तबही नर जागै। जम का डंड मूँड़ महि लागै।।123।।

नाँगे आवत नाँगे जाना। कोई न रहिहै राजा राना।।
राम राजा नव निधि मेरे। संपै हेतु कलतु धन तेरै।।
आवत संग न जात संगाती। कहा भयो दर बाँधे हाथी।।
लंका गढ़ सोने का भया। मूरख रावन क्या ले गया।।
कह कबीर कुछ गुन बीचारि। चलै जुआरी दुइ हथ झारि।।124।।

नाइक एक बनजारे पांच। बरध पचीसक संग काच।।
नव बहियाँ दस गोनी आहि। कसन बहत्तरि लागी ताहि।।
मोहि ऐसे बनज स्यो ही काजु। जिह घटै मूल नित बढ़ै ब्याजु।।
सत सूत मिलि बनजु कीन। कर्म भावनी संग लीन।।
तीनि जगाती करत रारि। चलो बनजारा हाथ झारि।।
पूँझी हिरानी बनजु टूटि। दह दिस टाँडो गयो फूटि।।
कहि कबीर मन सरसी काज। सहज समानी त भर्म भाजि।।125।।

ना इहु मानुष ना इहु देव। ना इहु जती कहावै सेव।।
ना इहु जोगी ना अवधूता। ना इसु माइ न काहू पूता।।
या मंदर मह कौन बसाई। ता का अंत न कोऊ पाई।।
न इहु गिरही ना ओदासी। ना इहु राज न भीख मँगासी।।
ना इहु पिंड न रकतू राती। ना इहु ब्रह्मन ना इहु खाती।।
ना इहु तया कहावै सेख। ना इहु जीवै न मरता देख।।
इसु मरते को जे कोऊ रोवै। जो रोवै सोई पति खोवै।।
गुरु प्रसादि मैं डगरो पाया। जीवन मरन दोऊ मिटवाया।।
कहु कबीर इहु राम अंसु। उस कागद पर मिटे न मंसु।।126।।

ना मैं जोग ध्यान चित लाया। बिन बैराग न छूटसि माया।।
कैसे जीवन होइ हमारा। जब न होइ राम नाम अधारा।।
कहु कबीर खोजौं असमान। राम समान न देखौ आन।।127।।

निंदौ निंदौ मोकौ लोग निंदौ। निंदौ निंदौ मोकौ लोग निंदौ।।
निंदा जन को खरी पियारी। निंदा बाप निंदा महतारी।।
निंदा होय त बैकुंठ जाइयै। नाम पदारथ मनहि बसाइयै।।
रिदै सुद्ध जौ निंदा होइ। हमरे कमरे निंदक धोइ।।
निंदा करै सु हमरा मीत। निंदक माहिं हमारा चीत।।
निंदक सो जो निंदा होरै। हमरा जीवन निंदक लोरै।।
निंदा हमरी प्रेम पियार। निंदा हमरा करै उधार।।
जन कबीर कौ निंदा सार। निंदक डूबा हम उतरे पार।।128।।

नित उठि कारि गागरिया लै लीपत जनम गयो।।
ताना बाना कछू न सूझै हर हरि रस लपट्यो।।
हमरे कुल कौने राम कह्यो।।
जब की माला लई निपूते तब ते सुख न भयो।।
सुनहु जिठानी सुनहु दिरानी अचरज एक भयो।।
सात सूत इन मुडिये खोये इहु मुडिया क्यों न भयो।।
सर्व सखा का एक हरि स्वामी सो गुरु नाम दयो।।
संत प्रहलाद की पैज निज राखी हरनाखसु नख बिदर्‌यो।।
घर के देव पितर की छोड़ो गुरु को सबद लयो।।
कहत कबीर सकल पाप खंडन संतह से उधर्‌यो।।129।।

निर्धन आदर कोई न देई। लाख जतन करै ओहु चित न धरेई।।
जौ निर्धन सरधन कै जाई। आगै बैठा पीठ फिराई।।
जौ सरधन निर्धन कै जाई। दीया आदर लिया बुलाई।।
निर्धन सरधन दोनों भाई। प्रभु की कला न मेटी जाई।।
कहि कबीर निर्धन है सोई। जाकै हिरदै नाम न होई।।130।।

पंडित जन माते पढ़ि पुरानं। जोगि माते जोग ध्यान।।
संन्यासी माते अहमेव। तपसी माते तप के भेव।।
सब मदमाते कोऊ न जाग। संग ही चोर घर मुसन लाग।।
जागै सुकदेव अरु अक्रूर। हणवंत जाग धरि लंकूर।।
संकर जागे चरन सेव। कलि जागे नामा जैदेव।।
जागत सोवत बहु प्रकार। गुरु मुखि जागे सोई सार।।
इस देही के अधिक काम। कहि कबीर भजि राम नाम।।131।।

पंडिया कौन कुमति तुम लागे।
बूड़हु गे परवार सकल स्यो राम न जपहु अभागे।।
बेद पुरान पढ़े का किया गन खर चंदन जस भारा।।
राम नाम की गति नहीं जानी कैसे उतरसि पारा।।
जीव बधहु सुधर्म करि थापहु अधर्म कहौ कत भाई।।
आपस को मुनि वर करि थापहु काकहु कहौ कसाई।।
मन के अंधे आपि न बूझहु का कहि बुझावहु भाई।
माया कारन विद्या बेचहु जनम अबिर्था जाई।।
नारद बचन बियास कहत है सुक कौ पूछहु जाई।।
कहि कबीर रामहि रमि छूटहु नाहिं त बूड़े भाई।।132।।

पंथ निहारै कामनी लोचनि भरि लेइ उसासा।।
उर न भीजै पग ना खिसै हरि दर्सन की आसा।।
उड़हु न कागा कारे बेग। मिलीजै अपने राम प्यारे।।
कहि कबीर जीवन पद कारन हरि की भक्ति करीजै।।
एक अधार नाम नारायण रसना राम रबीजै।।133।।

पंद्रह तिथि सात बार। कहि कबीर उर वार न पार।।
साधक सिद्ध लखै जौ भेउ। आपे करता आपे देउ।।
अम्मावस महि आय निवारौ। अंतर्यामी राम समारहु।।
जीवत पावहु मोख दुबारा। अनभौ सबद तत्व निज सारा।।
चरन कमल गोविंद रंग लागा।
संत प्रसाद भये मन निर्मल। हरि कीर्तन महिं अनदिन जागा।।
परवा प्रीतम करहु बीचार। घट महिं खेलै अघट अपार।।
काल कल्पना कदे न खाइ। आदि पुरुष महि रहै समाइ।।
दुतिया दुइ करि जानै अंग। माया ब्रह्म रमै सब संग।।
ना ओहु बढ़ै न घटता जाइ। अकुल निरंजन एकै भाइ।।
तृतीया तीने सम करि ल्यावै। आनंद मूल परम पद पावै।।
साध संगति उपजै बिस्वास। बाहर भीतर सदा प्रगास।।
चौथहि चंचल मन को गहहु। काम क्रोध संग कबहु न बहहू।।
जल थल माहें आपही आप। आपै जपहु अपना जाप।।
पांचे पंच तत्त बिस्तार। कनक कामिनि जुग ब्योहार।।
प्रेम सुधा रस पीवै कोई। जरा मरण दुख फेरि न होई।।
छटि षट चक्र चहूं दिसि धाइ। बिनु परचै नहीं थिरा रहाइ।।
दुबिधा मेटि खिमा गहि रहहु। कर्म धर्म की सूल न सहहु।।
सातै सति करि बाचा जाणि। आतम राम लेहु परवाणि।।
छूटै संसा मिटि जाहि दुक्ख। सुन्य सरोवरि पावहु सुक्ख।।
अष्टमी अष्ट धातु की काया। तामहिं अकुल महा निधि राया।।
गुरु गम ज्ञान बतावै भेद। उलटा रहै अभंग अछेद।।
नौमी नवै द्वार कौ साधि। बहती मनसा राखहु बांधि।।
लोभ मोह सब बीसरी जाहु। जुग जुग जीवहु अमर फल खाहु।।
दसमीं दस दिसि होइ अनंदा। छूटै भर्म मिलै गोबिंदा।।
ज्योति स्वरूप तत्त अनूप। अमल न मल न छाँह नहिं धूप।।

---

1. एक दूसरे स्थान पर यह पद इस प्रकार आरंभ होता है 'बड़ी आकबत कुमति तुम लोग' शेष सब ज्यों का त्यों है। मूल प्रति में जो 39 नंबर का पद है वह भी कुछ थोड़े से हेर फेर के साथ ऐसा ही है।

एकादसी एक दिसि धावै। तौ जोनी संकट बहुरि न आवै।।
सीतल निर्मल भया सरीरा। दूरि बतावत पाया नीरा।।
बारसि बारहौ गवै सूर। अहि निसि बाजै अनहद तूर।।
देख्या तिहूँ लोक का पीउ। अचरज भया जीव ते सीउ।।
तेरसि तेरह अगम बखाणि। अर्द्ध उर्द्ध बिच पहिचाणि।।
नीच उँच नह मान प्रमान। ब्यापक राम सकल सम सामान।।
चौदसि चौदह लोक मझारि। रोम रोम महि बसहिं मुरारि।।
सत संतोष का धरहु धियान। कथनी कथियै ब्रह्म गियान।।
पून्यो पूरा चंद्र अकास। पसरहिं कला सहज परगास।।
आदि अंत मध्य होइ रह्या बीर। सुखसागर महि रमहिं कबीर।।134।।

पहिला पूत पिछैरी माई। गुरु लागो चेले की पाई।।
एक अचंभौ सुनहु तुम भाई। देखत सिंह चरावत गाई।।
जल की मछुरी तरवर ब्याई। देखत कुतरा लै गई बिलाई।।
तलेरे वैसा ऊपर सूला। तिसकै पेड़ लगै फल फूला।।
धोरै चरि भैंस चरावन जाई। बाहर बैल गोनि घर आई।।
कहत कबीर जो इस पद बूझै। राम रमत तिसु सब किछु सूझै।।135।।
पहिली कुरूप कुजाति कुलक्खनी साहुरै पेइयै बुरी।
अब की सरूप सुजाति सुलक्खनी सहजे उदरधरी।।
भत्ती सरी मुई मेरी पहली बरी।
जुग जुग जीवो मेरी अबकी धरी।।
कहु कबीर जब लहुरी आई बड़ी का सुहाग टर्‌यो।
लहुरी संग भई अब मेरे जेठी और धर्‌यो।।136।।

पाती तैरे मालिनी पाती पाती जीउ।
जिसु पाहन कौ पाती तोरै सो पाहनु निरजीउ।।
भूली मालिनी है एउ सति गुरु जागता है दोउ।
ब्रह्म पाती बिस्नु डारी फूल संकर देव।
तीन देव प्रतख्य तोरहि करहिं किसकी सेव।।
पाषान गढ़ि के मूरति कीनी देकै छाती पाउ।
जे एइ मूरति साची है तो गड़णहारे खाउ।।
भातु पहिति और लापसी करकरा का सारु।।
भोगनु हारे भोगिया इसु मूरति के मुख छार।।
मालिन भूलि जग भुलाना हम भुलाने नाहि।।
कहु कबीर हम राम ..खे कृपा करि हरि राइ।।137।।

पानी मैला माटी गोरी। इस माटी को पुतरी जोरी।।
मैं नाहीं कछु आहि न मोरा। तन धन सब रस गोबिंद तोरा।।
इस माटी महि पवन समाया। झूठा परपंच जोरि चलाया।।
किनहु लाख पांच की जोरी। अंत की बाट गगरिया फोरी।।
कहि कबीर इक नीवौ सारी। खिन महि बिनसि जाइ अहंकारी।।138।।

पाप पुन्य दोइ बैल बिसाहे पवन पूँजी परगास्यो।।
तृष्णा गूणि भरी घट भीतर इन बिधि टाँड बिसाह्यो।।
ऐसा नायक राम हमारा सकल संसार कियो बंजारा।।
काम क्रोध दुइ भये जगाती मन तरंग बटवारा।।
पंच ततु मिलि दान निबेरहिं टाडा उतर्यो पारा।।
कहत कबीर सुनहु रे संतहु अब ऐसी बनि आई।।
घाटी चढ़त बैल इक थाका चलो गोनि छिटकाई।।139।।

पंड मुए जिउ किहि घर जाता। सबद अतीत अनाहद राता।।
जिन राम जान्या तिन्ही पछान्या। ज्यों गूँगे साकर मन मान्या।।
ऐसा ज्ञान कथै बनवारी। मन रे पवन दृढ़ सुषमन नाड़ी।।
सो गुरु करहु जि बहुरि न करना। सो पद रवहु जि बहुरि न रवना।।
सो ध्याना धरहु जि बहुरि न धरना। ऐसे मरहु जि बहुरि न मरना।।
उलटी गंगा जमुन मिलावौ। बिनु जल संगम मन महि नावौ।।
लोचा सम सरिहहु ब्योहारा। ततु बिचारि क्या अवर बिचारा।।
अप तेज वायु पृथवी अकासा। ऐसी रहनि रहौ हरि पासा।।
कहै कबीर निरंजन ध्यावौ। तित घर जाहु जि बहुरि न आवौ।।140।।

पेवक दै दिन चारि है साहुरडे जाणा।
अंधा लोक न जाणई मूरखु एयाणा।।
कहु डडिया बाँधे धन खड़ी। याहूं घर आये मूकलाऊ आये।।
ओह जि दिसै खूहड़र कौ न लाजु बहारी।
लाज घड़ी स्यो टूटि पड़ी उठि चलि पनिहारी।।
साहिब होइ दयाला कृपा करे अपना कारज सवारे।
ता सोहागणि जानिए गुरु सबद बिचारै।।
किरत कौ बांधी सब फिरै देखहु बिचारी।
एसनो क्या आखियै क्या करे बिचारी।।
भई निरासी उठि चली चित बंधी न धीरा।
हरि का चरणी लागि रहु भजु सरण कबीरा।।141।।

प्रहलाद पठाये पठन साल। संगि सखा बहु लिए बाल।।
मोकौ कहा पढ़ावसि आल जाल। मेरी पटिया लिखि देहु श्रीगोपाल।।
नहीं छोड़ौ रे बाबा राम नाम। मेरो और पढ़न स्यो नहीं काम।।
संडै मरकै कह्यौ जाइ। प्रहलाद बुलाये बेगि धाइ।।
तू राम कहन की छोडु बानि। तुझ तुरत छड़ाऊँ मेरो कह्यो मानि।।
मोकौ कहा सतावहु बार बार। प्रभु भज थल गिर किये पहार।।
इक राम न छोड़ौ गुरुहि गारि। मोकौ घालि जारि भाखै मारि डांरि।।
काढ़ि खड्ग कोप्यो रिसाइ। तुझ राखनहारो मोहि बताइ।।
प्रभु थंभ ते निकसे कै बिस्तार। हरनाखस छेद्यो नख बिदार।।
ओइ परम पुरुष देवाधिदेव। भगत हेत नरसिंघ भेव।।
कहि कबीर का लखै न पार। प्रहलाद उबारे अनिक बार।।142।।

फील रबाबी बलुद पखावज कौआ ताल बजावै।
पहरि चोलना गदहा नाचै भैसा भगति करावै।।
राजा राम क करिया बरपे काये। किनै बूझन हारे खाय।।
बैठि सिंघ घर पान लगावहिं घीस गल्योरे लावै।।
घर घर मुसरी मंगल गावहि कछुआ संख बजावै।।
बंस को पूत बिआहन चिलया सुइने मंडप छाये।।
रूप कन्निया सुंदर बेधी ससै सिंह गुन गाये।।
कहत कबीर सुनहु रे पंडित कीटी परबत खाया।।
कछुआ कहै अंगार भिलोरौ लूकी सबद सुनाया।।143।।

फुरमान तेरा सिरै ऊपर फिरि न करत बिचार।
तुही दरिया तुही करिया तुझै ते निस्तार।।
बंदे बंदगी इकतीयार। साहिब रोष धरौ कि पियार।।
नाम तेरा अधार मेरा जिउ फूल जइहै नारि।।
कहि कबीर गुलाम घर का जीआइ भावै मारि।।144।।

बंधचि बंधनु पाइया। मुकतै गुरि अनल बुझाइया।
जब नख सिख इहु मनु चीना। तब अंतर मंजनु कीना।।
पवन पति उनमनि रहनु खरा। नही मिसु न जनमु जरा।
उलटौ ले सकति संहार। फैसीले गगन मझार।।
बेधिय ले चक्र भुअंगा। भेटिय ले राइन संगा।।
चूकिय ले मोह मइ आसा। ससि कीनो सूर गिरासा।।
जब कुंभ कुभरि पुरि जीना। तब बाजे अनहद बीना।।
बकतै बकि सबद सुनाया। सुनतै सुन माल बसाया।।
करि करता उतरसि पारं। कहै कबीरा सारं।।145।।

बटुआ एक बहत्तरि आधारी एको जिसहि दुबारा।
नवै खंड की प्रथमी माँगै सो जोगी जगसारा।।
ऐसो जोगी नव निधि पावै तल का ब्रह्म ले गगन चरावै।।
खिंथा ज्ञान ध्यान करि सूई सबद ताग मथि घालै।।
पंच तत्व की करि मिरगाणी गुरु कै मारग चालै।।
दया फाहुरी काया करि धूई दृष्टि की जलावै।।
तिसका भाव लिए रिद अंतर चहु जुग ताड़ी लावै।।
सभ जोगत्तण राम नाम है जिसका पिंड पराना।
कहु कबीर जे किरपा धारै देइ सचा नीसाना।।146।।

बनहि बसे क्यों पाइये जौ लौ मनहु न तजे बिकार।
जिह घर बन समसरि किया ते पूरे संसार।।
सार सुख पाइये रामा रंगि रवहु आतमै रामा।।
जटा भस्म लै लेपन किया कहा गुफा महि बास।
मन जीते जग जितिया ते बिषिया ते होइ उदास।।
अंजन देइ सब कोई टुक चाहन माहिं विडानु।।
ज्ञान अंजन जिह पाइया ते लोइन परवानु।।
कहि कबीर अब जानिया गुरु ज्ञान दिया समुझाइ।।
अंतर मति हरि भेटिया अब मेरा मन कतहु न जाइ।।147।।

बहु प्रपंच करि परधन ल्यावै। सुत दारा पहि आनि लुटावै।।
मन मेरे भूले कपट न कीजै। अंत निबेरा तेरे जोय पहि लीजै।।
छिन छिन तन छीजै जरा जनावै। तब तेरी ओक कोई पानियो न पावै।।
कहत कबीर कोई कहीं तेरा। हिरदै राम किन जपहि सबेरा।।148।।

बाती सूखी तेल निखूटा। मंदल न बाजै नट सूता।।
बुझि गई अगनि न निकस्यो धूआ। रवि रह्या एक अवर नहीं दूजा।।
टूटी तंतु न बजै रबाव। भूलि बिगार्‌यो अपना काज।।
कथनी बदनी कहन कहावन। समझ परी तो बिसर्‌यौ गावन।।
कहत कबीर पंच जो चूरे। तिनते नाहिं परम पद दूरे।।149।।

बाप दिलासा मेरो कीना। सेज सुखाली मुखि अमृत दीना।।
तिसु बाप कौ मनहु बिसारी। आगे गया न बाजी हारी।।
मुई मेरी माई हौ खरा सुखाला। पहिरौ नहीं दगली लगै न पाला।।
बलि तिसु बापै जिन हौ जाया। पंचा ते तेरा मेरा संग चुकाया।।

पंच मारि पावा तलि दीने। हरि सिमरन मेरा मन तन भीने।।
पिता हमारो बडु गोसाई। तिसु पिता पहिं हौ क्यों करि जाई।।
सति गुरु मिले ता मारग दिखाया। जगत पिता मेरे मन भाया।।
हौ पूत तेरा तू बाप मेरा। एकै ठाहरि दुहा बसेरा।।
कह कबीर जनि एको बूझिया। गुरू प्रसाद मैं कछु सूझिया।।150।।

बारह बरस बालपन बीते बीस बरस कछु तपु न कियो।
तीस बरस कछु देव न पूजा फिर पछुताना बिरध भयो।।
मेरी मेरी करते जनम गयो। साइर सोखी भुंज बलयो।।
सूके सरबर पालि बंधावै लूणे खेत हथवारि करै।।
आयो चोर तुरत ही ले गयो मेरी राखत मुगध फिरै।।
चरन सीस कर कंपन लागे नैनों नीर असार बहै।।
जिहिवा बचन सुद्ध नहीं निकसै तब रे धरम की आस करै।।
हरि जी कृपा करि लिव लावै लाहा हरि हरि नाम लियो।।
गुरु परसादी हरि धन पायो अंते चल दिया नालि चल्यो।।
कहत कबीर सुनहु रे संतहु अन धन कछु ऐलै न गयो।
आई तलब गोपाल राइ की माया मंदर छोड़ चल्यौ।।151।।

बावन अक्षर लोक त्रय सब कछु इनहीं माहि।
जे अक्खर खिरि जाहिगे ओइ अक्खर इन महिं नाहिं।।
जहाँ बोल तह अक्खर आवा। जहँ अबोल तहं मन न रहावा।।
बोल अबोल मध्य है सोई। जस ओहु है तस लखै न कोई।।
अलह लहौ तौ क्या कहौ कहौ तो को उपकार।
बटक बीजि महि रबि रह्यौ जाको तीनि लोक बिस्तार।।
अलह लहता भेद छै कछु कछु पाया भेद।
उलटि भेद मन बेधियो पायो अभंग अछेद।।
तुरक तरीकत जानियै हिंदू बेद पुरान।।
मन समझावन कारनै कछु यक पढ़ियै ज्ञान।।
ओअंकार आदि मैं जाना। लिखि और मेटै ताहि न माना।।
ओअंकार लखै जो कोई। सोई लखि मेटणा न होई।।
कक्का किरणि कमल महि पावा। ससि बिगास संपट नहिं आवा।।
अरु जे तहा कुसुम रस पावा। अकह कहा कहि का समझावा।।
खक्खा इहै खोड़ि मन आवा। खोड़े छाड़ि न दह दिसि धावा।।
खसंमहिं जाणि खिसा करि रहै। तो होइ निरबओ अखै पद लहै।।
गग्गा गुरु के बचन पछाना। दूजी बात न धरई काना।।

रहै बिहंगम कतहि न जाई। अगह गहै गहि गगन रहाई।।
घघ्घा घट घट निमसै सोई। घट फूटे घट कबहिं न होई।।
ता घट माहिं घाट जौ पावा। सो घट छाँड़ि अवघट कत धावा।।
ङंङा निग्रह स्नेह करि निरवारो संदेह।
नाही देखि न भाजिये परम सियानप एह।।
चच्चा रचित चित्र है भारी। तजि चित्रै चेतहु चितकारी।
चित्र बिचित्र इहै अवझेरा। तजि चित्रै चितु राखि चितेरा।।
छछ्छा इहै छत्रपति पासा। छकि किन रहहु छाड़ि किन आसा।।
रे मन मैं तो छिन छिन समझावा। ताहि छोड़ि कत आप बंधावा।।
जज्जा जौ तन जीवत जरावे। जीवन जारि जुगति सो पावै।।
अस जरि परजरि जरि जब रहै। तब जाइ ज्योति उजारी लहै।।
झझ्झा उरझि सुरझि नहिं जाना। रह्यौ झझकि नाही परवाना।।
कत झकि झकि औरन समझावा। झगर किये झगरौ ही पावा।।
ञंञा निकट जु घट रह्यो दूरि कहा तजि जाइ।
जा कारण जग ढूंढ़ियौ नेरौ पायो ताहि।।
टट्टा बिकट घाट घट माही। खोलि कपाट महल किन जाही।।
देखि अटल टलि कतहि न जावा। रहै लपटि घट परचौ पावा।।
ठट्ठा इहै दूरि ठग नीरा। नीठि नीठि मन कीया धीरा।।
जिन ठग ठग्या सकल जग खावा। सो ठग ठग्या ठौर मन आवा।।
डड्डा डर उपजै डर जाई। ता डर महि डर रह्या समाई।।
जौ डर डरै तौ फिरि डर लागै। निडर हुआ डर उर होइ भागै।।
ढढ्ढा ढित ढूंढहिं कत आना। ढूंढ़त ही ढहि गये पराना।।
चढ़ि सुमेर ढुंढ़ि जब आवा। जिह गढ़ गढ़्यो सुगढ़ महि पावा।।
णण्णा रणि रूतौ नर नेही करै। नानि बैना फुनि संचरै।।
धन्या जनम ताही को गणै। मारे एकहि तजि जाइ घणै।।
तत्ता अतर तर्‌यो नइ जाई। तन त्रिभुवन मैं रह्यो समाई।।
जौ त्रिभुवन तन माहि समावा। तौ ततहि तत मिल्या सचु पावा।।
थथ्था अथाह थाह नहीं पावा। ओहु अथाह इहु थिर न रहावा।।
थोड़े थल थानक आरंभै। बिनु ही थाहर मंदिर थंभै।।
दद्दा देखि जु बिनसन हारा। जस अदेखि तस राखि बिचारा।।
दसवै द्वार कुंजी जब दीजै। तौ दयाल कौ दर्सन कीजै।।
धद्धा अर्द्धहि अर्द्ध निबेरा। अर्द्धहि उर्द्धह मंझि बसेरा।।
अर्द्धह छाड़ि अर्द्ध जो आवा। तो अर्द्धहि उर्द्ध मिल्या सुख पावा।।
नन्ना निसि दिन निरखत जाई। निरख नयन रहे रतवाई।।
निरखत निरखत जब जाइ पावा। तब ले निरखहिं निरख मिलावा।।

पप्पा अपर पार नहीं पावा। परम ज्योति स्यो परचौ लावा।।
पांचो इंद्री निग्रह करई। पाप पुण्य दोऊ निरबरई।।
फफ्फा बिनु फूलै फल होई। ता फल फंक लखै जो कोई।
दूणि न परई फंक बिचारै। ता फल फंक सबै नर फारै।।
बब्बा बिंदहि बिंद मिलावा। बिंदहि बिंद न बिछुरन पावा।।
बंदौ होइ बंदगी गहै। बंधक होइ बंधु सुधि लहै।।
भभ्भा भेदहि भेद मिलावा। अब भौ भांति भरौसौ आवा।।
जो बाहर सो भीतर जान्या। भया भेद भूपति पहिचाना।।
मम्मा मूल रह्या मन मानै। मर्मी हो सो मन कौ जानै।।
मत कोइ मन मिलना बिलमावै। मगन भया तेसो सचु पावै।।

मम्मा मन स्यो काजु है मन साधै सिधि होइ।।
मनही मन स्यो कहै कबीरा मनसा मिल्या न कोइ।।

इहु मन सकती इहु मन सीउ। इहु मन पंच तत्व को जीउ।
इहु मन ले जौ उनमनि रहै। तौ तीनि लोक की बातै कहै।।

यय्या जौ जानहि तौ दुर्मति हनि बसि काया गाउ।
रणि रूतौ भाजै तहीं सूर उधारौ नाउ।।

रारा रस निरस्स करि जान्या। होइ निरस्स सुरस पहिचान्या।
इह रस छोड़े उह रस आवा। उह रस पीया इह रस नहीं भावा।
लल्ला ऐसे लिव मन लावै। अनत त जाइ परम सचु पावै।।
अरु जौ तहा प्रेम लिव लावै। तौ अलह लहै लहि चरन समावै।
ववा बार बार बिष्णु समारि। बिष्णु समारि न आवै हारि।।
बलि बलि जे बिष्णु तना जस गावै। बिष्णु मिलै सबही सचु पावै।।

वावा वाही जानियै वा जाने इहु होइ।
इहु अरु ओहु जब मिलै तब मिलत न जानै कोइ।।

शश्शा सो नीका करि सोधहु, घट परचा की बात निरोधहु।।
घट परचै जो उपजै भाउ। पूरि रह्या तह त्रिभुवन राउ।।
षष्षा खोजि परै जो कोई। जो खोजै सो बहुरि न होई।।
खोजि बूझि जो करै बिचारा। तौ भवजल तरन न लावै बारा।।
सस्सा सो सह सेज सवारै। सोई सही संदेह निवारै।।
अल्प सुख छाड़ि परमसुख पावा। तब इह त्रिय ओहु कंत कहावा।।
हाहा होत होइ नहीं जाना। जबही होइ तबहि मन माना।।
है तो सही लखौ जो कोई। तब ओही उह एहु एहु न होई।।
लिउँ लिउँ करत फिरै सब लोग। ता कारण ब्यापै बहु सोग।।
लक्ष्मीबर स्यो जौ लिव लागै। सोग मिटै सब ही सुख पावै।।
खख्खा खिरत खपत गये केते। खिरत खपत अजहूँ नहिं चेते।।

अब जग जानि जो मना रहै। जह का बिछुरा तह थिरु लहै।।
बावन अक्खर जोरे आन। सक्या म अक्खरु एक पछानि।।
सत का सबद कबीरा कहै। पंडित होइ सो अनभै रहै।।
पंडित लोगह कौ ब्यवहार। दानवंत कौ तत्व बिचार।।
जाकै जीय जैसी बुधि होई। कहि कबीर जानैगा सोई।।152।।

बिंदु ते जिन पिंड किया अगनि कुंड रहाइया।
दस मास माता उदरि राख्या बहुरि लागी माइया।।
प्रानी काहै को लोभि लागै रतन जनम खोया।
पूरब जनम करम भूमि बीजु नाहीं बोया।।
बारिक ते बिरध भया होना सो होया।
जा जम आइ झोट पकरै तबहि काहे रोया।।
जीवन की आसा करै जम निहारै सासा।
बाजीगरी संसार कबीरा चेति ढालि पासा।।153।।

बुत पूजि हिंदू मुये तुरक मूये सिर नाई।
ओइ ले जारे ओइ ले गाड़े तेरौ गति दुहूँ न पाई।।
मन रे संसार अंध गहेरा। चहुँ दिसि पसर्‌यो है जम जेवरा।।
कबित पढ़े पढ़ि कविता मूये पकड़ के दारै जाई।
जटा धारि धारि जोगी मूये मेरी गति इनहि न पाई।।
द्रव्य संचि संचि राजे मूये गड़िले कंचन भारी।
बेद पढ़े पढ़ि पंडित मूये रूप देखि देखि नारी।।
राम नाम बिन सबै बिगूते देखहु निरखि सरीरा।
हरि के नाम बिन किन गति पाई कहि उपदेस कबीरा।।154।।

भुजा बाँधि मिला करि डार्‌यौ। हस्ती कोपि मूँड महि मार्‌यो।
हस्ती भगि के चीसा मारै। या मूरति कै हौ बलिहारै।।
आहि मेरे ठाकुर तुमरा जोर काजी बकिबो हस्ती तोर।
हस्त न तोरै धरै ध्यान। वाकै रिदै बसै भगवान।।
क्या अपराध संत है कीना। बाँधि पाट कुंजर को दीना।।
कुंजर पोटलै लै नमस्कारै। बूझी नहीं काजी अंलियारै।।
तीन बार पतिया भरि लीना। मन कठोर अजहू न पतीना।।
कहि कबीर हमारा गोबिंद। चौथे पद महि जन की जिंद।।155।।

भूखे भकति न कीजै। यह माला अपनी लीजै।
हौ माँगो संतन रेना। मैं नाहीं किसी का देना।।
माधव कैसी बने तुम संगै। आपि न देउ तले बहु मंगे।।
दुइ सेर माँगौ चूना। पाव घीउ संग लूना।।
अधसेर माँगौ दाले। मोको दोनों बखत जिवाले।
खाट माँगौ चौपाई। सिरहाना और तुलाई।।
ऊपर कौ माँगौ खींधा। तेरी भगति करै जनु बींधा।।
मैं नाहीं कीता लब्बो। इक नाउ तेरा मैं फब्बो।।
कहि कबीर मन मान्या। मन मान्या तो हरि जान्या।।156।।

मन करि मक्का किबला करि देही। बोलनहार परस गुरु एही।
कह रे मुल्ला बाँग निवाज। एक मसीति दसै दरवाज।।
मिसभिलि तामसु भर्म क दूरी। भाखि ले पंचे होइ सबूरी।।
हिंदू तुरक का साहिब एक। कह करै मुल्ला कह करै सेख।।
कहि कबीर हो भया दिवाना। मुसि मुसि मनुआ सहजि समाना।।157।।

मन का स्वभाव मनहिं बियापी। मनहि मार कवन सिधि थापी।।
कवन सु मनि जो मन को मारै। मन को मारि कबहुं किस तारै।।
मन अंतर बोलै सब कोई। मन मारै बिन भगत न होई।।
कहु कबीर जो जानै भेउ। मन मधुसूदन त्रिभुवण देउ।।158।।

मन रे छाड़हु मर्म प्रगट होई नाचहु या माया के डाड़े।
सूर कि सनमुख रन ते डरपै सती कि साँचे भाँड़े।।
डगमग छाँड़ि रे मन बौरा।
अब तो जरै मरै सिधि पाइये लीनो हाथ सिधोरा।
काम क्रोध माया के लीने या बिधि जगत बिगूचा।।
कहि कबीर राजा राम न छोड़ौ सगल ऊँच ते ऊँचा।।159।।

माता जूठी पिता भी जूठा जूठा जूठेही फल लागे।
आवहि जूठे जाहि भी जूठे जूठे मरहि अभागे।।
कबु पंडित सूचा कवन ठाउ। जहाँ बैसि हौ भोजन खाउ।
जिहवा जूठी बोलन जूठा करन नेत्र सब जूठे।
इंद्री की जूठी उतरसि नाहि ब्रह्म अगनि के जूठे।।
अगनि भी जूठी पानी जूठा जूठी बैसि पकाइया।
जूठी करछी परोसन लागा जूठे ही बैठि खाइया।।
गोबर जूठा चौका जूठा जूठी दीनों कारा।।
कहि कबीर तेई नर सूचे साची परी बिचारा।।160।।

मरन जीवन की संका नासी। आपन रंगि सहज परगासी।
प्रकटी ज्योति मिट्या अंधियारा। राम रतन पाया करत बिचारा।।
जहँ अनंद दुख दूर पयाना। मन मानुक लिव तत्तु लुकाना।
जौ किछु होआ सु तेरा भाणा। जौ इन बूझे सु सहजि समाणा।।
कहत कबीर किलबिष गये खीणा। मन माया जग जीवन लीणा।।161।।

माई मोहि अवरु न जान्यो आनाँ।
सिव सनकादिक जासु गुन गावहि तासु बसहि मेरे प्रानां।
हिरदै प्रगास ज्ञान गुरु गम्मित गगन मंडल महि ध्यानाँ।।
विषय रोग भव बंधन भागे मन निज घर सुक जानाँ।।
एक सुमति रति जानि मानि प्रभु दूसर मनहि न आना।
चंदन बास भये मन बास न त्यागि घट्यो अभिमानाँ।।
जो जन गाइ ध्याइ जस ठाकुर तासु प्रभु है थानाँ।
तिह बड़ भाग बस्यो मन जाके कर्म प्रधान मथानाँ।।
काटि सकति सिव सहज प्रगास्यौ एकै एक समानाँ।
कहि कबीर गुरु भेटि महासुख भ्रमत रहे मन मानाँ।।162।।

माथे तिलक हथि माला बाँना। लोगन राम खिलौना जानां।।
जौ हौं बौरा तौ राम तोरा। लोग मर्म कह कह जानै मोरा।।
तोरौ न पाती पूजौ न देवा। राम भगति बिन निहफल सेवा।।
सतिगुरु पूजौ सदा मनावौ। ऐसी सेव दरगह सुख पावौ।।
लोग कहै कबीर बौराना। कबीर का मर्म राम पहिचाना।।163।।

माधव जल की प्यास न जाइ। जल महि अगनि उठी अधिकाइ।।
तू जलनिधि हौ जल का मीन। जल महि रहौ जलै बिन खीन।।
तू पिंजर हौ सुअटा तोर। जम मंजार कहा करे मोर।।
तू तरवर हौ पंखी आहि। मंदभागी तेरो दर्शन नाहि।।164।।

मुंद्रा मोनि दया करि झोली पत्र का करहु बिचारू रे।।
खिंथा इहु तन सीओ अपना नाम करो आघारू रे।।
ऐसा जोग कमावै जोगी जप तप संजम गुरु मुख भोगी।।
बुद्धि बिभूति चढ़ाओ अपनी सिंगी सुरति मिलाई।।
करि बैराग फिरौ तन नगर मन की किंगुरी बजाई।।
पंच तत्व लै हिरदै राखहु रहै निराल मताड़ी।।
कहत कबीर सुनहु रे संतहु धर्म दया करि बाढ़ी।।165।।

मुसि मुसि रोवै कबीर की माई। ए बारिक कैसे जीवहि रघुराई।
तननां बुनना सब तज्या है कबीर। हरि का नाम लिखि लियो सरीर।।
जब लग तागा बाहउ बेही। तब लग बिसरै राम सनेही।।
ओछी मति मेरी जाति जुलाहा। हरि का नाम लह्यो मैं लाहा।।
कहत कबीर सुनहु मेरी माई। हमरा इनका दाता एक रघुराई।।166।।

मेरी बहुरिया को धनिया नाउ। ले राख्यौ रामजनिया नाउ।।
इन मुंडियन मेरा घर धुधरावा। बिटवहि राम रमौआ लावा।।
कहत कबीर सुनहु मेरी माई। इन मुंडियन मेरी जाति गवाई।।167।।

मैला ब्रह्म मैला इंदु। रबि मैला है मैला चंदु।
मैला मलता इहु संसार। इक हरि निर्मल जाका अंत न पार।।
मैला ब्रह्मंडा इक्कै ईस। मैले निसि बासुर दिन तीस।।
मैला मोती मैला हीरु। मैला पवन पावक अरु नीरु।।
मैले सिव संकरा महेस। मैले सिध साधिक अरु भेष।।
मैले जोगी जंगम जटा समेति। मैली काया हंस समेति।।
कहि कबीर ते जन परवान। निर्मल ते जो रामहि जान।।168।।

मौलो धरती मौला आकास। घटि घटि मौलिया आतम प्रगास।।
राज राम मौलिया अनत भाइ। जब देखो तह रहा समाइ।।
दुतिया मौले चारि बेद। सिमृति मौली सिउ कतेब।।
संकर मौल्यौ जोग ध्यान। कबीर को स्वामी सब समान।।169।।

जम ते उलटि भये है राम। दुख बिनसे सुख कियो बिश्राम।
बैरी उलटि भये हैं मीता। साकल उलटि सुजन भये चीता।।
अब मोंहि सर्ब कुसल करि मान्या। सांति भई जब गोबिंद जान्या।।
तन महि होती कोटि उपाधि। उलटि भई सुख सहजि समाधि।।
आप पछानै आपै आप। रोग न ब्यापै तीनों ताप।।
अब मन उलटि सनातन हूआ। तब जान्या जब जीयत मूआ।।
कहु कबीर सुख सहज समाओ। आपि न डरो न अवर डराओ।।170।।

जोगी कहहिं जोग भल मीठी अबर न दूजा भाई।
रुंडित मुंडित एकै सबदी एकहहि सिधि पाई।
हरि बिन भरमि भूलानै अंधा।
जा पहि जाउ आप छुटकावनि ते बाँधे बहु फंदा।

जब ते उपजी तही समानी इहि बिधि बिसरी तबही।।
पंडित गुणी सूर हम दाते एहि कहहिं बड़ हमही।
जिसहि बुझाए सोई बूझै बिनु बूझें क्यों रहिये।।
तिस गुरू मिलैं अंधेरा चूके इन बिधि प्राण कु लहियै।
तजिवा बेदा हने बिकारा हरि पद दृढ़ करि रहियै।।
कहु कबीर गूँगैं गुण खाया पूछे ते क्या कहियै।।171।।

जोगी जती तपी संन्यासी बहु तीरथ भ्रमना।
लुंजित मुंजित मौनि जटा धरि अंत तऊ मरना।।
ताते सेविए ले रामना।
रसना राम नाम हितु जाकै कहा करे जमना।
आगम निगम जोतिक जानहि बहु वह ब्याकरना।
तंत्र मंत्र सब औषध जानहि अंत तऊ मरना।
राजा भोग अरु छत्र सिंहासन बहु सुंदरि रमना।।
पान कपूर सुबासक चंदन अंत तऊ मरना।।
बेद पुरान सिमृति सब खोजे कहूँ न ऊबरना।
कहु कबीर यों रामहिं जपौं मेटि जनम मरना।।172।।

जोनि छाड़ि जौ जग महि आयो। लागत पवन खसम बिसरायो।
जियरा हरि के गुन गाउ।
गर्भ जोनि महि ऊर्ध्व तपु करता। तौं जठर अग्नि महि रहता।
लख चौरासहिं जोनि भ्रमि आयो। अब के छुटके ठौर न ठायो।।
कहु कबीर भजु सारंगपानी। आवत दीसै जान न जानी।।173।।

रहु रहु री बहुरिया घूंघट जिनि काढ़ै। अंत की बान लहैगी न आढ़ै।
घूँघट काढ़ि गई तेरो आगै। उनकी गैल तोहिं जिनि लागै।।
घूँघट काढ़ि की इहै बड़ाई। दिन दस पांच बहु भले आई।।
घूँघट तेरी तौपरि सांचै। हरि गुन गाइ कूदहिं अरु नाचै।
कहत कबीर बहू तब जीतै। हरि गुन गावत जनम ब्यतीतैं।।174।।

राखि लेहु हमते बिगरी।
सील धरम जप भगति न कीनी हौ अभिमन टढ़ पगरी।
अमर जानि संची इह काया इह मिथ्या काची गगरी।।
जिनहि निवाजि साजि हम कीये तिनही बिसारि औ लगरी।
संधि कोहि साध नहीं कहियौ सरनि परे तुमरी पगरी।
कह कबीर इहि बिनती सुनियहु मत घालहु जम की खबरी।।175।।

राजन कौन तुमारे आवै।
ऐसा भाव बिदुर को देख्या ओहु गरीब केहि भावै।
हस्ती देखि भर्म ते भूला श्री भगवान न जान्या।।
तुमरी दूध बिदुर को पानी अमृत करि मैं मान्या।
खीर समान सागु मैं पाया गुन गावत रैनि बिहानी।।
कबीर को ठाकुर अनद बिनोदी जाति न काहूँ की मानी।।176।।

राजा राम तू ऐसा निर्भव तरन तारन राम राया।
जब हम होते तब तुम नाही अब तुम हहु हम नाही।
अब हम तुम एक भये इहि एकै देखति मन पतियाही।
जब बुधि होती तब बल कैसा अब बुद्धि बल न खटाई।।
कही कबीर बुधि हरि लई मेरी बुद्धि बदली सिधि पाई।।177।।

राजा राम त्रिमामति नहीं जानी तोरी। तेरे संतन की हौ चेरी।
हसतो जाइ सु रोवत आवै रोवत जाइ सु हंसै।।
बसतो होइ सो ऊजरु उजरु होइ सु बसै।
जल ते थल करि थल ते कूआ कूप ते मेरु करावें।
धरती ते आकास चढ़ावै चढ़े अकास गिरावै।।
भेखारी ते राज करावै राजा ते भेखारी।
खल मूरख ते पंडित करिबो पंडित ते मगधारी।।
नारी ते जे पुरुख करावै पुरखन ते जो नारी।।
कहुँ कबीर साधू का प्रीतम सुमूरति बलिहारी।।178।।

राम जपो जिय ऐसे ऐसे। ध्रुव प्रहलाद जंप्यो हरि जैसे।
दीनदयाल भरोसे तेरे। सब परवार चढ़ाया बेड़े।।
जाति सुभावै ताहु कम मनावै। इस बेड़े कौ पार लंघावै।।
गुरु प्रसादि ऐसी बुद्धि समानी। चूंकि गई फिरि आवन जानी।
कहु कबीर भजु सारिंगपानी। उरबार पार सब एको दानी।।179।।

राम सिमरि राम सिमरि राम सिमरि भाई।
राम नाम सिमिरन बिनु बूड़ते अधिकाई।।
बनिता सुत देह ग्रेह संपति सुखदाई।
इनमें कछु नाहिं तेरो काल अवधि आई।।
अजामल गज गनिका पतित कर्म कीने।
तेऊ उतरि पार परे राम नाम लीने।

सूकर कूकर जोनि भ्रमतेऊ लाज न आई।
राम नाम छाड़ि अमृत काहे बिष खाई।।
तजि भर्म कर्म बिधि निषेध राम नाम लेही।
गुरु प्रसाद जन कबीर राम करि सनेही।।180।।

री कलवारि गवारि मूढ़ मति उलटी पवन फिरावो।
मन मतवार मेर सर भाठी अमृत धार चुवावौ।।
बोलहु भैया राम की दुहाई।
पीवहु सत सदा मति दुर्लभ सहजे प्यास बुझाई।
भय बिच भाउ भाई कोउ बूझहिं हरि रस पावै भाई।
जेते घट अमृत सबही महि भावै तिसहि पियाई।।
नगरी एकै नव दरवाजै धारत बर्जि रहाई।
त्रिकुटी छूटै दस बादर खूलै ताम न खींवा भाई।
अभय पद पूरि ताप तह नासे कहि कबीर बीचारी।।
उबट चलते इहु मद पाया जैसे खोद खुमारी।।181।।

रे जिय निलज्ज लाज तोहि नाहीं। हरि तजि कत काहू के जाही।
जाको ठाकुर ऊँचा होई। सो जन पर घर जात न सोही।।
सो साहिब रहिया भरपूरि। सदा संगि नाहीं हरि दूरि।।
कवला चरन सरन है जाके। कहू जन का नाहीं घर ताके।
सब कोउ कहै जासु की बाता। जी सम्भ्रथ निज पति है दाता।।
कहै कबीर पूरन जग सोई। जाकै हिरदै अवरु न होई।।182।।

रे मन तेरो कोइ नहीं खिचि लेइ जिन भार।
बिरख बसेरा पंखि कर तैसो इहु संसार।।
राम रस पीया रे जिह रस बिसरि गये रस और।
और मुये क्या रोइये जा आपा थिर न रहाइ।।
जा उपजै सो बिनसिहे दुख करि रोवै बलाइ।
जह की उपजी तह रची पीवतु मरद न लाग।।
कह कबीर चित चेतिया राम सिमिर बैराग।।183।।

रोजा धरै मनावै अल्लहु स्वादति जीय सँघारै।
आपा देखि अवर नहीं देखै काहें कौ झख मारै।।
काजी साहिब एक तोही महि तेरा सोच बिचार न देखै।
खबरि न करहिं दीन के बौरे ताते जनम अलेखै।।

सांच कतेब बखनै अल्लहु नारि पुरुष नहिं कोई।
पढ़ै गुनै नाहीं कछू बौरे जो दिल महि खबरि न होई।।
अल्लहु गैव सगल घट भीतर हिरदै लेहु बिचारी।
हिंदू तुरक दुइ महि एकै कहै कबीर पुकारी।।184।।

लंका सा कोट समुद्र सी खाई। तिह रावन घर खबरि न पाई।
क्या मांगै किछू थिरु न रहाई। देखत नयन चल्यो जग जाई।।
इक लख पूत सवा लख नाती। तिह रावन घर दि़या न बाती।।
चंद सूर जाके तपत रसोई। बैसंतर जाके कपरे धोई।।
गुरु मति रामै नाम बसाई। अस्थिर रहै कतहू जाई।।
कहत कबीर सुनहु रे लोई। राम नाम बिन मुकुति न होई।।185।।

लख चौरासी जीअ जोनि महि भ्रमन नंदुबहु थाको रे।
प्रगति देहु अवतार लियो है भाग बड़ी बपुरा को रे।।
तुम जो कहत हौ नंद को नंदन नंद सु नंदन काको रे।
धरनि अकास दसों दिसि नाहीं तब इहु नंद कहायो रे।।
संकट नहीं परै जोनि नहिं आवै नाम निरंजन जाको रे।
कबीर को स्वामी ऐसो ठाकुर जाकै माई न बापो रे।।186।।

विद्या न पढ़ो वाद नहीं जानो। हरि गुन गथत सुनत बौरानो।
मेरे बाबा मैं बौरा, सब खलक सयानो, मैं बौरा।।
मैं बिगर्‌यो बिगरै मति औरा। आपन बौरा राम कियौ बौरा।।
सतिगुरु जारि गयो भ्रम मोरा।।
मैं बिगरे अपनी मति खोई। मेरे भर्मि भूलो मति कोई।
सो बौरा आपु न पछानै। आप पछानै त एकै जानै।।
अबहिं न माता सु कबहुं न भाता। कहि कबीर रामै रंगि राता।।187।।

बिनु तत सती होई कैसे नारि। पंडित देखहु रिदे बिचारि।।
प्रीति बिना कैसे बंधे सनेहू। जब लग रस तब लग नहिं नेहू।।
साह निसत्तु करै जिय अपनै। सो रमय्यै कौ मिलै न स्वपने।।
तन मन धन गृह सौपि सरीरू। सोई सोहागनि कहै कबीरू।।188।।

बिमल अस्त्र केते है पहिरे क्या बन मध्ये बासा।
कहा भया नर देवा धोखे क्या जल बौर्‌यो गाता।।
जीय रे जाहिगा मैं जाना अविगत समझ इयाना।

जत जत देखौ बहुरि न पेखौ संग माया लपटाना।
ज्ञानी ध्यानी बहु उपदेसी इहु जन सगली धंधा।
कहि कबीर इक राम नाम बिनु या जग माया अंधा।।189।।

बिषया ब्यापा सकल संसारू।। बिषया लै डूबा परवारू।
रे नर नाव चौंडि कत बोड़ी। हरि स्यो तोड़ि बिसया संगि जोड़ी।।
सुर नर दाधे लागी आगि। निकट नीर पसु पीवसि न झांगि।।
चेतत चेतत निकस्यो नीर। सो जल निर्मल कथन कबीर।।190।।

बद कतेब इकतरा भाई दिल का फिकर न जाई।
टुक दम करारी जौ करहु हाजिर हजूर खुदाई।।
बंदे खोजु दिल हर रोज ना फिरि परेसाना माहि।
इह जु दुनिया सहरु मेला दस्तगीरी नाहि।।
दरोग पढ़ि पढ़ि खुसी होइ बेखबर बाद बकाहिं।
हक सच्च खालक खलक म्याने स्याममूरति नाहि।।
असमान म्याने लहंग दरिया गुसल करद त बूंद।
कर फिकरु दाइम लाइ चसमें जँह तहाँ मौजूद।।
अल्लाह पाक पाक हैं सक करो जे दूसर होइ।
कबीर कर्म करीम का उहु करे जानै सोइ।।191।।

बेद कतेब कहहु मत झूठेइ झूठा जो न बिचारै।
जो सब मैं एकु खुदा कहत हौ तौ क्यों मुरगी मारै।।
मुल्ला कहहु नियाउ खुदाई तेरे मन का भरम न जाई।
पकरि जीउ आन्या देह बिनती माटी कौ बिसमिल किया।।
जोति सरूप अनाहत लागी कहु हलाल क्यों कीया।
क्या उज्जू पाक किया मुह धोया क्या मसीति सिर लाया।
जौ दिले मैंहि कपट निवाजे छूजारहु क्या हज काबै जाया।।
तू नापाक पाक नहीं सूझ्या तिसका मरम न जान्या।।192।।

बेद की पुत्री सिंमृति भाई। सांकल जबरी लैहै आई।
आपन नगर आप ते बांध्या। मोह कै फाधि काल सरु साध्या।।
कटी न कटै तूटि नह जाई। सो सापनि होइ जग को खाई।।
हम देखत जिन्ह सब जग लूट्या। कहु कबीर मैं राम कहि छूट्या।।193।।

बेद पुरान सबै मत सुनि के करी करम की आसा।
काल ग्रस्त सब लोग सियाने उठि पंडित पै चले निरासा।।
मन रे सर्यो न एकै काजा। भाज्यो न रघुपति राजा।
बन खंड जाइ जोग तप कीनो कंद मूल चुनि खाया।
नादी बेदी गबदी मौनी जम के परै लिखाया।।
भगति नारदी रिदै न आई काछि कूछि तन दीना।
राम रागनी डिंभ होइ बैठा उन हरि पहि क्या लीना।।
अरयो काल सबै जग ऊपर माहि लिखे भ्रम ज्ञानी।
कहु कबीर जन भये खलासे प्रेम भगति जिह जानी।।194।।

षट नेम कर कोठड़ी बाँधी बस्तु अनूप बीच पाई।।
कुंजी कुलफ प्रान करि राखे करते बार न लाई।।
अब मन जागत रहु रे भाई।
गाफिल होय कै जनम गवायो चोर मुसै घर जाई।
पंच पहरुआ दर महि रहते तिनका नहीं पतियारा।
चेति सुचेत चित्त होइ रहूँ तौ लै परगासु उबारा।।
नव घर देखि जु कामिनि भूली बस्तु अनूप न पाई।
कहत कबीर नवै घर मूसे दसवें तत्व समाई।।195।।

संत मिलै कछु सुनिये कहिये। मिलै असंत मष्ट करि रहियै।
बाबा बोलना क्या कहियै। जैसे राम नाम रमि रहियै।।
संतन स्यों बोले उपकारी। मूरख स्यों बोले झक मारी।।
बोलत बोलत बढ़हिं बिकारा। बिनु बोले क्या करहिं बिचारा।।
कह कबीर छूछा घट बोलै। भरिया होइ सु कबहु न डोलै।।196।।

संतहु मन पवनै सुख बनिया। किछु जोग परापति गनिया।
गुरु दिखलाई मोरी। जितु मिरग पड़त है चोरी।।
मूँदि लिये दरवाजे। बाजिले अनहद बाजे।।
कुंभ कमल जल भरिया। जलौ मेट्यो ऊमा करिया।।
कहु कबीर जन जान्या। जौ जान्या तौ मन मान्या।।197।।

संता मानौ दूता डानौ इह कुटवारी मेरी।।
दिवस रैन तेरे पाउ पलोसो केस चवर करि फेरी।।
हम कूकर तेरे दरबारी। भौकाई आगे बदन पसारि।।
पूरब जनम हम तुम्हरे सेवक अब तौ मिट्या न जाई।।

तेरे द्वारे धनि सहज की मथै मेरे दगाई।।
दागे होहि सुरन महि जूझहि बिनु दागे भगि जाई।।
साधू होई सुभ गति पछानै हरि लये खजानै पाई।।
कोठरे महि कोठरी परम कोठरी बिचारि।।
गुरु दीनी बस्तु कबीर कौ लेवहु वस्तु सम्हारि।
कबीर दोई संसार कौ लीनी जिसु मस्तक भाग।।
अमृत रस जिनु पाइया थिरता का सोहाग।।198।।

संध्या प्रात स्नान कराही। ज्यों भये दादुर पानी माहीं।
जो पै राम नाम रति नाहीं। ते सवि धर्मराय कै जाहीं।।
काया रति बहु रूप रचाहीं। तिनकै दया सुपनै भी नाहीं।।
चार चरण कहहि बहु आगर। साधु सुख पावहि कलि सागर।।
कहु कबीर बहु काय करीजै। सरबस छोड़ि महा रस पीजै।।199।।

सत्तरि सै इसलारू है जाके। सवा लाख है कावर ताके।।
सेखं जु कही यही कोटि अठासी। छप्पन कोटि जाके खेल खासी।।
सो गरीब की को गुजरावै। मजलसि दूरि महल को पावै।।
तेतसि करोडि है खेल खाना। चौरासी लख फिरै दिवाना।।
बाबा आदम कौ कछु न हरि दिखाई। उनभी भिस्त घनेरी पाई।।
दिल खल हलु जाकै जर दरुबानी। छोड़ि कतेब करै सैतानी।।
दुनिया दोस रोस है लोई। अफना कीया पावे सोई।।
तुम दाते हम सदा भिखारी। देउ जबाव होइ बजगारी।।
दास कबीर तेरी पनह समाना। भिस्त नजीक राखु रहमाना।।200।।

सनक आनंद अंत नहीं पाया। बेद पढ़ै ब्रह्मौ जनम गवाया।
हरि का विलोबना विलोबहु मेरे भाई। सहज विलोबहु जैसे तत्व न जाई।।
तन करि मटकी मन माहि बिलोई। इसु मटकी महि सबद संजोई।।
हरि का बिलोना मन का बीचारा। गुरु प्रसाद पावै अमृत धारा।।
कहु कबीर न दर करे जे मीरा। राम नाम लगि उतरे तीरा।।201।।

सनक सनंद महेस समाना। सेष नाग तेरी मर्म न जाना।।
संत संगति राम रिदै बसाई।
हनुमान सरि गरुड़ समाना। सुरपति नरपति नहिं गुन जाना।।
चारि बेद अरु सिमृति पुराना। कमलापति कमल नहिं जाना।।
कह कबीर सो धरमैं नाहीं। पग लगि राम रहै सरनाहीं।।202।।

सब कोई चलन कहत है ऊँहा। ना जानी बैकुंठ है कहाँ।।
आप आपका मरम न जाना। बातन ही बैकुंठ बखानाँ।।
जब लग मन बैकुंठ की आस। तब लग नाही चरन निवास।।
खाई कोटि न परल पगारा। ना जानौ बैकुंठ दुआरां।।
कहि कबीर अब कहिये काहि। साधु संगति बैकुंठे आहि।।203।।

सर्पनि ते ऊपर नहीं बलिया। जिन ब्रह्मा बिष्णु महादेव छलिया।
मारु मारु सर्पनी निर्मल जल पैठी। जिन त्रिभुवन डसिले गुरु प्रसादि डीठी।।
सर्पनी सर्पनी क्या कहहु भाई। जिन साचु पछान्या तिन सर्पनी खाई।।
सर्पनी ते आन छूछ नहीं अवरा। सर्पनी जीति कहा करै जमरा।।
इहि सर्पनी ताकी कीती होई। बल अबल क्या इसते होई।।
एह बसती ता बसत सरीरा। गुरु प्रसादि सहजि तरे कबीरा।।204।।

सरीर सरोवर भीतरै आछै कमल अनूप।
परस ज्योति पुरुषोत्तमो जाकै रेख न रूप।
रे मन हरि भजु भ्रम तजहु जग जीवन राम।।
आवत कछू न दीसई न दीसै जात।।
जहाँ उपजै बिनसै तहि जैसे पुरवनि पात।
मिथ्या करि माया तजा सुख सहज बीचारि।
कहि कबीर सेवा करहु मन मंझि मुरारि।।205।।

सासु की दुखी ससुर की प्यारी जेठ के नाम डरौं रे।
सखी सहेली ननद गहेली देवर कै बिरहि जरौं रे।।
मेरी मति बौरी मैं राम बिसार्‌यो किन विधि रइनि रहौं रे।।
सेजै रमत नयन नहीं पेखौं इहु दुख कासौं कहौं रे।।
बाप सबका करै लराई मया सद मतवारी।।
बड़े भाई के जग संग होती तब ही नाह पियारी।।
कहत कबीर पंच को झगरा झगरत जनम गवाया।।
झूठी माया सब जग बांध्या पै राम रमत सुख पाया।।206।।

सिव की पुरी बस बुधि सारु। यह तुम मिलि कै करहु बिचार।।
ईत ऊत की सोझी परै। कौन कर्म मेरा करि करि मरै।।
निज पद ऊपर लागौ ध्यान। राजा राम नाम मेरा ब्रह्म ज्ञान।।
मूल दुआरै बंध्या बंधु। रवि ऊपर गहि राख्या चंदु।।
पंचम द्वारे की सिल ओड़। तिह सिल ऊपर खिड़की और।।
खिड़की ऊपर दसवा द्वार। कहि कबीर ताका अंतु न पार।।207।।

सुख माँगत दुख आगै आवै। सो सुख हमहुँ न माँग्या भावै।।
बिषगा अजहु सुरति सुख आसा। कैसे होइ है राजाराम निवासा।।
इसु सुख ते सिव ब्रह्म हराना। सो सुख हमहुँ साँच करि जाना।।
सनकादिक नारद मुनि सेखा। तिन भी तन महि मन नहीं पेखा।।
इस मन कौ कोई खोजहु भाई। तन छूटै मन कहा समाई।।
गुरु परसादी जयदेव नामा। भगति कै प्रेम इनहीं है जाना।।
इस मन कौ नहीं आवन जाना। जिसका भम गया तिन साचु पछाना।।
इस मन कौ रूप न रेख्या काई। हुकुमे होया हुकुम बूझि समाई।।
इस कन का कोई जानै भेउ। इहि मन लीण भये सुखदेउ।।
जीउ एक और सगल सरीरा। इस मन कौ रबि रहै कबीरा।।208।।

सुत अवराध करल है जेते। जननी चीति न राखसि तेते।।
रामज्या हौं बारिक तेरा। काहे न खंडसि अवगुन मेरा।।
जे अति कोप करे करि धाया। ताभी चीत न राखसि माया।।
चित्त भवन मन परयो हमारा। नाम बिना कैसे उतरसि पारा।।
देहि बिमल मति सदा सरीरा। सहजि सहजि गुन रवै कबीरा।।209।।

सुन्न संध्या तेरी देव देवा करि अधपति आदि समाई।
सिद्ध समादि अंत नहीं पाया लागि रहे सरनाई।।
लेहु आरति हो पुरुष निरंजन सति गुरु पूजहु जाई।।
ठाढ़ा ब्रह्मा निगम बिचारै अलख न लखिया जाई।।
तत्तु तेल नाम कीया बाती दीपक देह उज्यारा।।
जोति लाई जगदीश जगाया बूझे बूझनंहारा।।
पंचे सबद अनाहत बाजै संगे सारिंगपानी।
कबीरदास तेरी आरती कीनी निरंकार निरबानी।।210।।

सुरति सिमृति दुई कन्नी मंदा परमिति बाहर खिंथा।।
सुन्न गुफा महि आसण बैसण कल्प विवर्जित पंथा।।
मेरे राजन मैं बैरागी जोगी मरत न साग बिजोरी।।
खंड ब्रह्मांड महि सिंडी मेरा बटुवा सब जग भसमाधारी।
ताड़ी लागी त्रिपल पलटिये छूटै होइ पसारी।।
मन पवन्न दुई तूंबा करिहै जुग जुग सारद साजी।।
थिरु भई नंती टूटसि नाहीं अनहद किंगुरी बाजी।।
सुनि मन मगन भये है पूरे माया डोलत लागी।।
कहु कबीर ताकौ पुनरपि जनम नहीं खेलि गयो बैरागी।।211।।

सुरह की सैसा तेरी चाल। तेरा पूछट ऊपर झमक बाल।।
इस घर मह है सु तू ढुढ़ि खाहि। और किसही के तू मति ही जाहि।।
चाकी चाटै चून चाहि। चाकी का चीथरा कहा लै जाहि।।
छीके पर तेरी बहुत डीठ। मत लकरी सोंटा परै तेरी पीठ।।
कहि कबीर भोग भले कीन। मति कोऊ मारै ईट ठेम।।212।।

सो मुल्ला जो मन स्यो लरै। गुरु उपदेश काल स्यो जुरै।।
काल पुरुष का मरदै मान। तिस मुल्ला को सदा सलाम।।
है हुजूर कत दूरि बतावहु। दुंदर बाधहु मुंदर पावहु।।
काजी सो जो काया बिचारै। काया की अग्नि ब्रह्म पै जारै।।
सुपनै बिंदु न देई जरना। तिस काजी कौ जरा न मरना।।
सो सुरतान जो दुइ सुर तानै। बाहर जाता भीतर आनै।।
गगन मंडल महि लस्कर करै। सो सुरतान छत्र सिर धरै।।
जोगी गोरख गोरख करै। हिंदू राम नाम उच्चरै।।
मुसलमान का एक खुदाई। कबीर का स्वामी रह्या समाई।।213।।

स्वर्ग वासन बाछियै डारियै न नरक निवासु।
होना है सो होइहै मनहि न कीजै आसु।।
रमय्या गुन गाइयै जाते पाइयै परम निधानु।।
क्या जप क्या तप संयमी क्या ब्रत क्या इस्नान।।
जब लग जुक्ति न जानिये भाव भक्ति भगवान।।
संपै देखि न हर्षियौ बिपति देखि न रोइ।
ज्यो संपै त्यों बिपत है बिधि ने रच्या सो होइ।।
कहि कबीर अब जानिया संतन रिदै मझारि।।
सेवक सो सेवा भले जिह घट बसै मुरारि।।214।।

हज्ज हमारी गोमती तीर। जहाँ बसहि पीतंबर पीर।।
वाहु वाहु क्या खुद गावता है। हरि का नाम मेरे मन भावता है।।
नारद सारद करहि खवासी। पास बैठि बिधि कवला दासी।।
कंठे माला जिह्वा नाम। सुहस नाम लै लै करो सलाम।।
कहत कबीर राम गुन गावौ। हिंदु तुरक दोऊ समझावौ।।215।।

हम घर सूत तनहि नित ताना कंठ जनेऊ तुमारे।।
तुम तो बेद पढ़हु गायत्री गोबिंद रिदै हमारे।।
मेरी जिह्वा विष्णु नयन नारायण हिरदै बसहि गोबिंदा।।

जम दुआर जब पूँछसि बबरे तब क्या कहसि मुकुंदा।।
हम गोरू तुम ग्वार गुसाइ जनम जनम रखवारे।।
कबहूँ न पार उतार चराइह कैसे खसम हमारे।।
तू बाम्हन मैं कासी का जुलाहा बूझहु मोर गियाना।।
तुम तौ पाचे भूपति राजे हरि सो मोर धियाना।।216।।

हम मसकीन खुदाई बंदे तुम राचसु मन भावै।
अल्लह अबलि दीन को साहिब जोर नहीं फुरमावै।।
काजी बोल्या बनि नहीं आवै।
रोजा धरै निवाजु गुजारै कलमा भिस्त न होई।
सत्तरि काबा घर ही भीतर जे करि जानै कोई।।
निवाजु सोई जो न्याइ बिचारै कलमा अकलहि जानै।।
पाँचहु मुसि मुसला बिछावै तब तौ दीन पछानै।।
खसम पछानि तरस करि जीय महि मारि मणी करि फीकी।।
आप जनाइ और को जानै तब होइ भिस्त सरीकी।।
माटी एक भेष धरि नाना तामहि ब्रह्म पछाना।
कहै कबीर भिस्त छोड़ि करि दोजक स्यों मनमाना।।217।।

हरि बिन कौन सहाई मन का।
माता पिता भाई सुत बनिता हितु लागो सब फन का।।
आगै कौ किछु तुलहा बाँधहु क्या भरोसा धन का।।
कहा बिसासा इस भाँडे का इत नक लगै ठनका।।
सगल धर्म पुन्न फल पावहु धूरि बाँछहु सब जन का।।
कहै कबीर सुनहु रे संतहु इहु मन उड़न पखेरू बन का।।218।।

हरि जन सुनहि न हरि गुन गावहिं। बातन ही असमान गिरावहिं।।
ऐसे लोगन स्यों क्या कहिये।
जो प्रभु कीये भगति ते बाहज। तिनते सदा डराने रहिये।।
आपन देहि चुरू भरि पानी। तिहि निंदहि जिह गंगा आनी।।
बैठत उठत कुटिलता चालहिं। आप गये औरनहू घालहिं।।
छाड़ि कुचर्चा आन न जानहिं। ब्रह्माहू का कह्यो न मानहिं।।
आप गये औरनहू खोवहि। आगि लगाइ मंदिर में सोवहिं।।
औरन हँसत आप हहिं काने। तिनको देखि कबीर लजाने।।219।।

हिंदू तुरक कहाँ ते आये किन एह राह चलाई।
दिल महि सोच बिचार कवादे भिस्त दोजक कित पाई।।
काजी तै कौन कतेब बखानी।।
पढ़त गुनत ऐसे सब मारे किनहू खबरू न जानी।।
सकति सनेह करि सुन्नति करियै मैं न बदौगा भाई।।
जौ रे खुदाई मोंहि तुरक करैगा आपन ही कटि जाई।।
सुन्नत किये तुरक जे होइगा औरत का क्या करियै।।
अर्द्ध सरीरी नारि न छोड़े तातें हिंदू ही रहिये।।
छाड़ि करतेब राम भजु बौरे जुलम करत है भारी।।
कबीर पकरी टेक राम की तुरक रहे पचि हारी।।220।।

हीरै हीरा बेधि पवन मन सहजे रह्या समाई।
सकल जोति इन हीरै बेधी सतिगुरु बचनी मैं पाई।।
हरि की कथा अनाहद बानी हंस ह्वै हीरा लेइ पछानी।।
कह कबीर हीरा अस देख्यों जग महि रह्या समाई।।
गुप्ता हीरा प्रकट भयो जब गुरु गम दिया दिखाई।।221।।

हृदय कपट मुख ज्ञानी। झूठे कहा बिलोवसि पानी।।
काया मांजसि कौन गुना। जो घट भीतर है मलनाँ।।
लौकी अठ सठि तीरथ न्हाई। कौरापन तऊ न जाई।।
कहि कबीर बीचारी। भव सागर तारि मुरारी।।222।।

●●●